Julia Paffenholz, Raúl Jarrín

KulturSchock Ecuador

„Die Ecuadorianer sind seltsame und einmalige Wesen:
sie schlafen ganz ruhig mitten unter knisternden Vulkanen,
sie leben arm inmitten von unermesslichen Reichtümern
und sie freuen sich über traurige Musik."
(Alexander von Humboldt)

Impressum

Julia Paffenholz, Raúl Jarrín
KulturSchock Ecuador

erschienen im
REISE KNOW-HOW Verlag Peter Rump GmbH
Osnabrücker Str. 79
33649 Bielefeld

© REISE KNOW-HOW Verlag Peter Rump GmbH
2006, 2008, 2011, 2014
5., neu bearbeitete und aktualisierte Auflage 2019

Alle Rechte vorbehalten.

Gestaltung
Umschlag: G. Pawlak (Layout)
Inhalt: amundo media GmbH
Fotos: siehe Bildnachweis S. 296

Lektorat (Aktualisierung): amundo media GmbH

Druck und Bindung:
 Hinckel-Druck GmbH, Wertheim

ISBN 978-3-8317-1414-8

Dieses Buch ist erhältlich in jeder Buchhandlung
Deutschlands, der Schweiz, Österreichs, Belgiens
und der Niederlande.
Bitte informieren Sie Ihren Buchhändler
über folgende Bezugsadressen:
Deutschland
 Prolit GmbH, Postfach 1109, D-35461 Fernwald
 (Annerod) sowie alle Barsortimente
Schweiz
 AVA Verlagsauslieferung AG
 Postfach 27, CH-8910 Affoltern
Österreich
 Mohr Morawa Buchvertrieb GmbH
 Sulzengasse 2, A-1230 Wien
Niederlande, Belgien
 Willems Adventure, www.willemsadventure.nl

Wer im Buchhandel trotzdem kein Glück hat,
bekommt unsere Bücher auch über unseren
Büchershop im Internet: www.reise-know-how.de

Wir freuen uns über Kritik, Kommentare
und Verbesserungsvorschläge, gern auch
per E-Mail an info@reise-know-how.de.

Alle Informationen in diesem Buch sind
von den Autoren mit größter Sorgfalt
gesammelt und vom Lektorat des Verlages
gewissenhaft bearbeitet und überprüft
worden.

Da inhaltliche und sachliche Fehler nicht
ausgeschlossen werden können, erklärt der
Verlag, dass alle Angaben im Sinne der
Produkthaftung ohne Garantie erfolgen
und dass Verlag wie Autoren keinerlei
Verantwortung und Haftung für inhaltliche
und sachliche Fehler übernehmen.

Die Nennung von Firmen und ihren
Produkten und ihre Reihenfolge sind als
Beispiel ohne Wertung gegenüber anderen
anzusehen. Qualitäts- und Quantitätsanga-
ben sind rein subjektive Einschätzungen
der Autoren und dienen keinesfalls der
Bewerbung von Firmen oder Produkten.

Auf der Reise zu Hause
www.reise-know-how.de

- Ergänzungen nach Redaktionsschluss
- kostenlose Zusatzinformationen und Downloads
- das komplette Verlagsprogramm
- aktuelle Erscheinungstermine
- Newsletter abonnieren

Bequem einkaufen im Verlagsshop

Oder Freund auf Facebook werden

Vorwort

Das über 200 Jahre alte Zitat von Alexander von Humboldt auf Seite 1 hat bis heute nichts an Aktualität eingebüßt. Das kleinste Andenland am Äquator fasziniert die Reisenden durch spektakuläre Landschaften, kulturelle Vielfalt und die Freundlichkeit seiner Bewohner. Ecuador gilt als ideales Reiseland für Lateinamerika-Einsteiger, denn auf kleinem Raum beherbergt es die typischen geografischen Eigenheiten des Kontinentes. Von der Pazifikküste über die schneebedeckten Vulkangipfel hin zum Amazonas-Tiefland findet man die unterschiedlichsten Klima- und Vegetationsformen. So kontrastreich die Landschaft, so groß die ethnische, kulturelle und soziale Verschiedenartigkeit der Ecuadorianer. Ein Land, das über große Bodenschätze und beste Anbaubedingungen verfügt, dessen Bewohner durch ihren Kampfgeist immer wieder für Schlagzeilen sorgen, in dem die Kluft zwischen Arm und Reich nach wie vor groß ist. Ein Land, das für jeden Überraschungen bereithält und die Besucher durch bizarre Erlebnisse fasziniert, ja manchen sogar nie wieder loslässt. Ein Land, das sich auf einer schmerzvollen Suche nach seiner Identität – der *ecuadorianidad* – befindet, auf der wir es auf den folgenden Seiten begleiten möchten.

Dieses Buch soll helfen, die Einstellungen der Bewohner zu verstehen, soll zu privaten Kontakten ermutigen, öffnet den Reisenden den Blick für ecuadorianische Eigenartigkeiten und soll vor dem einen oder anderen Fettnäpfchen bewahren. Es richtet sich an Reisende und an Personen, die in Ecuador leben werden.

Menschen, die sich auf einen Auslandsaufenthalt vorbereiten, ahnen, dass ihre gewöhnlichen Verhaltensweisen in dem anderen Kulturkreis nicht immer angemessen sein werden. Es gilt, sich mit Neuem vertraut zu machen, um adäquat reagieren zu können. Daher ist es ratsam, sich die begrenzte Funktionalität des eigenen Verhaltensrepertoires zu verdeutlichen und dieses neu zu bewerten. Deutsche sollten sich ihrer kulturellen Eigenart bewusst sein: So wird im Folgenden an vielen Stellen die „deutsche Sicht" der Dinge bemüht, um durch die Gegenüberstellung zu verdeutlichen, dass die eigene Logik nicht unbedingt diejenige der Anderen ist. Das Wissen um andere Kulturstandards ist hilfreich, um sich zurechtzufinden und um grobe Patzer zu vermeiden. Dennoch sind das eigene Erleben und die fortwährende Offenheit und Aufmerksamkeit gegenüber der anderen Kultur nicht durch angelesenes Wissen zu ersetzen.

Dieses Buch versteht sich als Annäherung an die ecuadorianische Kultur und will Hilfestellung bieten für Situationen, in denen man sich in Ecuador oft wiederfindet. Das Folgende versteht sich nicht als Gebrauchsanweisung, sondern soll der Sensibilisierung dienen. Mit diesem Basiswissen kann man sich eigene Erfahrungen erleichtern und offener auf neue Situationen zugehen. Jedoch wird der Reisende bald feststellen: Je tiefer man in eine andere Kultur eindringt, desto weniger allgemeingültige Aussagen möchte man über ein Land treffen. Es gilt, jede Situation und jedes Individuum neu zu betrachten, um sich dann angemessen verhalten zu können.

Alle Menschen zeichnen sich erst einmal durch menschliche Verhaltensweisen aus, daneben haben aber die Bewohner eines Landes ihre mentalen Besonderheiten, denen in diesem Buch nachgegangen wird. Tendenzen und Grundstrukturen sollen aufgezeigt werden, stets bemüht, übertriebene Verallgemeinerungen zu vermeiden. Trotzdem bot es sich an einigen Stellen an, den „Durchschnittsecuadorianer" zu bemühen, der so selbstverständlich nicht existiert. Alle Menschen haben individuelle Hintergründe, die ihre Eigenarten genauso oder mehr prägen als die Kulturen, in denen sie leben. Beides ist jedoch eng miteinander verwoben.

Mentalitäten und soziokulturelles Verhalten lassen sich nicht losgelöst von historischen, politischen und ökonomischen Faktoren betrachten. Daher nehmen auch diese Themen Raum ein, insbesondere unter dem Aspekt, welche Bedeutung sie für den Alltag der Bürger haben.

Inwiefern können Reisende in Ecuador einen Kulturschock erwarten? Nach der Ankunft in Ecuador fühlen sich die meisten Neuankömmlinge zunächst in ein fremdes Universum geworfen: Taxifahrer stürmen auf sie ein, die erste Orientierungslosigkeit und die plötzliche Hektik nach einem langen Flug. Dann die Taxifahrt durch Quito oder Guayaquil, die in der

Dunkelheit bedrohlich und fremd wirken können. Bei Tageslicht sieht alles gleich ganz anders aus und die Reisenden wagen erste Schritte in die neue Umgebung. Relativ schnell gewöhnen sich die meisten Ausländer an das Land und fühlen sich bald sicher. Der Kulturschock in Ecuador ist für Deutsche zunächst nicht besonders groß. Sie stellen fest, dass die Ecuadorianer auch nur Menschen sind, dass wir im weiteren Sinne zu einem Kulturraum gehören und viele kulturübergreifende Rituale die Eingewöhnung erleichtern. Dies kann aber eine scheinbare Sicherheit vorgaukeln. Kommt es zu einem intensiveren Kontakt mit Land und Leuten, stellt sich zwar nicht unbedingt ein ausgewachsener Kulturschock ein, möglicherweise jedoch phasenweise auftretende Überforderungserscheinungen, denn die Mentalitäts- und Verhaltensunterschiede sind vielleicht größer als zunächst sichtbar. Die Symptome können sein, dass sich die Fremden fehl am Platz fühlen und keine Lust mehr haben, offen für Neues zu sein. Der beste Ratschlag lautet, sich eine Auszeit zu gönnen, indem z. B. eine gewohnte Umgebung aufgesucht wird. Geeignet sind Orte, die sich nach den Bedürfnissen europäischer Touristen richten, sei es ein nettes Café in den Touristenvierteln der großen Städte oder ein paar Tage im Erholungsstädtchen Baños. Manchem hilft schon ein ausgedehnter Plausch mit Landsleuten. Der vertraute Rahmen lässt die Eindrücke einwirken und lädt die Bereitschaft, offen mit Fremdem umzugehen, wieder auf. Ecuadorianern geht es übrigens in Deutschland nicht anders. Dieses Buch kann solche Momente der Überlastung nicht vorwegnehmen, sie aber abschwächen.

Wir, die Autoren, haben am eigenen Leibe kleinere bis mittelschwere Kulturschocks in Ecuador und Deutschland erlebt. Dieser Band ist Ergebnis intensiver Auseinandersetzung, in die wir beide unsere Erfahrungen mit der eigenen Kultur und der des Anderen haben einfließen lassen. Wir haben uns um Objektivität bemüht, gleichzeitig wissend, dass die nicht zu erreichen ist. Wir haben die Innen- und Außenperspektive durch lange Diskussionen auf einen Nenner gebracht, andere Meinungen hinzugezogen, wissenschaftlichen Beistand geholt und schließlich versucht, den verschiedenen Sichtweisen Raum zu geben.

Wir erheben keinen Anspruch auf Vollständigkeit. Es ist schwierig, ein Land komplett in einem Buch zu erfassen. In keinem Land gibt es nur eine Mentalität oder eine Kultur, sondern viele Parallel- und Subkulturen. Des Weiteren ist Kultur nicht statisch, sondern in ständigem Wandel, daher sind Schriften über Kultur als Momentaufnahmen zu sehen.

Dieses Buch soll vor allem Lust machen, Ecuador und seine Menschen selbst kennenzulernen – und dabei wünschen wir Ihnen viel Spaß!

Julia Paffenholz und Raúl Jarrín

Inhalt

Vorwort 4

■ Verhaltenstipps von A bis Z — 11

■ Die geschichtlichen Wurzeln — 23

Präkolumbische Zeit 24
Inkareich 26
Kolonialzeit 28
Nationale Unabhängigkeit 34
Republik Ecuador 37
Die junge Demokratie 45
Das neue Jahrtausend – el Nuevo Pachakutik 48

■ Die Bevölkerung Ecuadors — 55

Geografische Einflüsse
    auf die Gesellschaft und Besiedelung 56
Ethnien und Mestizaje 58
Die soziale Pyramide 81

■ Kultur: Glaube, Fiestas und Kunst — 89

Religion und Volksglaube 90
Feiertage und Feste 126
Kunst 131

■ Die Gesellschaft heute: von der Bananenrepublik zur Demokratie — 153

Politische Landschaft und Akteure 154
Nationale Identität, Nationalismus und Patriotismus 165
Rechte, Gesetze und Korruption 166
Wirtschaft 175
Migration 179
Staatliche Versorgung 182
Medien 185
Umwelt 190
Entwicklungszusammenarbeit 195

■ Verhalten und Kommunikation — 199

Sprache	201
Kommunikationsstil	208
Konfliktverhalten	219
Nonverbale Kommunikation	222
Lebensgefühl	223

■ Familie und Alltag — 233

Rollenverhalten von Männern und Frauen: von Müttern und Machos	234
Frauen in der heutigen Gesellschaft	237
Deutsch-ecuadorianische Beziehungen	244
Die Funktion der Familie	248
Moralvorstellungen und Wertewandel	251
Ländliches Milieu	252
Städtischer Alltag	253
Arbeitsleben	254
Dienstpersonal	257
Freizeitgestaltung	259
Ess- und Trinkkultur	260

■ Als Fremder in Ecuador — 267

Das Phänomen Ausländer	268
Tourismus	269
Gewalt und Sicherheit	272
Versorgung	274
Verkehr und Transportmittel	276
Was Ausländern auffällt	279
Ausklang	283

■ Anhang — 285

Glossar	286
Literaturtipps	287
Informatives aus dem Internet	290
Register	291
Bildnachweis	296
Übersichtskarte Ecuador	298
Die Autoren	300

Exkurse zwischendurch

Der Grenzkonflikt mit Peru 41
Das Bild der Mestizaje im Wandel der Zeit 63
Armut in Zahlen 87
Die letzten Eisholer vom Chimborazo 94
Bräuche 113
Indigene Heilungsmethoden 117
Im ganzen Land gültige Feiertage 124
Ein ecuadorianischer Witz – „Woher kamen Adam und Eva?" 162
Buen Vivir – das gute Leben... 166
Offener Brief einer Ecuadorianerin an ihre Landsleute 172
„Du weißt, dass du Ecuadorianer bist, weil ..." 180
Yasuní-ITT 196
Schimpfwörter und Flüche...204
Wie geht man als Deutscher mit dem ecuadorianischen
    Konfliktmanagement um? 220
Pünktlichkeit 228
Gedicht über Männer und Frauen (Autor anomym) 244
Ein ecuadorianischer Witz 255
Folklore, Kommerzialisierung und neues Selbstbewusstsein................270
Gedanken und Eindrücke von der Ecuador-Reise.................................280

Hinweise zur Benutzung

Im Text wird zugunsten der besseren Lesbarkeit auf die weibliche Form verzichtet. Die Bezeichnungen „Ecuadorianer" und „Deutscher" schließen Frauen mit ein.

Das Buch richtet sich an ein deutschsprachiges Publikum, der Einfachheit halber wird meist von Deutschen geredet. Zudem basiert das Kapitel über Kommunikation auf Vergleichen zwischen Deutschland und Ecuador, die für die Schweiz und Österreich vielleicht nur bedingt zutreffen.

Extrainfos im Buch
ergänzen den Text um anschauliche Zusatzmaterialien, die von den Autoren aus der Fülle der Internet-Quellen ausgewählt wurden. Sie können bequem über unsere spezielle Internetseite **www.reise-know-how.de/kulturschock/ecuador19** durch Eingabe der jeweiligen Extrainfo-Nummer (z. B. „#1") aufgerufen werden.

Verhaltenstipps von A bis Z

◁ Auf dem Tiermarkt in Ambato (Abb.: 054ec dr © Noamfein)

- **Alkohol** ist nicht in dem Maße Teil der Alltagskultur wie in Europa, d. h., dass zum Essen oder nach Feierabend eher seltener getrunken wird. Auf Fiestas am Wochenende hingegen wird umso mehr Alkohol konsumiert. Wein und Sekt gibt es selten, dafür Bier und Zuckerrohrschnaps mit Cola (s. S. 264).
- **Anrede:** Die üblichen Anreden sind *Señor, Señora* und *Señorita* (für junge unverheiratete Frauen) in Kombination mit dem Nachnamen. Die Nachnamen der Ecuadorianer setzen sich aus dem ersten Zunamen des Vaters und dem ersten Zunamen der Mutter zusammen. Die meisten Leute benutzen im Alltag aber nur den ersten Nachnamen. Wenn Frauen heiraten, legen sie den zweiten Nachnamen, also den der Mutter, ab und hängen den des Ehemanns gekoppelt mit einem „de" hinten an. *Susana López Vinueza* hat einen Vater, der mit erstem Nachnamen *López* heißt, und eine Mutter, deren Mädchenname Vinueza lautet. Heiratet sie einen *Luis Terán Morales* heißt sie nun *Susana López de Terán,* die Kinder heißen *Terán López.*

  Manche Frauen verwenden weiterhin ihren Mädchennamen *(Susana López),* andere bevorzugen durch ihren Namen zu zeigen, dass sie verheiratet sind *(Susana de Terán).*
- **Armut und Bettelei:** Die Armut ist in Ecuador allgegenwärtig. Sichtbar wird sie durch die zahlreichen Straßenverkäufer, Schuhputzjungen und Bettler. Rund um Hotels oder Touristenattraktionen wird mehr gebettelt als anderswo. Viele Ecuadorianer geben Almosen. Im Allgemeinen erfolgt das Betteln nicht aufdringlich. Entscheiden Sie selbst, ob Sie etwas geben wollen (s. S. 86)!
- **Ausländer:** Als Europäer genießt man in Ecuador hohes Ansehen. Die Leute gehen offen und herzlich auf Ausländer zu und es ist leicht, Kontakte zu knüpfen. Darüber hinaus werden Touristen auch als Devisenbringer angesehen (s. S. 268).
- **Begegnungen/Begrüßungen:** Die üblichen Höflichkeitsfloskeln sollten von jedem Reisenden beherrscht werden. Bei einer freundlichen Anrede wird man ebenso herzlich zurückgegrüßt werden. Höfliche Anreden dienen auch als Türöffner für alle weiteren Kontakte: *por favor* („bitte"), *gracias* („danke"), *buenos días* („Guten Tag"), *buenas tardes* („Guten Nachmittag/Abend"), *hasta luego/adiós* („auf Wiedersehen"). Eine(n) Unbekannte(n) spricht man mit *Señor, Señora* oder *Señorita* an.

  Der normale **Gruß in informellen Situationen** lautet *Hola, como estás?* oder *Hola, qué tal?* („Hallo, wie geht es dir?"). Unter Freunden und Bekannten wird er oft von einem flüchtigen Küsschen auf die rechte Wange begleitet. Unter Männern pflegt man meist ein leichtes Schulterklopfen oder eine flüchtige Umarmung, oft schütteln sich Freunde auch die Hände.

Andere **Begrüßungsfloskeln** sind: *Qué tal te fue?* oder *qué fue?* („Wie war's?", „Was war?", „Wie ist es dir ergangen?"). Die Frage nach dem Befinden ist mehr eine Floskel und wird meistens mit *gracias* beantwortet. Man kann aber auch ehrlich antworten, dann dient die Antwort als Gesprächseröffnung. In formellen Situationen begrüßt man sich mit: *Buenos días, como está Usted?* (bis zum Mittag), *Buenas tardes, como está Usted?* (ab dem Mittag), dabei werden die Hände geschüttelt. Werden Personen zum ersten Mal einander vorgestellt, sagen sie beim Händeschütteln: *Mucho gusto* oder *Un gusto conocerle* oder *Un gusto conocerte* („Schön, Sie/dich kennenzulernen.").

Es ist üblich, beim Abschied (auch bei kurzen Begegnungen oder auf Fiestas) noch einmal allen die Hände zu schütteln oder die Umstehenden auf die Wange zu küssen.

- **Bekleidung:** Auf Kleidung wird sehr viel Wert gelegt, repräsentiert sie doch den sozialen Status. Auch ärmere Menschen sind bemüht, korrekt und sauber gekleidet zu sein. Zu besonderen Anlässen werden ein Anzug oder ein Kostüm angezogen. In Büros, Schulen und Ämtern gibt es oft eine **Kleidungsvorschrift** oder eine Uniform. In den „white collar jobs" (Arbeit, bei der man sich nicht schmutzig macht) tragen Männer meist einen Anzug und Frauen ein Kostüm und hochhackige Schuhe, selbst im Dschungel oder an der Küste.

Auf dem Land sieht man im Alltag viele Leute mit alten dreckigen Klamotten, was durch die Landarbeit kaum zu umgehen ist. Beim sonntäglichen Kirchgang und dem anschließendem Flanieren im Park ziehen sich Ecuadorianer aber sehr schick an.

Diese Frau auf dem „Mercado de Ponchos" trägt traditionelle Kleidung

In den großen Städten und unter der jungen Bevölkerung weichen diese klassisch-konservativen Kleidungsgewohnheiten langsam auf. Jugendliche kleiden sich nach der neuesten internationalen Mode. Sehr gerne wird mit teuren **Markenklamotten** auf den sozialen Status aufmerksam gemacht. Diejenigen, die sich das nicht leisten können, bedienen sich der Markenimitate. Sehr wichtig ist sauberes **Schuhwerk**. Das erklärt die Existenz vieler Schuhputzerjungen. Die Ecuadorianer sind gegenüber der oft **lässigen Kleidung** der europäischen Touristen tolerant. Unverständnis wird allerdings gegenüber kaputter und schmutziger Kleidung gezeigt. Nehmen Sie für besondere Gelegenheiten etwas Schickes zum Anziehen mit! Schließlich müssten es sich die Europäer doch leisten können. Für besondere Gelegenheiten sollte auf jeden Fall etwas Schickes parat sein.

- **Berührungen/Körperkontakt:** Die Körperdistanz ist geringer als in Mitteleuropa. Menschen berühren sich häufiger als bei uns, auch dann, wenn sie sich nicht so gut kennen. Das wird schon bei der Begrüßung deutlich (s. S. 222).
- **Berufsgruppenbezeichnungen und Titel** sind in Ecuador sehr wichtig. Im Arbeitsleben und mitunter sogar im Privatbereich werden Menschen mit ihrem Titel angesprochen, der vor den Nachnamen gestellt wird oder alleine steht. *Doctor/-a* (Dr., Dra.), *Licenciado/-a* (Lcdo., Lcda.,* entspricht einem abgeschlossenen Hochschulstudium in Geisteswissenschaften oder Pädagogik), *Ingeniero/-a* (Ing., Ingenieur), *Profesor/-a* (Lehrer, Professor), *Abogado/-a* (Anwalt), *Arquitecto/-a* (Architekt). Aber auch nichtakademische Titel wie z. B. *Maestro* für Handwerksmeister werden verwendet. Diese Titel ersetzen z. T. den Namen einer Person.
- **Bestechung** wird in Ecuador zwar bekämpft, kann aber nur sehr schwer aus dem bürokratischen Apparat eliminiert werden. Als Ausländer sollte man sich in dieser Hinsicht sehr zurückhalten und auf keinen Fall plumpe Bestechungsversuche starten. Bestimmte bürokratische Hürden überspringen Ecuadorianer wie Ausländer mithilfe eines Anwalts, der gewissermaßen als Mittelsmann fungiert, um mit einem „Bonus" an das gewünschte Ziel zu kommen (s. S. 171).
- **Drogen:** Vorsicht im Umgang mit Drogen! Der Drogenhandel wird hart bestraft und die als Eigenbedarf tolerierte Menge ist sehr gering. Auch Konsumenten werden zunächst festgenommen. Es sitzen einige Europäer in ecuadorianischen Gefängnissen, die bei solchen Delikten keine Unterstützung durch die Botschaft erhalten. Ebenso ist die Toleranz gegenüber Haschischkonsum geringer als in Deutschland.

- **Einkaufen/Märkte:** Man bekommt in Ecuador alles Wichtige, was es auch in Europa gibt. Importierte Artikel gibt es in den großen Supermärkten, oftmals sind sie aber teurer als in Europa. Viel günstiger und keinesfalls schlechter versorgt man sich auf den Märkten. Die meisten Orte verfügen über eine eigene Markthalle, in der man die ganze tropische Vielfalt Ecuadors erstehen kann (s. S. 274).
- **Einladungen und Besuch:** Gastfreundschaft wird groß geschrieben und eine Einladung ist schnell ausgesprochen. Wird man von flüchtigen Bekannten oder neuen Arbeitskollegen eingeladen, dann muss das so lange nicht wirklich ernst genommen werden, bis ein konkretes Datum vereinbart wird.

Häufig werden vage Einladungen ausgesprochen, die vielleicht nie konkretisiert werden. Rückt der Tag der deutlich ausgesprochenen Einladung näher, sollte man sich auf jeden Fall nochmals versichern, ob der Termin nicht vergessen wurde, oder sogar darauf warten, dass der Einladende sich selbst rückversichert. Bei Gastgebern zu Hause gelten ähnliche **Höflichkeitsregeln** wie in Deutschland:

– Bei Einladungen sind 15–30 Minuten Verspätung noch im Rahmen des Zumutbaren, man sollte andererseits aber auch nicht zu früh erscheinen.

– Ein kleines **Gastgeschenk** wie eine Flasche Wein oder Pralinen kommt immer gut an, wird aber nicht erwartet.

– Die **Länge des Besuchs** hängt ganz entscheidend von der Stimmung des Abends ab. Die Gastgeber werden jedoch kaum jemals sagen, sie wollen jetzt zu Bett gehen. Von daher sollte man auf kleine Zeichen achten oder aber sagen, dass man jetzt gehen möchte – die Reaktion der Gastgeber verrät dann, ob dies willkommen ist oder nicht.

> Versammlung unter Freunden

– Eine **Gegeneinladung** auszusprechen ist zwar angebracht, wird aber nicht zwingend erwartet. Man kann sich z. B. auch durch einen Restaurantbesuch o. Ä. revanchieren. Wer eine Einladung in ein Restaurant ausspricht, muss dort auch bezahlen.
– Geizen Sie nicht mit **Komplimenten!**
– Ist man zu einer **Fiesta** eingeladen, kann man kommen, wann man will. Es ist außerdem erlaubt, Freunde mitzubringen, ohne dies vorher anzukündigen.
– Sehr beliebt ist es, den Gästen **Fotos** zu zeigen, sei es von der Familie, von der Hochzeit oder von Reisen. Daher ist es eine gute Idee, selbst Fotos aus Deutschland oder von der Familie mitzubringen.

- **Ess- und Trinksitten:** Ecuadorianische Gerichte vereinen Elemente der andinen und spanischen Küche. Fleisch ist der wichtigste Bestandteil der meisten Gerichte. Das Essen ist für europäische Gaumen nicht zu exotisch, hier und da gibt es aber ein paar kulinarische Überraschungen. Im Allgemeinen kommt jeder auf seine Kosten. Die Fruchtsäfte und Milchshakes sollte man unbedingt probieren (s. S. 260).
- **Feiern:** Es gibt zahlreiche religiöse und weltliche Anlässe, bei denen gefeiert wird. Insgesamt lässt sich feststellen, dass es auf Festlichkeiten oftmals turbulenter zugeht als in Deutschland und dass man ums Tanzen nicht herum kommt (s. S. 126).
- **Fotografieren:** Wie in Europa ist es auch in Ecuador Teil der guten Sitten, dass Menschen gefragt werden, bevor man sie fotografiert – egal, welcher Schicht sie angehören. Meistens ist die Antwort positiv. Zudem findet man immer leicht jemanden, der ein Foto von einem selbst macht.
- **Frau und Mann:** Der Umgang zwischen den Geschlechtern ist in größerem Maße von Höflichkeit und einer gewissen Sinnlichkeit geprägt als in Deutschland. Die geschlechterspezifische Rollenverteilung ist sicherlich stärker ausgeprägt, jedoch findet auch in Ecuador seit einigen Jahren ein Wandel statt. Aus diesem Grund sollte man vorsichtig sein mit dem Klischee vom typischen *latino macho* (s. S. 234).
- **Geld:** Aufgrund der großen Kluft zwischen dem deutschen und dem ecuadorianischen Durchschnittseinkommen kann es zu Situationen kommen, die ein wenig unangenehm sein können, wenn klar wird, wie eingeschränkt die finanziellen Möglichkeiten der meisten Ecuadorianer sind. Dies zeigt sich z. B. beim gemeinsamen Ausgehen. Meist wird mit US-Dollar bezahlt. Man sollte immer genügend Kleingeld bereit halten, da oftmals kein Restgeld gegeben werden kann. In letzter Zeit scheint

▷ Iguanas auf Galapagos

Extrainfo 1 (s. S. 9): Impressionen vom Stadtfest in Santo Domingo es Probleme mit Debitkarten (Girocards) zu geben. Der Einsatz von Girokarten mit Vpay-Funktion ist in Ecuador grundsätzlich nicht möglich. Man sollte sich als Ausländer bezüglich der Geldbeschaffung mehrere Möglichkeiten offenhalten.

- **Geschenke:** In Ecuador machen sich die Menschen zu den auch in Deutschland üblichen Anlässen Geschenke. Ist man zu einem Geburtstag eingeladen, wird kein besonders großes Geschenk erwartet – eine Kleinigkeit reicht. Insgesamt fallen Geschenke kleiner aus und werden auch seltener gemacht.
- **Gesprächsthemen:** Man kann über alle denkbaren Themen sprechen. Echte Tabus gibt es kaum. Im Allgemeinen reden die Ecuadorianer häufiger und intensiver über ihre Kinder, unangenehme Themen wie Konflikte in Familien etc. werden hingegen meist ausgespart (s. S. 217).
- **Gesten und Mimik:** Die meisten international üblichen Handzeichen werden auch in Ecuador verstanden und verwendet. Daneben existieren einige landestypische Gesten (s. S. 223).
- **Homosexualität** wird ungern gesehen und ist nicht öffentlich anerkannt, aber selbstverständlich trotzdem existent. Das heißt, dass im Straßenbild kaum homosexuelle Handlungen vorkommen. Die LGBT-Bewegung erstarkt allerdings immer mehr. Gleichzeitig machen in letzter Zeit sogenannte Umerziehungskliniken zur Bekämpfung der Homosexualität von sich reden.
- **Kinder:** Niemand fühlt sich durch die Anwesenheit von Kindern gestört. Sie sind ein selbstverständlicher Teil des öffentlichen Lebens. Ecuadorianische Kinder wirken normalerweise sehr fügsam, von ihnen

wird in einem höheren Maße Gehorsam erwartet als in Deutschland (s. S. 249).

- **Krankheiten:** Man muss als Tourist keine übertriebene Angst vor Krankheiten haben und sollte sich bei Lebensmitteln und Speisen auf sein Bauchgefühl verlassen! Sollte man doch einmal erkranken, kann in einer der vielen niedergelassenen Praxen *(consultorios)* Hilfe gesucht werden. Dort bezahlt man bar oder mit Kreditkarte. Die Rechnungen werden im Allgemeinen von den deutschen Auslandskrankenversicherungen erstattet. Die deutsche Botschaft informiert über deutsch-

sprachige Ärzte. In öffentlichen Krankenhäusern wird man kostenlos behandelt, die Medikamente zahlt man selbst. In den größeren Städten gibt es Privatkliniken, dort wird man gegen Vorlage einer Kreditkarte behandelt.
- **Kriminalität** ist deutlich weiter verbreitet als in Europa. Dies gilt insbesondere für Diebstahldelikte und Überfälle. Man sollte seine Wertgegenstände nicht offen zur Schau stellen und im Dunkeln nicht alleine unterwegs sein, sondern sich ein Taxi nehmen. Auf keinen Fall sollte man im Falle eines Überfalls den Helden spielen (s. S. 272)!
- **Kritik (im Gespräch):** In Ecuador übt man viel seltener und viel dezenter Kritik als in Deutschland. Wenn Ecuadorianer etwas kritisieren, bekommen es die Deutschen oft gar nicht mit, so nett ist es verpackt. Die in Deutschland verbreitete Mentalität, sich erst mal zu beschweren oder gründlich nach Kritikpunkten zu suchen, stößt in Ecuador auf Unverständnis. Man sollte es sich daher gut überlegen, ob man wirklich Kritik üben möchte (s. S. 208)!
- **Moralkodex:** Die vorherrschenden Wertevorstellungen sind von katholisch-christlichen Werten geprägt. In Teilen werden diese Werte durch den Einfluss der Globalisierung oder durch Sachzwänge unterwandert. Auch der indigene Wertekanon wird als modellhaft angesehen. Er kann mit der Formel „nicht stehlen, nicht lügen und nicht lasterhaft sein" beschrieben werden (s. S. 251).
- **Müll:** Noch findet Mülltrennung nicht wirklich oft statt, aber sie verbreitet sich zunehmend. Hinzu kommt, dass Recycling durch die Armut eine viel größere Rolle spielt. Daher gibt es viele Menschen, die Wertstoffe sammeln. Billiger sind die Waren, die wenig Verpackung haben, oder Flaschen, die wiederverwendet werden. Leider drängt auch in Ecuador die Plastikindustrie andere ressourcenschonende Verpackungen zurück (s. S. 190).
- **Patriotismus:** Die meisten Ecuadorianer lieben ihr Land. Sie zeigen dies auf eine Art und Weise, die selten unangenehme Tendenzen aufweist. Viel eher möchte man sich dem Lob direkt anschließen. Seit langem spiegelt sich die nationale Befindlichkeit in dem ursprünglich bei

◁ In der Altstadt von Quito wird Flagge gezeigt

Extrainfo 2 (s. S. 9): Eine Reise durch Ecuador mit dem Blogger Steve Hänisch

Fußballspielen verwendeten Motto „Sí, se puede" – „Ja, wir schaffen das!" wider, was angesichts der vielen Miseren Ecuadors mitunter wie eine Durchhalteparole wirkt (s. S. 165).

- **Post:** Auf die ecuadorianische Post ist kein Verlass. Firmen nutzen daher neben E-Mail, Fax und Telefon auch Hausboten oder private Kurierdienste. Private Busunternehmen verfügen über ein sehr gut ausgebautes und zuverlässiges System der Waren- und Briefverschickung zwischen den Städten. Postkarten nach Europa erreichen im Allgemeinen ihr Ziel. Auf dem umgekehrten Weg gibt es allerdings häufiger Probleme.
- **Pünktlichkeit:** In Ecuador wird weniger auf Pünktlichkeit geachtet als in Deutschland. Jedoch setzen viele Leute bei Deutschen eine gewisse Pünktlichkeit voraus und stellen sich darauf ein. Je nach Situation kann eine Verspätung von bis zu zwanzig Minuten noch als beinahe pünktlich angesehen werden (s. S. 228).
- **Rauchen:** Man sollte vor dem Anzünden einer Zigarette fragen, ob man damit niemanden belästigt, zudem sollte man in Restaurants um einen Aschenbecher bitten. Rauchen wird an vielen Orten nicht gerne gesehen, obwohl keine Schilder darauf hinweisen. In Ecuador rauchen wesentlich weniger Menschen als in Europa, allerdings gibt es viele Gelegenheitsraucher, die z. B. auf Partys rauchen.
- **Sprache:** Man sollte vor der Anreise zumindest ein kleines bisschen Spanisch lernen! Durch ein wenig Aufwand kann so die Freude am Aufenthalt um ein Vielfaches gesteigert werden. Das ecuadorianische Spanisch der Anden wird sehr deutlich ausgesprochen und ist leicht zu verstehen. Schwieriger wird es an der Küste, wo viele Konsonanten verschluckt werden. Die Ecuadorianer sind tolerant gegenüber sprachlichen Defiziten und bemühen sich nach Kräften zu ergründen, was ein Tourist sagen will. Mit Englisch kommt man nicht wirklich weiter (s. S. 201).
- **Statussymbole:** Die typischen westlichen Statussymbole spielen auch in Ecuador eine wichtige Rolle. Markenartikel, große Autos, neueste Technik und schicke Häuser gelten für viele Menschen als erstrebenswert.
- **Toilette:** Aufgrund von Verstopfungsgefahr sollte kein Papier in der Kloschüssel entsorgt werden, sondern im nebenstehenden Eimer, da die Rohre ziemlich dünn sind. Auf dem Land spült man mitunter per Hand, indem man mit einem Eimer Wasser aus einem Fass schöpft. Toiletten sind mit der Aufschrift „Servicios", „SSHH" (*servicios higiénicos*) oder „Baños" gekennzeichnet. „Damas/ Señoras" steht für Damen, „Caballeros/ Señores" steht für Herren.

- **Trinkgeld:** Trinkgeld kann man in Taxis oder Restaurants geben, es wird aber nicht unbedingt erwartet. In Restaurants ist ein Aufpreis für den Service häufig direkt auf der Rechnung aufgeführt. Für kleinere Dienstleistungen (beispielsweise Straßenjungen, die einen Parkplatz suchen oder auf das Auto aufpassen) sollte man immer ein bisschen Kleingeld in der Tasche haben.
- **Vegetarier:** In Ecuador gibt es viele leckere vegetarische Speisen und Backwaren. Dennoch ist es in Restaurants gar nicht so einfach, etwas rein Vegetarisches zu bekommen. Oftmals werden auch die eigentlich fleischlosen Gerichte mit ein bisschen Speck oder tierischem Fett zubereitet. In den großen Städten und den Touristenorten gibt es einige vegetarische Restaurants (s. S. 260).
- **Verkehrsmittel**: Vorsicht, Autos haben immer Vorfahrt! Sie rechnen auch nicht damit, dass ein Fußgänger denkt, dass der Fahrer bremsen wird. Statt zu bremsen, wird gehupt. Auf der Straße sollte man unbedingt schauen, wo man hintritt, denn es gibt zahlreiche ungesicherte Löcher und andere Fallen (s. S. 276).
  – **Auto:** Nicht so sehr auf die Verkehrsregeln achten, sondern auf den Verkehr. Autos werden häufig geklaut, daher sollte man sein Fahrzeug nur auf bewachten Parkplätzen abstellen.
  – **Bus:** Das Überlandbusnetz ist sehr gut ausgebaut. Die Busse verkehren häufig und man kommt günstig auch in die entlegensten Winkel des Landes. Busfahren ist eine sehr gute Methode, um Land und Leute kennenzulernen. Das innerstädtische Bussystem ist ebenso gut ausgebaut, für Ausländer allerdings schwer zu durchschauen.
  – **Taxis** gibt es in großer Anzahl. Sie sind vergleichsweise günstig und sicher. Man kann beim Einsteigen nach dem Preis fragen, oftmals wird auf das Taxameter verwiesen. In kleineren Städten gibt es Fixpreise. Taxifahrer sind häufig zu einem Schwätzchen aufgelegt.
- **Wunderdinge:** Reisende berichten häufig von erstaunlichen, geradezu surrealen Erlebnissen in Ecuador. Ein Grund dafür könnte sein, dass oftmals unerwartete Dinge geschehen, diese aber einfach so hingenommen werden. Ecuadorianer sind es gewöhnt, ihre Pläne nicht allzu ernst zu nehmen, da die Umstände eine große Flexibilität und Geduld erfordern.
- **Zeitverständnis:** Der Planungshorizont ist kurzfristig. Teil des Alltags ist es, mit dem Unkalkulierbaren zu leben. Die gegenwartsorientierte Haltung erklären manche Ecuadorianer mit den klimatisch günstigen Bedingungen, die keine genauen Zukunftspläne erfordern. Auch könnte es von dem zyklischen Zeitverständnis der vorspanischen Kulturen herrühren (s. S. 227).

Extrainfo 3 (s. S. 9): Dokumentarfilm über eine Fahrt mit Ecuadors wieder in Betrieb genommener Eisenbahn

Die geschichtlichen Wurzeln

Präkolumbische Zeit | 24

Inkareich | 26

Kolonialzeit | 28

Nationale Unabhängigkeit | 34

Republik Ecuador | 37

Die junge Demokratie | 45

Das neue Jahrtausend – el Nuevo Pachakutik | 48

◁ Die Ruinen von Ingapirca in der Nähe von Cuenca
(Abb.: 100ec fo © Pierre-Jean DURIEU)

Die ecuadorianische Geschichtsschreibung war bis in die 1990er-Jahre von einer nationalistischen Perspektive geprägt. Die Sichtweise der spanischstämmigen Oberschicht dominierte das Geschichtsbild. Die Historiografie begann mit der Eroberung durch die Spanier, die vorherige Zeit wurde weitgehend ausgeblendet (es sei denn, man nutzte sie für nationalistische Zwecke, z. B. um eine Kontinuität zwischen nördlichem Inkareich und der Republik Ecuador herzustellen, die territoriale Ansprüche gegen Peru rechtfertigt). Die Republik wurde als einheitliches Gebilde dargestellt und die Geschichte der großen Staatsmänner erzählt. Die älteren Geschichtsbücher sind voll von heldenhaften Erzählungen über Unabhängigkeitskämpfer und Präsidenten. Seit den 1990er-Jahren bemühen sich jedoch mehr Historiker um eine Neubewertung der ecuadorianischen Geschichte, nun unter Einbeziehung der indigenen und afroecuadorianischen Völker Ecuadors. Dies ist vor allem dem bahnbrechenden Werk „La Nueva Historia del Ecuador" („Die neue Geschichte Ecuadors") des Historikers *Enrique Ayala Mora* zu verdanken, das Mitte der 1990er-Jahre erschien. Die folgenden Ausführungen orientieren sich an seinem Werk.

Die ecuadorianische Vergangenheit lässt sich grob in fünf Epochen unterteilen: die präkolumbische Zeit, das Inkaimperium, die Kolonialzeit, die republikanische Epoche und die Gegenwartsgeschichte beginnend mit der Demokratisierung im Jahre 1978.

Präkolumbische Zeit

Erste Zeichen menschlichen Lebens findet man bereits aus der Zeit um 10.000 v. Chr. Aller Wahrscheinlichkeit nach handelt es sich um Besiedlung durch die Völkerwanderung aus Asien über die Behringstraße nach Amerika (ca. 40.000–25.000 v. Chr.). Die ersten Volksgruppen mit unterschiedlich weit entwickelten Kulturen lassen sich in der Küstenregion nieder. Ab ca. 4000 v. Chr. entstehen erste ackerbaubetreibende Kulturen, von denen heute noch zahlreiche kunstvoll gefertigte Töpfererzeugnisse zeugen. Hauptnahrungsmittel neben Fisch ist Mais. Die erste bekanntere Kultur ist die der *Valdivia* ca. 3500 v. Chr., die nach knapp 2000 Jahren von der **Machalilla-Kultur** abgelöst wird. Noch heute sind im Machalilla Nationalpark bei Puerto López ihre Spuren zu besichtigen. Hier tritt zum ersten Mal die Sitte in Erscheinung, durch spezielle Methoden Schädeldeformationen zu erzeugen, die pyramidenähnliche Köpfe entstehen lassen.

Archäologische Funde deuten darauf hin, dass die Region ein Kreuzungspunkt der Kulturen Amerikas ist. Artefakte lassen auf einen regen Austausch mit anderen Völkern schließen, der über den Pazifik, den Amazonas, aber auch durch das zentrale Andenbecken stattfand. Besonders deutlich wird das ab ca. 1500 v. Chr. in der **Chorrera-Kultur,** mit der eine Expansion der besiedelten Gebiete des Küstentieflands einhergeht und deren Einfluss sich bis nach Zentralamerika auswirkt. Ab ca. 500 v. Chr. ist ein starker Bevölkerungsanstieg zu verzeichnen, die Siedlungen werden städtischer und politisch autonomer. Damit geht eine regionale Differenzierung einher und die Chorrera-Kultur verzweigt sich in zahlreiche Nachfolgekulturen. Im Küstentiefland sind dies die Volksgruppen der *Jambelí, Bahía, Guangalá, Jama Coaque, Huancavilcas, Daule, Tejar* und der *La Tolita*. In den Anden siedeln die *Capulí, El Angel, Chaullabamba* und die *Tuncahuán*. Im Amazonastiefland sind es die *Yasuní-* und *Cosanga-Pillaro-*Kulturen. Ihnen gemeinsam war eine hochentwickelte Kunstfertigkeit, in der jede einzelne Kultur ihren individuellen Stil entwickelte. Auch hier findet man wieder viele stilistische Ähnlichkeiten zu Völkern in Mittelamerika und dem heutigen Peru.

Ab ca. 500 n. Chr. ist eine regionale Integration zu verzeichnen, die wahrscheinlich auf ein verstärktes Bevölkerungswachstum zurückzuführen ist. Es formieren sich **größere politische Einheiten** zu sogenannten *cacicazgos* oder *señorios étnicos*, die sich über Verwandtschaftsverhältnisse und ethnische Zugehörigkeit definieren. Hier findet nun eine soziale Schichtung statt, d. h., Autoritätsverhältnisse bilden sich aus, es formiert sich eine Führungskaste. Auch in den Überbleibseln dieser Phase erkennt man, dass die Landschaft schon den Bedürfnissen der Menschen angepasst wird: Es werden Terrassen angelegt, Brunnen ausgeschachtet, Grabhügel gebaut. Aus dieser Entwicklung gehen **vier wichtige Kulturen** hervor: an der Küste von Nord nach Süd die Atacámes-Kultur, die Manta-Kultur und die Milagro-Kultur, die Milagro-Quevedo-Kultur im Inneren des Küstentieflandes. In der Sierra (Hochland) finden zunächst keine solche Integrationsbewegung statt. Später beginnen einzelne Stämme in den Anden zu erstarken (*Caranqui, Cochasquí, Otavalo* und *Cayambe* im Norden der Sierra, im Süden *Píllaro, Sigchos, Puruhás* und noch weiter südlich die *Cañaris*) und das heutige Quito bildet sich unter den *Quitu* als wirtschaftliches und politisches Zentrum heraus.

Ab ca. 900 n. Chr. beginnt der Stamm der **Cara** von der Küste aus, die Dominanz über andere Volksgruppen zu gewinnen und sich bis in die Andenregion auszubreiten. Er erobert bis 1000 n. Chr. das Reich der *Quitu* und alle zu diesem Herrschaftsgebiet gehörigen Stämme. Bis 1300 n. Chr. dehnen die *Caras* ihr Herrschaftsgebiet bis ins heutige Kolumbien und im Süden bis zu den *Puruhás* in der heutigen Provinz Chimborazo aus. Beide Reiche vereinigen sich durch Heirat und es entsteht das **Großreich der Quitu.**

Es bilden sich Allianzen mit den *Cañaris* und den Stämmen der Küste, auch im Hinblick auf Schutz gegen das sich von Süden ausbreitende *Tahuantinsuyo* – das **Inkareich.** Nach einer Periode der kriegerischen Auseinandersetzungen gelingt es schließlich dem 14. Herrscher der Inka im Jahre 1475 die *Quitu* zu besiegen. Der 15. *Shyri* (Herrscher), der *Quitu Shyri Duchicela*, fällt in der Schlacht und seine Tochter *Paccha* heiratet den Inka-Herrscher *Huayna Capac*. Damit erlangt das Inkareich seine größte Ausdehnung.

Inkareich

Die Inkas begannen 1200 n. Chr. unter ihrem Herrscher *Manco Capac* sich über das heutige Peru auszudehnen. In den folgenden 250 Jahren expandierten die Inkas immer weiter nach Norden, bis sie schließlich das heutige Ecuador erreichten. **Huayna Capac,** ein Nachfahre *Manco Capacs*, wurde bereits in Tomebamba, dem heutigen Cuenca geboren. Ihm gelang zwar die Expansion ins nördliche Andenbecken, nicht aber die Eroberung der Küstengebiete und des Amazonastieflands. Trotz der relativ kurzen Zeit der Inkaherrschaft im ecuadorianischen Hochland haben die Inkas bis heute markante Spuren hinterlassen. Sie konsolidierten ihre Macht durch die strategische Position ihrer Verwaltungszentren in den Städten der alten Herrscher (Tomebamba, Riobamba, Latacunga, Quito, Caranqui) und in einem exzellenten Straßensystem. Das gesamte Reich war von Süd nach Nord mit Straßen durch das Andenbecken verbunden. Durch Staffelläufer war es möglich, in 8 Tagen 2000 km zu überwinden. Noch heute trifft man in den Anden an vielen Stellen auf den *Camino del Inca* oder auf Quichua *Inga —an*, den „Weg der Sonne", häufig verläuft er parallel zur Panamericana (der längsten Straße Amerikas von Alaska bis Feuerland, die östlich durch die Gebirgsketten des Kontinents verläuft).

Ganz wichtig war auch die **Sprache.** Die Inka waren diejenigen, die das Quichua als Handelssprache im ganzen Andenraum etablierten. Eine andere Technik, ihre Macht zu sichern, war die Umsiedlung ganzer Dorfgemeinden, die sich als rebellisch zeigten. Auch im landwirtschaftlichen Bereich führten die Inkas Neuerungen ein. Sie brachten **neue Agrarprodukte** wie Yucca, Süßkartoffel, Koka und Erdnüsse. Die Bewirtschaftung geschah durch *ayllus* – landwirtschaftliche Kollektive mit einem Stück Land für den Eigenbedarf einer Familie. Bis heute gibt es in indigenen Gemeinden dieses System. Wichtigste Stadt des nördlichen Inkareichs war Tomebamba, das heutige Cuenca. Die Inkaherrschaft förderte durch den Warenaustausch zunächst den Wohlstand der unterworfenen Völker. Mit

der Zeit jedoch nahm die Herrschaft zunehmend autoritärere Züge an. Die privilegierte Priesterklasse konnte ihre Macht nur durch harte Unterdrückung der unterworfenen Völker aufrechterhalten. *Huayna Capac* vergrößerte durch die Einverleibung der *Quitus* das Reich, jedoch legte er auch die Basis für das Auseinanderbrechen. *Paccha* war seine Zweitfrau, aus dieser Verbindung ging der in Quito geborene **Atahualpa** hervor. *Huayna Capac* hatte bereits eine Frau in Cuzco, die ihm seinen ersten Sohn **Huáscar** gebar. Er entschied, dass nach seinem Tod der nördliche Teil des Reiches unter der Verwaltung *Atahualpas* stehen sollte, während *Huáscar* den südlichen Teil verwaltete, aber als oberster Herrscher des ganzen Territoriums verblieb. Diese administrative Teilung führte bereits nach wenigen Jahren zu einem äußerst blutigen Krieg zwischen den beiden Halbbrüdern, die Historikern zufolge von jeher in einem starken Konkurrenzverhältnis standen. *Atahualpas* Truppen besiegten *Huáscar* nach langen, das ganze Reich erschütternden Kämpfen. Bis heute wird *Atahualpa* als eine Art Urvater der Ecuadorianer angesehen. Auch seine hohen Generäle werden heute noch als Nationalhelden verehrt, z. B. *Rumiñahui*, *Quis-Quis* und *Calicuchima*.

Die Ruinen von Ingapirca sind ein beeindruckendes Zeugnis der Inkazeit

Auf dem Weg zu den Krönungsfestivitäten im fernen Cuzco beschloss *Atahualpa* nach seinem Sieg über *Huáscar* in den Heilbädern Cajamarcas (nördliches Peru) Halt zu machen. Dort kam es am 16. November 1532 zu dem folgenreichen Treffen zwischen *Atahualpa* und *Francisco Pizarro*, dem Anführer von kaum 200 spanischen Soldaten auf der Suche nach Reichtümern und Macht. *Atahualpa* wurde gefangen genommen und die Spanier forderten ein Lösegeld, das aus einem bis an die Decke gefüllten Raum voller Gold bestand und bis heute als das größte Lösegeld der Geschichte gilt. Obwohl *Atahualpas* Gefolgsleute der Forderung nachkamen, wurde er nach einem Jahr Gefangenschaft in einem Schauprozess hingerichtet.

Kolonialzeit

Die Antwort auf die Frage, wie es die wenigen **Spanier** schaffen konnten in relativ kurzer Zeit ein so großes Reich wie das der Inka zu erobern, setzt sich aus verschiedenen schicksalhaften Verknüpfungen zusammen. Ein Hauptgrund war die innere Situation des Inkareiches, das nach dem Bruderkrieg erheblich geschwächt war und keinen Zusammenhalt mehr bot. Schon vor dem Krieg beruhte die Einigkeit des Großreiches auf Autoritätsstrukturen. Für die Spanier war es ein leichtes, unter den zahlreichen unterjochten Stämmen und den Gegnern *Atahualpas* Verbündete zu finden, die bereit waren, sich gegen *Atahualpa* zu verschwören. Die **Hinrichtung Atahualpas** 1533 hinterließ bei seinen Gefolgsleuten einen starken Eindruck, das Reich hatte seinen obersten Inka verloren. Die Spanier wussten diese Situation geschickt zu nutzen: Mit ihren Pferden, Kampfhunden und Schusswaffen verstanden sie es, sich großen Respekt zu verschaffen. Wie vorher in Mexiko spielten sie auch hier anfangs mit ihrer **Inszenierung als gottähnliche Wesen** mithilfe ihrer Pferde und Kanonen. Zusammen mit ihren Allianzen gelang es den Spaniern bald, nach Norden vorzustoßen, den erbitterten Widerstand einiger Generäle *Atahualpas* zu brechen und Quito einzunehmen. *Pizarro* übertrug die Befehlsobergewalt dem Konquistador *Sebastián de Benalcázar*, der im Dezember 1534 die Stadt San Francisco de Quito auf der zerstörten ehemaligen Hauptstadt der *Quitus*

▷ Das Kloster San Francisco in Quito

gründete. Die Spanier installierten sich dort, um von da aus weitere Eroberungszüge in den Norden zu unternehmen. *Pizarro* selbst machte sich auf dem unbekannten Kontinent gen Süden auf.

Die **Eroberung der Gebiete des heutigen Ecuadors,** an der nur ca. 2000 Spanier beteiligt waren, nahm knapp zwei Jahrzehnte in Anspruch. Das hohe Entwicklungsniveau des Inkareiches half den Spaniern einerseits, der Region in relativ kurzer Zeit ihre Reichtümer zu entziehen. Andererseits konnten die bereits vorhandenen Strukturen von den Eroberern genutzt werden, um die Bevölkerung des Andenbeckens zu befrieden.

Die folgende Kolonialzeit sollte 300 Jahre dauern. Das erste Drittel war geprägt durch die Eroberung, die **Aufteilung in Verwaltungseinheiten** und den Kampf um die Beute. Zunächst wurden die eroberten Gebiete in Provinzen aufgeteilt, deren Gouverneure die ehemaligen Konquistadoren waren. Unter diesen entbrannte bald ein heftiger **Streit um Macht und Beute.** Sie versprachen sich von der Eroberung unermessliche Reichtümer und vermuteten große Gold- und Edelsteinvorkommen in der Neuen Welt. 1541 wurde eine Expedition ausgerüstet, um das *„El Dorado"* („Goldland") oder zumindest das *„país de la canela"* („Land des Zimts") zu finden. Hierbei wurde der Amazonas entdeckt.

Bald versuchte die Krone durch die *„leyes de las indias"* („Gesetze für Indien") der Kolonisierung einen administrativen Rahmen zu geben, zumal sie selbst sich ihren feudalen Anteil sichern musste. Zunächst wurde 1535 das **Vizekönigreich Neu Spanien** gegründet, das Nord- und Zentralameri-

ka, die Karibik und das heutige Venezuela umfasste. 1543 folgte die Gründung des **Vizekönigreichs Peru,** das das restliche Hispanoamerika umfasste. Der Vizekönig war oberster Repräsentant der Krone, die dadurch ihre Macht festigen wollte. Da das Gebiet des heutigen Ecuadors geografisch relativ abgeschnitten war, entstand hier 1563 eine kleinere Verwaltungseinheit – die **„Real Audiencia de Quito"** (königlicher Gerichtsbezirk Quito) –, die zunächst Teil des Vizekönigreichs Peru war. Sie wurde nach der Unabhängigkeit juristische Grundlage für ihre Nachfolgerin, die Republik Ecuador. Die *audiencias* waren eigenständige Gerichtsbezirke, die in bestimmten Dingen dem nächstgrößeren Vizekönigreich, in anderen aber direkt der Krone unterstanden. Auch die Kirche spielte eine Rolle bei der Kolonisierung des Landes. Mehrere Orden waren um die **Missionierung** bemüht. Die Franziskaner brachten den Weizen in die Neue Welt und etablierten so den Getreideanbau. Schon 1545 wurde die erste Diözese gegründet, die sich vom Süden des heutigen Kolumbiens über Ecuador bis in den Norden Perus erstreckte. Von einer vollständigen Kolonisierung kann man aber lange Zeit nur in der Sierra (Hochland) sprechen. Oriente (Amazonastiefland) und Costa (Küste) waren durch ihre natürlichen Gegebenheiten nur sehr schwer zugänglich. An der Küste gab es zwar punktuelle Siedlungen, so wurde Guayaquil schon 1537 gegründet, weite Gegenden des Hinterlandes waren jedoch nicht erschlossen. Für das Amazonastiefland gilt das in noch stärkerem Ausmaß, erst im 17. Jahrhundert wurden hier einige Missionsstationen gegründet. Und bis heute ist die ecuadorianische Amazonía (Amazonastiefland) nicht vollständig erschlossen. Diese Gebiete boten durch ihre schlechte Zugänglichkeit Rückzugsmöglichkeiten für den Teil der Bevölkerung, der sich nicht den Spaniern beugen wollte.

Die Bewohner der Anden gerieten durch die neuen Herrscher in eine miserable Situation. Eines der Hauptziele der Eroberung war die Gewinnung von Edelmetallen und anderen Reichtümern. Die Spanier beuteten die Ureinwohner aus, indem sie deren Arbeitskraft zur Verwirklichung ihrer Ziele einsetzten. Die „Real Audiencia de Quito" hatte im Vergleich zu anderen Gebieten in den Anden verhältnismäßig wenig Edelmetalle zu bieten. Dafür aber außerordentlich fruchtbare Böden. Daher wurde die Region als Lieferant von Agrarprodukten und Webwaren für die Bergbaugebiete im heutigen Bolivien genutzt. Aus wirtschaftlicher Perspektive wurden hier die Grundsteine gelegt für eine Wirtschaftsstruktur, die auf den Außenmarkt ausgerichtet ist. Aus sozialer Perspektive liegt hier der Anfang einer Gesellschaftsstruktur, die der einer mittelalterlichen Ständegesellschaft gleicht. Die große Mehrheit ist dafür verantwortlich, dass es einigen wenigen gut geht. Dafür musste sie in einem sklavereiähnlichen

Abhängigkeitsverhältnis arbeiten. Zwar gibt es bestimmte Mechanismen zur Ausbeutung der Indígenas heute nicht mehr, dennoch ist die Gesellschaftsstruktur in Ecuador nach wie vor höchst ungerecht und ungleich.

In der Kolonialzeit wurde zur **Ausbeutung der Indígenas** zunächst die *encomienda* geschaffen, die an das europäische Lehnswesen erinnert: Den spanischen Siedlern wurde ein Territorium zur Verfügung gestellt mitsamt den indigenen Bewohnern. Dafür mussten sie dort lebende Indígenas missionieren und der Krone einen Tribut leisten. Die Indígenas hatten Frondienst zu verrichten. Auf diese Weise wurde das Hochland in große Landgüter (*encomiendas* oder später *haciendas*) aufgeteilt, die die Städte mit Lebensmitteln versorgten.

Das Encomienda-System wurde von einer Form der **Zwangsarbeit,** der sogenannten *mita* abgelöst. Die *mita* ist eine Institution, die bereits die Inkas eingeführt hatten und die von den Spaniern insbesondere ab dem 17. Jahrhundert übernommen wurde. Jeder Indígena, der dazu imstande war, musste einen einjährigen Dienst für die Krone ableisten, sei es im Bau von Straßen, Kirchen, öffentlichen Gebäuden, Manufakturbetrieben oder auf einer Hazienda. Dieser Dienst wurde sehr gering entlohnt, sodass sich die meisten Leute verschuldeten und in einer Art Schuldknechtschaft über Generationen hinweg ihrem Dienstherrn treu bleiben mussten.

Die **Kirche spielte eine wichtige Rolle** in der kolonialen Gesellschaft. Sie war für die Evangelisierung und die Bildung zuständig, außerdem lieferte sie durch den Missionsgedanken die ideologische Begründung für Eroberung und Ausbeutung. Mit der Zeit wurde sie zu einem der größten Großgrundbesitzer. Durch ihre kulturvermittelnde Funktion war sie Hort für die Intellektuellen und Künstler, unter denen sich viele Indigene und Mestizen befanden, die den Stil der *„Escuela de Quito"* („Schule von Quito") entscheidend mitprägten. Diese besondere architektonische und künstlerische Stilrichtung erlebte ihre Blüte Mitte des 17. Jahrhunderts.

Die **soziale Pyramide** der Kolonialzeit war relativ eindeutig: Die Spitze bildeten die **Spanier.** Als Verwaltungsbeamte der Krone, als Ordensleute, Händler oder *encomenderos* (Inhaber eine *encomienda*) kontrollierten sie die Geschicke der Kolonie und waren von körperlicher Arbeit befreit. Sozial niedriger gestellt waren die **Kreolen,** in Amerika geborene Personen spanischer Abstammung. Darauf folgten diejenigen mit indigenen Anteilen. Die breite Basis bildeten die unvermischten **Ureinwohner,** die zunehmend die Kontrolle über ihr Land und ihr Leben verloren. Sie wurden als Zwangsarbeiter vereinnahmt und ihre eigenen Anbaugebiete in immer abgelegenere und höhere Gebiete gedrängt. Einige entzogen sich diesem Prozess durch den Rückzug in die nicht kolonisierten Gebiete der Amazonía und der Küste. Indígenas hatten kaum eine Chance, in höhere

Gesellschaftsschichten aufzusteigen, denn die Kolonialherren achteten sehr darauf, den Weißen ihre Privilegien zu sichern. So musste man für einen Posten in der Verwaltung die *„pureza de sangre"* („Reinheit des Blutes") nachweisen – „reines Blut" war solches ohne indigenen Einschlag. Trotzdem ergaben sich durch die zahlreichen Abhängigkeitsverhältnisse viele **Berührungspunkte zwischen Europäern und Urbewohnern.** Die spanische Sprache wurde alsbald mit vielen Quichua-Begriffen angereichert, die Indígenas adaptierten europäische Formen der Landwirtschaft, der Katholizismus wurde trotz seiner Unterdrückungsfunktion bereitwillig von der Bevölkerung angenommen und ihren eigenen Bedürfnissen angepasst.

Dieser Prozess wurde dadurch beschleunigt, dass es zu einer **Vermischung der Spanier mit der Urbevölkerung** kam. Die spanischen Kolonien in Übersee wurden in besonderem Maße von Männern besiedelt. Die spanische Krone betrieb keine gezielte Familienbesiedelungspolitik, wie sie beispielsweise in Nordamerika stattgefunden hatte. Eine starke Vermischung fand überall dort in Amerika statt, wo bereits Hochkulturen existierten. Noch heute erkennt man das deutlich an dem hohen mestizischen (Menschen, die sowohl indigene, als auch europäische Elemente in sich tragen) Bevölkerungsanteil in Mexiko, Zentralamerika und der Andenregion. Von Anfang an vermischten sich die spanischen Konquistadoren mit indigenen Frauen: Katholische Ordensleute hatten lange Zeit das Recht der ersten Nacht, indigene Väter suchten bewusst ihre Töchter mit Spaniern zu vermählen. Zahlreiche Prozesse dieser Art führten dazu, dass sich im Laufe der Zeit eine große Zwischenschicht in der Kolonialgesellschaft ausbildete: die **Mestizen.** Da ihnen der Zugang zu höheren Ämtern verwehrt blieb, waren ihre Aufgaben in der Landwirtschaft, dem städtischen Kleinhandel und im Kunsthandwerk zu suchen. Mit den Jahrhunderten vergrößerte sich der Anteil der Mestizen an der Bevölkerung zunehmend, heute bilden sie die Basis der ecuadorianischen Gesellschaft.

Ab Mitte des 17. Jh. wurden auch **schwarze Sklaven** nach Ecuador deportiert, um den Arbeitskräftemangel zu kompensieren. Sie bildeten das unterste Segment der Kolonialgesellschaft, doch auch sie tragen einen wichtigen Anteil an der *mestizaje* (Vermischung) und der Herausbildung einer spezifischen ecuadorianischen Seinsform Jahrhunderte später.

Mit fortschreitender Kolonialisierung wurde es für die spanische Krone schwieriger, ihren Einfluss auf die überseeischen Gebiete aufrechtzuerhalten. Zum Beispiel war es den Kolonien untereinander nicht gestattet, selbstständigen **Handel** zu treiben, alle Waren sollten dem Mutterland dienen. Nur war das praktisch kaum durchführbar. So existierte schon früh ein reger Austausch zwischen Guayaquil und südlicheren Gebieten, der intensiver war als zwischen Costa und Sierra. Mit der Zeit etablierten sich in den kolonialen Zentren eigene städtische Eliten, die zwar spanischstämmig waren, aber z. T. schon seit Generationen in Amerika lebten. In Amerika geborene Spanier nannte man **Kreolen**. Zwischen ihnen und den spanischen Verwaltungsbeamten, die nur vorübergehend nach Übersee geschickt wurden, entwickelte sich eine Konkurrenzsituation. Waren die Beamten dafür zuständig die Rechte und Besitzansprüche der Krone zu vertreten und die Handelsströme aus den Gebieten abzuziehen, hatten die Kreolen ein lebhaftes Interesse daran ihre wirtschaftlichen und politischen Vorteile vor Ort zu wahren.

Im 18. Jh. zeigten sich in allen überseeischen Gebieten Spaniens die **Spuren von 200 Jahren Ausbeutung.** Die indigene Bevölkerung war durch Seuchen und Knechtschaft stark dezimiert. Es fehlte an Arbeitskräften, weshalb immer mehr afrikanische Sklaven in die Kolonien geschafft wurden. Die Bodenschätze im heutigen Peru und in Bolivien waren langsam aufgebraucht, was auch für die „Real Audiencia de Quito" verheerende Folgen hatte. Als Lieferant von Textil- und Agrarprodukten zu den Minen brachen für sie ihre wichtigsten Märkte weg. Außerdem wollte das neue Herrschergeschlecht in Spanien, die Bourbonen, die Wirtschaft Spaniens stärken und gegen die englische und französische Konkurrenz schützen. So wurde die industrielle Eigenproduktion der Kolonien eingeschränkt, um spanische Produkte in den Kolonien verkaufen zu können. Gleichzeitig wurde mit den **bourbonischen Reformen** versucht, durch eine administrative Neugliederung eine straffere Bindung ans Mutterland zu gewährleisten. Neben strengeren Gesetzen zur Kontrolle der Kolonien wurde im Jahr 1717 ein neues Vizekönigreich geschaffen: Neugranada im Norden Südamerikas. Die „Real Audiencia de Quito" wurde dem neuen Vizekönigreich angegliedert, wechselte in der Folge aber mehrfach verwaltungstechnisch zwischen den beiden Machtblöcken Peru und Neugranada.

Durch die **wirtschaftlichen Entwicklungen im 18. Jh.** sank die Bedeutung der Textilindustrie zugunsten des Großgrundbesitzes. Die Ländereien bildeten wieder die Hauptstütze der Volkswirtschaft auf Kosten der Indígenas. Eine neue Form der Abhängigkeit zwischen Hazienda und Landarbeiter wurde geschaffen: Die *concertaje* – auch sie beruhte darauf, die Menschen durch Verschuldung in einer Quasi-Sklaverei zu halten. Durch die Einschränkung der Macht des Klerus und die Ausweisung der Jesuiten erstarkten die kreolischen Großgrundbesitzer zunehmend. Gegen Ende des Jahrhunderts wurde an der Küste immer mehr Kakao angebaut und exportiert, was die Wirtschaft dieser Region anzukurbeln begann und so ihre Bevölkerungszahl ansteigen ließ.

Nationale Unabhängigkeit

Quito war der Schauplatz, wo am 10. August 1809 die **erste Unabhängigkeitserklärung** in den spanischen Besitztümern Amerikas proklamiert wurde. An diesem Tag trat eine Handvoll aufgeklärter kreolischer Geister unter Führung des *Márquez de Selva Alegre* zusammen und bildete die souveräne Junta von Quito. Diese Geschehnisse sind zunächst nicht direkt auf republikanisches Gedankengut zurückzuführen, sondern auf die Befürchtungen der kreolischen Oberschicht, die napoleonischen Wirren in Europa könnten auf die Kolonien übergreifen. In Spanien waren nämlich inzwischen *Napoleons* Truppen eingefallen, sodass die spanische Krone ihre Regierungsfunktion nicht mehr ausüben konnte und ein Machtvakuum entstand. So rechtfertigten die Aufständischen ihr Handeln zunächst mit Treue zum spanischen König. Doch auch in der „Real Audiencia de Quito" hatten sich in den letzten Jahrzehnten des 17. Jh. aufklärerische Ideen verbreitet. Die französische Kommission zur Vermessung des Äquators mit *Charles Marie de la Condamine,* welche Mitte des Jahrhunderts in Quito weilte, die nordamerikanische Unabhängigkeit, die französische Revolution, die Forschungen *Alexander von Humboldts* in den Anden, all diese Faktoren hatten Einfluss auf die kreolische Elite in Quito und verankerten liberale Ideen in ihren Köpfen. So zeichnete sich gegen Ende des 18. Jh. ein intellektueller und kultureller Aufbruch ab, der mit einer Aufwertung des kreolischen Selbstwertgefühls einherging. Eine wichtige Persönlichkeit dieser Zeit war der Arzt und Journalist *Eugenio Espejo,* er schaffte es als Mestize, eine intellektuelle Elite um sich herum zu scharren und, durch seinen Aufenthalt in Frankreich inspiriert, liberale Ideen in die Gesellschaft Quitos zu tragen.

Nachdem 1812 die alte Ordnung durch die Spanier wiederhergestellt war, zeigte sich immer deutlicher, dass im Laufe der Zeit die **spanischstämmigen Kolonialbewohner eine eigene Identität entwickelt** hatten und sich nicht mehr mit der „Madre Patria" – Spanien – identifizieren konnten. Die Tatsache, dass Spanien im Laufe der Jahrhunderte seine Kolonien stark vernachlässigt hatte und sich lediglich der natürlichen Ressourcen bediente, tat hier sicherlich ein Übriges. Die Kreolen (spa-

▷ Dieses Monument in Guayaquil erinnert an das historische Treffen zwischen Bolívar und San Martín nach der Schlacht von Pichincha 1822

nischstämmige Amerikaner) waren es müde, hohe Steuern zu zahlen, aber keine wichtigen Verwaltungsaufgaben übernehmen zu dürfen. Die bourbonischen Reformen verstärkten den Unmut, durch die zunehmende Kontrolle wurde den Kreolen ihre Entmündigung durch die Krone erst recht deutlich. Insbesondere die wirtschaftlichen Einschränkungen dürften der kreolischen Oligarchie ein Dorn im Auge gewesen sein und maßgeblicher Grund für die Unabhängigkeitsbestrebungen. Insofern war die Unabhängigkeit keineswegs aus der Idee heraus geboren, die Sozialstruktur der Kolonialgesellschaft grundlegend zu ändern, sondern vielmehr sollten die Privilegien der kreolischen Elite gesichert werden.

Nachdem die Spanier schließlich Truppen senden konnten, um die Ordnung auf dem Kontinent wiederherzustellen, waren die **Autonomiebestrebungen in den südamerikanischen Gesellschaften** weit fortgeschritten und in Reaktion zu den spanischen Truppen bildeten sich in vielen Kolonialzentren kreolische Truppen, die sogenannten *patriotas*. Ab 1812 begannen die beiden großen Befreier Südamerikas – *Simón Bolívar* im nördlichen Südamerika und *San Martín* in Argentinien – Freischärler um sich zu sammeln, um große Befreiungsheere zu gründen.

Auch die **Engländer** hatten ein reges Interesse, die Macht der Spanier in Lateinamerika einzudämmen, denn sie waren auf der Suche nach neuen Absatzmärkten. So unterstützten sie schon den jungen *Simón Bolívar* bei seinen ersten Agitationen in Caracas. Später schickten sie Truppen zur Unterstützung der *patriotas,* oft waren es ehemalige Sklaven aus den englischen Kolonien, besonders aus Jamaica: So erklären sich noch heute englische Nachnamen bei der afroecuadorianischen Bevölkerung. Auch die **schwarze Bevölkerung** Ecuadors schloss sich in großen Teilen den patriotischen Heeren an, denn sie wurden mit Versprechungen wie der endgültigen Abschaffung der Sklaverei und somit der Erlangung ihrer Freiheit nach einem Sieg mobilisiert. War die erste Phase der Unabhängigkeit fast ausschließlich von Personen aus der kreolischen Oberschicht getragen, so gelang es in der Folgezeit, ärmere städtische Gruppen, besonders aus der mestizischen Bevölkerung, für diese Idee zu mobilisieren. Nur die Indígenas solidarisierten sich nicht mit den *patriotas*. Nachdem sie in vorherigen Aufständen gegen die Großgrundbesitzer brutal niedergeschlagen wurden, war ihnen bewusst, dass sich dieser Freiheitskampf nicht auf ihre eigene Freiheit bezog.

Zunächst herrschte in der „Real Audiencia de Quito" zwischen 1812 und 1820 eine trügerische Ruhe. Aber schließlich, als die Heere *San Martíns* und *Bolívars* schon weite Teile Südamerikas von den Spaniern befreit hatten, sprang der Funke auf die Audiencia von Quito über. Am 9. Oktober 1820 erklärt Guayaquil nach einigen Siegen der patriotischen Truppen über die Royalisten seine **Unabhängigkeit.** Kurz darauf Cuenca. Mit Unterstützung des großen Befreiungsheeres und der einheimischen Truppen gelang es unter Führung des Feldmarschalls *Antonio José de Sucre* am 24. Mai **1822 in der Schlacht von Pichincha** bei Quito die königlichen Truppen endgültig zu schlagen. Im Anschluss fand das berühmte Treffen zwischen **Bolívar und San Martín** in Guayaquil statt, wo die Zukunft Südamerikas beschlossen wurde. Noch heute zeugt auf dem *malecón* (Strandpromenade) von Guayaquil ein Denkmal von diesem historischen Treffen.

Unter Marschall *Sucre* trat die ehemalige „Real Audiencia de Quito" bald darauf dem **unabhängigen Staat Großkolumbien** unter Führung *Simón Bolívars* bei. Dessen Traum war es, eine amerikanische Großrepublik zu schaffen. Der große Befreier Südamerikas sollte jedoch schon während der Kämpfe feststellen, dass die Begeisterung über ein Großreich nicht überall vorhanden war. So musste Guayaquil mit Waffengewalt gezwungen werden, sich Kolumbien anzuschließen. „La Gran Colombia" (Großkolumbien) bestand aus dem heutigen Venezuela, Panama, Kolumbien und Ecuador. Dieser Großstaat war jedoch nicht von langem Bestand. Die Rivalitäten der Eliten der ehemaligen Kolonialzentren Quito, Bogotá und Caracas sowie die geografische Größe erschwerten die Konsolidierung einer gemeinsamen stabilen Republik. Am 13. Mai 1830 spaltete sich der südliche Teil ab und am 23. September wurde die **unabhängige Republik Ecuador** ausgerufen mit ihrem ersten Präsidenten *Juan José Flores*.

Republik Ecuador

Die ersten Jahrzehnte der Republik waren durch **politische Instabilität und wirtschaftliche Krisen** gekennzeichnet. Die langen Jahre der Unabhängigkeitskriege hatten die ganze Region wirtschaftlich geschwächt und zudem konnten jetzt ungehindert billige englische Produkte auf die nunmehr ungeschützten und nicht mehr konkurrenzfähigen Märkte drängen. Für die breite Bevölkerung hatte sich durch die Unabhängigkeit kaum etwas geändert, die Indígenas mussten weiterhin den Großgrundbesitzern dienen, da sie kaum noch eigenes Land besaßen. Die Kopfsteuer ging nun nicht mehr an die Krone, sondern an die Regierung, insofern die kleineren Beamten es nicht veruntreuten. Das Wahlrecht war den Leuten mit Bürgerrechten vorbehalten, die wiederum vom Besitz und der Bildung abhingen. In den dreißiger Jahren des 19. Jahrhunderts waren das gerade mal 5 % der Bevölkerung.

Die erste Phase der Republik war gleichzeitig die **Blütezeit des Militär-Caudillismo.** Von den Unabhängigkeitskriegen waren zahlreiche Milizeneinheiten übriggeblieben, die sich um einen *caudillo* – ihren Anführer – scharten. Nach der Unabhängigkeit war es fast unmöglich, diese frei umherschweifenden Banden zu entwaffnen, zumal es kein nationales Militär gab. Um ihre Macht zu konsolidieren, kooperierten die Großgrundbesitzer mit diesen Caudillos. Manche Caudillos schafften es, durch solcherlei Koalitionen ihren Machtbereich erheblich auszudehnen. Viele Präsidenten des 19. Jahrhunderts hatten einen solchen militärischen Hintergrund. Insgesamt trug das erheblich dazu bei, dass sich das politische System nicht stabilisierte, weil das letzte Wort doch immer derjenige mit der größten militärischen Unterstützung hatte. Häufige Präsidentenwechsel, Unruhen und bürgerkriegsähnliche Zustände prägten viele Jahre die ecuadorianische Republik. Bis heute sind es keine ungewöhnlichen Erscheinungen in der politischen Kultur Ecuadors.

Direkt zu Beginn der Republik zeigten sich deutlich die **Gegensätze zwischen Küste und Hochland.** Auch das Machtgerangel der Caudillos verlief hauptsächlich zwischen Costa und Sierra. Die angespannte wirtschaftliche Situation war nach der Unabhängigkeit für die Küste härter als für das Hochland, da sie mehr vom internationalen Handel abhing. Die Küstenregion exportierte damals schon Kakao, Holz und Panama-Hüte und ihren Bedarf an Nahrungsmitteln deckte sie zum Teil mit Importen aus den Nachbarländern, denn die infrastrukturellen Verbindungen zwischen Costa und Sierra waren schlecht ausgebaut. Im Hochland dagegen litt man nicht so sehr unter der Krise, da die großen Haziendas meist autark waren und die Wirtschaftsstruktur auf den Binnenmarkt ausgelegt war.

Somit erfuhren die mit dem Klerus verbundenen Großgrundbesitzer des Hochlands zu Anfang der Republik einen Bedeutungszuwachs. Durch die enge Verbindung der Interessen herrschte in der Hochlandelite eher eine konservative politische Haltung vor, während an der Küste liberale Ideen die Einstellung der Elite beeinflussten. Der Liberalismus der Küste bezog sich allerdings nicht darauf, dem Volk mehr Freiheiten zu verschaffen, sondern es sollten vor allem der Einfluss der Kirche beschnitten und liberale Bedingungen für den Handel geschaffen werden.

Die wirtschaftliche Bedeutung des Kakaos stieg im Laufe des 19. Jh., gegen Ende spricht man gar von einem **Kakaoboom**. An der Küste führte das zu einer intensiven Plantagenwirtschaft mit frühkapitalistischen Zügen. Dadurch entstand ein hoher Bedarf an Arbeitskräften und die feudalen Strukturen wurden gelockert, um Indígenas aus dem Hochland anzulocken. Die ökonomische Expansion der Küste stand schließlich im Gegensatz zur eher stagnierenden Entwicklung im Hochland.

Die Konkurrenzsituation zwischen Küste und Hochland hat bis heute eine große Bedeutung für die ecuadorianische Politik. Damals wie heute ist die geografische Herkunft eines Politikers ausschlaggebend. Fast lässt sich sagen, dass die Herkunft der Präsidenten Ecuadors zwischen Costa und Sierra abwechselt.

Die **innenpolitischen Spannungen** zwischen Küste und Hochland, die 1859 in der Gleichzeitigkeit vier autonomer Regierungen kulminierten, gaben auch falsche Signale ans Ausland. So wurde Ecuador von Peru und Kolumbien angegriffen und Teile seiner Territorien annektiert. Aber dem **Konservativen Gabriel García Moreno** gelang es 1861, die Macht zu ergreifen und durch eine autoritäre Regierungsweise das Land zusammenzuhalten. 15 Jahre lang regierte er und die Verquickung zwischen Politik und Kirche fand unter ihm einen Höhepunkt. Er führte eine theokratische Verfassung ein und weihte das Land dem heiligen Herzen Jesu. Die Kirche war nun alleine für das Bildungswesen und alle Angelegenheiten des Zivilstands zuständig. Die Ausübung der katholischen Religion war Pflicht für jeden Bürger. *García Moreno* zentralisierte und modernisierte das Land. Zudem geriet die Republik in militärische Auseinandersetzungen mit Kolumbien. Durch die Kostenbelastung trieb das Land in eine schwere Finanzkrise. *García* begegnete der Krise, indem er ausländische Investoren ins Land holte, die die Planung der Zugstrecke Quito – Guayaquil in Angriff nahmen. Zu seiner Ermordung im Jahre 1775 gibt es zwei Theorien: Konservative Historiker sehen in dem Mörder *Faustino Rayo* einen liberalen Atheisten, der die Tat aus politischen Motiven beging. Andere Geschichtswissenschaftler sprechen von einem Ehrenmord, da *García* die jüngere Schwester des Mörders schwängerte. *García Moreno* gilt als der

Urvater der Konservativen Ecuadors und bis heute sehen sie es als sein Verdienst an, dass das Land damals nicht endgültig auseinandergebrochen ist. Nach dem Tod *García Morenos* brachen Auseinandersetzungen um seine Nachfolge zwischen Liberalen und Konservativen los, die sich bereits in Parteien formiert hatten.

Die liberale Oligarchie der Costa gründete 1878 die *Partido Liberal Radical* unter *Eloy Alfaro*. 1883 antwortete die konservative Oligarchie der Sierra mit der Gründung der *Partido Católico Republicano*. Bis 1895 konnten die Konservativen knapp die Mehrheiten bei den Präsidentenwahlen behalten, jedoch ging ihr Einfluss insbesondere durch die enormen Steigerungen der Kakaoausfuhren zurück, weil dadurch die Position der Liberalen der Küste erheblich gestärkt wurde.

1895 gelang es dem **General Eloy Alfaro** an die Macht zu kommen und so die liberale Ära einzuläuten. In die Geschichtsschreibung ging dieses Datum als **Beginn der „Liberalen Revolution"** ein. *Alfaro* setzte eine ganze Reihe liberaler Reformen durch, die die Macht der Handelselite Guayaquils konsolidierten und die Macht der Großgrundbesitzer der Andenregion sowie des Klerus stark einschränkten. Die Schulen wurden verstaatlicht, Zivilehe und Scheidung eingeführt, verpflichtende Kirchenabgaben abgeschafft. Außerdem führte *Alfaro* eine Berufsarmee ein, die die Bedeutung der Militär-Caudillos einschränkte und somit eine gewisse politische Stabilität mit sich brachte. Die Verbindungen zwischen Costa und Sierra wurden durch den Bau der Eisenbahn erheblich erleichtert. Über die Küste kamen nun ausländische Konsumgüter ins Hochland, während dieses die Küste mit Grundnahrungsmitteln versorgte. So wurden endlich die Haziendas der Sierra an den Weltmarkt angebunden. *Alfaro* selbst war bis zu seinem Lebensende politisch aktiv; er wurde durch eine von den Konservativen organisierte Straßenrevolte 1911 gelyncht.

Bis heute ist er ecuadorianischer Nationalheld der Liberalen und der Küstenoligarchie. Sogar eine marxistische Guerillatruppe der 1980er-Jahre bezog sich in ihrer Namensgebung auf ihn (die *AVC – Alfaro Vive Carajo*). Jedoch sind es keinesfalls marxistische Ideen, mit denen man *Alfaro* verbindet. Die Ecuadorianer von heute sehen als sein Verdienst den Bau der Eisenbahn und den Laizismus, also die Trennung von Staat und Kirche.

Die Kakaoausfuhren stiegen weiter an und machten 1920 ca. 70% der Gesamtexporte aus. Leider wurden die großen Einnahmen, die in die Hände weniger Familien der Costa flossen, nicht in den Ausbau eines tragfähigen Inlandsmarktes investiert. Hier zeigte sich zum ersten Mal die fatale Abhängigkeit des Rohstofflieferanten Ecuador vom Weltmarkt. Als die Kakaopreise durch die gestiegene Konkurrenz sanken und sich zudem noch eine Pflanzenkrankheit ausbreitete, waren Massenentlassungen und Währungsabwertung die Folge. Hinzu kamen die negativen **Auswirkungen der Weltwirtschaftskrise,** sodass das Land in eine schwere Wirtschafts- und Finanzkrise stürzte, die von politischen Unruhen begleitet wurde.

1925 führte diese Situation zur sogenannten **Juli-Revolution,** die das Ende fast 30-jähriger liberaler Herrschaft besiegelte. Ziel der Putschisten war die Gleichheit der Bevölkerung und sie führten eine Reihe proletarischer Reformen ein. Die Schaffung eines Sozialministeriums, die Einrichtung einer Notenbank, sowie die Einführung des Wahlrechts für Frauen sind diejenigen Neuerungen, die die Zeit überdauerten. Ansonsten änderte sich außer einer gewissen Stärkung der Mittelschicht für das Gros der Bevölkerung nicht viel.

Der Verfall der Weltmarktpreise für Kakao und die Weltwirtschaftskrise Ende der 1920er-Jahre hatten für **verstärkte politische Wirren** gesorgt und verhalfen 1934 dem **populistischen Caudillo José María Velasco Ibarra** zur ersten seiner insgesamt fünf Präsidentschaften (die letzte 1972), in denen er immer wieder gegen die Verfassung verstieß und jedes Mal im Exil landete. *Velasco Ibarra* war durch sein charismatisches Auftreten und seine Fähigkeit, die Massen zu begeistern, ohne dabei ein wirkliches politisches Programm zu haben, ein ideales Mittel der Oligarchie, sozialen Unruhen im Volk zu begegnen, aber die traditionellen Machtverhältnisse beizubehalten. Von ihm soll der Ausspruch stammen: „Gebt mir einen Balkon, und ich werde Präsident." Immer, wenn er zu viel Macht an sich zog, wurde er von den Eliten unter Mithilfe des Militärs abgesetzt. Gelang es der Oberschicht abermals nicht, soziale Krisen unter Kontrolle zu bekommen, wurde er wieder aus dem Exil hervorgeholt. Insofern ist er ein Beispiel par excellence eines südamerikanischen Populisten und seiner Funktion. Auch in der aktuellen Politik Ecuadors lassen sich vergleichbare Persönlichkeiten ausmachen.

Die zwei Dekaden nach dem Ende der liberalen Ära sind durch **zahlreiche Regierungswechsel** geprägt (zwischen 1925 und 1944 gab es 19 Präsidenten und zwei Militärjuntas). Während des Zweiten Weltkriegs war es Ecuador nicht möglich, die Neutralität zu bewahren. Auf Druck der USA mussten die Galapagosinseln und die Halbinsel Santa Elena als Stützpunkte für den Krieg gegen Japan dienen.

Im Februar 1941 besetzten peruanische Truppen den Süden Ecuadors. Im **„Protocolo de Río"** („Protokoll von Río") fand man eine für Ecuador unbefriedigende Lösung, sodass der Grenzkonflikt bis zum Friedensschluss 1998 immer wieder eine Rolle spielen sollte.

Bereits in den 1940er-Jahren deutete sich der zukünftige **Bananenboom** an, der bis heute Ecuadors Wirtschaft prägt. Durch eine gestiegene Nachfrage in Europa und eine Bananenkrankheit in Mittelamerika wuchs der

Der Grenzkonflikt mit Peru

Die Ursprünge dieses Konflikts sind bis zur Eroberung des südamerikanischen Kontinents zurückzuverfolgen. Nicht aber auf das Inkareich, wie das nationalistische Geschichtsbild beider Länder mit Atahualpa und Huáscar jeweils als Urvater der Nation lange Zeit glauben machen wollte. Im Namen der spanischen Krone wurde die Region im 16. Jh. ohne genaue geografische Kenntnisse nach verwaltungstechnischen Gesichtspunkten untergliedert. Sowohl Grenzen als auch Zuständigkeiten der daraus resultierenden Vizekönigreiche, Gerichtsbezirke und Bistümer blieben vielfach unklar und umstritten. Große Gebiete der riesigen Territorien Spaniens in Übersee galten zwar als spanischer Besitz, waren aber nicht erschlossen. Exakte Grenzen waren nicht relevant, denn letztlich gehörte alles der spanischen Krone.

Im Jahre 1542 ist der Amazonas von Francisco de Orellana für die Spanier entdeckt worden. Ecuador und Peru stützten beide lange Zeit ihre Ansprüche an dem Gebiet auf diese Tatsache. Die Ecuadorianer, weil Orellana aus Guayaquil kam und die Expedition von Quito aus startete. Die Peruaner beriefen sich dagegen auf den Befehl zu dieser Expedition durch Francisco Pizarro von Cuzco aus.

Nach der Unabhängigkeit der hispano-amerikanischen Gebiete in den 1820er-Jahren erfolgte die Staatenbildung nach dem Prinzip des uti possidetis iuris, das eine Orientierung an den kolonialen Verwaltungsgrenzen vorsah. Probleme entstanden überall dort, wo diese nicht eindeutig definiert waren. Im Falle Ecuadors und Perus bezog sich das auf weite Teile des Amazonasbeckens, deren Erschließung bis dato noch nicht stattgefunden hatte. Beide Länder beriefen sich auf jeweils unterschiedliche Dokumente der spanischen Krone und reklamierten seit der Staatsgründung ein Gebiet halb so groß wie Deutschland jeweils als das ihre. Da diese Region aber weitgehend unbewohnt war, spielte es während der ersten Etappe der Staatswerdung keine besondere Rolle. 1858 besetzte Peru ecuadorianisches Territorium, um eine Lösung zu erzwingen, die jedoch nach Abzug der Peruaner von den Ecuadorianern verworfen wurde. Nun begannen die Peruaner aber mit der Kolonisierung der umstrittenen Gebiete, sie gründeten die Stadt Iquitos und von da aus starteten sie die Inbesitznahme der Amazonía. Sämtliche Versuche, die Sache auf eine legale Basis zu bringen, scheiterten in den folgenden Jahrzehnten.

In den 1930er-Jahren begann Ecuador, seine Infrastruktur in der Amazonía auszubauen und militärische Posten zu errichten. Die Peruaner fassten das als Mobilisierung auf und besetzten die ecuadorianische Provinz El Oro. Die USA, die angesichts des Zweiten Weltkrieges stark an einer Befriedung des eigenen Kontinents interessiert waren, suchten 1942 im „Protoco-

lo de Río" nach einer schnellen Lösung. Das für die ecuadorianische Seite höchst unbefriedigende Ergebnis gab den peruanischen Maximalforderungen statt und entwickelte sich zum nationalen Trauma, das auch in den folgenden Jahrzehnten ein Zankapfel bleiben sollte.

Genau durch selbiges Trauma gelang es dem Caudillo Velasco Ibarra 1960 ein weiteres Mal, an die Macht zu gelangen. Er erklärte die *nulidad del protocolo*, die „Null und Nichtigkeit" des Protokolls von Río, da der Vertrag unter Druck zustande gekommen wäre und die dem Vertrag zugrunde gelegte Landkarte eine geografische Ungenauigkeit in der Cordillera del Condor aufwies. Für die Ecuadorianer war das ein willkommener Anlass, die ganze Grenzziehung in Frage zu stellen. Auch auf allen Landkarten wurde Ecuador immer noch in seiner ursprünglich beanspruchten Größe dargestellt. Die offizielle Festlegung vom Río-Protokoll wurde als „Linie von Río" in die Karten eingetragen, der 80 km-Abschnitt, wo sich der Río Cenepa in der Cordillera del Condor befindet, wurde als *zona donde el Protocolo de Río es inejecutable* (Zone, wo das Protokoll von Río unausführbar ist) deklariert. So wurde den Bürgern stets präsent gehalten, dass die Peruaner ihnen fast die Hälfte ihres Territoriums rauben wollten. Die Tatsache, dass Ecuador dieses Gebiet nie wirklich besessen hat und Peru es aber seit über hundert Jahren für sich erschlossen hatte, wurde dabei verschwiegen. So war es ein leichtes, bei den kriegerischen Auseinandersetzungen 1981 und 1995 die Unterstützung der Bevölkerung zu erlangen. Außerdem wurden in der umstrittenen Zone wertvolle Ressourcen vermutet. Es fehlt in beiden Ländern nicht an Menschen, die glauben, der ganze Konflikt sei von den Ölfirmen geschürt. Darüber hinaus gibt es noch zahlreiche andere Verschwörungstheorien zu dem Konflikt.

Die Kämpfe fanden beide Male in der Cordillera del Condor statt und jedes Mal beschuldigten sich die Länder gegenseitig, die Aggressionen begonnen zu haben. Das ist logisch, da jede Seite aus Sicht der anderen in fremdes Territorium eingedrungen ist. Die Regierenden sprachen von Krieg, jedoch handelte es sich eher um Scharmützel im tiefen Dschungel, bei denen relativ wenig Opfer zu beklagen waren.

Anteil der Bananen an den Exportgütern bis Ende der 1950er-Jahre bis auf über 50 % an. Ecuador wurde zum weltgrößten Bananenexporteur und ist es bis heute. Infolgedessen waren die 1950er-Jahre durch einen wirtschaftlichen Aufschwung geprägt, der auch positiven Einfluss auf die politische Stabilität hatte: Vier gewählte Präsidenten konnten ihre Amtszeit ordnungsgemäß beenden. Durch die Bananen strömten etliche Devisen ins Land, doch multinationale Konzerne wie die *United Fruit Company*

Nach dem Jahr 1995 wurde die Notwendigkeit eines definitiven Friedensschlusses immer deutlicher, vor allem weil die aktuelle außenpolitische Bedrohung vom nördlichen Nachbarn Kolumbien ausgeht, der durch Guerilla, Paramilitärs und die US-amerikanischen Drogenbekämpfungsstrategien auch die ecuadorianische Grenzregion erschüttert. So unterzeichneten im Jahr 1998 der ecuadorianische Präsident Jamil Mahuad und sein peruanischer Amtskollege Alberto Fujimori den „Acuerdo Global y Definitivo de Paz" (Globaler und definitiver Friedensvertrag). Mithilfe der bereits im Río-Protokoll anwesenden Garantiemächte (Argentinien, Brasilien, Chile und die Vereinigten Staaten von Amerika) wurde ein Abkommen ausgearbeitet, das die Grenzziehung vom Río-Protokoll vorsah, Ecuador aber durch einen Freihandelshafen in Iquitos den Zugang zum Amazonas zusicherte. Des Weiteren wurde Ecuador 1 Quadratkilometer Privatbesitz auf peruanischen Staatsgebiet zugesprochen. Es handelt sich hier um Tiwintza, das noch 1995 eine hart umkämpfte Stellung der Ecuadorianer war, die die Ecuadorianer aber zu halten vermochten und insofern zu einer Metapher militärischen Nationalstolzes wurde, die man als solche erhalten wollte. In späteren Umfragen zeigte sich allerdings, dass sich die meisten Bürger dadurch eher verhöhnt fühlten.

An der Geschichte des Grenzkonflikts lässt sich ablesen, wie außenpolitische Angelegenheiten von Regierenden gerne benutzt werden, um von innenpolitischen Problemen abzulenken. In einer so heterogenen Gesellschaft wie der ecuadorianischen war die Territorialfrage ein willkommener Anlass, künstlich so etwas wie ein einheitliches Nationalgefühl zu erzeugen und in heißen Phasen des Konflikts standen die Nationen trotz aller Gegensätze nahezu geschlossen hinter ihren Regierungen. Nicht zu vergessen, dass die Militärs beider Länder vom Konflikt profitierten, da er den hohen Anteil für Verteidigung am Staatshaushalt rechtfertigte. Mittlerweile ist der Friedensvertrag aber wirklich definitiv. Beide Länder haben sich politisch angenähert und es ist nicht absehbar, dass die Bevölkerung noch einmal für eine solche Konfrontation zu motivieren ist.

kauften Bananenplantagen auf, sodass nur etwa 30 % des Exporterlöses in Ecuador verblieb. Abermals wurde versäumt, mit den Gewinnen aus dem Export eine einheimische Industrie aufzubauen. Folglich stürzte der Rückgang der nationalen Einnahmen aus dem Bananengeschäft in den 1960er-Jahren das Land in eine neue Krise.

Der **Versuch einer Agrarreform** Anfang der 1960er-Jahre hatte aufgrund der Widerstände der Oligarchie nicht den gewünschten Erfolg.

Zwar wurde das Jahrhunderte währende Ausbeutungssystem *huasipungo* (eine Form der Leibeigenschaft), das sich auf den Haziendas entwickelt hatte, abgeschafft, die Situation auf dem Land verbesserte sich jedoch nicht wesentlich. Angeordnet wurde die Reform von einer Militärjunta, die 1963 von den USA unterstützt an die Macht gelangte. Die US-Amerikaner versuchten zu dieser Zeit auf dem ganzen Kontinent der vermeintlichen kommunistischen Bedrohung Herr zu werden und sahen in geheimen Koalitionen mit den Eliten den Einsatz von rechten **Militärregierungen** als probates Mittel. Die CIA soll auch in Ecuador eine große Rolle gespielt haben. Trotz einiger kurzer Etappen gewählter Präsidenten verlief die diktatorische Phase bis 1976, der letzte General war von 1972 bis 1976 *Rodríguez Lara*. Die Militärdiktaturen in Ecuador waren anders als in anderen lateinamerikanischen Ländern nicht durch massive Verstöße gegen die Menschenrechte gekennzeichnet. Zeiten, in denen die Regierungen in Ecuador gewählt werden, unterschieden sich für die einfachen Bürger bisher nur wenig von Zeiten der Diktatur. Das ist auch ein Grund, warum das Image der Militärs in der Bevölkerung relativ gut ist. 1976 wurde Diktator *Rodríguez Lara* von einem Militärtriumvirat abgelöst, dass eine Verfassung erarbeitete, um so das Land 1979 unter dem gewählten Präsidenten *Jaime Roldós* zur Demokratie zurückzuführen.

Ebenfalls in den 1960er-Jahren wurden im Oriente **große Erdölvorkommen** entdeckt und internationale Ölkonzerne sicherten sich die Konzessionen. Der **Einfluss des ausländischen Kapitals** auf die inländische Finanzwirtschaft stieg weiter an und mit dem Import teurer Maschinen war der **Beginn der großen Staatsverschuldung** gemacht. Die Diktatur von *Rodríguez Lara* nationalisierte das Erdöl, indem sie die staatliche Ölgesellschaft CEPE gründete. So wurde der Einfluss der multinationalen Konzerne erheblich beschnitten, aber auch der der Oberschicht, denn zum ersten Mal verfügte der Staat über eine große Einnahmequelle. Die internationale Ölkrise in den 1970er-Jahren brachte Ecuador erhebliche Einnahmen.

Der allgemeine Aufschwung durch die Erdölindustrie ließ auch die Mittelschicht anwachsen und in den Städten hielt die Moderne Einzug. Auf lange Sicht vertiefte der Erdölboom aber die **Kluft zwischen Arm und Reich.** Der Beginn der **Zerstörung einmaliger Naturressourcen** durch die Ölförderung war gleichzeitig der Anfang der hohen Staatsverschuldung, unter der Ecuador heute zu leiden hat.

▷ Palastwache auf der Plaza de la Independencia
vor dem Präsidentenpalast in Quito

Die junge Demokratie

Jaíme Roldós war der erste gewählte Präsident nach den Militärdiktaturen und läutete damit die bis heute andauernde Epoche der ecuadorianischen Republik ein. Im Jahr 2004 jährte sich die Einführung der Demokratie zum 25. Mal. Dieser Anlass war nicht von großen Feierlichkeiten begleitet, da ein Teil der **Bevölkerung der Demokratie äußerst skeptisch gegenübersteht;** nicht weil sie antidemokratisch wären, sondern weil die sogenannte Demokratie oft für Chaos gesorgt hat und das Land heute mit viel größeren sozialen und wirtschaftlichen Krisen zu kämpfen hat, als zu Zeiten der Militärdiktaturen.

Seit den 1980er-Jahren werben ecuadorianische Präsidenten mit Regierungsprogrammen für soziale Gerechtigkeit, gegen die Inflation, stellen Erfolg versprechende Entwicklungspläne auf, wollen die Armut beseitigen – scheitern aber regelmäßig am Widerstand der Oligarchie, an Verpflichtungen gegenüber dem IWF (Internationaler Währungsfonds), an Korruptionsaffären oder der eigenen Raffgier. Oft stellt sich erst hinterher heraus, in welchem Ausmaß sich beim Volk bedient wurde. Seit 1979 ist gegen die Hälfte aller Präsidenten nach ihrer Amtszeit Strafbefehl erlassen worden.

1979, nach knapp zwei Jahren Amtszeit, kam der Mitte-Links-Politiker *Jaíme Roldós* unter mysteriösen Umständen bei einem Flugzeugabsturz

ums Leben. Sein Nachfolger wurde **Osvaldo Hurtado,** unter dem zum ersten Mal die negativen Folgen der Staatsverschuldung deutlich sichtbar wurden. Der Preisverfall beim Erdöl brachte Ausfuhreinbußen in allen Sektoren mit sich. Der Staatshaushalt musste sich zu über 40 % aus Krediten finanzieren, gleichzeitig führte die Kapitalflucht aufgrund US-amerikanischer Hochzinspolitik zu Liquiditätsproblemen im Bankensektor. Die Inflation stieg mit über 50 % auf ein neues Hoch. Die Wirtschaftskrise wurde noch verschärft durch die Überschwemmungen, die das Klimaphänomen *El Niño* in der ganzen Küstenregion anrichtete.

1984 wurde *Hurtado* von dem rechtskonservativen **León Febres Cordero** abgelöst. Dessen Politik war gekennzeichnet durch aggressive Privatisierungsmaßnahmen und finanzielle Misswirtschaft. Er konnte seine Amtsperiode jedoch ordnungsgemäß zu Ende bringen, sicherlich auch, weil sich die wirtschaftliche Lage durch hohe Erdölpreise verbessert hatte.

1988–1992 regierte **Rodrigo Borja** von der *Izquierda Democrática* – einer sozialdemokratischen Partei – das Land. Seine Regierung war geprägt durch eine makroökonomische Stabilisierungspolitik, die aber leider nicht den gewünschten Erfolg zeigte. In seine Amtszeit fiel auch der erste große **Indígena-Aufstand von 1990.** Die verschiedenen Indígena-Bewegungen hatten sich in den 1980er-Jahren in der *CONAIE (Confederación Nacional de Indígenas de Ecuador)* zusammengeschlossen. Ziel der Indígenas war zunächst die Anerkennung ihrer Landrechte, später weiteten sich die Forderungen auf Gleichberechtigung und Anerkennung ihrer kulturellen Eigenheiten aus.

1992 brach die Ära des mitte-rechts-orientierten **Sixto Durán Ballén** an, für lange Zeit der letzte Präsident, der seine Regierungszeit plangemäß beenden sollte. Trotzdem war seine Periode geprägt durch soziale Mobilisierungen und Generalstreiks gegen seine Sparmaßnahmen. Im sogenannten Modernisierungsgesetz wurde die Privatisierung von über 150 Staatsunternehmen beschlossen. Die Privatisierung solcher Unternehmen war von Protesten der Bevölkerung begleitet, weil sie mit vielen Entlassungen und mit Preissteigerungen für die ehemals öffentlichen Güter verbunden waren. In seine Amtsperiode fiel auch die letzte kriegerische Auseinandersetzung mit Peru 1995.

Von **1996 bis 2005 regierten sieben Präsidenten** das Land. Der wohl **kurioseste Präsident war der Populist Abdalá Bucaram** – auch bekannt unter dem Namen *El Loco* (der Verrückte). Er erlangte 1996 die Macht und schon sein Wahlkampf war geprägt durch unkonventionelle Gesangseinlagen und pompöse Auftritte. Seine Sparmaßnahmen waren jedoch so unpopulär, dass es Massenproteste gab, die seine Absetzung forderten. Er wurde nach nur einem halben Jahr Amtszeit mit der Diagnose „geistige Umnachtung" vom Parlament aus dem Amt gejagt. *Bucaram* kommt aus einer libanesisch-stämmigen Familie, die es in der Handelselite Guayaquils zu viel Geld gebracht hat und bereits seit mehreren Jahrzehnten die politische Landschaft mitgestaltet. Bis heute spielt er eine große Rolle in der Politik. Zwar ist *Bucaram* seit 1997 im Exil in Panama, aber von dort aus nimmt er Einfluss auf seine Heimat. Im Wahlkampf von 2002 schickte er für sich einen Verwandten ins Rennen. In den Wahlkampfspots traten seine Kinder auf, ein sentimentales Lied singend wie sehr sie sich ihren Vater zurücksehnen. Seine Partei, die *PRE (Partido Roldosista Ecuatorino)*, hat es sich zum Ziel gesetzt ihn zurückzuholen und koppelt daran, ob sie den jeweiligen Präsidenten im Parlament unterstützt oder nicht. Dies wurde letztlich *Lucio Gutiérrez*, dem 2005 gestürzten Präsidenten, zum Verhängnis. Durch verfassungswidrige Einflussnahme auf den obersten Gerichtshof wurde der Strafbefehl gegen *Bucaram* außer Kraft gesetzt und er kehrte im April 2005 nach Ecuador zurück, das brachte das Fass zum Überlaufen und zehn Tage später war *Gutiérrez* gestürzt und *Bucaram* musste abermals fliehen.

Nach der Absetzung *Bucarams* im Februar 1997 erklärte sich seine Vizepräsidentin *Rosalía Arteaga* zur Nachfolgerin. Die weibliche Führung war dem Parlament jedoch nicht geheuer und der Parlamentspräsident *Fabián Alarcón* wurde zum Übergangspräsidenten ernannt. In seine Periode fiel die Einberufung einer verfassungsgebenden Versammlung, die bis 1998 eine neue Verfassung ausarbeiten sollte. Im Januar 1998 schlug das Klimaphänomen *El Niño* erneut heftig zu und hinterließ verheerende Zerstörungen mit über hundert Toten.

Unter **Jamil Mahuád** wurde **1998** ein endgültiges **Friedensabkommen und eine definitive Grenzregelung mit Peru** erreicht. *Mahuád* versuchte, der sich zuspitzenden wirtschaftlichen Krise mit einem neoliberalen Wirtschaftskurs zu begegnen. Damit stieß er allerdings auf heftige Widerstände in der Bevölkerung. Der **irreguläre Bankfeiertag** im Juni 1998 ließ das Vertrauen in ihn gänzlich schwinden: Aus Angst vor einer Abwertung holten immer mehr Anleger ihre Gelder von den Konten, sodass die Banken in erhebliche Liquiditätsprobleme gerieten. Um diese vor einer Pleite zu bewahren, ließ *Mahuád* einen Bankenfeiertag ausrufen, sodass die Kontoinhaber nicht an ihr Geld kamen. Als sie wieder öffneten waren die Konten eingefroren, d.h., die Leute durften vorübergehend nichts mehr von ihren Guthaben abheben. Die Wiedererlangung der Guthaben ca. ein Jahr später war mit hohen Kosten verbunden und insbesondere kleine Anleger verloren viel Geld. So geriet unter *Mahuád* die Währung Sucre in einen nicht mehr aufzuhaltenden Verfall, im letzten halben Jahr seiner Amtszeit wurde sie im Vergleich zum US-Dollar um 500 % abgewertet.

Das neue Jahrtausend – el Nuevo Pachakutik

Im **Februar 2000** kam es nach weiteren Preiserhöhungen im öffentlichen Transport und in der Gasversorgung sowie der Erklärung des Präsidenten *Mahuád,* die eigene Währung – den Sucre – abzuschaffen und zukünftig den **US-Dollar als Zahlungsmittel** zu benutzen, zu großen Generalstreiks sowie zu Straßenblockaden. Schließlich wurde das Parlament in Quito von mehr als 10.000 Indígenas gestürmt. Die **indigene Bewegung CONAIE** (Föderation Indigener Ecuadorianer) spielte bei der Mobilisierung so vieler Menschen aus dem ganzen Land eine entscheidende Rolle. Die Militärs schlugen sich auf die Seite der Indígenas, der Präsident dankte ab und es bildete sich ein Triumvirat aus zwei Militärs und *Antonio Vargas,* dem Vorsitzenden der Pachakutik-Partei, dem 1996 gegründeten politischen Arm der CONAIE. Bereits einen Tag später wurde die neue Regierung jedoch vom Vizepräsidenten *Gustavo Noboa* abgelöst und es kehrte wieder Normalität ein. Einen Monat später war der US-Dollar offizielle Währung. Das letztendliche Scheitern dieses Aufstands ist vor allem durch den Rückzieher der Militärs und die politische Unerfahrenheit der Indígenas zu erklären.

2000 kann in Ecuador als das Jahr angesehen werden, in dem die **Indígenas zum ersten Mal wirklichen Einfluss auf das politische Geschehen** des Landes hatten, indem sie einen Präsidenten stürzten. Seit ihrer Gründung 1996 hatte die aus der CONAIE hervorgegangene **Pachakutik-Partei** Sitze im Parlament. In immer mehr Gemeinden wurden indigene Bürgermeister gewählt und die Pachakutik-Partei begann, sich landesweit parteipolitisch zu strukturieren. In den Monaten nach dem Aufstand 2000 konsolidierte sich die Bewegung auch im Hinblick auf eine zukünftige Regierungsbeteiligung. Der Name der Partei ist Programm: *Pachakutik* ist ein Wort aus dem Quichua und bedeutet „Zeitalter". Nach der indigenen Kosmovision wird die Zeit in 500-jährige Abschnitte eingeteilt, das neue Zeitalter begann mit der Jahrtausendwende und verspricht einen Aufschwung der indigenen Lebensformen (mehr dazu siehe Kapitel „Ethnien und Mestizaje").

Bei den **Wahlen 2002** gelang es dem **Oberst Lucio Gutiérrez** – der sich als Militär schon 2000 auf die Seite der Indígenas geschlagen hatte – mit Unterstützung der Pachakutik-Partei an die Macht zu kommen. Zwei Ministerposten gingen an *Pachakutik.* Schon bald zeigte sich aber, dass dem linkspopulistischen Präsidenten der Spagat zwischen der Erfüllung der Forderungen des IWF (Internationaler Währungsfonds) bezüglich der Staatsverschuldung einerseits und der Einhaltung seiner Wahlversprechen an die Unter- und Mittelschicht andererseits nicht gelingen würde.

Im April 2005 wurde *Lucio Gutiérrez* schließlich durch eine spontane Erhebung der Bürger gestürzt. Die regulären Wahlen 2006 gewann der ehemalige Wirtschaftsminister **Rafael Correa.** Die Präsidentenwahl gewann er mit Hilfe der neu gegründeten politischen Bewegung **Alianza País** *(Patria Altiva i Soberana,* „Aufrechtes und Souveränes Vaterland"), die mit der Parteienherrschaft und dem Neoliberalismus aufräumen wollte. Bald nach seinem Amtsantritt rief *Correa* eine verfassunggebende Versammlung ein, der auch viele zivilgesellschaftliche Akteure angehörten und die innerhalb von zehn Monaten ein ambitioniertes Werk erarbeitete.

2008 trat die neue **Verfassung von Montecristi** (benannt nach ihrem Entstehungsort) in Kraft. Sie beinhaltet u. a. eine Stärkung des Staates, eine Ausweitung der Bürgerrechte und die Verankerung des auf der indigenen Weltsicht beruhenden Konzepts *sumak kawsay* oder „gutes Leben" als Verfassungsprinzip (s. S. 166). *Correa* ließ sich daraufhin konsequenterweise nochmals im Amt bestätigen. Die neue Verfassung stellt die erste Achse der **Revolución Ciudadana** („Bürgerrevolution") – einem fünfstufigen Entwicklungsplan – dar und ermöglichte es *Correa* mit seiner Mehrheit im Parlament, die anderen Teile mit großen Schritten voranzutreiben (siehe Kapitel „Politische Landschaft und Akteure"). Tatsächlich erhöhte die Regierung *Correa* die staatlichen **Sozialausgaben** um 15 %, die Sozialhilfe für ganz arme Familien wurde verdoppelt, sozialer Wohnungsbau eingeführt sowie Medikamente gratis verteilt.

Durch Investitionen in den Bereichen Bildung, Gesundheit und Infrastruktur gab es seit Beginn der Regierungszeit erhebliche, deutlich sichtbare Verbesserungen. *Correa* finanzierte die sozialen Projekte durch die **Aussetzung großer Teile der Auslandschuld** (von 50 % des Staatshaushalts auf 24 %) und durch ein sogenanntes „extraktivistisches Wirtschaftsmodell", das auf der massiven Ausbeutung der natürlichen Ressourcen beruht. Die Erschließung neuer Bergbauprojekte, weiterer Erdölquellen und die Konzessionsvergabe an ausländische Firmen bei einem über viele Jahre sehr hohen Erdölpreis gaben der Regierung große finanzielle Spielräume, die gleichzeitig zu einem großen Rückhalt in der Bevölkerung führten. Letztendlich bildete der massive Erdölexport das wichtigste Standbein der expansiven Wirtschafts- und Sozialpolitik *Correas.*

Die Regierung *Correa* kann als Teil eines **Linksrucks** gesehen werden, der Südamerika seit der Jahrtausendwende erfasst hatte. So waren auch die außenpolitischen Beziehungen zu Cuba, Venezuela, Bolivien und Brasilien sehr gut und manifestierten sich in den **Staatenbündnissen ALBA und UNASur.**

Correas Regierungsprogramm war eine offene Kampfansage an den starken politischen und wirtschaftlichen Einfluss der traditionellen Eliten

Ecuadors. So wundert es auch nicht, dass er zunächst von der Mittelschicht aufwärts heftigster Kritik ausgesetzt war. Seit Beginn der Amtszeit *Correas* gab es Konfrontationen zwischen dem Präsidenten und großen Medienkonzernen und Unternehmen, denn annähernd alle größeren ecuadorianischen Unternehmen sind in der Hand von wenigen, das Land bislang beherrschenden Familien, die ihre Privilegien nicht so einfach beschneiden lassen wollten. Im Nachhinein zeigte sich allerdings, dass diese Sorge nicht begründet war. Zwar sind **„Bürgerrevolution"** und **„Sozialismus des 21. Jahrhunderts"** kräftige Schlagworte der Regierung *Correa*, die jedoch nicht konsequent umgesetzt wurden.

Beobachter des sogenannten „Linksrucks" in Südamerika wiesen schon früh darauf hin, dass diese Regierungen bestenfalls partiell als solche einzuordnen sind. Einige sprechen bei *Correa* sogar von einer **„postneoliberalen Regierungsform"**. Schnell verabschiedete er sich von seinen ursprünglichen Versprechen, forcierte die großflächige Ausbeutung des Landes und unterschrieb Handelsabkommen mit der EU, was von linker Seite immer abgelehnt worden war. So wurden die führenden Eliten nicht wirklich daran gehindert, ihren Geschäften nachzugehen, denn seine Wirtschaftspolitik bedeutete keinen ernsthaften Bruch mit dem Kapitalismus.

Rafael Correa war ein äußerst charismatischer Präsident. Von Anfang an suchte er die **Konfrontation mit den USA,** indem er eine US-Militärbasis in Manta (Manabí) aufkündigte und so dem Vorherrschaftsanspruch der USA in der Region die Stirn bot. Ähnlich konfrontativ verhielt er sich gegenüber **Weltbank** und **Internationalem Währungsfonds.** Auch sein Auftreten gegenüber internationalen Geldgebern (z. B. Deutschland) bewies, dass *Correa* nicht gewillt war, Ecuador weiterhin den Industrieländern als Spielball zu überlassen. Stattdessen suchte er sich Kredite in anderen Weltgegenden, z. B. in Russland und China. Dieses Selbstbewusstsein gegenüber mächtigeren Staaten hinterließ, verbunden mit den Sozialpaketen, nachhaltigen Eindruck bei der Bevölkerung. Er war der erste Präsident in 30 Jahren, der es zweimal schaffte, im ersten Wahlgang die absolute Mehrheit zu erlangen (2009 und 2013). In seiner 10-jährigen Regierungszeit ergab sich für Ecuador eine lange Zeit unbekannte **politische Kontinuität** und eine **deutlich sichtbare Verbesserung der Infrastruktur.**

▷ Blick auf die Kathedrale von Quito und den Präsidentenpalast „Carondelet"

Ziemlich rasch kam es jedoch zu **Konfrontationen mit den sozialen und Umweltbewegungen,** die er mit seinem Mangel an Dialogbereitschaft über gesellschaftliche Partizipation und den Erhalt der natürlichen Ressourcen (zunächst bezüglich einiger Megabergbauprojekte, dann nach Scheitern der Yasuní-Initiative, s. S. 196, auch über Erdöl) vor den Kopf stieß. Statt mit diesen Bewegungen, die eigentlich seine natürlichen Unterstützer waren, Allianzen zu bilden, wurden sie systematisch geschwächt, ja sogar kriminalisiert. Sie waren es nämlich, die an die ursprüngliche Idee der „Bürgerrevolution" als demokratisches, inklusives und ökologisch nachhaltiges Projekt geglaubt hatten.

Auch die Begeisterung der Mittelschichten ließ nach, als sich deutlicher zeigte, dass die Neuordnung und Modernisierung des Staates und seiner Institutionen nach europäischem Vorbild in einer **Machtverlagerung hin zur Regierung** mündete. Diese kontrollierte schließlich weite Teile der Justiz, des Parlaments, des Rechnungshofs und der Medien.

Auch in den eigenen Reihen hatte die Beliebtheit des Präsidenten stark gelitten. Sein als **autoritär und personalistisch kritisierter Regierungsstil** führte zu einem Bruch mit vielen seiner ehemaligen Parteigänger und Unterstützer, z. B. mit dem ehemaligen Vorsitzenden der verfassungsgebenden Versammlung, *Alberto Acosta*. Kritiker sahen zwar Fortschritte in der Sozialpolitik, aber mit Hinweis auf die mangelnde Dialogbereitschaft des Präsidenten, warfen sie ihm vor, eine **Bürgerrevolution ohne Bürger** zu machen. *Correa* selbst wurde nicht müde, darauf hinzuweisen, dass sein

Verhalten notwendig sei, da sonst die Demokratie von unten ausgehöhlt würde. Er erinnerte immer wieder an die Gefahr eines Putsches, mit Hinweis auf 2010, wo es zu einem versuchten „Staatsstreich" durch die Polizei kam, der aber durch *Correa* und die Unterstützung des Militärs verhindert werden konnte. Nach Ende seiner Regierungszeit tauchten vermehrt Hinweise auf, dass dieser vermeintliche Putsch von *Correa* selbst initiiert worden war, um seine Macht zu stärken und verschiedene Säuberungsaktionen ausführen zu können. Auch das **schwere Erdbeben im April 2016** (mit ca. 600 Toten in Manabí) nutzte *Correa,* um das Land abermals auf das gemeinsame Projekt einzuschwören. Auch hier zeigte sich im Nachhinein, dass zahlreiche internationale Hilfsgelder von der Regierung veruntreut worden waren.

Immer deutlicher wurde die Kritik an *Correa* und die Polarisierung der Gesellschaft in seine Parteigänger *(Correistas)* und seine Gegner sichtbar. Sogar durch seine Partei *Alianza País* zog sich ein solcher Graben, *Correa* selbst führte den eher rechten Flügel an. Der andere Flügel bestand u. a. aus Linksintellektuellen, die weiterhin an die Idee der Bürgerevolution glaubten und aus der Partei selbst heraus einen Umbruch herbeiführen wollten. Bei den Kommunalwahlen 2014 zeigte sich bereits ein Rückgang der Beliebtheit *Correas,* in fünf wichtigen Städten verlor die *Alianza País* die Mehrheit. Seine Versuche, 2016 seine dritte Wiederwahl in die Wege zu leiten, scheiterten schließlich, sodass sein Parteigänger **Lenín Moreno** (ehemaliger Vizepräsident unter *Correa*) bei den Wahlen im Januar 2017 im zweiten Wahlgang in Stichwahl gegen den konservativen Unternehmer *Guillermo Lasso* antrat. *Moreno* gewann die Wahlen knapp.

Schon kurz danach distanzierte sich *Moreno* von seinem Vorgänger: „Nichts ohne euch, nichts über euch hinweg", mit dieser Ansage wies er klar auf die Unterschiede zwischen seinem Regierungsstil und dem Caudillo-ähnlichen Stil der Regierung *Correa* mit ihren konfrontativen, ausschließenden, ja sogar verfolgenden Methoden hin. So ist der **Regierungsstil Morenos** in der Tat **versöhnlicher,** auch gegenüber der Opposition. Schnell setzte er den „Consejo Transitorio de Participación Ciudadana y Control Social" (Übergangsrat zur bürgerlichen Beteiligung und sozialen Kontrolle) ein, der ein Gutachten über die Arbeit der Regierung *Correa* erstellen sollte und eine Wiederannäherung an die von ihr diskreditierten Gruppen bewirken soll.

Correa hatte nach eigenen Angaben *Moreno* einen „gedeckten Tisch" hinterlassen. Es stellte sich jedoch das Gegenteil heraus. Das Land ächzt unter einem **riesigen Schuldenberg,** der gesunkene Erdölpreis tut ein Übriges. Im September 2017 präsentierte die Regierung den nationalen **Entwicklungsplan 2017–2021** „Toda una vida" (ein ganzes Leben). Dieser

Extrainfo 4 (s. S. 9): NZZ-Artikel darüber, wie ein Schicksalsschlag den neuen Präsidenten Ecuadors beruflich und persönlich auf eine neue Bahn brachte

orientiert sich an der Agenda 2030 der UN mit den globalen Nachhaltigkeitszielen und klingt vielversprechend. Leider ist es bislang unklar, inwieweit *Moreno* auch in der Praxis mit dem extraktivistischen Wirtschaftsmodell (Sozialmaßnahmen finanziert durch Bergbau, Erdöl und nun auch gentechnisch modifizierte Agrarpflanzen) seines Vorgängers brechen will.

Wenige Monate nach Amtsantritt kamen **erhebliche Korruptionsfälle der Vorgängerregierung** ans Licht. Berühmtester Fall ist der ehemalige Vizepräsident *Morenos* (und *Rafael Correas*) *Jorge Glass,* der wegen Bestechungsgeldern im Zusammenhang mit der ganz Südamerika erschütternden **Odebrecht-Affäre** seit Dezember 2017 hinter Gittern sitzt.

Im Januar 2018 bestätigte ein von *Moreno* initiiertes Referendum ihn in seiner Macht, in dem es eine Wiederwahl *Correas* verfassungsmäßig ausschließt. Innerhalb der *Alianza País* gibt es einen Machtkampf zwischen den *Correistas* und den Moreno-Anhängern. Inzwischen hat sich die **Fraktion gespalten,** sodass *Moreno* nicht mehr auf die Mehrheit im Parlament zählen kann. Von Belgien aus tobt *Correa* gegen die Maßnahmen seines Nachfolgers, seine samstägliche Präsidentenshow, die „Sabatina", führt er nun per Facebook weiter. Im Juli 2018 wurde sogar ein Haftbefehl wegen Unterschlagung gegen ihn erlassen.

Die Bevölkerung Ecuadors

Geografische Einflüsse auf die Gesellschaft
und Besiedelung | 56

Ethnien und Mestizaje | 58

Die soziale Pyramide | 81

◁ Tänzerin auf dem „Pase del Niño", einer Weihnachtsparade (Abb.: 005ec cd)

Die dominante Lebensweise in Ecuador ist die der mestizischen Bevölkerungsmehrheit, innerhalb der es jedoch starke Unterschiede gibt. Daneben existieren eine Reihe von Minderheitenkulturen. Es lassen sich drei Achsen ausmachen, die das Verhalten und Auftreten der Menschen beeinflussen können: die Region, die ethnische Zugehörigkeit und die soziale Klasse. Zwischen den beiden letzteren gibt es starke Überschneidungen, dennoch müssen sie gesondert erwähnt werden. Im Folgenden werden diese Rahmenbedingungen vorgestellt, die die Lebensweise der Ecuadorianer beeinflussen.

Geografische Einflüsse auf die Gesellschaft und Besiedelung

In Ecuador lassen sich drei verschiedene **geografische Lebensräume** ausmachen: die Küstenregion *(la costa),* das Andenhochland *(la sierra)* und das Amazonastiefland (*el Oriente* oder *la Amazonía*). Als vierte Region gelten die Galapagosinseln, an dieser Stelle können sie aber aufgrund der geringen Bevölkerung vernachlässigt werden.

Sehr schnell wird man auf die **Konkurrenz zwischen Costa und Sierra** stoßen. Die Hafenstadt Guayaquil steht als die größte und wirtschaftlich bedeutendste Stadt Ecuadors in ständigem Wettbewerb mit der andinen Hauptstadt Quito. Als koloniales Verwaltungszentrum war die Wahl Quitos als Hauptstadt vorbestimmt. Mit dem Kakaoboom des 19. Jahrhunderts und den Exportschlagern des 20. Jahrhunderts – vor allem den Bananen – begann die Bedeutung Guayaquils zu steigen. Die Plantagenwirtschaft im tropischen Tiefland der Costa, sowie der direkte Zugang zum Pazifik waren dafür verantwortlich. War bis in die Mitte des 20. Jahrhunderts das Hochland die bevölkerungsreichste Region Ecuadors, sind seit den 1960er-/1970er-Jahren die Bevölkerungszahlen in Costa und Sierra etwa gleich. Gleichzeitig kam es in beiden Regionen zur Landflucht, somit zum schnellen Wachstum der Großstädte und zur Verelendung der Stadtrandbezirke. Der Oriente erfuhr zwar mit einer gezielten Besiedlungspolitik und dem Erdölboom der 1970er-Jahre einen Zuwachs, verzeichnet insgesamt aber nicht mehr als 5 % der Bevölkerung.

In den drei Regionen findet man nicht nur drei völlig verschiedene Vegetations- und Klimazonen vor, sondern auch ganz **unterschiedliche Mentalitäten der Bewohner.** Ob ein Ecuadorianer von der Costa oder aus der Sierra kommt, hört man direkt an seinem Dialekt. So ist das Spanisch der Hochländer meist sehr klar ausgesprochen und für einen Ausländer

leicht zu verstehen. Die Costeños dagegen vernuscheln die Wortenden und verschlucken oftmals das „s". Sierra- und Costabewohner kultivieren ein großes Repertoire an gegenseitigen Vorurteilen und Klischees, die sich folgendermaßen zusammenfassen lassen: Der **Costeño** (Küstenbewohner) oder auch *mono* („Affe", abwertende Bezeichnung) gilt in der Sierra als laut, etwas verschlagen und angeberisch, ihm wird die *viveza criolla* nachgesagt, die kreolische Gerissenheit. Der **Serrano** (Hochlandbewohner) gilt als langweilig, ängstlich, prüde, verschlossen und etwas langsam, er wird oftmals als *paisano* (in diesem Zusammenhang etwa „Bauerntölpel") betitelt. Diese gegenseitige Abneigung ist vergleichbar mit den Ressentiments zwischen Nord- und Süddeutschen, also nicht hundertprozentig ernst zu nehmen. Der Realitätsgehalt dieser zugeschriebenen Eigenschaften sei dahingestellt, dennoch wird dem ausländischen Beobachter auffallen, dass die Leute an der Costa im Vergleich zum Hochland extrovertierter sind.

Die Konkurrenz zwischen Costa und Sierra spiegelt sich ebenso in der Politik wider. Der **Regionalismus,** in diesem Fall die Herkunft eines Politikers, bestimmt z. T. stärker die Sympathien als seine Parteizugehörigkeit. So kommen die Präsidenten fast abwechselnd aus Guayaquil und Quito. Ein verbreiteter Vorwurf der Guayaquileños an die Quiteños ist, dass Guayaquil das ganze Geld des Landes erwirtschaftet, während es durch den Staatsapparat in Quito wieder verschwendet wird.

Im **Oriente** lässt sich kein solcher „Lokalpatriotismus" festmachen. Die Bevölkerungsdichte ist gering. In den 1960ern wurden von der Regierung Ansiedelungen von Mestizen gefördert, um den Oriente zu erschließen. So gibt es nun einige weit verstreute Siedlungen der **Colonos** (mestizische Siedler). In deren Umkreis siedelten sich z. T. Indígenas an, die durch Handel- und Arbeitsverhältnisse auf unterschiedliche Art mit den Mestizen verbunden sind. Daneben existieren relativ isoliert lebende Volksgruppen der Indígenas. Und schließlich gibt es einige Erdölstädte (Lago Agrio, Coca), wo Erdölarbeiter ohne ihre Familien leben und die eine vergnügungsorientierte Infrastruktur aufweisen. Eine regionale Identität hat sich durch die Abgeschiedenheit, auch untereinander, bisher kaum entwickelt. Bezüglich der Herkunft der Siedler und auch durch die infrastrukturelle Anbindung, ist der Einfluss des Hochlands auf den Oriente groß.

Ethnien und Mestizaje

En Ecuador, si no tienes de Inga tienes de Mandinga
(etwa: In Ecuador hast du entweder etwas Indigenes
oder etwas Afrikanisches in dir)

Der ecuadorianische Staat ist Ausdruck der **mestizischen Bevölkerungsmehrheit**, die aus spanischen und indigenen Wurzeln hervorgegangen ist. Lange wurde daran festgehalten, dass es *eine* ecuadorianische Identität gäbe und dass diejenigen, die nicht dieser Identität entsprechen, sich an die dominante Gesellschaft anzupassen hätten. Man war bemüht, die Kultur zu vereinheitlichen und die indigenen kulturellen Ausdrücke wurden als primitiv oder bestenfalls als folkloristisch bezeichnet. Die Afroecuadorianer wurden von der mestizischen Mehrheit als noch minderwertiger angesehen. Die propagierte Sichtweise vom homogenen Staat entsprach aber nie der Realität, denn es existieren große Volksgruppen, die keine Mestizen sind, die aufgrund anderer historischer Erfahrungen eine andere Identität haben, aber trotzdem Ecuadorianer sind. Selbst unter den Mestizen gibt es diese vermeintliche Einheitlichkeit nicht.

Erst in der jüngeren Zeit verschwindet langsam die Idee des einheitlichen Staates. Seit 1998 trägt auch die Verfassung der Verschiedenartigkeit Rechnung. Ecuador ist nun ein **„multiethnischer und plurikultureller Staat"**, der die kollektiven Rechte der indigenen und afroecuadorianischen Volksgruppen anerkennt.

Es gibt zunächst die Ureinwohner oder **Indígenas,** die – nahezu unvermischt – in verschiedenen Volksgruppen leben. Dann leben in Ecuador **Menschen mit afrikanischen Wurzeln** (*negros, morenos* oder politisch korrekt *afroecuatorianos* genannt) – die Nachfahren der aus Afrika importierten Sklaven. Ein weiterer Teil der Bevölkerung setzt sich aus Einwanderern zusammen, die in den letzten Jahrzehnten nach Ecuador immigrierten: "weiße" **Menschen europäischen Ursprungs,** die sogenannten *chinos* **(Migranten aus Asien)** und die *árabes* oder *turcos,* von denen die meisten **libanesischen Ursprungs** sind. Die allergrößte Gruppe aber bilden die **Mestizen** (*mestizos*), die zunächst aus der Vermischung zwischen den Indígenas und den spanischen Eroberern entstanden. Seither ergaben sich alle erdenklichen Mischformen – auch geprägt von den afrikanischen Einflüssen.

▷ Frauenfußballmannschaft auf der Insel Muisne

In der Literatur zu Ecuador gibt es große Unterschiede bezüglich der Prozentzahlen der jeweiligen ethnischen Gruppen in Relation zur Gesamtbevölkerung. Der Prozentsatz für Indígenas schwankt zwischen 5% und 40%. Ursache hierfür ist, dass es keine eindeutige Definition gibt, wer ein Indígena und wer ein Mestize ist. Wie sich gezeigt hat, gingen frühere Schätzungen über den wirklichen Anteil der Indígenas hinaus, Selbstzuordnungen bei der Volkszählung von 2001 dagegen

liegen weit darunter. Im Zensus von 2001 wurde die Bevölkerung zum ersten Mal nach ihrer ethnischen Selbsteinschätzung gefragt. Unter dem Terminus *mestizo* verstecken sich so Angehörige anderer Ethnien, da es für viele Menschen problematisch ist, sich selbst einer sozial immer noch geringer geschätzten Ethnie zuzuordnen. Das Gleiche gilt für die Selbsteinschätzung als *blanco* (Weißer), Menschen ordnen sich dieser Gruppe zu, die eigentlich zu *mestizo* gehören.

Die **Bevölkerungszusammensetzung,** beruhend auf dem Zensus von 2010 und soziologischen Studien, sieht so aus:

- **ca. 10–36% Indígenas,** in der Selbstzuordnung des Zensus von 2010 waren es gerade mal 7%, in der Zuordnung durch Volkszähler im Zensus von 1992 waren es 36%. Eine Studie der deutschen Gesellschaft für Technische Zusammenarbeit geht ebenfalls von diesen 36% aus.
- **ca. 60–80% Mestizos,** hierunter fallen alle erdenklichen Mischformen, im Zensus von 2010 gaben 71,9% an, Mestizen zu sein.
- **ca. 7% Negro/Mulato,** die Anzahl der Afroecuadorianer ist dem Zensus 2010 entnommen, in Schätzungen beläuft sie sich dagegen auf 10%, weil die Mischformen – Mulatten (negroid-weiß) und Zambos (indigen-negroid) – zugezählt werden. Sie ordnen sich selbst offensichtlich zur Gruppe der Mestizen.
- **ca. 10% Blancos,** unter diese Gruppe fallen „weiße" Ecuadorianer, Europäer, Asiaten und Araber; darunter ca. 5000 Deutsche. In der Volksbefragung wurde nach Weißen gefragt, also Leute rein europäischer Abstammung oder andere Ausländer. Ecuadorianische Soziologen gehen davon aus, dass die Mehrheit, die sich dieser Gruppe zugeordnet hat, ecuadorianische Mestizen sind, die sich aufgrund immer noch bestehender rassistischer Vorurteile als „weiß" einstufen.

An den Differenzen zwischen Selbsteinstufung in der Volkszählung und ethnologischen Schätzungen lässt sich erkennen, dass eine statistische Festlegung der ethnischen Zusammensetzung kein geeigneter Ansatz ist, um sich der ecuadorianischen Gesellschaft anzunähern. Die Übergänge sind fließend und die ethnische Selbsteinschätzung hängt im starken Maße von der kulturellen Identität eines Individuums und von der sozialen Wertschätzung einer Ethnie durch die Mehrheitsgesellschaft ab. Ethnische Zuschreibungen gelten zunehmend als problematisch.

Mestizen

Die Eroberungen der Spanier in Amerika waren der Anfang eines langen Prozesses, der als **Mestizaje** bezeichnet wird und aus dem sowohl ethnisch als auch kulturell eine sehr heterogene Gesellschaft hervorgegangen ist.

Zwar waren die Spanier bemüht, ihre Sitten, ihre Sprache, ihre Religion, kurz: ihre Kultur in der neuen Welt zu etablieren, jedoch trafen die Eroberer, in ihrer Mehrzahl Männer, auf eine große indigene Bevölkerungszahl. Zunächst waren Mestizen die meist unehelichen Kinder der Spanier mit indigenen Frauen, die sich selbst wiederum mit Indígenas oder Spaniern oder Mestizen vermehrten usw. Dieser Prozess entwickelte bald eine Eigendynamik und die Anzahl der Mestizen stieg exponentiell. So vermischte sich das Europäische und das Indigene biologisch wie auch kulturell und es entstand etwas Neues. Der Existenz dieser neuen Seinsform wurde während der Kolonialzeit allerdings keine Rechnung getragen: Um öffentliche Ämter einzunehmen, musste man die *„pureza de sangre"* nachweisen, die „Reinheit des Blutes", also rein spanischer Abstammung sein.

Schon bald begannen die Mestizen, sich an die Sitten und Gebräuche der wenigen Weißen, die in den Städten lebten, anzupassen. Auf diese Weise wollten sie ihren **gesellschaftlichen Aufstieg vorantreiben.** Möglichkeiten boten sich Vielen in der Arbeit für die Kirche als Handwerker, als Künstler und einigen sogar als Priester. Bleibendes Zeichen ihres Schaffens sind die wundervollen Kirchen der Kolonialzeit, die fast ausschließlich von Indigenen und Mestizen erbaut wurden. Die berühmte *escuela quiteña* – die Schule von Quito – wurde getragen vom Talent dieser neuen „Rasse", die so die Grundsteine für ihren sozialen Aufstieg legte. Die indigenen und mestizischen Künstler merkten, dass diese Arbeit ihnen viele

> Mestizen auf der Plaza Grande in Quito

Vorteile brachte: Sie kamen den einflussreichen Leuten näher, sie wurden bezahlt, sie hatten einen Ort zum Schlafen und die Chance ihrer Nachkommenschaft eine Zukunft im gleichen Bereich zu ermöglichen. Außerdem erschufen sie eine neue Stilrichtung, die es ohne die Vermischung beider Kulturen, Religionen und Kunststile nie gegeben hätte. Andere Mestizen verdingten sich als Handwerker, im Kleinhandel und im Dienstleistungssektor, bald etablierten sie eine Art urbane Mittelschicht.

Die **Hispanisierung** war kein freiwilliger Prozess, sondern für die Urbevölkerung äußerst traumatisch und leidvoll. Die kulturelle Anpassung an die Eroberer und die Mestizaje war nicht nur ein Mittel des sozialen Aufstiegs, sondern viel mehr eine Überlebensstrategie. Um unter den Spaniern bestehen zu können, mussten bestimmte kulturelle Vorgaben der Eroberer wie die katholische Religion übernommen werden. Für die Indígenas des Hochlands und die der Küste war das Ergebnis der Anpassung jedoch höchst unterschiedlich. Im Hochland ist die indigene Kultur zwar verändert, aber als solche erhalten geblieben, während sie an der Küste fast nicht mehr existiert, sondern in den Mischformen aufgegangen ist.

Der **Prozess der Vermischung** ist komplex: Seit 400 Jahren haben auch die ursprünglichen Sklaven aus Afrika dazu beigetragen. In der nördlichen Küstenprovinz Esmeraldas spricht man in diesem Zusammenhang von **zambaje.** Der Begriff meint die Vermischung von indigenen, afrikanischen und europäischen Menschen und Kulturen. In Esmeraldas z. B. begegnet einem der afrikanische Einfluss auf Schritt und Tritt. Von da ausgehend hat er ethnisch wie kulturell Einfluss auf die gesamte Gesellschaft Ecuadors.

Die **größte Welle der Mestizaje** fand erst in den 1960er-Jahren statt, als viele Indígenas mangels ausreichenden Landes in die Städte emigrierten. Hier trafen sie auf rassistische Widerstände, die bewirkten, dass viele sich an die mestizische Gesellschaft anpassten, die indigenen Sitten, Gebräuche und die Kleidung ablegten. Im Laufe dieses Prozesses ging auch die Zahl der Quichua-Sprecher stark zurück, weil viele Eltern darauf verzichteten, es ihren Kindern beizubringen. Mit dem Erstarken der indigenen Bewegung in den 1980er-Jahren hat eine Rückbesinnung auf die indigene Kultur stattgefunden, die **Indígenas haben ihre Identität wiederentdeckt.** Aber prozentual sind es wenige, die den Prozess der Mestizaje wieder rückgängig gemacht haben. Die Anforderungen einer globalisierten Welt sind auch in Ecuador mit einer starken Vermischung verbunden. Die Tendenz geht dahin, dass in absehbarer Zeit kaum noch Indígenas existieren werden, sondern hauptsächlich Mestizen. Was auch andernorts gilt: Wenn nicht aktive Maßnahmen zum Schutz von Minderheiten ergriffen werden, verschwinden sie aller Wahrscheinlichkeit nach.

Mestizaje meint nicht nur die Vermischung verschiedener Ethnien, sondern sie ist ebenso ein kulturelles Phänomen. In vielen Fällen bedeutet sie eine **kulturelle Transformation** vom Indígena zum Mestizen, den man als *blanqueamiento* (Weißwerdung) bezeichnet. Das Gewicht der dominanten Gesellschaft, die Schule, der Staat, die Medien bewirken diese „Einweißung", ohne dass zwangsläufig die biologische Vermischung stattfinden muss. Dieser Prozess geht mit der Landflucht einher und das städtische Leben entfremdet die Indígenas von ihrer ursprünglichen Identität. Normalerweise verlieren sich binnen einer Generation die Sprache, die Kleidung, die Sitten. Sie werden zu *cholos* (abwertende Bezeichnung für „neue" Mestizen), die zwar einige Eigenheiten ihrer indigenen Vergangenheit beibehalten, sich aber in die neue Situation integrieren und zum städtischen Proletariat werden. Meist findet ein richtiger Bruch mit den indigenen Traditionen erst in der zweiten Generation statt, da Kinder sich durch die städtische Sozialisation von der Welt ihrer Eltern entfremden.

Die größte und bedeutendste Gruppe innerhalb der Mestizen sind diejenigen, die von den Indígenas des Hochlands abstammen. Hier gibt es je nach Region verschiedene Prototypen, die man in ihrer Summe als **Träger der nationalen Volkskultur** bezeichnen könnte: den *chagra* (aus dem ländlichen Hochland), die *chola cuencana* (aus Cuenca) und der *chulla quiteño* (aus Quito). An der Küste ist es der *montubio*. Ihnen werden typische Attribute zugeschrieben, bestimmte Rhythmen, eine spezielle Sprache, eine besondere Küche und eine Tracht.

Das Bild der Mestizaje im Wandel der Zeit

*Das Wort Mestize wurde zum ersten Mal in der Kolonie gebraucht, die Spanier nannten so die Menschen, die aus einer **interethnischen Beziehung** hervorgegangen sind, insbesondere **zwischen Indígenas und Spaniern**. Mestizo war also die griffige Bezeichnung für nicht-indigen, nicht-schwarz, nicht-weiß. Zunächst wurde diese lange Zeit für die bäuerlichen und indigenen Leute gebraucht, die ihre ökonomisch-soziale Situation verbessern konnten und so Teil der Mittelschicht wurden. Im Kontrast dazu bezeichneten sich die reichen Leute als blancos (Weiße). So schien der Begriff ein ideologisches Konstrukt zu sein, eine Bezeichnung der sozial höher gestellten über den Rest, nicht aber der benannten Bevölkerung selbst.*

* **Anfang des 20. Jahrhunderts** *mit der liberalen Revolution sprachen die politischen Entscheidungsträger erstmalig von* **Ecuador als Land der Mestizen.** *Die mestizische Realität wurde in den offiziellen Diskurs übernommen, allerdings unter Ausschluss der Indígenas, denn Ecuador wurde als homogener Staat der Mestizen dargestellt. In der Kunst und Literatur entstanden neue Strömungen, die die Mestizaje zum Thema hatten. Aber erst in den 1990er-Jahren begann sich in der ganzen ecuadorianischen Gesellschaft die Frage nach der Identität auszubreiten, im Zuge derer sich ein neues Bewusstsein der Mestizaje entwickelte. Der Großteil der Bevölkerung begann, sich einzugestehen, dass es Ecuadorianer rein „spanischen Blutes" eigentlich gar nicht mehr gibt. Selbst in den einflussreichsten „weißen" Oberschichtfamilien fand und findet immer Vermischung statt und der ein oder andere Sprössling hat sehr dunkle Haut und indigene Züge, wogegen seine Geschwister einen eher kaukasischen Phänotypus haben. Nicht nur das: Mestize definiert sich nicht nur über Rasse, sondern auch über Kultur und die möglicherweise helleren Oberschichtfamilien sind als Teil der mestizischen Gesellschaft auch Mestizen.*

* Dennoch: Die Mestizen leben in einer* **Welt der Widersprüchlichkeiten,** *zwei Herzen scheinen in ihrer Brust zu schlagen, sie scheinen in einem inneren Identitätskampf gefangen zu sein. Einerseits distanzieren sie sich von den Indigenen, betrachten sie als minderwertig und betonen ihre eigenen spanischen Wurzeln. An anderer Stelle weisen sie aber wieder auf ihr indigenes Erbe hin und sehen sich als Nachkommen Atahualpas. In Festen und Feierlichkeiten trifft man auf viele indigene Traditionen, während im öffentlichen Raum die europäisch orientierte Kultur dominant ist, die die Indígenas abwertend als longos bezeichnet. Auf dunklere, meist sozial niedriger stehende, wird herabgeschaut. In vielen Ländern Lateinamerikas trifft man auf dieses Hin- und Hergerissensein zwischen zwei Welten. Das führt zu einem diffusen Selbstbild, einige Psychologen attestieren den La-*

teinamerikanern sogar eine Identitätsstörung. Vielleicht ist es aber gerade Teil der lateinamerikanischen Identität, auf der ewigen Suche nach der eigenen Identität zu sein. Hervorgerufen durch die Widersprüchlichkeit, nicht Europäer und nicht Indígena zu sein, sondern aus der Allianz zwischen Siegern und Besiegten hervorzugehen.

*Mittlerweile ist in Ecuador ein **Bewusstsein für rassistisches Verhalten** verbreitet und offener Rassismus wird verurteilt. Aber es ist noch ein weiter Weg zurückzulegen, denn latenter Rassismus lauert überall. Der beschriebene mestizische Minderwertigkeitskomplex scheint der Nährboden für diesen Rassismus zu sein. Wird der Begriff Mestize nun weitgehend von ihnen selbst akzeptiert, so hat die Bezeichnung cholo immer noch einen stigmatisierenden Charakter und wird von den sozial höher gestellten Mestizen für die sozial niedriger gestellten und oft auch dunkleren Mestizen benutzt. Mit dem Begriff cholo assoziiert man meist eine größere Nähe zum Indigenen.*

*Seit den **1990er-Jahre** hat insbesondere bei der Jugend eine **Neubewertung der geschichtlichen Wurzeln** und der Selbstdefinition als Mestizen stattgefunden – ohne negative Bedeutung, sondern auf der Suche nach einer anderen Gesellschaft, die ihre eigenen Leute wertschätzt. Es wächst ein kritischer Geist hinsichtlich der sozialen Situation und der nationalen Identität. Das Mestizen-Sein wird mittlerweile akzeptiert als eine bestimmte Seinsform mit all ihren Eigenheiten, ihrer eigenen Geschichte, ihren eigenen kulturellen Ausdrücken und ihrer eigenen Identität. Außerdem gibt es immer mehr Menschen, die für eine Akzeptanz der gesellschaftlichen Vielfalt kämpfen. Eine Herausforderung für die Zukunft wird sein, alle am „Projekt Ecuador" zu beteiligen.*

Indígenas

Wie bereits dargestellt, ist die wirkliche Größe der indigenen Bevölkerung Ecuadors unklar, da die Zahlen auf Selbstzuordnungen und Schätzungen beruhen, die sich erheblich unterscheiden. In Selbstzuordnungen gibt es die Tendenz, sich einer sozial anerkannteren Ethnie zuzuordnen, während Schätzungen von politischen Interessen geleitet sein können. Ein weiterer Grund für die unterschiedlichen Angaben ist die unscharfe Begriffstrennung zwischen Mestize und Indígena. Wer ist aber nun wirklich Indígena? Eine international verbreitete Definition beschreibt sie als Angehörige von Bevölkerungsgruppen, die vorkoloniale Wurzeln haben.

> Mittagspause im El-Ejido-Park in Quito

Volksgruppen

In Ecuador gibt es über 20 indigene Volksgruppen. Die zahlenmäßig stärkste Gruppe der ecuadorianischen Indígenas sind die vorwiegend **im Hochland lebenden Quichua.** Sie setzen sich aus verschiedenen Volksgruppen zusammen, die sich jedoch aufgrund der gemeinsamen Sprache und der gemeinsamen Weltsicht ähneln. Das Quichua (in Peru Quechua) und seine verschiedenen Dialekte etablierten sich mit den Inkas als eine *lingua franca* (Gebrauchssprache) im gesamten Andenraum. Andere Sprachen sind zugunsten dieser Sprache verloren gegangen. In Ecuador gibt es ca. 2 Millionen Quichua-Sprecher, die meisten von ihnen sprechen mittlerweile auch Spanisch. Ihre Kosmovision ist von *Pachamama* (die Mutter Erde), *Pachakamak* (die erschaffende Kraft) und *Inti* (die geistige Kraft, die sich in der Sonne manifestiert) bestimmt. Viele von ihnen leben als Bauern auf ursprüngliche Weise, zahlreiche andere mussten mangels Land in die Städte flüchten. Einige haben es durch Kunsthandwerk zu etwas Wohlstand gebracht. Die **wichtigsten Volksgruppen von Süd nach Nord** sind die Cañari, Saraguro, Puruhá (Cacha, Licto, Colta, Calpi, Pulucate), Salasaca, Otavalo oder Imbaya, Natabuela und die Caranqui.

Die Indígenas des **Küstentieflands** sind durch die Ausbreitung der Plantagenwirtschaft, verschiedene Seuchen und sehr starke Vermischungsprozesse stark dezimiert worden. Ergebnis dieser Vermischung sind die sogenannten *Montubios*, mestizische Bauern, denen die indigenen und z. T. auch die afrikanischen Vorfahren deutlich anzusehen sind.

Noch **verbleibende Volksgruppen** der Costa: Awa ca. 1600 Mitglieder, Tsáchila oder Colorado ca. 2000 Mitglieder und die Chachi (Cayapa) ca. 4000 Mitglieder. Allerdings erwacht auch an der Küste ein Bewusstsein dafür, dass weite Teile der Bevölkerung wesentlich mehr indigene als spanische Wurzeln haben, dass also weite Teile der Bauern biologisch indigen sind, jedoch die mestizische Kultur leben.

Die ethnischen Gruppen des **Oriente** eint eine ähnliche Weltsicht, die durch das Leben im Dschungel geprägt ist. Ohne Anspruch auf Vollständigkeit sind dies von Süden nach Norden folgende **Volksgruppen:** die Huaorani, Shuara, Ashuara, Quichua del Oriente, Yumbo, Tetete, Siona-Secoya und Cofán. Die größte Gruppe mit ca. 60.000 Personen bilden die Quichuas del Oriente in den Provinzen Napo und Pastaza. Ursprünglich kommen sie aus dem Hochland, sind aber im Laufe der inkaischen und später spanischen Eroberungen in den Urwald geflüchtet. Sie sprechen einen Quichuadialekt, sind durch verhältnismäßig langen Umgang mit mestizischen Siedlern an deren Lebensweise gewöhnt und haben einiges von diesen übernommen, z. B. die Kleidung. Die Shuares im Süden des Landes bilden mit ca. 50.000 Mitgliedern die zweitgrößte Gruppe. Auch sie haben z. T. den mestizischen Lebensstil übernommen, durch gute politische Organisation ist es ihnen aber gelungen, ihre Kultur durch zweisprachige Erziehungsprogramme und Brauchtumspflege vor dem Aussterben zu bewahren.

Die anderen indigenen Volksgruppen des Oriente sind zahlenmäßig recht klein und pflegten bis vor nicht allzu langer Zeit eine **zurückgezogene traditionelle Lebensweise.** Nun ist ihre Existenz durch die Ausbeutung der Naturressourcen der Amazonía, insbesondere das Erdöl, gefährdet. Die Erschließung der nördlichen Amazonasprovinz Sucumbíos – ausgehend von der Erdöl-Stadt Lago Agrio – hat innerhalb von wenigen Jahren zum Aussterben der Tetete-Indígenas geführt und andere Ethnien durch Geburtenrückgang, Krankheiten, Migration und erzwungene Integration erheblich dezimiert. Die Abbauweise, die Entsorgung der giftigen Abfälle sowie häufige Rohrbrüche der Pipelines – kurz die Verantwortungslosigkeit der Erdölkonzerne – bedrohen ihre Lebensgrundlagen. Die Population der Cofán schrumpfte in den letzten 30 Jahren von 3000 auf 500, die der Huaorani von 20.000 auf ca. 2000, Ähnliches gilt für die Siona-Secoya.

▷ Indígena-Familie im Schwimmbad

Lebensformen

Die indigene Bevölkerung Ecuadors ist mit ihren **verschiedenen Volksgruppen** so **heterogen** wie der Rest des Landes. Die Andenindianer führen z. B. ein ganz anderes Leben als die Indígenas Amazoniens. Die einzelnen Volksgruppen befinden sich in sehr unterschiedlichen Stadien der Integration in die moderne Gesellschaft. Es gibt noch indigene Bevölkerungsgruppen, die ein ähnliches Leben führen wie in präkolumbischer Zeit. Dann gibt es Volksgruppen, die zwar ihre ursprüngliche Lebensweise beibehalten haben, sich im Laufe der Zeit aber sehr wohl mit der „Zivilisation" auseinandergesetzt haben, um gegen die Zerstörung ihrer Lebensräume (z. B. durch die Ölförderung) vorzugehen. Man findet Indígenas, die sich am Rande der Gesellschaft als Bauern verdingen und deren indigene Identität zugunsten einer westlichen Orientierung an Bedeutung verliert. Darunter gibt es eine Vielzahl von Familien, von denen eigentlich keiner sagen kann, ob sie noch Indígenas oder schon Mestizen sind. Sie sprechen zwar nicht mehr die weit verbreitete Indígenasprache Quichua und tragen westliche Kleidung, ihr Alltagsverhalten ist aber stark von indigenen Traditionen geprägt. Für diese Gruppe wird im Allgemeinen die Bezeichnung **Campesino** (Bauer) benutzt, was auf jeden Fall auf indigene Wurzeln schließen lässt, seien sie nun vermischt oder rein. Vermutlich ist es auf diese Gruppe zurückzuführen, dass die Größe der indigenen Bevölkerung in Statistiken so unterschiedlich angegeben wird.

Lebensräume und soziale Organisation der Indígenas sind auch aufgrund unterschiedlicher historischer Erfahrungen höchst verschieden. Im **Hochland** erfolgte direkt nach der Eroberung eine Einbindung in das

koloniale System, das auf sozialer, kultureller und wirtschaftlicher Ebene dadurch tief geprägt wurde. Teile der traditionellen Organisation blieben erhalten und wurden von den Eroberern zur Festigung der Kolonialgesellschaft genutzt (z. B. der Arbeitsdienst *mita*). Erst nach der Kolonialzeit hat der Boom verschiedener Exportgüter dazu geführt, dass die Indígenas des Küstentieflands in engeren Kontakt mit der dominanten Gesellschaft gerieten.

Die Völker der **Amazonía** dagegen wurden erst in den letzten Jahrzehnten mit der „Zivilisation" konfrontiert, als die gewaltsame Durchdringung des Dschungels durch die Öl- und Holzwirtschaft einsetzte. Sowohl in den Anden als auch im Tiefland finden durch diese expansiven Wirtschaftsformen Prozesse statt, die die Lebensräume der Indígenas bedrohen und sie in ökologisch labile Zonen drängen. Im Hochland ist es das Andenpáramo, also die hoch gelegenen Zonen und Berghänge, an denen die Landwirtschaft immer schwieriger wird. In der Amazonía sind nun die ehemaligen Rückzugsgebiete durch die Invasion der Ölgesellschaften bedroht.

Der unterschiedliche Grad der kolonialen Durchdringung hat den Volksgruppen unterschiedliche Erfahrungen mit Unterdrückung und Repression gebracht, die sich verschieden auf die **Mentalitäten der jeweiligen Gruppen** ausgewirkt haben. Im **Hochland** hat die erzwungene Integration in die untere Klasse der Kolonialgesellschaft bei vielen Indígenas ein Minderwertigkeitsgefühl hervorgerufen. In der **Amazonía** ist der Einfluss neueren Datums, man erinnert sich an das Leben ohne Einfluss der Zivilisation.

Gemeinsam ist den Völkern, dass sie in einem permanenten **Zwiespalt zwischen Tradition und Moderne** stehen. Einerseits wird das traditionelle Leben glorifiziert, andererseits streben auch sie nach Wohlstand und westlichen Konsumgütern. Auch die indigenen Völker sind durch die Modernisierung einem **kulturellen Wandlungsprozess** ausgesetzt. Die Migration in die Städte und ins Ausland, die verbesserte Infrastruktur und die Medien bewirken einen sozialen und kulturellen Wandel, der traditionelle Werte und Normen aufweicht, Lebenspläne ändert, familiäre Beziehungen hinterfragt und somit die indigenen Gemeinschaften vor neue Herausforderungen stellt. Mit dem Eindringen der Moderne geht ein Verlust der ethnischen Identität einher, die Autorität der Elterngeneration schrumpft, weil die Jüngeren durch Spanischkenntnisse und Schulbildung mehr Erfahrung mit der Welt der Mestizen haben und so die Bedeutung von Außenkontakten gestiegen ist.

Durch diese Kontakte ist das **Bedürfnis nach mehr „zivilisierter" Infrastruktur und Konsum** gewachsen. Langfristig birgt das viele Konflikte, weil es die traditionellen Werte in Frage stellt. Als gegenläufige Bewegung beobachtet man zur gleichen Zeit eine Rückbesinnung auf die Traditionen und die „gute alte Zeit". Die jungen Leute schwanken bezüglich ihrer Zukunftsvorstellungen zwischen Optimismus wegen der besseren Ausbildung und der damit verbundenen Verbesserung der Lebensbedingungen einerseits. Andererseits ist eine pessimistische Sichtweise über die Chancen in der mestizischen Gesellschaft verbreitet, die zu zunehmenden Alkoholproblemen führt.

In den letzten Jahrzehnten fanden innerhalb Ecuadors große **Migrationsbewegungen** statt. In den 1960er-Jahren zog es viele Indígenas aus dem Hochland ins Küstentiefland, wo sich auf den Plantagen **neue Einkommensquellen** boten. Die meisten jedoch ziehen vom Land in die Stadt. Hier gibt es verschiedene Formen der Migration zwischen weiterbestehender Anbindung an die Herkunftsgemeinde und Verlust dieser Bindung. Lebensformen in der Stadt unterscheiden sich erheblich vom Landleben.

Mittlerweile lebt annähernd die Hälfte der indigenen Bevölkerung in der Stadt. So hat sich eine **indigene Stadtkultur etabliert,** die nicht mehr viel mit dem bäuerlichen Leben auf dem Land gemein hat. Alternative Einkommensquellen und Lebensformen werden gesucht, die eine unterschiedliche Akkulturation an die Mehrheitsgesellschaft mit sich bringen. Ein gern angeführtes Beispiel sind die **Otavalo-Indígenas** (Imbaya): Sie haben sich mit den Segnungen der modernen Gesellschaft arrangiert und es durch Herstellung von Kunsthandwerk und den Handel damit zu Wohlstand gebracht. Einige reisen als Geschäftsleute um die ganze Welt, schicken ihre Kinder auf gute Universitäten, leben in Häusern nach westlichem Standard, haben aber ihre Sprache (Quichua), ihre Trachten und ihre kulturellen Besonderheiten beibehalten. Sie bilden aber die Ausnahme: Viele verarmte indigene Bauern, die auf der Suche nach einem besseren Leben in die Städte kommen, formieren eine Art Stadtproletariat. Sie arbeiten im informellen Sektor, als Verkäufer oder Tagelöhner, die Frauen arbeiten als Dienstpersonal und im schlimmsten Fall landen sie als Bettler auf der Straße.

80 % der ecuadorianischen Indígenas leben in prekärer **Armut,** es gibt also einen klaren Zusammenhang zwischen Armut und Ethnizität, der auch für jeden Besucher sichtbar wird: Indígenas verrichten die schlechteste Arbeit, Bettler sind meist Indigene, lange Schlangen vor öffentlichen Gebäuden bestehen vor allem aus Indígenas, ihre Gesundheitsversorgung ist nicht ausreichend und sie sind nicht in die dominante Gesellschaft integriert. Soziologen sprechen in diesem Zusammenhang von **Desintegration.** Dies meint einerseits die Entfremdung gegenüber kulturellen Wurzeln durch Abwanderung oder Vertreibung vom Land in die Stadt und Auseinanderreißen der Dorfgemeinschaften, andererseits die nicht

erfolgende Integration in die mestizische Gesellschaft. Hauptgrund für die Verarmung ländlicher indigener Bevölkerung sind immer kleiner werdende Landparzellen, die die Ernährung nicht mehr sichern. Verursacht wird dies durch Bevölkerungswachstum, ausgelaugte Böden und die nie konsequent durchgeführte Bodenreform, die die Großgrundbesitzer gezwungen hätte, Teile von ihren riesigen, oft ungenutzten Latifundien abzutreten. Die Hochlandbewohner wurden im Verlauf der spanischen Besiedlung immer weiter nach oben ins Gebirge verdrängt, sodass an den Andenhängen bis in erstaunliche Höhen Ackerbau betrieben wird. Die Mehrzahl der Indígenas Ecuadors ist von Rechten und Ressourcen ausgeschlossen. Sie sind von den ökonomischen Problemen und der herrschenden Rechtsunsicherheit besonders betroffen. Gleichzeitig sind sie aber als billige Arbeitskräfte in der landwirtschaftlichen Produktion, als Hausangestellte, als Wahlvolk und nicht zuletzt als folkloristische Ressource für den Tourismus in die Gesellschaft eingebunden.

Movimiento Indígena – die Indígena-Bewegung

Die geschilderten Missstände führten dazu, dass ab Anfang der 1990er-Jahre eine **starke politische Mobilisierung** stattfand. Die Indígenas sind nicht mehr nur eine diskriminierte Bevölkerungsgruppe, sondern auch eine starke soziale Bewegung, die bei gesellschaftspolitischen Fragen eine zentrale Rolle spielt. Ihre Anfänge nahm die Bewegung Mitte des 20. Jahrhunderts.

Hauptsächlich indigene Bauern schlossen sich in der **FENOC** zusammen, um für die Bodenreform zu kämpfen. Stand zunächst die Landfrage im Vordergrund, weiteten sich bald die Forderungen auf kulturelle Selbstbestimmung und politische Gleichstellung aus. Ein erster größerer Erfolg wurde mit der Einführung des Wahlrechts für Analphabeten 1978 verbucht. Bereits 1979 gründete sich die **CONFENIAE** (*Confederación de Nacionalidades Indígenas de la Amazonía Ecuatoriana*), der Verbund der ecuadorianischen Völker Amazoniens, um sich gemeinsam gegen die Zerstörung ihrer Lebensräume durch die Erdöl- und Holzwirtschaft wehren zu können. Auch in den anderen Landesteilen gab es mittlerweile zahlreiche kleinere Organisationen, Kooperativen, Frauenvereine, religiöse und kulturelle Vereinigungen, die sich 1987 in einem Dachverband, der **CONAIE** (*Confederación de Nacionalidades Indígenas del Ecuador*), zusammenschlossen, um so mehr Gewicht gegenüber dem Zentralstaat zu erlangen. Die *CONAIE* ist die älteste nationale Indígenaorganisation im gesamten Andenraum. Sie hat nach über zwei Jahrzehnten politischen Kampfes eine große Stärke erreicht. 1990 machte sie zum ersten Mal auf nationaler Ebene von sich reden, als die bis dato größte Mobilisierung indigener

Gruppen in einem Generalstreik für 10 Tage die Hauptstadt lahmlegte.

Langsam bekam die politische Bewegung Einfluss auf die Masse der Indígenas: War es bis in die 1970er-Jahre noch so, dass viele Indígenas (der Sierra) versuchten, sich der mestizischen Gesellschaft anzupassen, indem sie sich z. B. die Haare abschnitten und ihre traditionelle Kleidung ablegten, um ihren Kindern bessere Chancen zu bieten, so begann in den 1980er-Jahren ein Wandel. Mit dem 500. Jahrestag der Entdeckung Amerikas schienen auch die Indígenas aus dem Trauma der Eroberung zu erwachen. War bisher die Reaktion der Ureinwohner auf die Kolonisierung entweder Verweigerung und Resignation oder Anpassung bzw. Mestizaje, begannen sie nun aus ihrer Opfer-Position herauszukommen. Wie in vielen Ländern Lateinamerikas setzte auch in Ecuador ein Prozess ein, der auf Spanisch mit **„toma de conciencia" (Bewusstwerdung)** beschrieben wird. Stolz auf die eigenen Wurzeln und Traditionen und der Wille, das Schicksal wieder in die eigene Hand zu nehmen, entwickelten sich an vielen Orten. So erstarkte die *movimiento indígena* (Indígena-Bewegung).

War zunächst die Leitlinie der Bewegung, sich nicht an der antidemokratischen, institutionalisierten Politik der Mehrheitsgesellschaft zu beteiligen und Wahlen zu boykottieren, änderte sich diese Einstellung im Laufe der 1990er-Jahre. 1996 gründete sich angesichts der großen Nachfrage nach politischer Beteiligung der politische Arm der *CONAIE*, das Wahlbündnis **Movimiento Plurinacional Pachakutik – Nuevo País** (Plurinationale Bewegung Pachakutik – Neues Land). Dieses Bündnis erlangte bei den Wahlen 1997 auf Anhieb 20 % der Stimmen und so zogen zum ers-

Selbstbewusst: der Präsident der Shuar-Indígenas

ten Mal in der Geschichte der ecuadorianischen Republik Indígenas ins Parlament ein. Gleichzeitig nahm die politische Partizipation auf lokaler Ebene und Provinzebenen zu. Immer mehr Gemeinden wählten indigene Bürgermeister. 1997 trat auch eine verfassungsgebende Versammlung zusammen, in der die Vertreter der Pachakutik-Partei forderten, Ecuador als „multinationalen Staat" in der Verfassung festzulegen. Aus Perspektive der *CONAIE* leben in Ecuador über 20 verschiedene indigene und afroecuadorianische *nacionalidades* (Nationalitäten) mit jeweils verschiedenen Kulturen. Darauf wollten sich die Regierenden nicht einlassen, da es von jeher ihr Bestreben ist, **eine** nationale Identität zu kreieren. So wurde **Ecuador zum „multiethnischen und plurikulturellen Staat".** Damit verbunden sind bestimmte territoriale und kollektive Rechte der einzelnen Ethnien, z. B. kulturelle Selbstbestimmung und lokale Justizadministration auf ihren Territorien. Allerdings reichen die Landrechte der verschiedenen Volksgruppen nur bis 30 cm unter die Erde, um den Erdölabbau nicht zu gefährden. Zudem ist es noch ein weiter Weg bis zur praktischen Umsetzung der formalen konstitutionellen Rechte.

Den in der *CONFENIAE* organisierten ecuadorianischen Völkern Amazoniens ist es gelungen, politischen Druck auf die Erdölkonzerne und die Regierung auszuüben. Auf überregionaler Ebene kooperiert die Organisation mit der **COICA,** dem nationenübergreifenden Dachverband aller Völker Amazoniens.

Bei der UN gibt es einen **Indigenen Rat,** in dem auch ecuadorianische Vertreter sitzen. Mehrere internationale Rechtsstreitigkeiten mit Erdölkonzernen werden derzeit ausgefochten. Ein wirklicher Erfolg konnte bisher zwar nicht errungen werden, aber die politische Mobilisierung hat die Volksgruppen international bekannter und selbstbewusster in der Verteidigung ihrer Rechte gemacht. Die Indígenas versuchen auch zunehmend, selbst vom Tourismus zu profitieren. War es bisher so, dass Reiseagenturen die verschiedenen Völker für ein Trinkgeld den Touristen zur Schau stellten, vermarkten heutzutage immer mehr Indigene ihre „Exotik" selbst.

Pünktlich zum **Beginn der neuen Zeitrechnung im Januar 2000** gelang es der Bewegung, so viele Indígenas zu mobilisieren, dass sie die Regierung *Mahuad* stürzen konnten und einen **friedlichen Regierungswechsel** erzwangen. 2002 beteiligte sich *Pachakutik* mit drei Ministerposten an der Regierung des Populisten *Gutiérrez,* aus der sie sich aber zurückzogen, als deutlich wurde, dass der unklare Regierungskurs nicht im Sinne der indigenen Forderungen war. Nach dem Rückzug aus der Regierung *Gutiérrez* befanden sich die *CONAIE* und *Pachakutik* lange Zeit in einer **Phase der Rekonsolidierung.** An der Regierung *Correa* sind sie nicht beteiligt, haben aber fünf Sitze im Parlament. Trotz interner Spannungen sind die Indígenas zu einem politischen Akteur geworden, der bei wichtigen Entscheidungen nicht mehr einfach übergangen werden kann.

Die meisten indigenen Organisationen setzen sich für eine multinationale und plurikulturelle Gesellschaft ein, für partizipative Demokratie mit lokaler Selbstverwaltung, für das Recht auf natürliche Ressourcen innerhalb der Territorien, für die Anerkennung der kollektiven Rechte und die Beachtung der Menschenrechte, sowie für interkulturelle zweisprachige Erziehung. Separatistische Tendenzen haben mit der Internationalisierung (UN, *COICA*) und den Regierungsbeteiligungen an Bedeutung verloren. Das **Recht auf demokratische Integration** und Partizipation an der Moderne – bei gleichzeitiger Beibehaltung der kulturellen Eigenheiten – bestimmt den Diskurs der politischen Führer. Die Verfassung von 2008 ebnet mit dem Prinzip des *Sumak Kawsay* (Gutes Leben) juristisch den Weg zur gesellschaftlichen Gleichberechtigung der Indígenas und ihrer Lebensformen. Jedoch lassen sich jahrhundertealte Strukturen der Unterdrückung nicht so einfach beseitigen, insbesondere wenn in einem einflussreichen Teil der Gesellschaft der Wille dafür fehlt. Denn für die Elite würde die Gleichberechtigung den Verlust vieler Privilegien bedeuten. Das Verhältnis der indigenen Organisationen zur Regierung war zunächst gut, jedoch hat das auf Ausbeutung der Naturressourcen beruhende Wirtschaftsmodell *Correas* und seines Nachfolgers *Moreno* zu einer deutlichen Distanzierung geführt, insbesondere dort, wo die Rechte der Indígenas und der Natur beschnitten werden. So kämpft die indigene Bewegung Seite an Seite mit anderen zivilgesellschaftlichen Akteuren, die einen demokratischen Wandel herbeiführen und die Rechte der Natur wahren wollen.

Das Verhältnis zwischen Indígenas und Mestizen

„Wenn Indio der Name gewesen ist, mit dem wir unterworfen worden sind, wird Indio der Name sein, mit dem wir uns erheben werden."
(aus: Manifiesto del Movimiento Indio Pedro Vilca Apaza, Perú)

Die **Bezeichnung „indio"** hat traditionell eine negative Bedeutung und wurde durch den **Begriff „indígena"** ersetzt. Seit den 1990er-Jahren wurde das Wort Indio aber von den politisch organisierten Indígenas selbst wieder aufgegriffen, um dem negativ besetzten Begriff eine positive Wandlung zu geben. Einfache indigene Bauern hatten sich selbst ohnehin immer so bezeichnet. Ausländer sollten aber die unproblematischere Bezeichnung *indígena* wählen.

Von Seiten der Mestizen existieren viele verschiedene, teils **widersprüchliche Vorstellungen über die Indígenas.** Traditionellerweise werden sie als die ausgebeuteten armen Landmenschen angesehen, die seit 500 Jahren in einem Stadium der Unterentwicklung am Rande der Zivilisation vor sich hin vegetieren. Daneben gibt es in diesem Bild die „Wilden", weit abgelegene Volksgruppen, die wie vor 1000 Jahren im Urwald wohnen. Nun sind diese Vorstellungen ins Wanken geraten. Das Erstarken der indigenen Bewegung löst bei Teilen der Mehrheitsgesellschaft Ängste vor Rache für jahrhundertelange Unterdrückung aus, die im interkulturellen Dialog berücksichtigt werden müssen. Konservative Kräfte werfen den Indigenen vor, Separatisten zu sein, in CIA-Berichten wird nach wie vor darauf hingewiesen, dass die indigenen Bewegungen Lateinamerikas diese Länder destabilisieren. Vereinzelt gibt es tatsächlich politische Splittergruppen der Indígenas, die dem Vorschub leisten und die Unterdrücker beseitigen wollen. Die mestizische Mehrheit aber sympathisiert mit der politisch moderaten Indígena-Bewegung, wissend, dass deren Forderungen helfen, das Land gerechter zu machen, und dass es nicht um Rache, sondern um Gleichberechtigung geht.

Mit den Indígenas werden **hohe moralische Vorstellungen** verknüpft. Sie gelten als ehrliche Menschen, die ihren Werten und Traditionen treu bleiben. *„No robar, no mentir y no ser ocioso"* („nicht stehlen, nicht lügen und nicht lasterhaft sein") war der Slogan mit dem die Indígenas 2000 die Regierung stürzten.

Eine weitere Spielart des Indigenenbilds ist die **Glorifizierung,** die mitunter von Seiten linksorientierter und ökologisch engagierter Mestizen und Europäer praktiziert wird: Ähnlich wie der Karl May'sche „edle Wilde" werden die Indígenas als „Hüter der Erde" verklärt, als die besseren Menschen angesehen. Obwohl gerade im Tourismusbereich von Indígenas selbst dieses Klischee bedient wird, distanzieren sich die Denker der indigenen Bewegung von diesen Bildern, da auch sie eine Festlegung von außen bedeuten, der oftmals eine subtile paternalistische Haltung zu Grunde liegt.

Ein anderes Phänomen ist die **Überidentifizierung,** indem sich Nicht-Indígenas so geben, als seien sie welche. Bei den „echten" Indígenas wird das vermutlich ein Schmunzeln hervorrufen, wenn ein spirituell, ökologisch oder politisch bewegter Weißer auf der Suche nach Erleuchtung das tut. Eine andere Motivation könnte bei ihren mestizischen Landsleuten dahinterstecken: Wahrscheinlich hat gerade das in Europa weit verbreitete Klischee vom „edlen Wilden" dazu geführt, dass nicht nur Indígenas, sondern auch Mestizen beginnen, mit diesem Klischee zu spielen. Für viele Mestizen ist es optisch ein leichtes, sich den Europäern als Indígenas zu verkaufen, insbesondere auf dem internationalen Markt der Geschlechter soll das bei der europäischen Weiblichkeit die Chancen ungemein erhöhen. (Nachvollziehbar, wo es die mestizischen Männer in den einschlägigen Lokalitäten der Großstädte schwer genug haben, gegen die afroecuadorianische Konkurrenz anzukommen, die wiederum andere bei weißen Frauen hoch im Kurs stehende Klischees bedient.)

Der seit einigen Jahren einsetzende Prozess in der mestizischen Gesellschaft, sich selbst als Produkt der Vermischung zwischen Europa und Amerika zu akzeptieren, brachte eine **höhere Wertschätzung des Indigenen** mit sich. Zunächst von vielen als Modeerscheinung angesehen, die ihren Ausdruck vor allem in der Wiederentdeckung der indigenen Folklore fand, hat diese neuerliche Attraktivität des Indigenen das Ansehen der Indígenas gewandelt. Hier muss aber angemerkt werden, dass sicherlich ein Unterschied besteht zwischen der Akzeptanz der indigenen Intellektuellen und den einfachen indigenen Landarbeitern, die in ihrer Anzahl überwiegen. Die Köpfe der Bewegung haben anerkannte akademische Titel, können sich auf internationalem Parkett bewegen und sind in beiden Welten zu Hause, während die anderen in Armut leben und sich in der mestizischen Welt nur schwer durchsetzen können. Das Bild der dummen Landbevölkerung ist in vielen Köpfen fest verankert – auch wenn es ungern zugegeben wird. Wie sollen sich auch in relativ kurzer Zeit 500 Jahre alte Strukturen von Rassismus und Ethnozentrismus auslöschen lassen. Die Indígenas fordern gleichberechtigten Zugang zur Moderne, d.h. Bildung, Technologie und finanzielle Mittel dazu, und dies unter Beibehaltung ihrer ethnischen Identität.

Afroecuadorianer

Die Anwesenheit von Menschen afrikanischen Ursprungs geht in Ecuador – wie in ganz Amerika – fast ausschließlich auf die **Sklaverei** zurück. Nachdem die Kolonialherren feststellten, dass die Arbeitskraft der Urbevölkerung Amerikas nicht ausreichen würde, deportierte man seit dem 16. Jh. Menschen aus Afrika, um sie auf den Plantagen zur Arbeit zu zwingen. Seit dem 17. Jh. wurden diese Menschen auch an die nördliche ecuadorianische Küste (die heutige Provinz Esmeraldas) und in die warmen Täler der Sierra (Valle de Chota im heutigen Imbabura) geschafft, wo Plantagenbau vor allem mit Zuckerrohr betrieben wurde.

Die nördliche Provinz Esmeraldas diente lange als **Rückzugsgebiet für entflohene Sklaven,** den sogenannten *cimarrones*. Es heißt, die ersten hätten sich dort angesiedelt, nachdem sie von einem gestrandeten Sklavenschiff vor der Küste Esmeraldas fliehen konnten. Von dieser Zeit an haben sie sich **mit den Ureinwohnern vermischt.** Ein Prozess, den man als **zambaje** bezeichnet und der als Teil der *mestizaje* anzusehen ist. Die

Sklaverei endete in Ecuador aber nicht wirklich mit dem juristischen Akt ihrer Abschaffung Anfang des 19. Jahrhunderts, sondern sklavereiähnliche Abhängigkeitsstrukturen zogen sich noch bis ins 20. Jahrhundert. Die Afroecuadorianer leisteten aber von den Anfängen der Republik an einen wichtigen Beitrag zu Entstehung einer eigenen ecuadorianischen Identität. In den Unabhängigkeitskriegen kämpften sie auf Seiten der einheimischen Kreolen gegen die Spanier. Die Kreolen versprachen ihnen dafür die Befreiung aus der Sklaverei. In der liberalen Revolution von 1895 kämpften sie mit *Eloy Alfaro*. Heute stehen sie zusammen mit den Indígenas für eine gerechtere Gesellschaft ein. Außerdem geben sie mit ihren überlieferten Tänzen, der Musik, dem Kunsthandwerk und anderen afrikanischen Kulturelementen der indigen-spanisch geprägten Kultur Ecuadors eine besondere Note. Sie leben auch heute noch zum größten Teil in der **Provinz Esmeraldas,** ein kleinerer Teil im Valle de Chota (bei Ibarra) und im Mündungsgebiet des Río Mira. Aber auch in den Provinzen Guayas, El Oro, Pichincha und Sucumbíos sind sie präsent.

Schwarze werden in Ecuador meist als **morenos** bezeichnet. Ebenso hört man *negro* oder *mulato,* wobei die letztere Bezeichnung für vermischte, also hellere Menschen gebraucht wird. Das Wort *negro* oder *moreno* hat einen leicht abwertenden Beigeschmack, obwohl sich viele Schwarze selbst bewusst als *negros* bezeichnen. Mittlerweile hat sich *afroecuatoriano* (Afroecuadorianer) als politisch korrekte Bezeichnung für Menschen mit afrikanischem Erbe etabliert. Jedoch haftet diesem Begriff die Sperrigkeit des politisch Korrekten an und er wird daher in normalen Gesprächen kaum gebraucht.

Auch bei dieser Gruppe der ecuadorianischen Bevölkerung ist es kaum möglich, ihre **Größe** in einer Zahl anzugeben. Je ca. 2,5 % bezeichneten sich im Zensus selbst als *mulato* oder als *negro*. Die soziologischen Schätzungen belaufen sich auf 10 %. Wie auch in den anderen Bevölkerungsgruppen sind die Mischbereiche sehr groß. Die Mestizaje macht es schwer, von einer Ethnie oder einer Kultur zu sprechen. So wird der Einfluss afroecuadorianischer Elemente durch ethnische, lokale und soziale Faktoren bestimmt und die Afroecuadorianer leben in einer Mischkultur, deren Übergänge zur Mehrheitskultur fließend sind.

Trotzdem sind sich die schwarzen Ecuadorianer bis heute **ihrer afrikanischen Wurzeln sehr wohl bewusst.** Im Austausch mit der mestizisch-indigenen Gesellschaft haben sie es geschafft, ihre eigene Kultur – die afroecuadorianische – zu entwickeln. Die spezielle Ausprägung dieser Kultur hat sich durch das Aufeinandertreffen mit der indigenen und der christlichen Kultur ergeben. Die verschiedenen Lebensformen gehen ineinander über, wie auch eine ethnische Vermischung zwischen ihnen statt-

gefunden hat. Diese Vermischung und der gegenseitige Austausch gehen weiter. Eine lebendige Kultur wie die afroecuadorianische ist immer auch anderen Einflüssen ausgesetzt und in ständiger Bewegung.

Reist man aus der Sierra zum ersten Mal nach Esmeraldas, grenzt es an einen Kulturschock. Nicht nur das Klima ist völlig anders, sondern das ganze Straßenbild hat wenig mit dem geruhsamen Leben in den Anden zu tun, vielmehr erinnert es an einen afrikanischen Markt mit viel Trubel. Außerdem scheinen die Menschen gegenüber Fremden überhaupt nicht kontaktscheu zu sein. Der Unterschied zu den Andenbewohnern – insbesondere den Indígenas – könnte nicht größer sein.

Die meisten schwarzen Küstenbewohner leben in einfachen Holzhäusern mit Palmdach. Zentrum des Wohnbereichs ist der Ghettoblaster, denn der Wahrheitsgehalt des gängigen Klischees über die **musikalischen Schwarzen** scheint sich zumindest in Ecuador zu bestätigen: *„sin música, no hay vida"* (ohne Musik gibt es kein Leben). Während die jungen Leute Salsa, Cumbia oder Hip-Hop bevorzugen, sind es für die Älteren die traditionellen Lieder, die im Valle de Chota in der nördlichen Andenprovinz Imbabura von *bandas mochas* gespielt werden. Dabei handelt es sich um Bands, die eine Fusion aus afrikanischen und andinen Rhythmen spielen, ein Stil, der sich *la bomba* nennt.

Kindergarten im Küstenstädtchen Muisne

Die traditionelle Dualität Mann–Frau wurde durch die Sklaverei aufgebrochen, da die Sklaven nach dem Gutdünken der Sklavenherren eingesetzt und Paare oft auseinandergerissen wurden. So zentrierten sich die Familien um die Mütter, zwar schützte die Mutter-Kind-Beziehung nicht unbedingt vor einer Trennung, jedoch wurde sie aus Interesse an gesunden Sklaven stärker respektiert als die zwischen Mann und Frau. Die Frauen übernahmen die Hauptverantwortung für die Familien, sie überlieferten die Kultur, die Sprache und die Mythologie mündlich an ihre Kinder. Diese **Familienstrukturen** erkennt man heute noch. An der Küste ist die Mutter das Zentrum der Familie, dort gibt es auch viele Familien ohne Väter.

Im spirituellen Leben dominiert der **katholische Glaube,** gespickt mit vielen afrikanischen Elementen. Daneben hat jedes Dorf seine eigenen Feste und Traditionen. Ein mittlerweile national bekanntes Fest ist das „Festival de la Danza", das jedes Jahr in Esmeraldas stattfindet. Die Etablierung dieses Festivals lässt sich im Zusammenhang mit dem erwachenden Selbstbewusstsein der Afroecuadorianer und der damit einhergehenden Besinnung auf ihre kulturellen Eigenarten sehen.

Einige zentrale Elemente im Leben vieler Afroecuadorianer sind neben der Musik die **Fröhlichkeit und die Liebe zum Leben** (so stand es auf der Homepage ihres wichtigsten Kulturzentrums, dem *Centro Cultural Afroecuatoriano*), eine große Familie, Respekt gegenüber den Alten, Religion, das gemeinschaftliche Leben, die Mutterschaft ... Insbesondere ihre Lebensfreude ist eine Bereicherung für die ecuadorianische Kultur.

Die Afroecuadorianer haben sich Nischen gesucht, über die sie sich einen **gesellschaftlichen Aufstieg** erhoffen. In der **Musikbranche** und im **Sportsektor** finden sich verhältnismäßig viele Menschen mit afrikanischen Wurzeln. Viele Jugendliche versuchen, als professionelle Fußballspieler ihren Familien aus prekären Situationen herauszuhelfen. Ein Großteil der Nationalelf besteht aus Schwarzen. Zum einen liegt das an ihren physischen Grundlagen, aber zudem scheint die Karriere als Fußballer für viele schwarze Jungs die einzige Möglichkeit zu sein, ihrem bescheidenen Leben zu entfliehen und sich eine bessere Zukunft aufzubauen. Seit einiger Zeit gibt es eine Fußballschule für junge „Straßentalente", die von einem berühmten schwarzen Nationalspieler unterhalten wird.

Die Schwarzen sind in sozialer Hinsicht mit sehr vielen Problemen konfrontiert. Die meisten besitzen kein eigenes Land und sie leben in ärmsten Verhältnissen. Der **alltägliche Rassismus** der mestizischen Gesellschaft erschwert ihnen den Zugang zu weiterführenden Schulen und Universitäten. Ihr Leben ist charakterisiert durch geringe Einkommen, Gelegenheitsarbeit und ein niedriges Bildungsniveau.

Aber auch bei den Afroecuadorianern erwachte in den letzten Jahrzehnten langsam, aber stetig ein **soziopolitisches Selbstbewusstsein.** Sie haben sich inzwischen politisch organisiert und kämpfen für die Anerkennung ihrer Kultur als wichtigen Beitrag zur Nation, gegen Rassismus, für Chancengleichheit und für eine gerechtere Ressourcenverteilung. Schwarze Frauen spielen eine große Rolle in den politischen und sozialen Organisationen (siehe Kapitel „Rollenverhalten von Männern und Frauen").

Eine wichtige Institution der schwarzen Kultur und der politischen Bewegung ist das **Centro Cultural Afroecuatoriano** (CCA). Die Schwarzenbewegung kämpft als eine der über 20 Ethnien an der Seite der Indígena-Bewegung für gesellschaftliche Emanzipation.

Traditionellerweise stehen die Schwarzen ganz unten in der ecuadorianischen Gesellschaft, das Stigma der Sklaverei klebt wie in ganz Amerika auch an den ecuadorianischen Schwarzen. Das **Stereotyp** über sie entspricht dem allgemein verbreiteten rassistischen Bild über Menschen mit afrikanischen Wurzeln: Sie wären dumm, verlogen, potenziell gefährlich und hätten viel Rhythmusgefühl. Die schwarze Frau dient als Projektionsfläche sexueller Männerfantasien und wird daher gerne als Servierin oder Haushaltshilfe eingestellt. Männer wie Frauen gelten als ausdauernde „Arbeitstiere", teils kommt diese Ansicht wohl noch aus der Zeit, als die Afrikaner nach Lateinamerika verschleppt wurden, um die gesundheitlich anfälligeren Indígenas als Arbeitskräfte zu ersetzen. Afroecuadorianer unterscheiden sich nicht nur durch die Hautfarbe von den Mestizen, sie sind oft größer und stärker. Möglicherweise haben diese maskulinen Attribute Einfluss auf bestimmte Furcht- und auch Konkurrenzmechanismen zwischen mestizischen und schwarzen Männern. Selbst bei Indígenas sind rassistische Vorurteile gegenüber den Afroecuadorianern verbreitet. Aber das erwachende politische Selbstbewusstsein der Schwarzen trägt dazu bei, dass ihr Bild in der mestizischen Gesellschaft sich langsam wandelt.

Trotzdem: Außerhalb von Esmeraldas und dem Valle de Chota haben die Schwarzen es schwer, Fuß zu fassen. Die mestizische Gesellschaft bietet ihnen **wenig Aufstiegschancen.** Es wird ihnen zwar nicht mehr unbedingt mit Furcht und Verachtung begegnet, aber doch oft mit Misstrauen oder einer gewissen Geringschätzung. Der Alltagsrassismus ist allgegenwärtig; insofern ist es umso bewundernswerter, wenn Schwarze außerhalb ihrer vorbestimmten Nischen (Fußball und Musik) Karriere machen.

Nach wie vor gibt es unter den jungen Schwarzen eine **sehr hohe Kriminalitätsrate,** da es für sie in der mestizischen Gesellschaft äußerst schwierig ist, Anerkennung zu finden. Der Weg aus diesem Dilemma läuft über **Bildung.** Aber nicht jedem wird das in der Kindheit vermittelt und viele haben einfach keinen Zugang zu weiterführender Schulbildung. Außerdem bedarf es eines hohen Maßes an Selbstkontrolle und eines ausgeprägten Selbstwertgefühls, sich durch den existierenden Rassismus nicht entmutigen zu lassen.

Weiße und andere Einwanderer

Die 10 % der Bevölkerung, die in der Volkszählung von 2001 angaben **blancos** (Weiße) zu sein, sind in ihrer Mehrheit Mestizen der Oberschicht, die sich aufgrund der bestehenden rassistischen Vorurteile nicht dazu bekennen wollen, nicht rein spanischer Abstammung zu sein, obwohl ihre Familien seit Jahrhunderten in Ecuador angesiedelt sind. Die Ethnie *blanco* genießt noch immer die höchste soziale Wertschätzung und ihr anzugehören heißt normalerweise, Teil der Oberschicht zu sein.

Daneben gibt es **Einwanderer aus Europa,** die sich in diese Gruppe ordneten. **Spanier** immigrierten zu jeder Zeit ins Land und sie bilden die größte Gruppe. Es leben ca. 5000 **Deutsche** in Ecuador.

Eine wichtige Gruppe der Einwanderer jüngeren Datums sind die **turcos** (Türken). Unter dieser Bezeichnung versteht man alle Menschen arabischen Ursprungs. Die meisten von ihnen kommen aus dem **Libanon** (was damals zum osmanischen Reich gehörte, daher *turco*) und siedelten sich seit Beginn des 20. Jahrhunderts in Ecuador an, insbesondere an der Küste. Einige von ihnen erreichten wichtige Positionen in der ecuadorianischen Gesellschaft, sodass man in Politiker- und Unternehmerkreisen immer wieder auf arabische Namen stößt: z. B. *Jamil Mahuad, Abdalá Bucaram* (beides ehemalige Präsidenten), *Jaime Nebot* (Bürgermeister Guayaquils), *Alberto Dahik* (ehemaliger Vizepräsident). Jeder von ihnen entstammt einer einflussreichen Unternehmerfamilie.

Im 19. Jh. gab es außerdem einen Migrationsstrom aus **China,** dessen Einfluss bis heute zu spüren ist. Die Chinesen widmeten sich dem Kleinhandel und der Gastronomie. In fast jeder Stadt gibt es China-Restaurants (*chifas*). *Chaulafan* ist ein Reisgericht mit Gemüse, Fleisch und Ei, das zu einem der nationalen Standardgerichte geworden ist.

Im Norden Ecuadors gibt es einen regen Austausch mit dem Nachbarland **Kolumbien.** Viele Familien haben verwandtschaftliche Beziehungen dorthin. Hinzu kommt seit Ende der ersten Dekade dieses Jahrhunderts der große Zustrom kolumbianischer Flüchtlinge, die dem Drogenkrieg in ihrer Heimat entkommen wollen. Der Einfluss der Peruaner im Süden ist geringer, aber auch vorhanden. Ecuador gilt unter seinen Nachbarländern aufgrund der Tatsache, dass der US-Dollar offizielles Zahlungsmittel ist, als attraktives Einwanderungsland.

Die soziale Pyramide

Ecuadors Gesellschaft ist durch ein ausgeprägtes Klassensystem geprägt. Die Gesellschaftsstruktur gleicht einer **Pyramide mit sehr großer Basis** – der **Unterschicht,** einer immer kleiner werdenden **Mittelschicht** und einer kleinen elitären **Spitze.** Die Geschicke des Landes werden von jeher von der Oligarchie zu ihren Gunsten bestimmt, was eine der Ursachen für die Misere Ecuadors ist. Die Zugehörigkeit zu einer Klasse wird – vereinfacht dargestellt – durch die Hautfarbe bestimmt. Demnach stehen die Afroecuadorianer unten in der Hierarchie, gefolgt von den Indígenas, und darauf die große Masse der Mestizen, der Unter- und Mittelschicht. Die Oberschicht wird ebenfalls von Mestizen gebildet, die meist aber heller sind als der Rest. Die neu eingewanderte weiße Bevölkerung steht außerhalb dieser Hierarchien. Innerhalb der mestizischen Mittelschicht spielt die Hautfarbe zunehmend eine geringere Rolle, es zählen Bildungsgrad oder Vermögen. Die Übergänge zwischen den Klassen sind fließend. Die Unterschiede innerhalb der Unter- und Mittelschicht sind groß. Der Übergang zur Elite ist weniger durchlässig. Die Mittelschicht ist unter der Regierung *Correa* angewachsen.

Oberschicht

Die **gesellschaftliche Elite** besteht zunächst aus den *ricos tradicionales,* den traditionell reichen Familien, die die politische und wirtschaftliche Macht innehaben, aber höchstens 5 % der Gesamtbevölkerung ausmachen. Die Mitglieder dieses exklusiven Zirkels stammen seit Generationen aus reichen Familien und haben Vermögen in Form von Landgütern oder Industrie und meist auch politischen Einfluss. Politologen sprechen davon, dass nicht mehr als zehn Familienclans maßgebend für die Entscheidungen im Land sind. Die Angehörigen dieser Schicht werden in den teuersten privaten Schulen und Universitäten ausgebildet und sondern sich auf diese Weise von der übrigen ecuadorianischen Gesellschaft ab. Die äußere Erscheinung spielt hier den sozialen Status betreffend eine wichtige Rolle: Je europäischer die Züge und je heller die Haut, desto wichtiger die Person. Die Ecuadorianer der Oberschicht sehen zwar nicht alle europäisch aus, ihre Hautfarbe ist aber heller als die der Ecuadorianer aus anderen Schichten, da es bei ihren spanischen Vorfahren weniger zu Vermischungen mit anderen Ethnien kam. Ausnahmen bestätigen die Regel.

Insgesamt könnte man 10 % der Ecuadorianer zur Oberschicht rechnen, das heißt, ihnen geht es mit großem Abstand besser als dem Rest. Die Zugehörigkeit zur *Clase Alta* wird nicht nur durch das Vermögen bestimmt, sondern vor allem durch die **Familientradition.** So deutet oft schon der Nachname einer Person an, zu welcher Schicht sie gehört. Manche Menschen gehören allein aufgrund ihres Familiennamens zur Oberschicht, obwohl sie selbst nicht wohlhabend sind. Dieses Phänomen schwindet aber mehr und mehr, da diese Personen den für die Zugehörigkeit zur Oberschicht erforderlichen Lebensstandard nicht aufrechterhalten können. Der Status verlangt, dass die Kinder in der teuersten Universität des Landes oder im Ausland studieren. Die Namen der führenden Familien sind allgemein bekannt und durch Fernsehen und Zeitschriften wird man über Neuigkeiten aus deren Familienleben auf dem Laufenden gehalten.

Die **Klassenschranken** werden nach oben hin immer undurchlässiger. Es gelang zwar einigen wenigen Leuten aus der Mittel- oder Unterschicht, sich durch erworbenes Vermögen in die Oberschicht „einzukaufen", generell verhält sich diese Schicht Neuen gegenüber aber sehr verschlossen, es sei denn, man hat einen ausländischen Namen oder europäisches Aussehen. **Europäische Ausländer** haben oft direkten Zugang zur Oberschicht, ohne annähernd über deren finanzielle Ressourcen zu verfügen. Zur **„Eintrittskarte"** verhilft hier die hoch angesehene Ausbildung und der Lebensstandard in Europa.

Die Oberschicht führt ein Leben, wie man es aus einschlägigen US-amerikanischen Serien kennt. Der Vater hat beruflich eine hohe Position, sei es in der Wirtschaft oder in der Politik (oder beides), die Mutter widmet sich traditionellerweise der Familie und wohltätigen Zwecken. Aber auch hier ist ein Wandel zu verzeichnen. Den Frauen der Oberschicht wird zunehmend eine gute Ausbildung (meist im Ausland) ermöglicht, wodurch sie Zugang zu höheren Positionen in der Wirtschaft oder in der Medienbranche erhalten. Die Kinder gehen auf eine renommierte Privatschule und studieren danach oft im Ausland. Einige Familien haben Zweitwohnsitze in den USA, was den Kindern den Sprung ins Ausland erleichtert und bessere Geldanlagemöglichkeiten bietet. Man verfolgt eine **Orientierung an westlichen Konsumgewohnheiten und Verhaltensmustern.** Die Oberschicht lebt unter sich und vermeidet möglichst Berührungspunkte mit den unteren Schichten. Öffentliche Verkehrsmittel werden gemieden und die Kinder werden mit Privatautos zur Schule chauffiert. An den Wochenenden trifft man sich in Clubs und auf Partys, die ausschließlich der Oberschicht vorbehalten sind.

▷ Gartenparty: Die Oberschicht bleibt unter sich

Das **Verhältnis der Oberschicht zu den indigenen Wurzeln** des Landes ist äußerst gespalten. Zwar wird mit Stolz auf *Atahualpa* und andere berühmte indigene Krieger verwiesen, werden indigene Mythen und Legenden erzählt, auf der anderen Seite wird sich aber von deren Nachfahren distanziert und es werden eher spanische Traditionen (z. B. Stierkampf) gepflegt. Das Indigene ist oft lediglich folkloristisches Beiwerk. Diese Einstellung trifft auch auf weite Teile der Mittelschicht zu (siehe Kapitel „Mestizen").

Die **Einstellung der Reichen zur Armut,** die im Land herrscht, ist häufig durch Ignoranz und „Nicht-sehen-Wollen" geprägt. Um seinen Reichtum genießen zu können, gibt es keine andere Möglichkeit, als die Augen zu verschließen und sich abzugrenzen. Damit das Gewissen nicht zu sehr drückt, wird für wohltätige Zwecke gespendet. Die Frauenzirkel veranstalten z. B. zu Weihnachten Geschenkaktionen in Waisenhäusern oder Schulen der Armenviertel. Aber die Wurzel des Übels wird im Allgemeinen ignoriert, denn die bewusste Wahrnehmung und Bekämpfung der Probleme würde bedeuten, auf einen Großteil der eigenen Privilegien verzichten zu müssen.

Neben weltwirtschaftlichen Faktoren ist es das Verhalten der führenden Schicht und z. T. auch der Mittelschicht, das einen Großteil der Bevölkerung in Armut hält. Die Oberschicht bestimmt die Geschicke des Landes. Aus ihr rekrutiert sich traditionellerweise die **politische Führungsschicht**

– leider orientiert sie sich am Wohl der eigenen Gemeinschaft und nicht am Gemeinwohl des ganzen Landes. Bewusst oder unbewusst scheint ein Interesse darin zu bestehen, die Kluft zwischen Arm und Reich aufrechtzuerhalten. Als Europäer sollte man allerdings sehr vorsichtig sein, ein solches Verhalten zu verurteilen – bilden doch die Industrieländer die globale Oberschicht, die sich abgrenzt und ebenso stark bemüht ist, ihre Privilegien zu erhalten.

Natürlich gibt es auch Ecuadorianer der Oberschicht, die die Probleme des Landes sehr genau analysieren und sich selbstkritisch für gesellschaftliche Veränderungen einsetzen. Aber es bleibt oft bei der Analyse und es entsteht **keine Bereitschaft, strukturelle Änderungen zu unterstützen.** Sehr verbreitet ist es, auf die USA und ihr imperialistisches Verhalten zu schimpfen, ihnen die Schuld am Elend des Landes zu geben – die Rolle, die dabei die eigene Führungsschicht spielt, fällt unter den Tisch. Überhaupt ist das Verhältnis zu den USA sehr ambivalent: einerseits die eben erwähnte Ablehnung, andererseits große Bewunderung und Imitation des US-amerikanischen Lebensstils.

Der große Rest der Ecuadorianer beschwert sich ausdauernd und lange über das antisoziale Verhalten der Oberschicht. Trotzdem erfolgt in sehr vielen Lebensbereichen die **Orientierung an der Elite.** Viele Menschen streben es an dazuzugehören. Schaffen sie es nicht, so tun sie zumindest so als ob. Aber auch in Ecuador wird über sogenannte „Neureiche" gelästert. Sie hätten zwar Geld, aber eben nicht den nötigen Stil oder die nötige Klasse. Will sagen, sie kommen nicht aus einer anerkannten Familie. Dagegen gibt es viele Leute, die zwar einen Namen tragen, der „Klasse" verrät, die aber nicht mehr über die entsprechenden Mittel verfügen. Trotzdem haben sie ihre Standesdünkel nicht aufgegeben und versuchen nach außen hin den Schein zu wahren. Obwohl die Mittel nicht mehr vorhanden sind, versucht man weiterhin, Menschen anzustellen, die kochen, waschen und putzen. Öffentlicher Transport wird zugunsten von Taxis und eigenen Autos vermieden, auch wenn das unter ökonomischen Gesichtspunkten wenig sinnvoll ist. Ein wichtiges Statussymbol ist der Besitz von Land. Es gibt zahlreiche fast unbewirtschaftete Landgüter, die durch einen Aufseher mehr schlecht als recht vor dem Verfall bewahrt werden.

> Bettlerin: Armut ist allgegenwärtig

Mittelschicht und arme Bevölkerungsmehrheit

Die gesellschaftliche **Mittelschicht** setzt sich zum größten Teil aus der **Mestizenbevölkerung** zusammen. Zu dieser Gruppe gehören Angestellte, Künstler, Handwerker, kleine Unternehmer, Beamte, Akademiker. Die Familien der Mittelschicht sind sich der **Bedeutung der Ausbildung** ihrer Kinder sehr bewusst. Deshalb studiert ein beachtlicher Teil ihrer Kinder an öffentlichen und privaten Universitäten, sowohl im In- als auch im Ausland. Die Hautfarbe spielt eine geringere Rolle in Bezug auf die gesellschaftlichen Positionen, die eine Person erreichen kann, dabei gibt es allerdings Ausnahmen. Das Bildungsniveau und die Universitätsabschlüsse sind sehr wichtig geworden. Die Mittelschicht steht Personen der Unterschicht, die nach ihrer Ausbildung einen akademischen Grad erlangt haben, aufgeschlossen gegenüber und gliedert sie in ihre Gruppe ein.

Nach der Wirtschaftskrise und der Dollarisierung von 2001 verarmten viele Familien der Mittelschicht. Unter Präsident *Correa* gelang es jedoch, die Mittelschicht prozentual wieder zu vergrößern. Zur traditionellen **Unterschicht** zählen die meisten Angehörigen der indigenen Ethnien, der afroecuadorianischen Bevölkerung und große Teile der Mestizenbevölkerung. Viele schlagen sich mit Gelegenheitsjobs durch und haben ein niedriges Bildungsniveau, was ihre gesellschaftlichen Aufstiegsmöglichkeiten verhindert. Die Unterschicht ist von Landarbeitern geprägt, von denen viele auf der Suche nach besseren Lebensbedingungen in die Städte abwandern. Häufig können sie ihre Situation nicht verbessern, dennoch möchten sie nicht als Gescheiterte in ihre Geburtsorte zurückkehren und so bilden sie eine Art städtisches Proletariat. Sie verfügen meist nur über Grundschulbildung und in vielen Fällen nicht einmal das. Das gilt insbesondere für die Frauen, die schon von klein auf dazu erzogen werden, Ehefrau, Mutter, Arbeiterin oder Haushaltshilfe zu sein und sich in diese vorbestimmte Rolle einfügen.

Trotz der Klassenschranken gibt es Personen, die mit ihrer Ausbildung oder aufgrund ihrer persönlichen Eigenschaften ihre „angeborene" gesellschaftliche Rolle überwinden und den Sprung in eine höhere Gesellschaftsschicht schaffen.

In Ecuador herrscht allgegenwärtige **Armut**. Laut dem Nationalen Institut für Statistik (INEC) leben **ca. 21,5 % der Bevölkerung unter dem Existenzminimum,** d. h. sie haben weniger als zwei Dollar pro Tag zur Verfügung. Weitere 40 % haben auch nicht viel mehr. Dies ist ein Los, was viele Bürger teilen und bedeutet nicht, dass zwei Drittel der Leute kein Essen und keine Bleibe hätten, aber dass sie sich über die dringlichsten Ausgaben hinaus nichts leisten können.

Die hohe Arbeitslosigkeit von 27 % führt dazu, dass sich die betroffenen Menschen mehr schlecht als recht durchs Leben schlagen. Sie leben quasi von der Hand in den Mund, hat man selbst nichts, leiht man es sich woanders und umgekehrt, irgendwie wird es schon klappen.

Bei aller Vorsicht mit diesen verallgemeinernden Begrifflichkeiten macht es nicht den Eindruck, als seien die „Durchschnitts-Ecuadorianer" unzufriedener als die „Durchschnitts-Mitteleuropäer". Das fragile Armutsgleichgewicht, was es den meisten Ecuadorianern ermöglicht, ihr Leben zu meistern, bricht allerdings da zusammen, wo die Menschen von Schicksalsschlägen getroffen werden. Die meisten haben keinerlei Absicherung, so können unvorhergesehene Lebensumstände wie z. B. Arbeitsverlust, Krankheit oder Tod von Angehörigen dazu führen, dass Familien in die **extreme Armut** (2017 ca. 3,6 %) abrutschen. Hier hat das Klischee der „glücklichen Armen" seine Grenzen. Auf dem Land und in den Stadtrandbezirken leben Menschen in den prekärsten Verhältnissen. Sie haben keinen Zugang zur Trinkwasserversorgung, keinen Strom, zeigen ernährungsbedingte Mangelerscheinungen, in deren Folge Kleinwüchsigkeit und eingeschränkte geistige Leistungen entstehen. Auch die psychosozialen Folgen dieser Situation wie Werteverlust, Gewalt gegen sich selbst und andere, Alkohol- und Drogenmissbrauch sind fatal. Wichtig an dieser Stelle zu erwähnen ist, dass die Armutsrate in den letzten 15 Jahren signifikant verringert worden ist.

Als Reisender wird man auf der Straße mit vielen Formen extremer Armut konfrontiert, seien es zerlumpte Schuhputzerjungs, Bonbonverkäufer, Bettler oder Menschen, die aufgrund einfacher Verletzungen zum Krüppel geworden sind, weil sie sich keinen Arzt leisten konnten. Wie geht man damit um? Leider zeigt sich schnell, dass Verdrängung eine nahe liegende psychologische Strategie ist. Nach einer Zeit gewöhnen sich die meisten Menschen an den Anblick. Daneben spielt in Ecuador der katholische **Mildtätigkeitsgedanke** eine Rolle. Relativ viele, auch ärmere Leute geben Bettlern auf der Straße Geld oder spenden für wohltätige Zwecke. Jedoch engagieren sich verhältnismäßig wenige Menschen dafür, die Ursachen der strukturellen Armut zu beseitigen.

Armut in Zahlen

*Die **ungleiche Einkommensverteilung** hatte sich zur Jahrtausendwende durch die Dollarisierung (Preise hoch, Einkommen aber gleich bleibend) erheblich verschärft. Die Regierungen Correa bzw. Moreno konnte aber seit 2006 einige wichtige Werte wieder verbessern. So hat die Armutsquote 2017 um 16 Punkte auf 21,5 % (davon 3,6 % extreme Armut, ca. 12 % gelten als unterernährt) abgenommen, die Arbeitslosigkeit (aber nicht die Unterbeschäftigung) um 4,8 %. Auch der Ungleichheitskoeffizient (GINI-Index) sank um 15 %. Trotzdem ist es noch so, dass 1 % der Bevölkerung 20 % des BIP erhalten, während 20 % der Ärmsten nur 2 % davon abbekommen. Insofern ist das Pro-Kopf-Einkommen 2017 von 5890 $ nicht annähernd gleichmäßig verteilt. Zum Vergleich: In Deutschland sind es 43.490 $ pro Kopf.*

*Die **offizielle UNO-Definition von Armut** besagt: Arm ist eine Person, die ihre Basisbedürfnisse hinsichtlich Ausbildung, Gesundheit, Ernährung und Wohnraum nicht vollständig befriedigen kann. Extreme Armut bedeutet, dass die Ernährung nicht ausreichend gewährleistet ist. Um das in Zahlen messen zu können, gibt es für jedes Land einen **Basiswarenkorb** (ähnlich dem Existenzminimum), d. h. eine Kostenaufstellung, die besagt wie viel Geld eine Familie braucht, um diese Bedürfnisse zu befriedigen. 2017 lag der Basiswarenkorb bei 701,93 $ pro Monat für eine vierköpfige Familie. Das Mindesteinkommen lag bei 386 $. Die ländlichen Gebiete mit hohem Indígena-Anteil schneiden in diesen Statistiken am schlechtesten ab.*

*Ein anderer interessanter Wert, der Aussagen über die Entwicklung der Länder trifft, aber mehr Faktoren als nur die volkswirtschaftlichen einbezieht, ist der **Human Development Index (HDI)**, ein von der UN entwickelter Wohlstandsindikator. Neben dem BIP werden die Lebenserwartung, der Bildungsgrad und der Ungleichheitskoeffizient (GINI-Index) berücksichtigt. Die Länder werden in vier Kategorien eingeteilt (von sehr hoch entwickelt bis niedrig). Ecuador liegt mit einem Wert von 0,73 und Platz 89 (von 188 Ländern) im gehobenen Mittelfeld (Deutschland ist auf Platz 4). Seit 2006 hat sich der HDI stetig verbessert.*

(alle Angaben vom Instituto Nacional de Estadísticas y Censos INEC und vom United Nations Development Programme)

Kultur: Glaube, Fiestas und Kunst

Religion und Volksglaube | 90

Feiertage und Feste | 126

Kunst | 131

◁ Selbst in der Markthalle darf ein Heiligenschrein nicht fehlen (006ec hb)

Religion und Volksglaube

Glaube spielt in Ecuador eine ganz große Rolle. Viele Heiligenfiguren, Marienbilder und andere aus Europa bekannte katholische Symbole machen es für den Besucher direkt sichtbar, dass Ecuador ein **katholisches Land** ist. Erst auf den zweiten Blick bemerkt man die individuellen Ausprägungen des Katholizismus, die durch die **Vermischung mit den indigenen und afrikanischen Religionen** entstanden sind. Für ein tieferes Verständnis des Landes ist es wichtig, sich mit der zugrunde liegenden Kosmovision (Weltsicht) der Ureinwohner und der Afroecuadorianer zu beschäftigen, haben sie doch großen Einfluss auf Sitten, Gebräuche und Glauben der ganzen Gesellschaft in der jeweiligen Region Ecuadors. Weiterhin wird im Folgenden versucht, den Blick für bestimmte Glaubensausprägungen, Aberglaube und spirituell motivierte Handlungen zu schärfen, denn selbst Landeskennern bleiben diese Dinge mitunter verschlossen. Dem Ausländer fallen direkt viele exotische Elemente bei den Indígenas auf, aber wie sehr die ganze Gesellschaft davon durchdrungen ist, ahnt man oft nicht. Zeigt jemand Interesse an spirituellen Dingen, eröffnet sich hinter den offensichtlichen Dingen noch eine zweite okkulte Welt. Viele Ecuadorianer sind sehr gläubig und leben in einer Art **Doppelwelt.** Alles scheint **eine weltliche und eine geistliche Bedeutung** zu haben und es gibt viele Möglichkeiten, sein alltägliches Schicksal auf spirituelle Weise zu beeinflussen. Insbesondere ein kurzer Einblick in die Welt der Heiler soll dies am Ende dieses Kapitels verdeutlichen.

Katholizismus und Protestantismus

Die dominierende Religion in Ecuador ist nach wie vor der **Katholizismus.** Während der Kolonialzeit kamen mit den Eroberern auch die Ordensleute ins Land und durch die Missionierung wuchs der Einfluss der katholischen Religion. Die Franziskaner waren maßgeblich an der religiösen Unterweisung der Indígenas beteiligt, während die Jesuiten großen Einfluss auf den Ausbau des Bildungssystems für die kreolische Elite hatten. In der Republik Ecuador wurde der Katholizismus schließlich zur Staatsreligion erklärt. Besonders unter *García Moreno,* der Mitte des 19. Jahrhunderts die Republik dem Heiligen Herzen Jesu *(corazón sagrado de Jesús)* widmete, bildeten Staat und Kirche eine untrennbare Einheit. Mit der liberalen Revolution 1895 unter *Eloy Alfaro* wurde per Dekret die Kirche vom Staat getrennt und Ecuador ist seither eine laizistische Republik. Es gibt an den öffentlichen Schulen keinen Religionsunterricht. Es wird keine Kirchensteuer eingezogen.

Dennoch ist der **Einfluss der katholischen Kirche groß.** Einmal gibt es die vatikantreuen Kirchenstrukturen, die bis in die 1960er-Jahre offen die konservativen Parteien unterstützten und die bis heute versuchen, ihren Einfluss auf das öffentliche Leben aufrechtzuerhalten. Zum anderen entwickelte sich seit den 1970er-Jahren auch in Ecuador eine Strömung innerhalb der katholischen Kirche, die sich vor allem den Ärmsten verpflichtet fühlt. Es gibt Basisgemeinden mit engagierten Priestern in der Tradition der **Befreiungstheologie,** die vor allem in der Provinz Chimborazo, im Amazonastiefland und in den Elendsvierteln der großen Städte aktiv werden und dem Vatikan ein Dorn im Auge sind. Sie befürworten die politische Organisation der unteren Bevölkerungsschichten.

Eine herausragende Persönlichkeit war in diesem Zusammenhang der über die Landesgrenzen hinaus bekannte Bischof von Riobamba **Leonidas Proaño** (1910–1988). Sein Engagement für die Rechte der Urbevölkerung bescherte ihm den Titel „Bischof der Indios". Er überführte große Teile der kirchlichen Landbesitztümer in die Hände der Indígenas und setzte sich auch in Menschenrechtskommissionen für ein gerechteres Ecuador ein. Eine illustre Gestalt der heutigen Gesellschaft ist der 2017 verstorbene vormalige Erzbischof Cuencas **Luis Alberto Luna Tobar,** der vor allem durch seine Einmischung in die aktuellen politischen Debatten auffiel. Er kämpfte für die Rechte Homosexueller und Strafgefangener und gegen die von den USA aufgedrängte Wirtschaftspolitik. Durch seinen Einsatz machte er sich nicht unbedingt Freunde in den Reihen der konservativen Kirchenleute und der gesellschaftlichen Elite.

Ca. 81 % (10 % weniger als noch vor zehn Jahren) der Ecuadorianer sind römisch-katholisch und bekennen sich öffentlich dazu, dennoch wird der **Glaube von immer weniger Menschen aktiv praktiziert.** Der Kirchgang oder die Beichte ist nicht unbedingt obligatorisch für Menschen, die ansonsten den Glauben an den Allmächtigen und die Kirche nicht in Frage stellen. Auch das Gebot der Sonntagsruhe wird kaum ernst genommen. Das Konzept der Jungfräulichkeit und die daraus resultierenden Erwartungen an die Sittsamkeit der Frau sind aber sicherlich weiter verbreitet als in Deutschland, jedoch auch im Rückgang begriffen. Nichtsdestotrotz sind die meisten Ecuadorianer fromme Leute und suchen in prekären Situationen moralischen Beistand im Glauben. Dass sie sich nicht wortgetreu an die Gebote der Kirche halten, hat gerade im Katholizismus eine lange Tradition. Und die Ecuadorianer leben auch in anderen Bereichen nicht besonders regelorientiert. Außerdem kann man nicht von einem reinen Katholizismus sprechen, sondern es spielen noch andere Faktoren eine Rolle, wie im Folgenden gezeigt wird. Daneben gibt es Personen, die sich als Atheisten oder Agnostiker (die nicht wissen, ob es Gott gibt oder nicht) verstehen, sie sind unter Intellektu-

ellen verbreitet. In linken Kreisen gilt es als modern, eine antireligiöse Haltung an den Tag zu legen oder doch zumindest sich gegen die katholische Kirche auszusprechen. Ecuador bildet hier keine Ausnahme.

Auch die **Indígenas sind weitgehend katholisch.** Aber wie in vielen anderen lateinamerikanischen Ländern kam es in Ecuador zu Synkretismen, d. h. zu einer Vermischung von altem indigenem Glauben und dem Katholizismus. Viele religiöse Ausdrucksformen sind geprägt von indigenen und christlichen Elementen. Ebenso bekennt sich ein **großer Teil der schwarzen Bevölkerung zum Katholizismus** und es kam zu Synkretismen zwischen den afrikanischen und katholischen Traditionen.

In den letzten 40 Jahren ist in Lateinamerika der Einfluss von **protestantischen Sekten** stark gestiegen. Nach nordamerikanischem Vorbild versuchen sie unter den Ärmsten Klienten zu gewinnen und diese mit Heilsversprechungen und einer streng puritanischen Lebensweise an sich zu binden. Auch in Ecuador haben diese Gruppen gewissen Einfluss. Bekannt für ihre strengen und teilweise demagogischen Praktiken gelten daher diese Vereinigungen als eine fanatische Form des religiösen Bekenntnisses. In vielen Geschäften, Lokalen und Privathäusern sieht man Schilder mit dem Hinweis: „Wir sind katholisch und wollen es auch bleiben." Das liegt an der Tatsache, dass einige dieser protestantischen Sekten auf aggressive Art auf Seelenfang gehen und viele Leute sich von den Bekehrungsversuchen an der Haustür belästigt fühlen. Wird ein Europäer nach seiner Religion gefragt und er sagt protestantisch, sollte dem eine Erklärung hinzugefügt werden. Anderenfalls wird er eventuell für besonders gläubig und abstinenzlerisch gehalten, ohne dass es der Fall ist. Eine Möglichkeit wäre anstatt *protestante* (evangelisch) z. B. *luterano* (lutherisch) zu sagen, weil das keinen sektiererischen Beigeschmack hat. Letztendlich klingt aber für den Durchschnitts-Ecuadorianer alles, was nicht katholisch ist ein wenig

Mächtige Kathedralen zeugen vom Einfluss der katholischen Kirche

nach Sekte. Der **Erfolg dieser religiösen Vereinigungen** erklärt sich zum Teil durch deren Entwicklungsprojekte, hauptsächlich aber durch ihre Strategie, die durch die konservative Seite des Katholizismus geförderte Akzeptanz der Armut zu durchbrechen und die Menschen zu motivieren, ihre Situation zu verbessern. Durch harte Arbeit und besonders durch das Abstinenzgebot vieler Vereinigungen konnten so in einigen indigenen Gemeinden große Erfolge erzielt werden. Der Alkohol ist tatsächlich in vielen Familien ein sehr großes Problem.

Bedauerlicherweise hat die **religiöse Spaltung der Indígenas** auch auf politischer Ebene eine Spaltung verursacht. Die **FEINE** (Vereinigung der evangelischen Indigenen) definiert sich selbst über die Religion und hat sich auf nationaler politischer Ebene von der *CONAIE* (Dachverband aller Indígenas) distanziert. Es heißt, dass diese Differenzen die indigene Bewegung erheblich geschwächt hätten.

In den Hochlandgemeinden ist die Zahl der Anhänger der evangelischen Vereinigungen teilweise sehr hoch. Das hat **Einfluss auf die indigenen Traditionen,** denn die Protestanten distanzieren sich demonstrativ von den *yachags,* den Heilern. Vielen protestantischen Lehren wohnt darüber hinaus die Idee inne, dass der Gläubige auf Erden durch Fleiß eigene Reichtümer anhäufen sollte, was direkt mit dem traditionellen Kollektivismus der Indígenas kollidiert.

Die Basilika von Quito

Die letzten Eisholer vom Chimborazo

Alles beginnt in einer kleinen Gemeinde namens Cuatro Esquinas nahe des Vulkans Chimborazo.

Sehr früh am Morgen beginnen die Vorbereitungen für die Besteigung. Es ist Freitag und alles, was heute gemacht wird, steht im Zusammenhang mit dem Samstagsmarkt San Alfonso in Riobamba. Früher gab es zwei Markttage in der Woche, das bedeutete mehr Arbeit für die Eisholer. Aber die Zeiten haben sich geändert und das fossile Eis vom Chimborazo wird nur noch einmal in der Woche gebraucht. Die modernen Zeiten forderten ihren Tribut und Eis können die meisten jederzeit selbst herstellen und zum Kühlen gibt es Kühlschränke. Davor hatten die Menschen in den Anden nur das Eis der Gletscher, um ihre Lebensmittel zu kühlen.

Aber kehren wir zurück in die kleine Gemeinde Cuatro Esquinas zur Hütte des alten Gregorio Ushca, der gerade die einzige Mahlzeit des Tages zu sich nimmt, weil er erst sehr spät zurück sein wird. Seine Ernährung besteht hauptsächlich aus Kohlehydraten: Kartoffeln, Mehlprodukte und einer guten Tasse schwarzen Kaffee. In seiner Hütte weiter oben am Berg verrichtet sein Bruder Baltazar die gleichen Vorbereitungen, mit der eine alte Tradition der Provinz Chimborazo aufrechterhalten wird.

Gegen acht Uhr morgens brechen die Brüder Ushca auf, die Maulesel zu holen, die sie eigens zu diesem Zweck mieten und deren Anzahl zwischen 2 und 4 liegt, je nach Größe der „feria", des Marktes in Riobamba. Dann beginnen sie ihren schnellen Aufstieg. Der Weg ist sehr belebt, weil zu dieser Stunde die Schäfer der Gemeinde ihre Tiere zu den Weiden leiten. Einer nach dem anderen treiben sie lange Reihen Schafe, Maultiere und Kühe vor sich her, bis zu einer ersten Kreuzung, wo jeder seiner Wege zu den bevorzugten Weidegründen zieht.

Nur die alten Eisholer folgen dem Weg steil nach oben. Ab nun werden sie nur von ihrer Einsamkeit begleitet. Auf der Hälfte des Weges wachsen die „pajonales" (Gräser), von denen sie sich die besten nehmen, um daraus die Kordeln zu drehen mit denen die Eisblöcke an den Flanken der Maulesel befestigt werden. Das Gras sollte lang und grün sein. Mit einer Sichel schneiden sie die nötige Menge und sie beginnen mit der „Shiguada". „Shiguar" bedeutet ausweiten. Mit der einen Hand ziehen sie das Stroh lang, mit der anderen Hand zwirbeln sie es mit einer kreisförmigen Bewegung zu einer Kordel, an deren Ende sie einen Knoten machen. Weiter geht der Aufstieg zur „mina" (Mine) - so nennen sie den Gletscher, wo sie das Eis holen. Der Gletscher beginnt auf 4800 m Höhe, während der ewige Schnee erst über 5500 m liegt.

Extrainfo 5 (s. S. 9): Dokumentarfilm über die letzten Eisschürfer von Ecuador

Der Gletscher ist mit Erde und Steinen bedeckt, was eine sehr effektive thermische Isolierung mit sich bringt, da sie vor den Sonnenstrahlen schützen. Die Männer beginnen direkt mit ihrer Arbeit, indem sie mit einem Eispickel zwei tiefe vertikale Kerben in das Eis hacken. Danach steckt man einen Eisenhebel – die „barreta" – in die Kerben und hebelt den Block heraus. Der große Block wird daraufhin in kleinere Stücke zerteilt, die die Maultiere tragen können. Die Stücke werden in Gras eingewickelt, damit die Spitzen die Maultiere nicht verletzten, und direkt mit den Kordeln befestigt.

Jedes Maultier wird einige Blöcke tragen. Die Arbeit wird nicht unterbrochen, es sei denn, die klimatischen Bedingungen erzwingen es. Hier muss erwähnt werden, dass die Eisholer keine thermische Spezialkleidung haben. Ihre Kleidung ist alt und dünn, aber ihre Körper sind sehr resistent. Die Männer arbeiten unabhängig voneinander. Wenn die Maultiere alle bepackt sind, beginnt der Abstieg ins Dorf. Die Blöcke bleiben dort bis zum nächsten Morgen, wo sie auf einem kleinen Lastwagen nach Riobamba transportiert werden. Auf dem Markt wird jeder Block für 1 Dollar verkauft.

Das Eis wird von einigen Eismachern gekauft, die es reiben, dann in einen Becher schütten, wo sie verschiedene Sirupe hinzufügen und als „granizado" verkaufen. Auf dem Markt „La Merced" in Riobamba kann man mit Gletschereis gekühlte, frische Säfte genießen.

(Text von Roberto Deley)

Natur, Kosmovision und Mythologie

In Ecuador ist die Natur allgegenwärtig und beeinflusst das tägliche Leben der Leute. Es gibt keine ausgeprägten Jahreszeiten. In den Anden ist das Klima meist frühlingshaft. Ein englischer Reisender hängte in einem Hostal die Mitteilung aus, dass man von jedem Ecuadorianer eine andere Antwort darauf bekommt, wann in den Anden Trocken- oder Regenzeit herrsche. Letztendlich ist es warm, wenn es keine Wolken gibt und kalt, wenn es bewölkt ist. Wolken kommen und gehen wie in Deutschland, aber die Tiefsttemperatur in den Andentälern rutscht in der Nacht selten unter 8 Grad Celsius. Auf den hohen Gipfeln ist es natürlich kälter. Letztlich sind aber die Andenbewohner mit einem angenehmen Klima gesegnet.

Im Oriente und an der Küste herrscht tropisches Klima, es ist aber nicht unerträglich heiß. Das warme Klima und die immergrüne Landschaft sorgen für eine meist positive Grundstimmung der Leute. Neben dem Einfluss auf das Verhalten der Menschen ist die **Natur ein Inspirationsquell der Mythologie und des Aberglaubens.** Die mestizische Gesellschaft hat viele Elemente aus der Mythologie der Urbevölkerung übernommen.

In den Andenländern Amerikas haben sich die meisten indo-amerikanischen Kulturen entwickelt. In der Mythologie der Andenvölker gelten einige **Vulkane** als männlich, andere als weiblich. Einige Völker nennen sie auch Mutter oder Vater und leiten den Namen ihres Volkes von denen der Vulkane ab. Die **Berge** werden von den Menschen verehrt. Es heißt, sie werden von mächtigen **Geistern** bewohnt und sie sind verantwortlich für das Wohlergehen einer Region. Schon in der vorinkaischen Periode wurden die Vulkane angebetet. Es wurden ihnen Opfer dargebracht und im Falle einer Eruption glaubte man an eine Strafe. Die höchste Stelle eines Berges war ein heiliger Ort – ein *huaca*. Die Spanier pflegten genau auf diese **heiligen Orte** eine christliche Kapelle zu bauen, um die Magie der indigenen Religiosität zu brechen. Darum sieht man heute noch vereinzelt Kapellen auf den höchsten Gipfeln stehen. Von den Gletschern der hohen Vulkane wurde das **Eis** für die Getränke der Könige gebracht – immer noch wird vom Chimborazo, dem höchsten Berg Ecuadors, Eis geholt.

Bis heute erzählt man sich **Geschichten über die Vulkane.** Von *Taita Chimborazo* und *Mama Tungurahua* in den gleichnamigen Provinzen. Von *Taita Imbabura* und *Mama Cotacachi* in der Provinz Imbabura. Die Namen der Vulkane beziehen sich oft auf ihre Eigenschaften, z. B. bedeutet *Cotopaxi* „Feuerhals", weil er viel Lava auswirft. *Chimborazo* bedeutet „Mondspiegel", weil er in Vollmondnächten das Licht des Mondes reflektiert. *Cotacachi* heißt „Blumengarten", wegen der vielen Wildblumen, die an seinen Hängen wachsen.

Die Anden sind eine geologisch sehr junge Bergkette und in permanenter Aktivität, die Landschaft ist daher unwegsam und geheimnisvoll. Es bietet sich geradezu an, ihr mystische Attribute zuzuschreiben. Neben den Bergen sind viele andere **Erscheinungen der Natur** wie die Flüsse, die Seen und die Steine, die Wetterelemente Wind und Regen und auch die Pflanzen und Tiere in der Weltsicht der Andenbewohner beseelt. Im Zusammenhang mit der vulkanischen Aktivität gibt es viele **Erdbeben,** trotzdem suchen die Ecuadorianer keine sicheren Orte für ihre Städte – die natürlichen Vorkommnisse werden akzeptiert wie in Europa die vier Jahreszeiten. Die Reaktionen auf die Bedrohung durch Naturgewalten sind daher vergleichsweise gelassen.

Im Küsten- und Amazonastiefland ist die Bevölkerung ähnlich schicksalsergeben im Umgang mit der Natur. Oriente und Costa sind bezüglich ihrer Landschaft vergleichbar. Es gibt wenig Berge, außerdem eine sehr große Artenvielfalt. Die mächtige Naturgewalt ist hier das **Wasser:** an der Küste das Meer, im Oriente die Flüsse. Hier sind Dauerregen, Blitze und Überschwemmungen die natürlichen Kräfte, in die man göttliche Strafen interpretiert. Das Wetterphänomen **El Niño** (Jesuskind) bringt z. B. regelmäßig zur Weihnachtszeit Unwetter mit sich, sorgt andererseits aber auch für gute Ernten.

Viele Vulkane wie hier der Tungurahua gelten seit Urzeiten als Göttersitz

Indigene Weltsicht

Das Jahr 2000 ist nach der indigenen Zeitrechnung der Beginn eines neuen **Pachakutik,** d. h. der Beginn einer neuen 500-jährigen Periode, die einen Aufschwung der indigenen Kulturen verheißt. Das ist die dritte Periode – die zweite begann mit der Ankunft der Spanier. Man kann schon die Resultate der neuen Periode sehen: die Wiedergeburt der indigenen Macht bzw. die Eroberung politischer Positionen durch Indigene auf nationaler Ebene. Auch die Sprache, die Kultur und die indigene Spiritualität erfahren seitdem einen Aufschwung. Die Religion wie auch die Naturmedizin sind wieder sehr populär und die indigenen Ärzte – genannt *yachags* oder *taitas* – können ihrer Arbeit öffentlich nachgehen, da sie nicht mehr als illegal gilt. Schon seit einiger Zeit nehmen auch Mestizen für bestimmte Krankheiten immer häufiger die Dienste eines indigenen Heilers in Anspruch.

In der andinen Welt wird das Leben als eng mit dem Universum verknüpft wahrgenommen. In der Kosmovision der Inkas ist **Pachakamak** der Schöpfer. Er wählte einen angemessenen Ort im Universum aus, um unser Sonnensystem dort zu erschaffen. Dank der Kraft die Leben schenkt – **Pachamama** oder Mutter Natur – wurde dieses Sonnensystem mit Leben gefüllt und es entstand unsere Erde.

Dann gibt es *Inti,* die **Sonne,** die unserer Welt die nötige Energie verleiht. Sie repräsentiert das Leben durch das Licht und die Wärme. Um den Effekt des Lichts zu kontrollieren, gibt es den Schatten, der mit dem **Mond** dekoriert ist: *la luna* oder *Quilla*. Er repräsentiert das Weibliche, er ist die schützende Mutter, die unseren Schlaf bewacht. (Man beachte, dass auf Spanisch wie auch auf Quichua der Mond weiblich und die Sonne männlich ist.) Neben der Trilogie von *Pachakamak, Pachamama* und *Inti* ist die andine Kosmovision von der **Dualität der zwei entgegengesetzten Pole heiß und kalt** (*chiri* und *rupaj*) bestimmt. Das bezieht sich nicht nur auf die Temperatur, sondern auch auf andere Gegensätze. *Rupaj* ist die Sonne, das Heiße, das Wachsende, das Durchsichtige, das Männliche. *Chiri* ist der Mond, das Kalte, das Dunkle, das Undurchsichtige, das Weibliche. Auch Lebensmittel lassen sich in diese Kategorien unterteilen. Diese Vorstellungen sind vergleichbar mit *Yin* und *Yang* im chinesischen Taoismus.

Daneben gab es auch kleinere Götter, die sich in Vulkanen, im Regen und sogar in bestimmten Tieren ausdrücken können. Die letztgenannten haben die Macht, Seelen ihrem endgültigen Schicksal zuzuführen, dienen den Verstorbenen sozusagen als Übergangsmedium. Animistische Vorstellungen sind typisch für viele indigene Ethnien Amerikas. **Animismus** ist der Glaube an die Beseeltheit der Natur, der Mensch ist auch nach seinem Tod noch Teil der Natur, sein Geist lebt in einem anderen Geschöpf weiter. In der andinen Kosmovision stößt man an einigen Stellen auf kulturübergreifende Rituale, d. h., auch in anderen Kulturen werden diese bestimmten Vorstellungen und Praktiken gepflegt (Opfer an die Erde, Dualität, Animismus ...).

Das Universum hat eine ganz besondere Ordnung, die von den Menschen (auf Quichua *runa*) respektiert werden soll. Sie müssen den Göttern für das Feuer, das Wasser, das Licht, den Wind und die Tiere danken. Man dankt den Bergen für den Regen und der Erde für die Ernte. So erklärt sich auch die Tradition, den letzten Schluck eines Getränks der *Pachamama* zu geben, also auf den Boden zu schütten. Die Handlungen sind von einer kontinuierlichen **Reziprozität** bestimmt, d. h., wer nimmt, muss auch geben. Aus dieser Weltsicht leitet sich ebenfalls die **Ordnung der indigenen Gesellschaft** ab, denn sie soll der natürlichen Ordnung nachempfunden werden. Die Gemeinschaft oder *comunidad,* eine Gemeinde mit ihren Mitgliedern, spielt im Leben der Indígenas eine große Rolle und für diese werden viele Opfer gebracht. Das **Prinzip der Reziprozität bzw. Gegenseitigkeit** dient dazu, das universelle Gleichgewicht nicht aus dem Tritt zu bringen, und ist in der andinen Kosmovision und auch im mestizischen Alltag allgegenwärtig. Deutlich wird das besonders in der *minga,* dem **Gemeinschaftsdienst,** der auf Gegenseitigkeit beruht. Die *minga* ist eine Art Arbeitsfest mit Musik, Essen und Trinken. Auch für die sozioökonomische Entwicklung Ecuadors ist die *minga* wichtig. In vielen Dörfern und Armenvierteln ersetzt die *minga* das, was der Staat nicht leistet. Im öffentlichen Bereich werden so infrastrukturelle Maßnahmen oder Aufräumarbeiten mithilfe aller Gemeindemitglieder durchgeführt, im privaten werden Wände gestrichen oder sogar ganze Häuser gebaut. Das Prinzip der Gegenseitigkeit hat auch eine **Tradition der Gastfreundschaft** hervorgebracht, die den ausländischen Besuchern immer wieder positiv auffällt. Jemandem Essen anzubieten bedeutet, eine Verbindung aufzubauen. Daher gilt es als sehr unhöflich etwas abzulehnen, weil das gleichzeitig als Zurückweisen dieser Verbindung verstanden wird; das System der gegenseitigen Hilfe wäre unterbrochen.

Die heutigen **yachags (Schamanen)** sind die Erben der Priester, die im Inkaimperium die gesellschaftliche Elite bildeten und als Ärzte fungierten. Immer noch sind die *yachags* die **Verantwortlichen für das spirituelle und medizinische Wohl** ihrer Gemeinschaft. Außerdem sind sie Träger des Wissens einer Gemeinschaft und geben es als geistiger Vater *(taita yachag)* auch an eine jüngere und geeignete, meist männliche Person der Gemeinschaft weiter. Diese wird dann sein geistiger Sohn *(viñachishcas)* bis sie selber vollständig die Aufgaben des geistigen Vaters übernehmen kann. Der Weg dahin ist mit einer Reihe von Prüfungen versehen, besonders im Bereich der Moral. Der *yachag* muss moralisch eine sehr integre Person sein, denn sie ist für das moralische Gleichgewicht ihrer *comunidad* zuständig. Die *yachags* versichern, dass es neben der für uns sichtbaren Welt noch ganz andere Ebenen gibt, die lediglich sehr viel subtiler zu erkennen, mit einer entsprechenden Vorbereitung und Entwicklung aber doch wahrzunehmen sind. Einige Elemente der Heilungszeremonien wurden durch katholische Symbole ersetzt, z. B. durch das Kreuz. Bei der Anrufung der Kräfte der Natur – der Berge, der Flüsse, der Quellen – rufen die *yachags* auch die Namen von Heiligen der katholischen Kirche, die in ihren Eigenschaften mit den natürlichen Kräften übereinstimmen.

Nach dem physischen **Tod** geht der Verstorbene durch verschiedene Transformationsprozesse, um sich auf sein neues Dasein vorzubereiten. In den ersten drei Tagen rekapituliert er sein Leben vom ersten bis zum letzten Tag. Diese Zeit ist sehr wichtig für ihn, denn hier entscheidet sich, wann die Seele für einen neuen Lebenszyklus auf die Erde zurückkehrt.

Nach den drei Tagen trennt sich die Seele vom Körper und es entscheidet sich, was mit ihr passiert. Der andinen Weltsicht zufolge gibt es kein Paradies oder keinen Himmel, sondern die **Welt ist ein ewiger Zyklus** und die Seelen werden immer wiedergeboren. Die Frage ist nur wann. Je besser der Mensch war, desto eher wird er wiedergeboren. Um den Transformationsprozess zu unterstützen, hat man früher die verstorbenen Adligen und Priester *(jatun runas)* einbalsamiert und mumifiziert, so konnten sie einen Teil ihres Glanzes mit ins Grab nehmen. In den präkolumbischen Begräbnisritualen spielten viele äußere Aspekte wie Position der Leiche, Leichentuch und Form des Grabs eine große Rolle, weil man so die metaphysischen Zusammenhänge, durch die man nach dem Tod geht, positiv beeinflussen wollte. Die Gräber waren geschmückt mit den Dingen, die der Tote besonders schätzte. Essen und Trinken wurde dem Grab beigelegt, um die Seele auf ihrer Reise zu kräftigen. Außerdem wurde der Verstorbene mit seiner feinsten Kleidung und wertvollem Schmuck aus Edelsteinen, Korallen und Spondilusmuscheln bestattet. Ferner gab man dem Grab noch viele andere Reichtümer der Natur bei, z. B. Mais, *Ají* (Chili), Kokablätter, Kürbisse und Heilpflanzen.

Die vergleichsweise kurze **Inkazeit** hat bis heute **viele Spuren in der Kultur und Weltanschauung** der ecuadorianischen Indígenas der Anden und so auch der Mestizen hinterlassen. Der Glaube der Inkas ist in seinen Grundzügen vergleichbar mit dem der präinkaischen Kulturen des Hochlands. Mit den Inkas etablierte sich auch das bis heute gesprochene Quichua in der Region, das durch die kulturtragende Eigenschaft von Sprache ein verbindendes Element für alle indigenen Andenbewohner in drei Ländern (Peru, Ecuador, Bolivien) geschaffen hat.

Das Volk der Inka entstand im Hochland Boliviens. Nach einigen Jahrhunderten und vielen Eroberungen erreichte es das heutige Ecuador, immer dem Weg der Sonne folgend, der höheren Kraft, dem Lebensspender, dem Vater. Das Inkaimperium oder auch das **Tawa Nintin Suyo** (Königreich der vier Territorien) war in vier Verwaltungsterritorien aufgeteilt. Daher gestaltete sich die Organisation und die Kontrolle trotz der Größe relativ straff. Die wichtigen Entscheidungen lagen in den Händen eines Ältestenrats und letztendlich beim obersten Inka. Er war nicht nur **König,** sondern **dominierte als oberste religiöse Instanz auch das spirituelle Leben** seines Volkes. Der Name Inka bezieht sich genau genommen nur auf die Familie des Herrschergeschlechts und nicht auf das Volk, aber innerhalb der politisch-sozialen Herrschaften vieler Stämme des Andenraums, übernahm die *ayllu,* d. h. die Familie oder das Volk, den Namen der Häuptlinge.

In der Konzeption des Königreichs wurde **Cuzco** als der Nabel der Welt angesehen, an dem sich alles auszurichten hatte. Zu einigen Zeitpunkten im Jahr erscheint am ecuadorianischen Himmel das Kreuz des Südens und eine seiner Spitzen zeigt genau Richtung Cuzco, was wiederum als Beweis für den **göttlichen Ursprung dieser Stadt** angesehen wurde. An der archäologischen Stätte Cochasqui – eine Stunde nördlich von Quito in der Provinz Pichincha – kann man heute noch durch ein altes Sternobservatorium der Inkas den Himmel beobachten. Man sieht genau die Andenkordillere nach Süden Richtung Cuzco und in einer Sternennacht kann man sich am Kreuz des Südens orientieren, um die richtige Richtung auszumachen. In Cuzco entstand auch der Sonnentempel *Coricancha,* er war das Heiligtum der Anden, denn dort wurde nicht nur Sonne und Mond gehuldigt, sondern auch allen anderen wichtigen Göttern der Völker, die zum Inkaimperium gehörten.

Mythologie der Afroecuadorianer

Die natürliche Umgebung der Costa mit den maritimen Gebieten, den weitläufigen Flusssystemen und dem tropischen Regenwald spiegelt sich in den mythischen Geschöpfen der Afroecuadorianer der Provinz Esmeraldas wider. Die märchenhafte Landschaft fördert Geschichten aus dem Jenseits, von Wesen, die aus dem Nichts kommen, gesandt von einer höheren Macht, die um das Gleichgewicht der Welt bemüht ist. In der Sierra im Valle de Chota, haben die Berge als spiritueller Inspirationsquell gedient. Die Sklaven wurden von den Großgrundbesitzern auf die Haciendas gebracht und ihr Leben war durch einen harten kargen Alltag bestimmt. Die meisten Afrikaner kamen von der Elfenbeinküste und aus Sierra Leone. Sie waren **Naturvölker,** die in enger Verbundenheit mit den

Wäldern Westafrikas gelebt hatten. So erklärt sich wohl die erstaunliche Ähnlichkeit zwischen der Mythologie der indigenen Regenwaldbewohner Ecuadors und der der dazugekommenen Afrikaner.

An der Costa war das Leben zunächst von der *Cimarronaje* (Leben als entflohener Sklave) bestimmt, im Valle del Chota dagegen von der Sklaverei. In beiden Fällen spielten die afrikanischen Traditionen, ihre Weltanschauung und Religion weiterhin eine große Rolle. Mit der Zeit hat sich die schwarze Bevölkerung an die neue Umgebung angepasst und ihre afrikanische Kultur hat sich mit der katholischen und der der indigenen Urbevölkerung vermischt. In Brasilien entstand auf ähnliche Weise der *Candomblé,* in Haiti der *Vodoo* und in Cuba die *Santería* – die ecuadorianische Variante ist jedoch weit weniger bekannt.

In Ecuador machten die mitgebrachten afrikanischen Kulturen eine Entwicklung durch, die eine spezielle **afroecuadorianische Mythologie** entstehen ließ. Wichtiger Teil dieser Mythologie ist die Idee einer anderen Welt, einer **Geisterwelt,** und so gibt es viele Rituale, um mit den Verstorbenen zu kommunizieren.

Die **spirituelle Welt** der Afroecuadorianer ist durch den **Himmel, das Fegefeuer und die Hölle** bestimmt, ähnlich wie bei ihren afrikanischen Vorfahren und bei den Christen. Für ein gutes Leben bekommt man nach dem Tod die Belohnung, bei schlechten Taten verbleibt die Seele als Strafe in der Erde. In eine Art Zwischenstadium kommen Seelen, die noch nicht reif genug sind, um zu den guten aufzurücken. Die **Beerdigungsriten** der Afroecuadorianer sind sehr ausgefeilt, sie haben den Sinn, das Schicksal der verstorbenen Seelen zu manipulieren. Die Beerdigungen von Kindern *(velorio de angelito)* gelten als Anlass zur Freude, denn das Kind gelangt zu einem besseren Leben im Himmel. Die Seele des Kindes geht direkt zum Himmel, während die der Erwachsenen zunächst ins Fegefeuer muss, um für die irdischen Sünden zu bezahlen. Daher sind die Beerdigungen von Erwachsenen sehr ernst, die Verwandten des Verstorbenen beten neun Tage für seine Seele.

Bemerkenswert ist die **große Vielfalt an mythischen Gestalten,** die mithilfe verschiedener Rituale katholischen und afrikanischen Ursprungs kontrolliert werden.

Hier folgt eine kleine Auswahl:

La Tunda wird wie ein böser Wind beschrieben. Das Wesen nimmt normalerweise die Gestalt einer Frau an; mit einer Besonderheit: Einer ihrer Füße ist klein wie bei einem Kind, der andere ist ein Holzkreuz. Dieses Wesen verführt junge Menschen und verschleppt sie in den Wald, dort ernährt es sie mit Krabben, die es zuvor in seinem Hinterteil gekocht hat. Einige Versionen sagen, dass die Tunda fortan mit ihren Opfern zusammen wohnt, andere, dass sie diese umbringt. Sobald das Verschwinden einer Person festgestellt wird, die möglicherweise von der *Tunda* geraubt wurde, organisiert man Suchtrupps, an denen sich auf jeden Fall die Pateneltern der verschwundenen Person beteiligen sollten, denn sie sind die Verantwortlichen für die Seele des Patenkindes vor der katholischen Kirche. Wer es schafft, der *Tunda* zu entfliehen, wird niemals wieder normal, er bleibt verwirrt.

Eine andere wichtige mythische Persönlichkeit ist der **Riviel,** der auf den Flüssen und im Meer wohnt. Er zeigt sich als kleines blaues Flämmchen in einem Kanu. Er versucht, die Bootsführer auf den falschen Weg zu locken, damit sie in Strömungen und Untiefen ihr Leben verlieren. Man sagt *Riviel* erschreckt sich vor Fischernetzen. Diese Figur hat wahrscheinlich ihren Ursprung in einem Franzosen mit dem Namen *Reiviege*. Seine Frau hatte ihn mit einem Liebhaber verlassen, woraufhin er die beiden in einem Kanu verfolgte. Um sich Licht zu machen, entzündete er vorne im Kanu eine Leuchte aus Kokosnuss. Auf dieser Suche wurde er von hinten erschossen und seitdem zeigt sich seine gequälte Seele als der böse *Riviel*.

In der Nacht erscheint einem im Wald die **Gualgura,** sie zeigt sich als kleine schwarze Henne und zieht die Leute durch ihr Gackern an. Sie greift die Nachtschwärmer an und tötet sie. Ihr Gackern hypnotisiert die Leute. Um sich zu schützen, soll man ein Kreuz vor dem Ohr formen, damit Gott einem beisteht.

Unter den **Schutzgeistern des Waldes** gibt es einen, der für den Schutz der Tiere zuständig ist. Er hat keine eigene Erscheinungsform, aber durch ihn hat sich ein Gesetz etabliert, das besagt: Der Mensch darf die Tiere töten, um sich zu ernähren, aber nur, wenn er niemals ein Tier leiden lässt. Wenn der Jäger das Gesetz bricht, wird er die gleichen Qualen erleiden wie das Tier, es sei denn, er nimmt das Tier mit nach Hause und pflegt es gesund. Diesen Geist nennt man **El Bambero.** Eine ähnliche Figur findet man weder in der afrikanischen noch in der indigenen Mythologie. Sie dient offensichtlich dazu, die reichhaltige Tierwelt zu schützen.

In Anlehnung an die katholische Tradition und als Kontrast zum Guten gibt es die Teufel *(los diablos)*. Man nennt sie auch **Mandingas,** aber heute glaubt man nicht mehr so recht an ihre selbstständige Existenz, sondern sieht sie eher als Teil eines jeden Menschen.

Wie in den meisten Kulturen gibt es auch in der afroecuadorianischen Tradition Hexen oder **brujas.** Das sind böse Wesen, eine Mischung aus Tier und Mensch, die die Form eines großen schwarzen Vogels annehmen können. Sie haben es auf Säuglinge abgesehen. Sie gehen zu den Wiegen und saugen das Blut der Babys bis diese sterben. Um die Babys dagegen zu schützen, badet man sie nach der Geburt in einem speziellen

Kräutersud. *Brujas* nennt man allerdings auch Heilerinnen, die vorwiegend Schadenszauber ausüben.

Wie bei den Indígenas beschränkt sich die Mythologie der Afroecuadorianer der Küste nicht ausschließlich auf ihre Ethnie, die Figuren spielen durchaus eine Rolle für die gesamte Gesellschaft der Küstenregion.

Synkretismus – die Vermischung der Religionen

Die **Vermischung verschiedener Religionen,** Kulte oder philosophischer Lehren bezeichnet man als Synkretismus. Seit der Eroberung haben sich Christentum und indigener Glaube in der Andenregion gegenseitig beeinflusst. So ist schließlich aus beiden Kulturen etwas Neues hervorgegangen. Vielleicht hat sogar die Tatsache, dass die dominante Kultur – das Christentum – einen alleinigen Machtanspruch hatte, die Entstehung synkretistischer Elemente begünstigt:

Nach der Konquista wurden die eroberten Gebiete unter den Spaniern aufgeteilt – die auf dem Gebiet siedelnden **Indígenas** waren nach dem Encomienda-System Teil des Großgrundbesitzes. Sie waren Schutzbefohlene des Hacendados, der auch für ihr Seelenheil zuständig war. So wurden die Indígenas **zur Taufe genötigt** und mussten ihren alten Göttern abschwören, denn der **indigene Glaube galt als Idolatrie** (heidnischer Irrglauben). Natürlich gaben sie durch diese Zwangstaufe ihren ursprünglichen Glauben, ihre Kulte und Rituale nicht so einfach auf. Vielmehr erfolgte eine **Integration ihrer Traditionen in den katholischen Glauben.** In Ecuador begegnen einem auf Schritt und Tritt Ergebnisse dieser Vermischung. Außer bei den ganz abgelegen lebenden Urwaldindianern gibt es praktisch weder indigenen noch christlichen Glauben in Reinkultur. Das schlägt sich in vielen Bereichen des menschlichen Lebens nieder, auch durch dieses Buch zieht sich das Thema wie ein roter Faden, weil eben die Begegnung zweier Kulturräume ein zentraler Aspekt der ecuadorianischen Identität und die mestizische Bevölkerungsmehrheit Ergebnis dieser Vermischung ist. Auf ecuadorianischem Spanisch benutzt man den Begriff *mestizaje* auch im Zusammenhang mit der Vermischung von Kultur und Glauben.

Aus der Perspektive der Indígenas bedeutet die Ankunft der Spanier und mit ihnen das Eintreffen des Katholizismus eine große **Veränderung ihrer spirituellen Welt.** Beteten sie vorher verschiedene Götter an, so sollten sie sich jetzt auf einen beschränken, der aber eigentlich aus dreien bestand: Gottvater, Gottsohn und der Heilige Geist, drei männliche Figuren, die den christlichen Glauben dominieren. Keiner kennt Gottes Angesicht, alles beruht nur auf dem Glauben. Die Ureinwohner konnten sich wenig

Extrainfo 6 (s. S. 9): „Pase del nino" in Riobamba: Aufnahmen von der Weihnachtsparade

unter diesem Glauben vorstellen, zumal sie selbst an die Dualität der Dinge glaubten, also auch an die Dualität Mann–Frau. Auch Gott war nicht vorstellbar, nach ihrem Glauben hat das Göttliche eine konkretere Erscheinungsform (die Sonne, der Mond, die Vulkane etc.). Überhaupt war Religion eher von Praxis und Aktion geprägt als von Moral und Dogma.

Die **Franziskaner** entwickelten schließlich einen **Katechismus, der sich an der Naturreligion der Indígenas orientierte** und so die Missionierung erfolgreich vorantrieb. Beispielsweise hatten die Indígenas keine Spiegel, sie konnten sich nur in Obsidianstein oder im Wasser spiegeln. Also lasen die franziskanischen Priester ihnen aus der Bibel vor, wo es unter Genesis

◰ Auf diesem Hausaltar vermischen sich Religionen mit persönlichen Glücksbringern

heißt: „Gott schuf den Menschen nach seinem Abbild." Damit die Indígenas Abbild Gottes sein würden, sollten sie in die Kirche gehen, ihre Sünden beichten, beten, die Kommunion empfangen. So durften sie nach der Messe zum hohen Altar von San Francisco in Quito kommen, um sich im Spiegel zu betrachten. Dieser Wandspiegel ist immer noch eine Sehenswürdigkeit in der ältesten Kirche von Quito.

Trotzdem gab es **einige Ähnlichkeiten zwischen beiden Religionen,** was die Vermischung begünstigte. Wie der katholische **Festtagskalender** stimmte der indigene Festtagskalender mit den landwirtschaftlichen Zyklen überein. Daher fanden die großen Feste oft zu astronomisch bedeutenden Daten statt, die eben mit den Ernten zusammenhingen. So ergab sich oftmals eine Übereinstimmung, z. B. beim indigenen Sonnenwendfest, welches bei den Christen als Johannistag gefeiert wird. Interessant ist, dass sich die Bedeutung dieses katholischen Festes aus den Sonnenwendfesten der vorherigen Kulte in Europa entwickelt hatte. Auch in der Entwicklung des christlichen Glaubens in Europa lassen sich synkretistische Elemente ausmachen. In einigen Fällen passierte es also geradezu automatisch, dass sich **indigene Götter,** denen zu bestimmten Tagen Feste gewidmet wurden, in die katholischen Heiligen dieses Tages verwandelten und seitdem eine Art **Doppelrolle** spielen.

Andere Ereignisse begünstigten ebenso diesen Prozess, wie z. B. bei **Santiago** (heiliger Jacob): Die Spanier hielten auf ihren Eroberungszügen immer eine Standarte mit dem Abbild des heiligen Jacob hoch, weil er sie als ihr Schutzpatron in der Schlacht schützen sollte. Die Eroberer benutzten in den Schlachten die bis dahin in Amerika unbekannten Feuerwaffen, weswegen die Indígenas Santiago mit ihrem Gott des Donners und des Blitzes, *Illapa,* in Verbindung brachten. Santiago fungierte so als Tarnung für diese indigene Gottheit. Viele Leute benannten ihre Kinder nach ihm, woraufhin der Name in der Kolonialzeit sogar einige Zeit verboten war, denn die Spanier durchschauten die Strategie. Noch heute ist Santiago der Schutzheilige vieler Gemeinden, daher finden an seinem Tag, dem 25. Juli, ihm zu Ehren viele Feste statt.

Es verwundert daher nicht, dass man beim Besuch von Kirchen auf eine Unzahl lokaler Elemente stößt, die auch optisch zeigen, dass von den katholischen **Heiligenfiguren** Besitz ergriffen wurde, gleichzeitig aber auch eine gewisse Umdeutung stattgefunden hat. Es gibt z. B. in Riobamba den *Señor del Buen Suceso,* der den gekrönten Jesus als König der Juden darstellt, aber anstatt eines Zepters hält er einen Maiskolben in der Hand. Oder die *Virgen del Quinche* (Jungfrau von Quinche), die einen typischen Indígena-Hut trägt. In einigen kolonialen Kirchen sieht man sogar Abbildungen des Sonnengottes. Es scheint, dass die katholischen Geistlichen diesen Inkulturationsprozess stillschweigend akzeptierten, womöglich sogar förderten, weil sie spürten, dass die Identifikation mit der christlichen Religion sonst nicht stattfinden würde. Bis heute wird allerdings über diese Missionierungspraktiken von offizieller Kirchenseite geschwiegen. Dagegen wird mittlerweile die Integration animistischen Glaubens von einigen offeneren Geistlichen als bereicherndes Element des ecuadorianischen Katholizismus wahrgenommen.

Die katholische Religion ist zwar monotheistisch, bietet durch die **Heiligen aber Projektionsfläche für kleinere Götter.** Den Indígenas kam der katholische Glauben ziemlich abstrakt vor, sie versuchten Bezüge zu ihrer Religion herzustellen, die Heiligen waren hier willkommene Statthalter für ihre göttlichen Geschöpfe. Auch waren es die Heiligen, die der katholischen Religion ein Gesicht gaben. Sie hatten menschliche Eigenschaften, man konnte sich unter ihnen etwas vorstellen. Also hatte man über sie einen konkreteren Zugang zu Gott, dem die Heiligen nahe stehen. Bis heute hat der **Heiligenkult** eine sehr große Bedeutung in ganz Lateinamerika. Das schlägt sich in vielem nieder, z. B. war es bis vor nicht allzu langer Zeit durchaus normal, Kinder auf den Namen des Heiligen zu taufen, der an ihrem Geburtstag seinen Namenstag hat. Heilige werden personifiziert, man kommuniziert mit ihnen, man verhandelt mit ihnen und man bestraft sie auch, wenn sie einem nicht geholfen haben, z. B. werden ihre Figuren dann auf den Kopf gestellt. Im christlichen Sinne stellt die Personifizierung des Göttlichen Gotteslästerung dar und ist Bestandteil der Idolatrie. Es gibt sogar Heilige, denen ein schlechter Charakter angedichtet wird, z. B. dem *San Bernardo de Ambato*. Wenn man jemandem Schlechtes wünscht, dann schiebt man der Heiligenfigur den Namen des Opfers unter, das ist eine Art Schadenszauber.

Diese Zweischneidigkeit – „heilig" und „schlecht" – lässt sich genauso gegenüber anderen religiösen Verkörperungen beobachten. Ethnologen sehen hierin ein Fortbestehen der alten Götter und auch der Dualitätslehre der indigenen Weltsicht. Danach haben alle Dinge und Wesen zwei entgegengesetzte Pole. Überhaupt spielen die Heiligenfiguren eine große Rolle, sie sind nicht nur Kunstgegenstände, sondern die Objekte selbst gelten als heilig und es ranken sich allerlei Mythen um sie. Daher tragen die Heiligen in ihrem Namen oft ihren Herkunftsort, z. B. der *San Pedro de Guápulo*. Das macht sie einzigartig und sie können angebetet werden. „Bei einigen Indianern wurden die heidnischen Idole [zwar] durch die Heiligenbilder ersetzt, [doch] die Ehre, die sie ihnen erweisen, gilt nicht den illustren Männern, die sich in Tugend und Opfer übten und deren Bild sie darstellen, sondern den Bildnissen aus Holz, was ein lächerlicher Aberglaube ist." (Anonym von 1909, zitiert nach *Bernhard Wörrle*, „Heiler,

Rituale und Patienten – Schamanismus in den Anden Ecuadors", Berlin 2002). Dieses Phänomen zeigt sich z. T. auch in Südeuropa, aber in Ecuador spielt sicherlich ein Brauch aus vorspanischer Zeit eine Rolle: Jede Familie hatte in ihrem Haus ein Totem, ein Objekt, dem göttliche Kräfte zugesprochen wurden und das die Familie beschützte. Die Verehrung des Objektes ist bis heute geblieben und immer noch ist es so, dass Familien ihre Schutzheiligen oder Marien haben, deren Bildnis oder Figur sie an exponierter Stelle im Haus aufhängen.

Besonders verehrt werden **Jesuskindfiguren** *(niños):* Zu Weihnachten gibt es große Prozessionen *(pase del niño)* zu den Häusern der Besitzer einer solchen kleinen Statue, dort werden die Figuren abgeholt, zum Segnen in die Kirche getragen und wieder zurückgebracht. Die Prozessionen erinnern allerdings eher an Karnevalsumzüge mit Tänzern, Verkleideten und fröhlicher Musik, als an Prozessionen, wie sie im deutschen Raum vorkommen.

Aus dem Gesagten lässt es sich fast ableiten: Die Königin der Heiligen ist die heilige Jungfrau Maria Mutter Gottes, auf Spanisch einfach **la virgen** (die Jungfrau) oder **nuestra señora** (unsere Dame). In ganz Lateinamerika blühen die Marienkulte. Hier ist es wieder so, dass eine ganz bestimmte Jungfrau verehrt wird, also im Grunde eine konkrete Ikone. In Ecuador haben viele Dörfer ihre eigene Marienfigur, unter deren Schutz sie stehen. Oder eine Ortschaft verehrt geschlossen die gleiche Schutzpatronin, die aus einer anderen Region oder einem anderen Land stammt. Manche Taxikooperativen oder andere Vereinigungen stellen sich unter den Schutz einer bestimmten Jungfrau oder eines Heiligen. So hat dieser Kult eine identitätsstiftende Wirkung. Die Jungfrauen, die in der katholischen Welt als sehr wundertätig gelten, haben auch in Ecuador ihre Anhänger, z. B. die *Mutter Gottes von Lourdes* oder die *Virgen de Guadalupe* aus Mexiko. Beliebte einheimische Marien sind: die *Virgen del Quinche,* die *Virgen de Agua Santa,* die *Virgen de las Lajas,* die *Virgen del Cisne* und die *Virgen de la Merced.* Die Wallfahrten zu den Marienfiguren spielen im Volksglauben eine große Rolle. Eine der bekanntesten ecuadorianischen Jungfrauen ist die **Virgen del Quinche.** Sie ist von sehr vielen Gläubigen als Schutzpatronin gewählt worden. Alljährlich pilgern an drei Wochenenden im November Tausende von Leuten nach Quinche, das ca. 40 km nördlich von Quito liegt. Der Pilgerweg ist sehr beschwerlich und man wandert die ganze Nacht. Trotz der zumeist spirituellen Motivation für die Wallfahrt herrscht allgemeine Volksfestatmosphäre. Auf dem Weg stärkt man sich mit Alkohol und Ghettoblaster sorgen für die Beschallung. In Ecuador fällt einem auf, dass Religion, Volksglaube und ausgelassenes Feiern sich nicht widersprechen. Interessant an der *Virgen del Quinche* ist auch die Vermutung, dass sich am gleichen Ort in vorspanischer Zeit ein heiliger Ort der Ureinwohner befunden habe, aller Wahrscheinlichkeit nach zu Ehren der *Pachamama,* der Mutter Erde. Denkbar wäre, dass katholische Glaubensleute nach der Eroberung bewusst einen katholischen Kult an dieser Pilgerstätte der Indígenas kreierten, um die religiöse Anziehungskraft des Ortes zu nutzen und gleichzeitig die Macht der alten Kulte zu brechen. Quinche als sakraler Ort überdauerte so tatsächlich die religiöse Umdeutung. Solche Maßnahmen konnten die katholischen Priester zu Zeiten der Inquisition nicht zugeben, zu leicht wären sie in den Verdacht der Idolatrie (heidnischer Irrglauben) geraten. Wichtig ist hier, auf die Bedeutung der Wallfahrten als alljährliches Ritual der Erneuerung hinzuweisen – in Europa ein fast verloren gegangener Brauch, aber ein besonderer Aspekt der lateinamerikanischen Religion.

Im Folgenden werden einige **religiös inspirierte Volksfeste** beschrieben, bei denen sich der Besucher ein Bild vom spezifischen religiösen Ausdruck der Indígenas machen kann. Regionale Feste und Veranstaltungen an Feiertagen sind gerade in den kleineren Städten absolut sehenswert. Als Beispiel sei hier die **Fiesta de San Juan** am 21. Juni erwähnt. Dieses Fest ist ein lebendiger Ausdruck des Synkretismus zwischen indigenem und christlichem Glauben, denn einerseits wird der Heilige Johannes geehrt, andererseits findet auch *Inti Raymi,* das indigene Sonnenwendfest, statt. Außerdem fällt es zusammen mit der Maisernte. In Otavalo, Tabacundo und Guamote wird dieses Fest eine Woche lang mit indigenen Tänzen, Maskenparaden und jeder Menge *Chicha* (alkoholhaltiges Getränk aus Mais oder Yucca) begangen. Neben traditionellen Kostümen finden sich moderne Verkleidungen, z. B. "Spiderman", "Hulk", "Cowboy" und "Indianer" oder "Prinzessin". Zu diesem Fest werden auch rituelle Kämpfe mit Steinsbrocken ausgetragen, die bis vor einigen Jahrzehnten noch Tote gefordert haben. In dem Blutvergießen scheint sich die Fortdauer der präkolumbischen Opfer an die Mutter Erde als Dank für die Ernte darzustellen. Ähnliche Rituale finden sich im Hochland Boliviens und Perus.

An vielen Orten in der Provinz Imbabura gehen diese Feierlichkeiten direkt in **San Pedro y San Pablo** (Peter und Paul, 29. Juli) über. Andere Orte feiern entweder das eine oder das andere. Es werden große Freudenfeuer entfacht – sie zu überspringen soll Glück bringen. Ein Brauch, der auch zu Silvester praktiziert wird und der in vielen Ländern ganz unterschiedlicher Kultur gepflegt wird.

In den Passionsspielen – **viacrucis** – äußert sich das Bedürfnis, den Glauben wirklich zu leben. Sie werden mit sehr viel Fantasie und Leidenschaft in der *Semana Santa,* der Woche vor Ostern, aufgeführt. Ähnlich wie in Südspanien ziehen in dieser Woche große Prozessionen durch die

Städte und Dörfer, in denen besonders die Büßer die Aufmerksamkeit auf sich ziehen. Sie haben große hochstehende Kapuzen (ähnlich denen vom *Ku-Klux-Klan*) und manche geißeln sich sogar. Besonders sehenswert sind diese Umzüge in Quito. Zumeist sind Indígenas die Protagonisten dieser Schauspiele. Diese katholische Tradition wurde offensichtlich wegen ihrer Anschaulichkeit in vielen nicht-europäischen Ländern begeistert aufgenommen und weiterentwickelt. Dass sich jedoch wirklich junge Männer am Kreuz opfern, wie man es von anderen Ländern hört, ist aus Ecuador nicht bekannt. (Weitere religiöse Feste siehe Kap. „Feiertage und Feste".)

Dieser so entstandene neue katholische Glaube hat seine ganz eigene Charakteristik. Die **Hauptunterschiede zum europäisch-christlichen Glauben** sind zum einen die **Personifizierung des Göttlichen** und damit eng zusammenhängend das Erleben der religiösen Praxis als Form des Vergnügens. Insgesamt lässt sich feststellen, dass der Glaube eher in den Alltag getragen wird. Zum anderen ist hier die **Wallfahrt** als Form der religiösen Erneuerung noch wichtiges Element im Leben vieler Gläubiger.

In der **Religion der Afroecuadorianer** kann man ebenfalls vermischte Strukturen beobachten. In den fast 500 Jahren der Anwesenheit der Schwarzen in Amerika, ging ihre Kultur durch viele **Anpassungsprozesse,** um nicht gänzlich unterzugehen. Die Sklaverei hatte natürlich sehr großen Einfluss auf die Ausprägung der afrikanischen Kultur in Amerika. Durch die Sklaverei wurden die afrikanischen Frauen zu den zentralen Trägern der Familie und dadurch der afrikanischen Kultur. Die Versklavung führte auch dazu, dass die katholische Kirche relativ leichten Zugriff auf die Afrikaner hatte und die Missionierung zumeist reibungslos vor sich ging. Auf diese Weise haben sich viele Traditionen und Zeremonien katholisiert – und katholische Zeremonien auch afrikanisiert. Gleichzeitig geschah die Begegnung mit den indigenen Traditionen, die besonders in der Sierra sehr großen Einfluss auf die Entwicklung der Bräuche der Afroecuadorianer gehabt haben. Besonders im Bereich der **Heilungszeremonien** sieht man synkretistische Elemente. Die Heilerin erbittet Hilfe bei verschiedenen Heiligen, einer der beliebtesten ist *San Juan* (der Heilige Johannes), er steht für Glück in Geldangelegenheiten. *San Antonio* (der Heilige Antonius, 13. Juli) hilft bei der Partnersuche. Er steht für die afrikanische Gottheit *Eleguá*. Auch hier spielen die verschiedenen Jungfrauen eine große Rolle. Die *Virgen de Las Lajas,* die *Virgen de Agua Santa,* die *Virgen del Quinche,* sie alle leisten Beistand bei Krankheiten oder Unglücksfällen. Die *Virgen Maria del Carmen* steht für *Yemaya* – ebenfalls eine afrikanische Gottheit.

Den katholischen Heiligen wird bei einer Zeremonie siebenmal das gleiche Gebet gesprochen und ein Lied im afrikanischen Rhythmus gewidmet. Es werden Rituale mit Pflanzen, Tabak und Tanz aufgeführt und außerdem rituelle Waschungen vorgenommen, die an die katholische Taufe erinnern.

Erwähnenswert ist ein Fest, das besonders von Mestizen und Indígenas gefeiert wird, aber eng mit einer Heiligen der Afroecuadorianer zusammenhängt. Der 24. September, **Tag der Virgen de la Merced** (Mutter Gottes der Barmherzigkeit), wird in Latacunga ihr zu Ehren mit einem Fest begangen. Dort gibt es ein Marienstatue, die eine schwarze Madonna zeigt; so ist dieses **Fest der Mama Negra** gewidmet, der Jungfrau der Schwarzen. Dieses Fest mutet skurril an, denn im Mittelpunkt steht ein als *Mama Negra* verkleideter Mann auf einem Pferd, der von einer Art Hofstaat begleitet wird und drumherum findet ein riesiges Volksfest statt. Die Ursprünge dieses Fests sind ungeklärt, einige Ethnologen glauben, es entstand als Reaktion auf die Anwesenheit der Schwarzen in Ecuador, wieder andere sehen einen Zusammenhang mit der Ausweisung der Mauren aus Spanien. Wie dem auch sei, für die Afroecuadorianer ist es zweifelsfrei ihre Jungfrau, obwohl ihre eigenen Traditionen bei dem Fest kaum eine Rolle spielen.

Die **banda mocha** ist ein gutes Beispiel für die Vermischung in der Sierra, in diesen Musikgruppen werden afrikanische Klänge mit traditionellen andinen Instrumenten kombiniert. Solche Musikgruppen bestehen aus sechs bis sieben Mitgliedern und benutzen als Instrumente verschiedene heimische Pflanzen, z. B. getrocknete Kürbisse, getrocknete Agaven und die Blätter der *capulí* (Andenkirsche). Sie sehen aus wie eine typische Andencombo, wenn sie jedoch beginnen zu spielen, erklingen afrikanische Rhythmen mit den dazugehörenden Gesängen und Tänzen. Diese Band ist nur ein Beispiel für etliche Musikstile, die von den Schwarzen in ganz Amerika entwickelt wurden.

Während bei großen Festlichkeiten und Wallfahrten mittlerweile auch ein folkloristischer Aspekt vorhanden ist, zeugt der religiöse Ausdruck in den kleinen Dörfern von einer tief verwurzelten spirituellen Sicht der Welt. Wie wir gesehen haben, umfasst die Volksreligiosität nicht nur geistliche Elemente des Lebens, sondern sie hat ebenso eine soziale und eine sinnliche Komponente. Die **Gefahr in der Volksfrömmigkeit** ist die fatalistische Einstellung, die daraus erwachsen kann. Wenn die emotionale Seite immer die rationale überlagert, erlebt der Mensch sich nicht mehr als selbst verantwortlich für sein Schicksal. Es scheint ihm, als ob ein höheres Wesen seine Geschicke bestimme. Anstatt das Leben in die eigene Hand zu nehmen, zündet man lieber eine Kerze an und hofft auf die Jungfrau. Diese fatalistische Haltung beklagen moderne Ecuadorianer sehr, denn sie verhindert ein nötiges Maß an Eigeninitiative, um der strukturellen Armut zu entkommen.

Bräuche und Aberglaube

Aberglaube ist: *„Der Glaube an das Wirken magischer Kräfte, der auf vorwissenschaftlichen Erkenntnissen und niederen Religionsformen beruht: Zauberbräuche, Riten, Glaube an Geister, Hexen, Talismane, Wahrsagerei (Horoskope) u. a."* (aus: Kleiner Brockhaus)

Diese Definition von Aberglaube zeigt, dass es im Grunde auf die Perspektive bzw. den religiösen Standpunkt des Betrachters ankommt, etwas als Aberglaube zu qualifizieren. Es lässt sich nicht immer unterscheiden, ob es sich um Volksglauben, Aberglaube oder Brauch handelt, denn diese Erscheinungen sind nicht scharf voneinander getrennt. Die große Rolle, die Religion und Spiritualität in Ecuador spielen, lässt erahnen, dass es eine **Vielzahl an Bräuchen und Aberglaube** gibt. Ecuadorianer glauben fest an das Schicksal und das Glück. Auch das Leben ist Glückssache und dadurch erklären sich die Menschen die sozialen Unterschiede. Dieser **Glaube an das Glück,** das man eines Tages wie einen Schatz zu finden hofft, bringt eine ganze Reihe von Glücksbringern und Talismanen hervor. Durch den großen Hang zu glücksbringenden Ritualen, werden begeistert neue Bräuche adaptiert. Unter jungen Leuten grassieren mitunter Rituale, die man auch auf europäischen Schulhöfen beobachtet, z. B. soll eine Zigarette umgekehrt in die Schachtel gesteckt, Glück in Liebesdingen bringen. Seitdem das Internet für einen Teil der Bevölkerung zugänglich ist, erfreuen sich die altbekannten Kettenbriefe in elektronischer Form vieler begeisterter Anhänger. Diese Briefe handeln meist von Freundschaft und Liebe und wenn man Glück damit haben will, dann sollte man sie an so viele Freunde wie möglich schicken, sonst wird fürchterliches Pech über einen kommen.

Die in Europa bekannten abergläubischen Begriffe wie „schwarze Katze", „Leiter" und „Freitag, der 13." gibt es genauso in Ecuador. Mangels Kaminen ist der Glück bringende Schornsteinfeger allerdings im Gegensatz zu Europa unbekannt.

▷ Wenn El Ekeko nicht den erhofften Geldsegen bringt, wird er bestraft und muss abstinent leben

Bräuche

Kerzen, Weihrauch und Tabak: *Kerzen und Weihrauch werden in der katholischen Messe gebraucht und um das Haus zu erhellen und auszuräuchern. Hier vereinen sich die katholischen Gebetsrituale mit den indigenen Zeremonien. Rauch spielt bei vielen Ritualen eine große Rolle, er gilt als reinigend und schützt vor negativen Energien. Es können verschiedene Substanzen verbrannt werden wie z. B. „palo santo" (ein bestimmtes Harz) oder Tabak. Wenn ein Kind auf dem Friedhof war, kann es vorkommen, dass es danach mit dem Rauch einer Zigarette von oben bis unten abgeblasen wird, um es zu reinigen. Außerdem schützt Rauch nicht nur vor „espanto" und „mal de ojo" (Krankheiten, die durch übernatürliche Ursachen entstehen), sondern auch vor Moskitos.*

El Ekeko ist ein kleines Püppchen, das in vielen Häusern steht. Es ist indigen gekleidet mit Poncho, „alpargatas" (indigene Schuhe) und Mütze mit Ohrenwärmern. In seinen Armen hält es einen Korb mit Obst, Gemüse und Geld. Er soll Überfluss und Reichtum anziehen. Es hat den Mund geöffnet und jeden Freitag steckt man ihm eine angesteckte Zigarette hinein und gibt ihm ein Glas Schnaps, um ihm für das Glück im Haus oder im Geschäft zu danken oder es sich von ihm zu wünschen. Wenn aber diese Hoffnung nicht erfüllt wird, bestraft man den Ekeko: Er bekommt zwei Wochen keine Zigaretten und keinen Schnaps. Der Ekeko sollte nicht an einem auffälligen Ort im Hause stehen und außerdem sollte man ihn geschenkt bekommen und nicht selbst kaufen. Diese Tradition wird vor allem in der Sierra gepflegt.

An Verbindungsstraßen im ganzen Land gibt es am Wegesrand kleine **Opferschreine** *mit der Jungfrau Maria. Die Fahrer der Überlandbus-*

se halten kurz, damit der Busjunge der Jungfrau etwas Geld oder Blumen opfern kann. Insbesondere bei einem Andenauf- oder -abstieg, scheint dies die nötige Versicherung nach oben zu sein. Danach geht es in rasantem Tempo weiter.

Medizinische Heilkräuter spielen im Alltag eine große Rolle. Einmal als Tee, Salbe oder für Bäder, aber auch, um das Böse abzuhalten. Prominentestes Beispiel ist hier die Aloe-Vera-Pflanze, die seit einiger Zeit in Europa in Mode ist. Sie hilft bei sehr vielen Leiden, besonders bei Hautproblemen. Aber sie gilt daneben auch als sehr wirkungsvoll im Schutz gegen negative Energien. So findet man in vielen Häusern in Nähe der Eingangstür eine Aloe-Vera-Pflanze. Sie schützt das Haus und seine Bewohner. Oft haben die Pflanzen eine rote Schleife um.

Eine **rote Schleife** schützt den Träger. Die Farbe Rot symbolisiert in der indigenen Welt Leben, Macht, Fruchtbarkeit und Glück. Daher legt man Neugeborenen ein rotes Band um oder zieht ihnen ein rotes Kleidungsstück an. So schützt man sie auch vor dem bösen Blick („mal de ojo"); manchmal wird das auch mit Tierbabys gemacht. An Silvester wird beispielsweise eine rote Unterhose angezogen, wenn man die Liebe seines Lebens treffen will. Eine gelbe Unterhose steht für eine bevorstehende Reise.

Halsketten aus **símbalo,** eine medizinische Heilpflanze der Anden, sind begehrte Glücksbringer. Aus ihren Samen werden die Halsketten gemacht, denen man eine große Schutzkraft nachsagt. Außerdem hält das Geräusch dieser Samen, wenn der Wind durch sie fährt, böse Geister fern.

Sehr beliebt im ganzen Land sind **Amulette** zum Schutz gegen negative Energien und böse Geister sowie **Talismane,** um positive Energien und Schutzgeister anzuziehen. Man kann diese Dinge an den kleinen Ständen oder Kiosken erwerben, die sich neben den meisten Kirchen befinden. Hier gibt es Ekekos, Weihrauch und die unterschiedlichsten Kerzen. Sogar schwarze Kerzen für „magía negra" (schwarze Magie) kann man hier erstehen. Sie werden benutzt, um jemandem etwas böses anzuhexen. Sie sind besonders beliebt bei den brujos/-as (Hexen).

Nach dem **Tod** eines Angehörigen tragen vor allem die weiblichen Verwandten schwarz. Die Friedhöfe in Ecuador sind immer gut besucht. Verstorbene werden aber nicht nur geehrt, sondern auch gefürchtet. Im kollektiven Unterbewusstsein existieren noch die Vorstellungen, dass der Tod ansteckend sei, weil die Seele des Toten einsam ist und die Gesellschaft anderer Seelen suche. Dies zeigt sich z. B. in der Angst, die Kleidung eines Toten zu tragen, weil sie seine Eigenschaften innehabe, im Glauben, dass ein Eulenschrei einen künftigen Tod ankündige, in der Furcht, dass, wenn einer in einem Dorf oder in der Nachbarschaft stirbt, unweigerlich auch andere sterben müssten und auch in der Angst, nachts über den Friedhof zu gehen.

Heiler

„Wenn die Weißen und die Mestizen krank sind, gehen sie ins Hospital, sind sie aber verzweifelt, gehen sie zum *yachag*."
(ecuadorianisches Sprichwort)

Viele Anregungen und Informationen für dieses Kapitel stammen aus dem Werk des Ethnologen Bernhard Wörrle: „Heiler, Rituale und Patienten – Schamanismus in den Anden Ecuadors", Berlin 2002.

In den letzten Jahren ist es in Ecuador zu einem richtigen **Boom der alternativen Medizin** und der Esoterik gekommen. Überall stößt man auf Anzeigen von Heilern, auf Heilpflanzenprodukte, auf spirituellen Bedarf aller Art, auf Tarotkarten und auf fernöstliche Produkte. Es finden Märkte mit Heilern aus ganz Lateinamerika statt. In Quito kann man seit einiger Zeit *Estudios Ancestrales* (altes Wissen) studieren. Vermutlich steht das im Zusammenhang mit dem Aufschwung, den die indigenen Kulturen erfahren haben, aber sicherlich mehr noch mit der globalen Wiederentdeckung der Spiritualität, des Naturglaubens und der Naturheilverfahren – vielleicht dadurch hervorgerufen, dass die sinnstiftende Funktion der Kirchen nachlässt und gleichzeitig die blinde Wissenschaftsgläubigkeit zunehmend in Frage gestellt wird. Jedoch muss angemerkt werden, dass die Ecuadorianer von jeher ein tiefe spirituelle Neigung haben und diese Moden daher auf besonders fruchtbaren Boden fallen.

Die indigenen Heiler sehen sich in der **Tradition der Priester der altamerikanischen Völker.** Mit der verfassungsmäßigen Anerkennung der Kenntnisse und Praktiken der traditionellen Medizin der Indígenas 1998 wurde auch die Tätigkeit als Heiler offiziell anerkannt und somit aus der Illegalität geholt. Die indigenen Heiler hatten nie aufgehört zu praktizieren, mussten es aber unter der Kolonialmacht und in den Zeiten der Republik verdeckt tun. Für die heutigen Heiler gibt es **verschiedene Bezeichnungen:** In der Sierra nennt man sie meist *yachag taita* bzw. *yachag mama,* im Oriente oft *shaman,* an der Costa ist es der *curandero* oder die *curandera.* Widmen sich diese Personen eher den negativen Dingen als der Heilung, nennt man sie *brujos/as* oder *hechiceros/as* (Hexer, Hexen). Aber auch mancher Heiler macht bei Bedarf einen Schadenszauber. Diese Personen können Männer oder Frauen sein, Indígenas, Mestizen, Schwarze oder Weiße. Aber in der Sierra dominieren die indigenen Männer diese Kunst. Heiler sind Personen, die zwischen den Menschen und dem Kosmos als Vermittler fungieren. Manche werden es, weil sie sich durch ein besonderes Erlebnis berufen fühlen, andere erben die Fähigkeit und werden dann

von Vater oder Mutter angelernt, bei wieder anderen ist es durch eine Besonderheit von Geburt an deutlich. Ein Indiz für diese Fähigkeiten kann beispielsweise sein, wenn ein Embryo schon im Mutterleib weint oder wenn ein Säugling einen Zeh oder Finger zu viel hat.

Die andine Medizin basiert auf Harmonie und Gleichgewicht. Gesundheit ist ein Produkt des Lebensgleichgewichts. Krankheit bedeutet somit, dass die Waage des Lebens ungerade geworden ist. Dieses Gleichgewicht findet man überall in der Natur wieder. Die Gesundheit hängt weitgehend von der richtigen Position eines Menschen in der Welt ab. Die Nichtbeachtung der natürlichen Gesetze und der des menschlichen Zusammenseins können also Ursache von Krankheiten sein.

Ein Schamane in Aktion

Indigene Heilungsmethoden

Die „limpia con el huevo" (Reinigung mit dem Ei) ist eine Diagnose- und Heilmethode, die durch die Analyse von einem Ei Aufschluss über die Leiden einer Person gibt. Mit dem Ei wird über den Körper des Kranken gefahren. Das Ei hat einen männlichen und einen weiblichen Pol. Der männliche ist der spitzere und der weibliche der abgerundete. Dem Gesetz der Bipolarität folgend ist der weibliche negativ und der männliche positiv. Der menschliche Organismus hat einen Energiefluss, der nach dem gleichen Prinzip funktioniert. Die linke Seite des Körpers ist negativ empfangend, die rechte ist positiv gebend.

Der Heiler muss das Ei mit der rechten Hand nehmen und mit dem spitzeren Teil - dem positiven - zur Hand hin halten. Das Ei muss frisch und darf weder erhitzt noch gekühlt worden sein. Wenn dann die magnetische Reinigung am Kranken vorgenommen wird, fährt der Heiler mit der runden Seite des Eis über den Körper. Das Eiweiß des Eis nimmt dabei die ganze negative Energie auf. Nach der Reinigung schlägt der Heiler das Ei auf und schüttet es in ein Glas mit Wasser, um die Formen zu interpretieren:

- *Befinden sich im Eigelb rote Schlieren, dann lässt das auf Probleme im Kreislauf und Atmungsbereich schließen, das geht oft einher mit cerebralen und psychomotorischen Störungen. Die können auch von einem Hexer verursacht sein.*
- *Ist das Eigebilde von feinen Härchen überzogen, weist das auf eine negative Energie hin, sei es im Kranken selbst oder in seiner Umgebung.*
- *Wenn sich eine weißliche Blase bildet, bekannt unter dem Namen „cacho" (Horn) oder „sal" (Salz), weist das darauf hin, dass es dem Kranken durch seine egoistische Handlungsweise schlecht geht und er viele Probleme hat. So nennt man auch in der Umgangssprache egoistisches Verhalten „estar salado".*
- *Befinden sich im Eiweiß dunkle Flecken, ist der Lebensimpuls geschwächt, d. h., das Herz oder das Blut ist angegriffen.*

Eine andere indigene Diagnostik ist die „limpia de cuy" (Reinigung mit dem Meerschweinchen), auf Quichua nennt man sie „Cuita Fichashun" oder „Cuyihuan Pichana".

Der „yachag" sucht dienstags oder freitags die Meerschweinchen aus, weil diese Tage energetisch für die Heilung besonders geeignet sind. Man nimmt rote, weiße oder schwarze Meerschweinchen. Die Farbe rot beeinflusst die Blutzirkulation, daher benutzt der yachag ein rotes Tier, wenn es sich um ein Kreislauf-, Thrombose-, Menstruations- oder sonstiges Blut-

problem handelt. Ein schwarzes Meerschweinchen wird benutzt, wenn ein Problem nicht-natürlichen Ursprungs vermutet wird, insbesondere wenn es von einem „brujo" (Hexer) stammen könnte. Ein weißes Tier bringt dem Kranken, der unter Depressionen und anderen mentalen Verstimmungen leidet, positive Energien. Das Meerschweinchen muss gesund sein und das gleiche Geschlecht wie die zu behandelnde Person haben. Der „yachag" vollzieht auch hier die Reinigung, indem er mit dem Tier über die nackte Haut des Patienten fährt. Er hält es in der rechten Hand und die linke Hand darf möglichst gar nicht in den Prozess eingreifen. Außerdem muss das Körperteil des Tieres dem Körperteil des Menschen entsprechen, wo es ihn gerade berührt, z. B. Bauch an Bauch, Brust an Brust etc. Durch den Druck stirbt das Tier. Direkt nach der Reinigung öffnet der „yachag" den Körper des toten Tieres und untersucht ganz genau die inneren Organe, einschließlich des Gehirns. Jedes Organ wird nach der Untersuchung mit Wasser und Salz abgewaschen. Folgende Schlüsse werden aus dem Ergebnis gezogen:

- *Sind die Eingeweide grün oder blutig, hat der Patient eben dort ein Problem.*
- *Gibt es weißliche Stellen im Herz, weist dies auf Herzprobleme hin.*
- *Ein angegriffener Dickdarm weist auf Verdauungsprobleme hin.*
- *Ist die Leber weiß verfärbt, scheint die Person unter dem bösen Blick zu leiden.*
- *Gelbe Lungen weisen auf Sonnenstich hin.*
- *Verschleimte oder blutige Lungen weisen auf Lungenentzündung hin.*
- *Befindet sich eine wachsähnliche Flüssigkeit in den Gelenken, handelt es sich um Artritis.*
- *Wenn der Schädel des Tieres beschädigt ist, sieht es für den Kranken schlimm aus.*

Die Krankheiten, die eine erklärbare oder natürliche Ursache haben, nennt man die **irdischen Krankheiten** (de tierra oder de campo), davon gibt es sehr viele und normalerweise sind es Krankheiten, die das Äußere des Körpers angreifen und so auch wieder heilbar sind. Für diese Art von Krankheiten sind die Schulmediziner zuständig.

Bei Krankheiten, für die eine **übernatürliche Ursache** vermutet wird und die Hausrezepte nicht wirken, wendet man sich an einen yachag. Die verbreitetsten Krankheiten dieser Art sind mal aire (schlechte Luft), espanto oder susto (Schreck), mal de ojo (böser Blick) und Seelenverlust. Sie können durch Geister, Schadenszauber oder unglücklichen Zufall entstehen. Manchmal werden sie erst für eine irdische Krankheit gehalten, die sich aber nicht heilen lässt. Bei den Heilerinnen der Küste am Ende dieses Kapitels kommen wir auf diese Krankheitsbilder zurück.

Viele Leute suchen die *yachags* wegen seelischer Probleme oder anderem Unglück auf. In Gegenden, wo es keine staatliche Gesundheitsversorgung gibt oder die Menschen keinen Zugang zu dieser haben, ist die Bedeutung der Heiler noch größer und sie behandeln ebenso irdische Krankheiten. Die Heiler tragen das Wissen einer Gemeinschaft, sind also auch Experten in **Heilpflanzenkunde.** Aus der Amazonasregion kommen viele pflanzliche Substanzen, die heutzutage in Arzneien der Schulmedizin verwendet werden. Den indigenen Heilern sind sie schon sehr lange bekannt, z. B. Chinin, Curare, Koka und pflanzliche Verhütungsmittel.

Die meisten Orte in Ecuador haben ihre eigenen Heiler. Einige Orte sind besonders bekannt für ihre guten *curanderos,* z. B. Ilumán bei Otavalo in der Sierra. Die *Tsáchilas* aus Santo Domingo de los Colorados schreiben den *Shuaras* aus dem Südosten große Heilkräfte zu. Auch dieser bei Touristen sehr beliebte Stamm der *Tsáchilas* oder *Colorados,* erkennbar an ihren rotgefärbten Haaren, ist unter den Ecuadorianern berühmt für seine hervorragenden Heiler. Unter den Heilern der verschiedenen ecuadorianischen Regionen und Ethnien findet ein reger Austausch statt.

Eine Heilung ist wörtlich übersetzt eigentlich eine **Reinigung** (*limpia* oder *limpieza*) und genau darum handelt es sich auch. Der Körper oder der Ort (oder sogar der Gegenstand) soll von negativen Energien gereinigt werden. Auch bei den Heilungsmethoden findet man die für Ecuador so typische Vielfalt wieder. So gibt es je nach Heiler die unterschiedlichsten **Heilungszeremonien** mit den verschiedensten Hilfsmitteln. Es werden katholische Heilige und lokale Geister angerufen, einige Heiler bedienen sich aber auch mittelalterlicher Exorzismusriten aus Europa oder fernöstlicher Unterstützung von einem Buddha (der Dalai Lama hat angeblich vor einiger Zeit gesagt, dass gegenwärtig die höchste spirituelle Energie der Erde im Andenraum liege). Nun liegt bei aller Vielfalt aber doch eine gemeinsame Grundstruktur zugrunde: Zunächst wird das Übel herausgeholt, um schließlich positive Kräfte wieder hereinzubringen.

Es gibt in den Zeremonien einige Elemente, die einem immer wieder begegnen. Der Heiler hat eine Art Altar *(mesa),* wo er die unterschiedlichsten **Ritualgegenstände** aufstellt. Neben persönlichen magischen Objekten, das kann z. B. eine kleine Heiligenstatue sein, ein Lamafötus oder ein präkolumbischer Fund, finden sich dort Schnaps, Tabak und Steine. In sogenannten *soplos* (Pustern) wird der Kranke mit dem **Schnaps** angepustet und sein Körper damit abgerieben. Der Heiler nimmt dabei einen großen Schluck, den er von oben bis unten über den Patienten prustet. Außerdem stärkt sich der Heiler mit dem Alkohol von innen. Zusätzlich kann an dieser Stelle Kölnischwasser zum Einsatz kommen. Ganz spektakulär sind die *soplos de fuego* (Abblasen mit Feuer). Die *soplos* sollen das Böse aus dem Körper vertreiben. Schließlich wird der Kranke mit Rauch von oben bis unten abgeblasen, **Tabak** wirkt reinigend und zieht das Gute an. Die **Steine** *(urcu rumi)* repräsentieren die Geister, die die Besitzer von vielen Orten sind. Da Berge und Quellen als heilig gelten, sucht sich ein Heiler dort Steine, die diese Geister darstellen, also auch heilig sind und ihm beim Heilen helfen. Der Körper des Kranken wird mit diesen Steinen abgerieben.

Die *yachags* haben verschiedene Methoden, **Krankheiten zu diagnostizieren.** Einige schauen in das Licht einer Kerze mit der sich der Patient zuvor abgerieben hat. Andere Methoden beruhen auf der Vorstellung, dass durch elektromagnetische Kräfte, die sich in verschiedenen Metallen, Tieren und anderen Naturelementen befinden, eine Übertragung der Krankheit stattfinden kann. Zwei Praktiken sind sehr weit verbreitet: die Reinigung mit dem Ei und die Reinigung mit dem Meerschweinchen. Bei beiden geht man davon aus, dass durch die Berührung die Krankheit in Ei oder Tier übergeht. Die Reinigung ist Diagnose und Heilung in einem, denn erst durch Analyse des Tiers oder des Eis wird die Art der Krankheit festgestellt. Sind die Heilungsrituale vollzogen, wird dem Patienten noch ein pflanzliches Mittel *(un remedio)* verordnet. Die Reinigung mit dem Ei ist auch ein beliebtes Hausmittel bei Verdacht auf *mal aire* (schlechte Luft), einer Krankheit mit übernatürlicher Ursache. Gluckert das Ei nach der Abreibung, ist die Krankheit ins Ei übergegangen.

Eine Charakteristika der andinen Medizin ist der **enge Kontakt zwischen Patienten und yachags.** Die psychologische Seite ist hier sehr wichtig. Nach der Diagnose ist es die Aufgabe des *yachags,* den Patienten mental zu stärken, damit er selbst durch Glauben, positives Denken und neuen Lebensmut den Genesungsprozess einleiten kann. Mittlerweile ist es in der Schulmedizin bekannt, dass ungefähr 80 Prozent aller Krankheiten von selbst heilen können; damit hat die ganzheitliche Medizin eine neue Bedeutung bekommen. Der Zusammenhang zwischen Heilung und Glauben wurde auch von *Albert Schweitzer* aufgegriffen. Seine Theologie der Lebensnähe sah in der Harmonie zwischen Glauben und Leben das Heil.

Das erklärt auch den großen Erfolg der *yachags* bei den Heilungen, denn sie setzen die **Selbstheilungskräfte** der Patienten frei. Von daher ist die Frage nach Sinn oder Unsinn der Methoden eigentlich falsch gestellt, denn wichtig ist der Glaube daran. Den Heilern ist dies bewusst und um den Glauben zu stärken, bedienen sie sich mitunter dramatischer Elemente und vielleicht kleineren Mogeleien, denn letztlich kommt es auf eine gute Inszenierung der Heilungszeremonien an.

Die Arbeit der Heiler in der Amazonía unterscheidet sich von der der Sierra und der Costa vor allem dadurch, dass der **Rausch** ein sehr wichtiges Element der Reinigung und auch der Religion ist. In den meisten Reiseführern über Ecuador liest man über die Schamanen des Orientes und ihre berühmte Liane **Ayahuasca** (lateinisch: *Banisteriopsis Caapi*), was auf Quichua „Liane der Götter" bedeutet. Diese Pflanze ist auch unter anderen Namen bekannt, z. B. *yagé* oder *caapi*. Aus ihren Wurzeln und Blättern wird ein Sud gekocht, der eine stark halluzinative Wirkung hat.

Für viele Völker des Amazonasgebiets ist diese Pflanze Grundlage ihrer Stammesreligion, denn während des Rauschs erlebt man eine Reise zu den Wurzeln aller Dinge, kann Göttern und Geistern begegnen oder der Erschaffung des Universums beiwohnen. Man sagt, *Ayahuasca* bewirkt die Trennung des Körpers vom Geist. Im restlichen Ecuador ist man einem Rausch bei den Zeremonien auch nicht abgeneigt, jedoch ist er abgesehen vom Alkohol nicht Teil der Heilungstradition. Ein paar wenige Heiler im Hochland benutzen „magische Pilze" (San Pedro) oder besorgen sich hin und wieder *Ayahuasca* aus dem Oriente.

Die Heilungszeremonien an der nördlichen Küste unterliegen afrikanischem Einfluss, aber viele Elemente sind vergleichbar mit denen des Hochlands und des Orientes. Die um die Mütter zentrierte Kultur bewirkt, dass die Aufgabe des Heilens in der Hand der Frauen liegt. Man nennt die Heilerinnen hier **Curandera.** Eine *curandera* wird meist von zwei weiteren Frauen begleitet, die ihr bei den Vorbereitungen assistieren. Die Zeremonien zur Reinigung und zur Diagnose von Krankheiten werden mit Waschungen aus Heilkräutern gemacht, normalerweise bei Sonnenuntergang, denn der Mond *(la luna)* und die Nacht *(la noche)* sind genau wie die *curandera* weiblichen Geschlechts, was sich günstig auf die Energieströme auswirkt. In Gebeten wird die Hilfe der lokalen Geister erbeten, aber auch die der Jungfrau Maria. Sie gipfeln in einer Art Ekstase der *curandera,* in die sie sich mit Gesängen und Tanz bringt. Ihre beiden Helferinnen rauchen dabei Zigarren, die extra für die Zeremonie gemacht werden. Zwischen Kerzen und Rosenkränzen wird den afrikanischen Göttern gehuldigt. Sie werden durch die Pflanzen, den Tabak, die Tänze und die Gesänge repräsentiert, um sicher zu sein, dass kein böser Geist mehr vorhanden ist. Mit dem verstärkten Konsum von Alkohol gewinnt die Zeremonie an Rhythmus, Tanz, Gesang und Fröhlichkeit, ihr ernsthafter Charakter geht dadurch aber nicht verloren.

Genau wie in der indigenen Kosmovision haben **Krankheiten** nicht nur einen physischen, sondern ebenso einen **mystischen Ursprung.** Die Magie der natürlichen Kräfte kann verschiedene Krankheiten verursachen. Die drei folgenden Krankheiten kennt man in ganz Ecuador, es sind die klassischen Krankheiten, die nicht von einem Schulmediziner, sondern von einem Heiler behandelt werden sollten, weil sie nicht natürlichen Ursprungs sind. Die hier dargestellten Behandlungsweisen sind typisch für die afroecuadorianische *curandera* der Küste. In anderen Regionen werden sie, wie wir bereits feststellten, anders behandelt und selbst die Behandlungsmethoden der verschiedenen Heiler einer Region können noch mal variieren:

Mal de aire ist eine Krankheit, die man sich durch bösen Wind einfängt, d. h., durch einen bösen Geist, der in der Luft ist, es könnte auch der Geist eines Toten sein. Die Krankheit beginnt mit Depressionen, Erbrechen, Durchfall, Fieber und Kopfschmerzen. Als Medizin setzt die *curandera* eine Mischung aus verschiedenen Kräutern ein und die Zutaten werden mit gesegnetem Wasser und Blütenwasser vermischt. Dieser Sud wird dem Kranken auf Brust und Rücken geschmiert und drei Tage lang zu trinken gegeben. Das Wort Malaria soll übrigens auch von *mal de aire* abgeleitet worden sein.

Eine andere bekannte Krankheit ist der **espanto** (Schrecken). Er hat ungefähr die gleichen Symptome wie *mal de aire* mit der Besonderheit, dass der Patient sehr großen Durst und hohes Fieber hat und den Appetit verliert. Der *espanto* wird durch einen großen Schrecken oder eine Überraschung verursacht. Es gibt zwei Varianten: den *espanto seco* und den *espanto de agua,* den jemand bekommen kann, der ins Wasser gefallen ist. Um die Diagnose zu stellen, nimmt die *curandera* ein Messband, am besten ein rotes oder eins aus Kokospalmblättern, das vorher gesegnet wurde. Unter Gebeten wird der Brustumfang des Kranken vermessen, dann vermisst der Kranke mit seinem Zeigefinger das Messband, anschließend wird noch mal der Brustumfang gemessen. Hat er sich nun verändert, steht die Diagnose fest: Es ist ein Fall von *espanto*. Nun beginnt die *curandera* mit einer Reihe von Gebeten und Gesängen afrikanischen Ursprungs. Dann tanzt sie um den Kranken herum und bittet den christlichen Gott und eine Reihe von Geistern um die Heilung. Nochmals wird der Brustumfang vermessen, um festzustellen, ob inzwischen die Heilung eingetreten ist. Handelte es sich um *espanto de agua,* wird bei der Zeremonie Wasser aus eben dem Gewässer benutzt in das der Kranke gefallen ist.

El mal de ojo ist der böse Blick, der von einer schlechten Person ausgesendet werden kann. Man glaubt, dass es Personen gibt, die viel Elektrizität im Blick haben und damit viel Schaden anrichten können, wenn sie andere anschauen. Das kann auch unbeabsichtigt geschehen, wenn sie jemanden mit Wohlwollen anschauen. Die Opfer dieser Krankheit leiden an Bauchschmerzen, Appetitmangel, Erbrechen, Durchfall, Kopf- und Rückenschmerzen. Wie beim *espanto* wird für die Diagnose ein Messband benutzt, aber hier wird der Mittelfinger vermessen und mit dem anderen verglichen, ist einer größer als der andere, liegt ein Fall von *mal de ojo* vor. Das Gleiche kann man auch mit den Augen überprüfen: Ist eines größer als das andere, liegt die Krankheit vor. Die Heilung basiert wieder auf Kräutern und geweihtem Wasser, das innerlich und äußerlich angewendet wird. Nach drei Tagen wird wieder vermessen, ist das Ergebnis immer noch ungleich, wird die ganze Prozedur drei weitere Tage wiederholt.

An dieser Stelle bietet es sich an, noch ein paar Bemerkungen über die **Zukunft der Heiler** in Ecuador zu machen. Die Schamanen im Oriente haben schon auf die Anziehungskraft reagiert, die so eine vielversprechende **Droge** wie Ayahuasca insbesondere auf Rucksacktouristen ausübt. Es ist nicht schwer, im Oriente einen Heiler zu finden, der eine Gruppe **Touristen** auf die Reise bringt, die einige Gefahren in sich bergen kann. Hoffentlich führt diese Kommerzialisierung auf Dauer nicht dazu, dass der spirituelle Charakter des Rausches verloren geht.

Auch einige Heiler der Sierra haben schon pfiffige **Vermarktungsstrategien** ausgetüftelt, um aus der Exotik, die eine *limpia* (Reinigung) auf Touristen ausübt, Geld zu machen. Viele sind nunmehr bemüht, vom Interesse und dem Geld der Touristen zu profitieren. Es werden für Ausländer sogar schon Seminare „Wie werde ich Schamane?" angeboten. Trotzdem ist die Gefahr, dass sich die Heilungsrituale zur reinen Touristenunterhaltung entwickeln, relativ gering. Die Ernsthaftigkeit, die eine solche Zeremonie widerspiegelt, und auch die große Bedeutung der Heiler für viele Ecuadorianer, zeugt von einer sehr lebendigen Kultur. Sicherlich gibt es einige folkloristische Elemente: Wenn z. B. im Oriente bestimmte Schamanen immer wieder von Reisegruppen einer Agentur aufgesucht werden, haben die schon spezielle Rituale entwickelt, um den Erwartungen der Ausländer gerecht zu werden. Der Schamane erscheint selbstverständlich in voller Montur mit Federschmuck und was der Urwald sonst noch zu bieten hat, es wird eine selbstgedrehte Zigarre geraucht, der Heiler bläst die Leute damit ab, dann malt er ihnen mit *achiote* (rote Pflanzenfarbe) Tiergesichter aufs Gesicht und erklärt, warum welches Tier einer Person entspricht. Damit verdient er sich ein bisschen Geld. Andererseits arbeitet er ganz normal weiter als Heiler für seine Gemeinschaft. Diese Anpassung einiger Medizinmänner an die modernen Zeiten sollte man nicht verurteilen. Es ist ihr gutes Recht, ihre Kunst zu vermarkten und außerdem befindet sich diese Zunft seit Jahrhunderten im ständigen Wandel. Wer als Europäer an einem solchen Ritual interessiert ist, sollte mit Menschen sprechen, die Dschungeltouren leiten. Eine Hochburg der Schamanen ist das Dorf Ilumán in der Nähe von Otavalo.

Im ganzen Land gültige Feiertage

Die hier aufgeführten Feiertage werden im ganzen Land begangen. Die Gründungs- oder Unabhängigkeitstage der drei großen Städte Quito, Guayaquil und Cuenca sind im ganzen Land Feiertag, aber nur in der jeweiligen Stadt finden auch Festlichkeiten statt. An den Feiertagen haben alle öffentlichen Institutionen, Schulen, Banken und Universitäten geschlossen; die Geschäfte sind zum Teil geöffnet. Wenn ein Feiertag auf ein Wochenende fällt, wurde lange Zeit der freie Tag am folgenden Montag nachgeholt – das ist aber mittlerweile fast überall abgeschafft worden.

- **31. Januar – año viejo und 1. Januar – año nuevo**
  Neben normalen Partyaktivitäten stehen die año viejos und die locas viudas im Vordergrund. Ansonsten gibt es ein Feuerwerk oder die sehr beliebten castillos, das sind nachgestellte Burgen, die aus einer ganzen Reihe brenn-, zisch- und knallbaren Materials bestehen. Sie sind auch bei anderen Volksfesten eine beliebte Attraktion.
- **Karneval**
  Der Rosenmontag und Veilchendienstag sind Feiertage, aber auch in den vorangehenden Wochen läutet sich der Karneval durch die beschriebenen Wasserschlachten ein. Der derbe Spaß findet seinen Höhepunkt am Karnevalswochenende, wo man sich kaum auf die Straße trauen kann. Zu dieser Zeit sind beliebte Erholungsorte voll von feierlustigen Menschen. Wirkliche Volksfeste gibt es aber nur in Guaranda und Ambato (Blumen- und Obstfest).
- **Karfreitag (viernes santo) und das Osterwochenende (pascuas)**
  Die Osterfeiertage werden von vielen gerne für Kurzurlaube in die Umgebung genutzt.
- **1. Mai – Día del Trabajador**
  Es finden gewerkschaftlich organisierte Paraden in den größeren Städten statt.
- **24. Mai – Batalla del Pichincha**
  Der Sieg über die Spanier am Hausvulkan Quitos wird hauptsächlich in Quito gefeiert.
- **10. August – Primer Grito de la Independencia**
  Der ersten Unabhängigkeitserklärung der Kreolen gegen die Spanier wird an diesem Tag gedacht.
- **9. Oktober – Independencia de Guayaquil**
  Die Unabhängigkeit Guayaquils wird schon in den Tagen davor in Guayaquil mit verschiedenen offiziellen und auch volksfestartigen Feierlichkeiten begangen.

- **12. Oktober – Día de la raza**
  Umstrittener Feiertag anlässlich der Entdeckung Amerikas durch Kolumbus
- **2. November – Día de los difuntos**
  Am 2. November, dem día de los difuntos (Allerseelen), gehen die Familien auf die Friedhöfe und bringen den Verstorbenen Essen und Geschenke. Hauptsächlich servieren sie colada morada, ein Getränk, das zu dieser Zeit im Jahr überall zu bekommen ist. Es ist rot und wird aus Brombeeren, Maismehl und anderen Zutaten hergestellt. Dazu kommen die guaguas de pan, das sind Männchen aus Brot, die in die colada getunkt werden, bevor man sie isst. Dieses Ritual beschreibt die Geburt, denn die Farbe Rot bedeutet Leben. Die Indígenas lassen diese Speisen auf den Gräbern, während die Mestizen sie nach dem Friedhofsbesuch zu Hause essen.
- **3. November – Independencia de Cuenca**
  Der Unabhängigkeitstag Cuencas, der mit einem großen Stadtfest begangen wird.
- **6. Dezember – Fundación de Quito**
  Der Gründungstag Quitos wird mit den fiestas de Quito schon in der vorhergehenden Woche mit einem großen Volksfest begangen. Chivas (offene Wagen) mit Musik fahren durch die Stadt, es gibt zahlreiche Tanzveranstaltungen auf den Straßen und Paraden. Für eine Woche wird in Quito praktisch nicht gearbeitet.
- **25. Dezember, erster Weihnachtsfeiertag**
  Weihnachten wird weniger andächtig als in Mitteleuropa gefeiert. Neben den ganzen verkommerzialisierten Brauchtümern aus anderen Ländern (Santa Claus mit Rentierschlitten, Plastikweihnachtsbäumen und Mistelzweigen), feiert man die Geburt Christi mit großen Paraden, die fast ein bisschen an Karneval erinnern.

Daneben gibt es eine ganze Reihe von Feiertagen, an denen zwar gearbeitet wird, die aber auf besondere Weise begangen werden: beispielsweise der 14. Februar. Am día de San Valentín muss dem oder der Liebsten unbedingt etwas geschenkt werden (z. B. Blumen), aber als Tag der Freundschaft kann man auch anderen nahe stehenden Menschen einen frohen Valentinstag wünschen. Regionale Feste und Feiertage sind gerade in den kleineren Städten absolut sehenswert. Besonders empfehlenswert ist die Fiesta de San Juan, die am 21. Juni stattfindet (siehe hierzu auch das Kapitel „Synkretismus" ab Seite 104).

Feiertage und Feste

In Ecuador feiert man gerne und oft. Neben den offiziellen Feiertagen gibt es zahlreiche regionale Feste und Anlässe zu Feierlichkeiten.

Im **Familienkreis** feiert oder begeht man die in Europa üblichen Festlichkeiten und Zeremonien wie Geburtstage, Hochzeiten, Taufen und Beerdigungen. Viele Elemente dieser Festivitäten sind in Mitteleuropa bekannt, daher wird das Augenmerk hier eher auf die unbekannten Bräuche gerichtet.

Im Zusammenhang mit der **Taufzeremonie** gibt es ein Ritual, dem Kind die Haare zum ersten Mal zu schneiden und eine Strähne aufzubewahren. Diese Aufgabe kommt den Paten zu. Das Ritual wird manchmal auch mit Fingernägeln durchgeführt, die aufbewahrt oder mit Wasser getrunken werden. Den Taufpaten, *padrinos* oder *compadres,* kommt ferner die Aufgabe zu, den Eltern bei der Erziehung des Kindes helfend zur Seite zu stehen. Traditionellerweise wird von den Eltern eine sozial höher stehende Person für diese Aufgabe auserkoren. So haben die angesehensten und mächtigsten Personen in einer Dorfgemeinschaft sehr viele Patenkinder. In moderneren Familien werden die Paten aber nach Sympathie ausgewählt.

Zu **Kindergeburtstagen** wird gerne eine *piñata* gemacht, das ist eine Pappmachéfigur gefüllt mit Süßigkeiten, die hoch aufgehängt mit verbundenen Augen von den Kindern mit Stöcken zerschlagen werden muss.

In Mitteleuropa unbekannt ist die **fiesta de quince años** (Fest der 15-Jährigen), in der die Mädchen einer Familie offiziell in die Gesellschaft eingeführt werden. Dieses Fest wird oft sehr aufwendig begangen mit zahlreichen Gästen und einer Vielzahl von speziellen Ritualen, die den Übergang vom Mädchen zur Frau symbolisieren sollen.

Private Feste werden häufig mit allem Aufwand begangen und können für die Ausrichter sehr teuer werden. Auch die Menge der Gäste ist vorher nicht zu kalkulieren, denn es kommen immer mehr, als geladen sind. Neben den normalen Familienfesten finden sich noch zahlreiche andere Anlässe für eine spontane *fiesta*.

Religiöse Feste fungieren als Verbindung zwischen der Gemeinschaft und dem Übernatürlichen. Diese Feste lösen Spannungen in der Gruppe und festigen die Beziehungen zwischen Verwandten und Freunden. Eine der wichtigsten Figuren einer Feier ist der **prioste**. Als *prioste* wird eine angesehene Person der Gemeinde gewählt und es bedeutet eine besondere Ehre, die einem nur einmal im Leben zuteil werden kann. Der *prioste* repräsentiert die traditionellen Werte Solidarität und Gegenseitigkeit, er finanziert auch einen Teil der Feierlichkeiten.

Extrainfo 7 (s. S. 9): *Semana Santa* in Quito: Prozessionen während der Karwoche

Corpus-Christi-Tänzer auf einem „Pase del Nino" (Weihnachtsparade)

Die wichtigsten religiösen Feste der spanisch-indigenen Gemeinschaft sind jene, an denen der katholische Festkalender mit dem vorkolonialen Agrarkalender zusammentrifft. Das sind die Zeiten der Aussaat und der Ernte, die mit den Sonnenwenden und den Tag- und Nachtgleichen zusammenfallen. Die **katholischen Feiertage** haben so einen erheblichen Bedeutungszuwachs erfahren.

Der **religiöse Kalender** beginnt mit den Feierlichkeiten zur Wintersonnenwende, die mit dem christlichen Weihnachtsfest zusammenfällt und sich bis zum 6. Januar – *reyes magos,* dem Heiligen Dreikönigstag – hinzieht. Weiter geht es mit den Regenzeiten im Februar, wenn der Samen ausgebracht wird und der Karneval oder das Fest des Wassers gefeiert wird. Die altamerikanischen Feste zur Tag- und Nachtgleiche im März spiegeln sich im katholischen Fest von *San José* wider und enden in der Karwoche *(Semana Santa).*

Im Mai erscheint das Kreuz des Südens am Himmel, das dort bis zur Sommersonnenwende im Juni verbleibt und durch die Anbetung des christlichen Kreuzes bei den katholischen Maifeiertagen im Glauben reflektiert wird. Da finden die Erntefeste statt, im andinen Amerika bekannt als *Inti Raymi* oder Fest der Sonne. Im katholischen Kalender fällt der Johannistag auf dieses Datum (24. Juni) und die Festlichkeiten im andinen Raum finden bis Ende Juni (29. Juni, Peter und Paul) statt. Die Feierlichkeiten zur Tag- und Nachtgleiche im September beginnen mit den heiligen Marien (8. und 12. September) und enden mit dem Tag der *Virgen de las Mercedes* (Jungfrau der Gnade, 24. September). In Latacunga wird das groß gefeiert als *fiesta de la mama negra*. Der Kreis schließt sich im November mit Allerheiligen und Allerseelen.

Kirchliche Feiertage wie Weihnachten, Ostern etc., wie auch die Feste der jeweiligen örtlichen Heiligen, werden mit Messen, Märkten, Musik, Podiumsveranstaltungen, Hahnenkämpfen und mit Stierkämpfen begangen. Besonders zu empfehlen sind die *toros de pueblo* (Stierkämpfe fürs Volk), hier kann jeder, der will, gegen junge Stiere kämpfen, allerdings ohne Waffen. Diese Spektakel sind oft sehr lustig, wenn in der Arena 10–20 halbstarke betrunkene *machos* stehen, die mit Sofadecken versuchen, den Stier auf sich aufmerksam zu machen mit dem Ziel ihn zu reiten. Der Stier kommt dabei normalerweise nicht zu Schaden. Diese Veranstaltungen geben bezüglich Stimmung und Musik einen tiefen Einblick in die ecuadorianische Volksseele.

Masken, Verkleidungen und Figuren spielen bei den Festen in Ecuador eine große Rolle. Viele Elemente findet man im mitteleuropäischen Karneval, in Ecuador spielt die Verkleidung im Karneval aber nur eine untergeordnete Rolle, bei anderen Festen dagegen ist sie umso größer. Zu jedem Fest gibt es eine spezielle Maske, denn jede *fiesta* hat ihre spezifische Persönlichkeit, die im Mittelpunkt steht: z. B. die *mama negra* bei der gleichnamigen *fiesta* in Latacunga. Zu ihrem Gefolge gehören die *padres belernos* (Priester), die *carishinas* und *camisonas* (Mannsweiber), Figuren, die gehäuft auch auf anderen Festen auftreten. Daneben gibt es noch andere Masken und Verkleidungen. Man sieht Mischungen aus Mensch und Tier, satirische und mythische Figuren werden dargestellt. Die Figuren „Clown" und „Teufel" sind im Karneval wie auch bei den Weihnachtsprozessionen weit verbreitet. Sie repräsentieren das Gute und das Böse. Andere Verkleidungen verspotten die Autoritäten oder bestimmte ethnische Gruppen wie Hochlandindianer oder die Gringos – also US-amerikanische oder europäische Touristen –, die mit Rucksack, Kamera und blonder Langhaarperücke dargestellt werden. Auffallend bei der Wahl der Verkleidungen ist die Lust am männlichen Transvestismus. So schlüpfen die Männer in die Rolle von extravaganten Frauen, wie bei der *mama negra* oder den *locas viudas*. Die Frauen dagegen verkleiden sich äußerst selten als Männer, wenn, dann als Polizisten oder Militärs. Die Lust der Ecuadorianer am Verkleiden hat eine ganze **Branche von Maskenherstellern** hervorgebracht.

Besonders in der Woche nach Weihnachten sind die Geschäfte voll von Masken, die den sogenannten *año viejos* am **31. Dezember** ein Gesicht geben sollen. Für diesen Tag, der ebenfalls *año viejo* genannt wird, werden große Puppen gebastelt, die man um Mitternacht verbrennt. Dieses Ritual versinnbildlicht die Erneuerung, den Schritt ins neue Jahr. Die Puppe ist die Reinkarnation des alten Überkommenen. Ihre Lächerlichkeit und letztlich ihre Zerstörung ermöglichen den Schritt in die neue Periode. Ihre Verbrennung ist Symbol für den Beginn einer neuen Zeit, das Feuer ist ein reinigendes Element, der neuen Zeit wird mit Hoffnung entgegengesehen. Bei den Silvesterfeierlichkeiten sieht man auch Podeste und Wagen mit Monstern, die das Böse vertreiben sollen. Weit verbreitet sind hier die *locas viudas,* die verrückten Witwen, Männer in schwarzen Frauenkleidern, die kokettierend umherlaufen. Sie versinnbildlichen die Frauen der *año viejos,* die Eile haben, ihren Alten loszuwerden, um endlich die neue Zeit genießen zu können. Sie nähern sich den Passanten oder machen eine kleine Show vor den Autos, um so Geld zu erbetteln, *„para mi viejito"* (für meinen Alten), wie sie sagen. In diese Rolle schlüpfen ausschließlich Männer. Die femininen Details in der Verkleidung werden stark übertrieben, viel zu viel Make-up, riesige künstliche Brüste, ganz kurze Röcke, viel Parfüm, ausgepolsterte Pobacken und ein Handtäschchen, wo das Geld aufbewahrt wird. Die Spenden werden mit Küsschen bezahlt oder auch mit *canelazo,* einem heißen Schnaps mit Zimtstangen. Die Año-viejo-Puppen werden vor den Häusern aufgestellt, zu den Figuren wird eine Art Testament verfasst, das die wichtigsten politischen und persönlichen Ereignisse des Jahres auf die Schippe nimmt. Bevor die Puppen um Mitternacht verbrannt werden, tritt man sie für die ganzen schlechten Dinge die passiert sind. Sind sie verbrannt, wird immer wieder über das Feuer gesprungen, was Glück für das neue Jahr bringen soll. Die lebensgroßen Puppen stellen illustre Persönlichkeiten aus dem sich neigenden Jahr dar. Meist sind es Männer, die durch negative Dinge von sich reden gemacht haben. Diese Puppen werden auf den Straßen auf Podesten arrangiert und spiegeln oft eine bestimmte aktuelle Thematik wider. Die Arrangements und auch die Verbrennungszeremonie erinnern entfernt an die Karnevalswagen in Deutschland und die Nubbelverbrennung in Köln. Masken für die Puppen oder sogar ganze Puppen lassen sich vorher in vielen Läden und auf der Straße erwerben. Jedes Jahr wird festgestellt, wer der beliebteste oder häufigste *año viejo* war. 2016 auf 2017 war das US-Präsident *Trump,* 2017 auf 2018 Ex-Präsident *Correa*. Man kann aber genauso gut auch Freunde, Nachbarn oder sonst wen als Vorbild für eine Puppe nehmen. Diese Form, jemanden auf den Arm zu nehmen, wird gewöhnlich nicht verübelt. Neben diesem typisch ecuadorianischen Brauch wird am 31.12. ein Sammelsurium anderer internationaler Bräuche praktiziert, z. B. um Mitternacht mit jedem Glockenschlag eine Traube zu essen, wie in Spanien. Andere wählen sehr genau die Farbe ihrer Kleidung aus, „gelb" steht hier für eine anstehende Reise, „rot" für die Liebe. Auf alle Fälle aber sind die Feste um das neue Jahr zu begrüßen mit Tanz, Glückwünschen und viel Alkohol verbunden, wie in Mitteleuropa auch.

Der ecuadorianische **Karneval** ist das Fest des Wassers. Wasser bedeutet in der andinen Symbolik Glück und Fruchtbarkeit. So versinnbildlicht das Spiel mit dem Wasser die Hoffnung auf eine gute Ernte. Die Ritualisierung des Wassers findet sich auch in den Waschungen in heiligen Quellen der Quichua-Indígenas wieder. Im Süden des Landes ist der Karneval ein sehr wichtiges Fest. Die Figur des *taita carnaval* (Vater Karneval) verkörpert dieses Fest und er ist der Mittelpunkt der Feierlichkeiten. Dem Wasser zu huldigen drückt sich auf eine rüde Art aus: Gegenseitig wird sich mit Wasserbomben und Kübeln voll Wasser beworfen. Zum Teil finden richtige Wasserschlachten statt. Beliebt ist der Kampf zwischen zwei Vierteln, die Verlierer müssen schließlich die Party ausrichten. Vor Mädchenschulen geht es zur Karnevalszeit besonders hoch her: Die Mädchen werden von den Jungs unter Beschuss genommen und versuchen quietschend zu entkommen oder Gegenangriffe zu starten. Hier wird diese Tradition zu einem Kampf der Geschlechter, der den Jugendlichen eine Gelegenheit bietet, sich mit rüden Späßen dem anderen Geschlecht anzunähern. Das Wasser kann zur Karnevalszeit einen völlig unschuldigen Passanten treffen, Touristen werden davon auch nicht verschont. Besonders heftig wird der Karneval in Guaranda gefeiert, Ausländer werden hier als Geiseln genommen, in Privathäuser entführt und dort zum Zentrum der *fiesta* gemacht. Die verrückte Zeit endet mit dem Aschenkreuz am Aschermittwoch als Beginn der Fastenzeit.

Kunst

Es lassen sich **zwei Formen** des künstlerischen Schaffens unterscheiden: die **arte** (Kunst) und die **artesanía** (Kunsthandwerk). *Arte* findet man in Museen und Galerien, während die *artesanía* auf der Straße und im Alltag vertreten ist. Beide Formen der künstlerischen Produktion reflektieren die ecuadorianische Kultur.

Die *arte* dient dem Selbstzweck, oft erkennt man in ihr die Auseinandersetzung des künstlerischen Individuums mit den kollektiven Erfahrungen seiner Zeit.

Kunsthandwerker, der in der Nähe von Ibarra eine Heiligenfigur anfertigt

Die *artesanía* ist das Ergebnis einer langen Tradition kreativen Schaffens durch die *artesanos* (Kunsthandwerker). Ihre Produkte sind traditionellerweise zweckgebunden, d. h. für den Gebrauch im täglichen Leben bestimmt. Sie haben spezifische kulturelle Charakteristika, die oft eine Interaktion zwischen dem Indigenen und dem Europäischen darstellen. Durch den Tourismus hat eine Professionalisierung und Kommerzialisierung der *artesanía* stattgefunden, die vielen *artesanos* ein Einkommen beschert. Dadurch hat sie zum Teil ihre Zweckgebundenheit verloren und sich zu einer Form der Volkskunst entwickelt. Die hergestellten Gegenstände sind vor allem Textilien (Kleidung, Teppiche, Hängematten), Körbe, Schmuck, Keramik und naive Malerei. Andere Formen der ecuadorianischen Volkskunst sind Tänze und traditionelle Musik.

Böswillige Zungen würden den ecuadorianischen **Geschmack in der Alltagskultur** als kitschig bezeichnen, positiver ausgedrückt ließe er sich verspielt nennen. Wie auch in der verschnörkelten Sprache, spiegelt sich in der Gestaltung von Gegenständen viel **Liebe zum Detail** und zu spielerischen Dekorationen wider. Betrachtet man die ecuadorianische Flagge, verblüfft es, wie viel Symbolik darin liegt (Blut, Meer, Sonne, Berge, der Río Guayas, der erste Dampfer ...). Der ecuadorianische Reisepass hat auf jeder seiner 20 Seiten eine eigene, das Land repräsentierende Abbildung (z. B. Schildkröte, Atahualpa, verschiedene Präsidenten ...). Die Häuser leuchten in den schillerndsten Farben und sind erfüllt von melodischen Geräuschen.

La música nacional – Musik aus Ecuador

Die nationale Musik bietet für die Ecuadorianer einen hohen Grad der Identifizierung. Anthropologen sprechen sogar davon, dass die Musik nicht die nationale Identität reflektiert, sondern, dass sie die Identität ist. Viele Rhythmen bestehen schon sehr lange. Europäische Instrumente wie Trompete, Gitarre, Orgel und Akkordeon werden mit andinen Instrumenten kombiniert, z. B. *flautas de pan* und *rondadores* (Panflöten), *ocarinas* und *pingullos* (Flöten), *quipas* (Querflöten), *silbatos* oder *pitos* (Pfeifen) und *bombos* (Felltrommeln).

Die traditionelle Andenmusik kann man noch heute in den zahlreichen *peñas* (Folkmusikkneipen) hören. Auch die *bandas del pueblo* spielen immer noch auf Volksfesten in den Anden auf. Ihre Blas- und Flötenmusik mutet bisweilen etwas skurril an, ist jedoch absolut authentisch.

Von der schwarzen Bevölkerung wurden in Amerika zahlreiche Musikstile kreiert und Instrumente erfunden, z. B. die Marimba, die vom europäischen Klavier inspiriert wurde. Sie prägt den Musikstil der nördlichen Küs-

△ Trommeln spielen in der ecuadorianischen Musik eine große Rolle

tenprovinz. Daneben werden in der traditionellen afroecuadorianischen Musik andere Instrumente eingesetzt, die aus einheimischen Hölzern und Pflanzen hergestellt werden, z. B. *cununos* oder *maracas* (Rasseln aus Kürbis).

Die Einführung der **europäischen Instrumente** – besonders der Saiteninstrumente – hat zu einer neuen Interpretation der andinen Rhythmen geführt und so eine wichtige Basis für die heutige Musik gelegt. Zu Beginn des 20. Jahrhunderts gelangten durch Immigranten noch zahlreiche andere musikalische Einflüsse nach Ecuador, die fusionierten und aus denen schließlich die populäre Musik hervorging. Die sogenannte *música nacional* (Nationalmusik) ist wahrscheinlich der breiteste und originellste Be-

reich der ecuadorianischen Volkskunst. Einer der wichtigsten ecuadorianischen Rhythmen ist der *pasillo,* er kam einst aus Kolumbien und vermischte sich mit den lokalen Rhythmen. Diese walzerartige Musik mit tragischer Note bedeutet besonders für die älteren Generationen Herzschmerz pur. Andere traditionelle Rhythmen sind der *pasacalle,* der *albazo,* der *sanjuanito,* der *cachullapi* und der *capishca*. Die meisten von ihnen werden zu bestimmten Festen oder Gelegenheiten gespielt und getanzt. Sie haben sowohl europäische als auch andine Elemente.

Die Zeit zwischen den 1930er- und den 1970er-Jahren war die wichtigste für die nationale Musik. Hier wurden Lieder und Rhythmen geschaffen, die bis heute gespielt werden. Der international bekannteste Vertreter ist der Guayaquileño *Julio Jaramillo,* auch bekannt unter dem Namen *Jota Jota.* In den 1970er-Jahren wurde er zu einer Art Volksheld der lateinamerikanischen Musik. Andere ausgewählte Vertreter neben vielen ungenannten sind *Jorge Araujo Chiriboga, Enrique Ibañez Mora, Enrique Espín Yépez, Carlota Jaramillo,* die Schwestern *Mendoza Suasti* und *Segundo Bautista*. Es ist schwierig, mit Worten Musik zu beschreiben. Viele der Lieder erinnern an die kubanische Musik dieser Zeit, die auch in Europa eine Wiederentdeckung erfahren hat, z. B. an die Stücke von *Ibrahim Ferrer* (bekannt aus *Buena Vista Social Club*).

In den 1980er-Jahren änderte sich die **populäre Musik:** Das Fernsehen und das Radio brachten eine Internationalisierung der Musik mit sich, das Konsumverhalten des Publikums änderte sich durch die neuen Medien und dadurch, dass immer mehr Konzerte zu bezahlbaren Preisen veranstaltet wurden. Die **Musikbranche kommerzialisierte sich** und vergrößerte und verzweigte sich somit. Es entstand das, was man heute mit vielen Namen tituliert: *música chicha* (abgeleitet vom ecuadorianischen Nationalgetränk *chicha*), *tecnocumbia* (Cumbia mit Elektroinstrumenten), *música rockolera* (Juke-Box-Musik) oder *diez sobre diez* (Nationale Top Ten). Man könnte diese Art Musik als Schlagermusik bezeichnen.

In dieser **Musik** leben die traditionellen Rhythmen fort. Sie beschränkt sich nicht auf Ecuador, sondern ist in fast allen lateinamerikanischen Ländern populär. So haben auch traditionelle Musikstile anderer Länder die Schlagermusik beeinflusst. Ein großer Teil dieser Musik wird in Peru produziert und aus Kolumbien kommen viele Hits mit Vallenazo-Elementen, einer Art traditionellem kolumbianischem Walzer. Ecuador hat aber auch seine eigenen Interpreten.

Überall kann man diese Musik hören: auf der Straße, in Geschäften, beim Friseur, im Büro, aus den Autos und in den Bussen. Ähnlich wie bei der deutschen Schlagermusik oder Karnevalsliedern betrachten die gebildeten Leute und die Oberschicht diese Musik etwas abfällig als Musik fürs einfache Volk. Man macht sich darüber lustig, legt sie vielleicht mal zum Spaß auf. Bildungsbürger würden nicht unbedingt zugeben, sie zu hören. Aber die Reaktionen verdeutlichen, dass mit dieser Musik sehr viel verbunden wird. Sie bringt auf Partys die Leute in Stimmung, egal aus welcher Schicht sie kommen. Sie geht den Ecuadorianern direkt ins Herz. Mit der **música chicha** verbinden die Menschen Heimat. Die Themen von verlorener Liebe, Betrug, Entwurzelung, von Pech und Unglück haben bei den Zuhörern eine Art katharsischen Effekt: Das Unglück der Anderen, das Mitgröhlen, das Mitleiden, womöglich in Kombination mit Alkohol, hat etwas Befreiendes. So geht es auf den *bailes* (Tanzfesten) mitunter sehr emotional zu. Der populäre Charakter dieser Musik kommt hier zum

◁ Eine „Banda de Pueblo" (Volksmusikgruppe) in Baños

Ausdruck, von daher möchten sich diejenigen, die sich nicht zum gemeinen Volk zählen, davon distanzieren. Die Oberschicht mischt sich, wenn überhaupt, zu später Stunde unters Volk. Die beschriebene Charakteristik hat diesem Genre unter Soziologen den Beinamen *genero del despecho* (Genre des Untergangs) beschert. Das Besingen des Untergangs und die befreiende Wirkung soll angeblich wie die Religion dazu führen, die Unveränderlichkeit des Schicksals zu akzeptieren. Wichtige **ecuadorianische Interpreten** dieser Musik sind: *Paty Ray, Segundo Rosero, Jaime Enrique Aymara, Azucena Aymara, Paulina Tamayo, Paco Godoy, Angel Guaraca, Pedro Lobato, Delfín Quishpe, Sharon, Jasmin la Tumbadora, Maga Cordova, Dayanara* und *Danilo Parra*.

Diese Schlagermusik geht nahtlos über in die moderne lateinamerikanische Tanzmusik, die die traditionelleren Stile wie *son, merengue, cumbia, soca, bachata* etc. mit modernen Beats und elektronischer Musik vermischt. Daraus sind verschiedene eigene Musikstile enstanden, der älteste und bekannteste ist der Salsa. Einer der neueren Stile ist der Reggeaton, der einen sehr schnellen Rhythmus mit Hip-Hop-Elementen und einer eingängigen Melodie in sich vereinigt. Diese lateinamerikanische Tanzmusik hat auch schon den Sprung über den Atlantik geschafft und in Europa einige Sommerhits gelandet, z. B. *Despacito* von *Luis Fonsi* und *Daddy Yankee* sowie *Danza Kuduro* von *Don Omar*.

Mit der Schlagermusik und den anderen Latinorhythmen werden die Reisenden zunächst in den Überlandbussen konfrontiert. Die **Reaktion vieler Touristen** auf die Beschallung ist anfangs sehr reserviert, viele bezeichnen sie als schnulzig oder zu laut und aufdringlich, aber am Ende ihres Urlaubs besorgen sich viele die *piratas* (selbstgebrannte CDs) mit den aktuellen Hits auf den Märkten, um sich eine Erinnerung an aufregende Busfahrten mit nach Hause zu nehmen. Die Texte dieser Stücke sind geprägt von Herzschmerz und Tragik, die Musik ist sehr eingängig. Flotte Rhythmen werden kombiniert mit Melodien, die sich ohrwurmartig im Kopf festsetzen. Wenn Fettnäpfchen vermieden werden sollen, dann bittet der Reisende besser nicht, die Musik leiser zu stellen. Vielleicht wird dem Wunsch aus Höflichkeit stattgegeben, aber fortan wird man mit absolutem Unverständnis betrachtet.

In den 1980er-Jahren hat die breite Akzeptanz der **Salsa-Musik** und des *son cubano* durch die Mittel- und Oberschicht der afroecuadorianischen Musik einen Aufschwung beschert. Bisher nur lokal bekannte Bands und Interpreten aus Esmeraldas erlangten nationale Berühmtheit. Dies ist der Fall bei *Papá Roncón* oder den *Chigualeros*. Auch die *bandas de bomba* aus Imbabura profitierten von diesem Boom. Endlich erlangten die Rhythmen der musikbegeisterten Afroecuadorianer ihre verdiente Anerkennung

Extrainfo 8 (s. S. 9): *Sudakaya* mit ihrem Song *Canción desde el abismo*

in der Mehrheitsgesellschaft. Auch bildeten sich einige Tanzkompanien wie die *Bambuco, Jolgorio,* das *Centro de bomba y marimba* in San Lorenzo, die Tanzschule *Emeterio y Domitilio,* die *Grupo Azúcar* aus Quito und *Bomba y GDR* aus Imbabura. Das *Festival de la Negritud* zu Karneval in Esmeraldas bietet hier eine Plattform für schwarze Musik und Tänzer aus dem ganzen Kontinent, aber auch für junge Newcomer-Bands, die sich ihre Entdeckung erhoffen. Die afroecuadorianische Musik hat inzwischen auch internationale Anerkennung gefunden und vertritt Ecuador bei internationalen Wettbewerben.

Ebenfalls in den 1980er-Jahren hielt **die internationale Rock- und Popmusik** Einzug in die Großstädte Ecuadors. Es entstand eine Bewegung, die zunächst die nordamerikanischen Musikgruppen stilistisch imitierte, mit der Zeit aber ihren eigenen Stil entwickelte. Die Anfänge des *RockLatino* liegen in Argentinien, wo es während des Falklandkrieges schwierig war, englische Musik zu hören, was die lokale Musikszene förderte. Eine der ersten ecuadorianischen Rockbands ist *Mozzarella,* die sich von der angloamerikanischen Rockmusik dadurch unterscheidet, dass sie nationale Elemente übernimmt.

Die 1990er-Jahre ebneten schließlich den Weg für eine Vielzahl von Bands, die mit der Fusion verschiedener Musikstile spielten. Die Band **Promesas Temporales** von *Hugo Hidrovo* und *Hector Napolitano* aus Guayaquil war der Wegbereiter. Ein sehr empfehlenswertes Album von ihnen ist die *Antología del Encebollado.* Ihre Mischung aus urbanem Rock, schwarzer und andiner Musik hat der ecuadorianischen Musikszene ein Gesicht gegeben. Mitte der 1990er-Jahre war es durchaus noch verpönt, im konservativen Ecuador Rockfan mit langen Haaren zu sein. Auf einem Konzert 1995 in Ambato stürmte das Militär den Saal und schnitt den jungen Männern ihre langen Haare ab. Das wäre heute undenkbar.

Um die Jahrtausendwende ist die **Musikszene sehr vielschichtig** geworden, für jeden Geschmack ist etwas dabei. Auch die Texte haben eine große Bandbreite von Herzschmerz bis kritisch-politisch. Man kann die Bands nicht auf einen bestimmten Musikstil festlegen, die meisten experimentieren mit den Stilen, die ihnen gefallen. Die Stilmischungen führen zu einer breiteren Akzeptanz dieser Musik und so gliedert sie sich in die internationale Bewegung des *Rock Mestizo,* der à la *Manu Chao* (Spanien) und *Orishas* (Cuba) moderne Rockmusik oder Hip-Hop mit traditioneller Musik vermischt. Andere bekanntere Bands und Interpreten der modernen Musik sind: *Rockola Bacalao, Jaime Guevara, Chaucha Kings, Verde 70, Juan Fernando Velasco, Tercer Mundo, Entre Sueños, Sudakaya, La Siembra, Tres Dedos, Teoría Q* und viele mehr, die bereits ein Stück ecuadorianische Musikgeschichte geschrieben haben.

Theater

1832 wurde in Quito das **Teatro Nacional Sucre** erbaut, wo fortan die Schauspieler das Boheme-Leben der Künstler führten und wie andernorts auch wurden sie vom Rest der Gesellschaft mit Misstrauen betrachtet.

Im 20. Jahrhundert stieg die Bedeutung des Theaters. Die Theaterstücke wurden zum Medium, das die Sorgen und Nöte des Volkes darstellte und die Schauspielzunft gewann an Anerkennung. Ein weiteres Theater, das **Teatro Bolívar,** wurde 1933 erbaut.

In den **1950er-Jahren** machte die Theaterkompanie des Schauspielers **Ernesto Albán** von sich reden. Auf einer großen Tournee durchs ganze Land führten sie volkstümliche Sketche auf, die die Rolle des kleinen Bürgers in der Gesellschaft reflektierten und aufs Korn nahmen. Es war der Beginn einer langen Tradition von Burlesken und Komödien gespickt mit politischer Kritik. *Ernesto Albán* schuf eine Figur mit Namen „Don Evaristo", der den Otto-Normalverbraucher darstellt, welcher sich über die Oberschicht und die politischen Klassen lustig macht. Die 1960er und 1970er-Jahre standen unter dem Einfluss dieser Kompanie und es entstanden weitere Gruppen, die in dieser Richtung arbeiteten.

In den **1980er-Jahren erstarkte die Theaterbewegung,** der argentinische Dramaturg *Aristides Vargas* und die spanische Schauspielerin *Charo Frances* gründeten die Gruppe *Malahierba* in Quito, die auch internationale Erfolge feierte. Zur gleichen Zeit kam der deutsche Schauspieler und Theaterregisseur *Christoph Baumann* nach Ecuador. Er vereinigte sich mit verschiedenen Komödianten aus Ecuador und sie machten neben der Livebühne Comedy-Serien fürs Fernsehen und traten auf internationalen Theaterfestivals auf. Zu dieser Zeit wurde die Theatergruppe *Teatro de las Comedias* von *Juana Guarderas* und ihrer Familie gegründet. Die *Casa de la Cultura Ecuadoriana* (Haus der ecuadorianischen Kultur) eröffnete in ihrem Gebäude im El-Ejido-Park in Quito eine Bühne mit Namen *Teatro Prometeo* für experimentelle Theatergruppen. Auch das Theater der *Universidad Salesiana* wurde in den 1980er-Jahren eine wichtige Bühne für alternatives Theater.

In den **1990er-Jahren** entstand eine Bewegung, die sich schnell großer Beliebtheit bei den Bürgern erfreute. Es **gründeten sich Theatergruppen** wie *Cronopio,* die mit dem klassischen Clown wieder spielerische Elemente ins Theater brachten. *La Rana Verde* (Der grüne Frosch) und *La Espada de Madera* (Das Holzschwert) sind Kindertheater, die auch Marionetten einsetzen. Samstag- und sonntagmorgens haben sie ihre Aufführungen in einem alten Flugzeug, das im Parque Carolina im nördlichen Quito steht. Erwachsene sind unerwünscht.

Eine Komödie mit dem Titel *„La Marujita se muere de leucemia"* wurde im ganzen Land aufgeführt, sie spielt mit den Klischees der verschiedenen Regionen Ecuadors. *Jorge Mateus* und seine Gruppe *Callejón de Agua* (Wasserstraße) sind vom klassischen Theater inspiriert, die ironischen Inhalte behandeln aber aktuelle Themen, wie beispielsweise die Migration.

Auch das **Straßentheater** erfuhr **seit den 1990er-Jahren** mit der Politisierung der Bürger einen Aufschwung. Gruppen wie *Los Perros Callejeros* (Die Straßenköter), die einen Kombination aus Theater, Politsatire und Musik machen, begeistern das Publikum, das in den Aufführungen selbst zum Akteur wird. Musikalische Experimente zwischen Moderne und traditioneller Musik, sowie Engagement gegen soziale Ungerechtigkeit kennzeichnen die Vorstellungen.

Gleichzeitig erschien **Carlos Michelena** auf der Bühne, besser gesagt im Parque El Ejido in Quito. Der Autodidakt aus einfachen Verhältnissen erschuf mit seiner Kunst den totalen Gegensatz zum klassischen Theater. Seine Vorstellungen sind eine Mischung aus Clownerie, Parodie und Politsatire. Er nimmt alles und jeden auf die Schippe. Seine Bühne ist der Rasen, die Sitzreihen sind die Parkbänke, „sein Büro" die Essensstände, „seine Sekretärinnen" die Orangen- und Bonbonverkäuferinnen. *El Miche* arbeitet ohne technische Ausstattung, nur mit Körpersprache und Stimme. Mit Wortspielen und Witzen über Politiker, über Männer, über Frauen, über Intoleranz und Respektlosigkeit und über Ecuadorianer im Allgemeinen erreicht er das Gewissen des Publikums und hinterlässt dort eine Botschaft. *El Miche* gelang es im Laufe der Jahre vom Kleinkünstler zu einer im ganzen Land bekannten Person zu werden, die ein riesiges Publikum begeistert. Trotzdem tritt er immer noch einmal die Woche im Park auf. Die Straßentheaterszene in Quito ist in den letzten Jahren sehr gewachsen und ein beliebtes Instrument der Sozialkritik. Neue Namen wie *Luis Castillo, Paolo Ladino „Care" Chancho, Enano Araujo* und *La Vecina* sind hier zu nennen.

An der Küste ist die Straßentheaterszene noch ausgeprägter. Die Schauspieler und Musiker sind auch bekannt unter der Bezeichnung *Lagarteros* (Glückssucher), auf der Straße und den Plätzen Guayaquils machen sie ihre Vorstellungen, inspiriert durch Gaukler, Clowns und Feuerschlucker.

An **aktuellem klassischen Theater** sind die Theaterkompanien *El Sarao* im Theater *Centro de Artes* und *El Juglar,* die Kompanie von *Lucho Muckay* zu nennen. Andere bekannte neue Namen sind: *Teatro de la Vuelta* (Guayaquil), *Teatro del Cielo* und *Tragaluz* (Quito), *La nueva Compania* (Manabi), *Choquilla* (Esmeraldas) und *Rukullakta* (Imbabura). Die älteste und berühmteste Theaterkompanie Guayaquils ist *Mala Hierba*.

In den letzten 30 Jahren hat sich das ecuadorianische Theater verzweigt zwischen klassisch, kabarettistisch und komödiantisch. Die Komödienmacher werden zunehmend auch durchs Fernsehen bekannt. Jedes Jahr gibt es in Manta das Internationale Tanz- und Theaterfestival, das allen Strömungen einen Raum bietet.

Die Ecuadorianer mögen Schauspiel, Musik und Malerei, die Kleinkunst hat die Neugier der Leute auf kulturelle Veranstaltungen geweckt und immer mehr gehen in die Theater.

Tanz

Tanz hat in Ecuador eine lange Tradition, die sich in den 1980er-Jahren in der Gründung der Stiftung *Humanizarte* (Menschenkunst) manifestierte. Sie wird aus der Schweiz und Mexiko finanziert und hat in Quito ein kleines Tanztheater mit einem modernen experimentellen Ensemble und einem Ensemble für indigene Tänze.

In der **Frente de Danza Independiente** sind die populärsten Tänzer des Landes organisiert, die auch vielversprechende Talente ausbilden. Die berühmtesten Mitglieder dieser Gruppe sind *Wilson Pico* und *Klever Viera*, die ebenfalls das internationale Tanzfestival in Quito organisieren.

Susana Reyes ist die berühmteste Solotänzerin des Landes, die mithilfe einer Stiftung in San Rafael bei Quito eine Tanzschule etablieren konnte. In Zusammenarbeit mit ihrem Partner *Moti Deren* hat sie einen einzigartigen Stil erschaffen, der modernen Tanz mit traditioneller Musik unterschiedlicher Herkunft verbindet.

Das **Ballett von Virginia Rosero** praktiziert indigene Tänze verschiedener Völker, sie finanzieren sich durch Auftritte in touristischen Lokalitäten. Auf gleichem Gebiet arbeitet auch das Folklore-Ballett *Jacchigua*. 1989 wurde es von *Rafael Camino* gegründet und zunächst durch eine Reiseagentur finanziert. Nun ist es in eine Stiftung umgewandelt worden, die vom Ministerium für Tourismus unterstützt wird. Die Vorstellungen finden im Theater der *Casa de la Cultura* in Quito statt. *Jacchigua* präsentiert das choreografische Panorama des ganzen Landes. Die große Truppe von 90 Tänzern und Musikern hat international schon viel Aufmerksamkeit auf sich gezogen.

Daneben gibt es im ganzen Land eine Vielzahl von anderen privaten Tanzgruppen, die sich den unterschiedlichsten Stilrichtungen widmen.

> Tänzer in Fantasiekostümen spielen bei vielen Festen eine wichtige Rolle

Literatur

Die ecuadorianische Literatur bettet sich ein in das schriftstellerische Umfeld Lateinamerikas. In der Kolonialzeit wurden Schriften vornehmlich von Geistlichen verfasst, die auch das Bildungssystem in ihren Händen hielten. Besonders die Jesuiten taten sich auf diesem Gebiet hervor, so hat ihre Vertreibung aus den spanischen Kolonien zu einem Bruch in der literarischen Produktion geführt. Eines der berühmtesten Werke dieser Zeit ist die „Historia del Reino de Quito" vom **Jesuitenpater Juan de Velasco** aus Riobamba, der die drei Bände im italienischen Exil verfasste. Dieses Geschichtsbuch diente lange Zeit als Grundlage der ecuadorianischen Geschichtswissenschaft und ist heute nunmehr selbst zu einem historischen Dokument geworden, das Aufschluss über *Juan de Velasco* und seine Zeit bietet.

Die nächste herausragende Gestalt der ecuadorianischen Literatur ist *Eugenio Chiliquinga*, Sohn einer Indigenen und eines schwarzen Sklaven, der seinen Namen in **Eugenio de Santa Cruz Espejo** umwandelte. Er schaffte es, eine sehr gute Ausbildung zu erlangen und so zum ersten Intellektuellen zu werden, der nicht aus der dominanten Klasse stammte.

Otra de emigrantes

En la conquista española
luego de desollarnos vivos
todo lo que era nuestro se cargaron;
a los que sobrevivimos
nos contagiaron su podredumbre,
nos exprimieron los huesos,
se tragaron nuestro oro,
se engordaron;
aquí amasaron sus fortunas.
En la primera guerra mundial
les dimos cobijo en Indoamérica,
les acogimos con los brazos abiertos;
florecieron aquí,
aquí se enseñoriaron sus rapiñas.
A ustedes fieles cleptómanos
que no pueden vivir
si no hay carnicería,
nosotros sí:
santísimos cojudos,
inocentes palomitas,
en la segunda guerra mundial
otra vez les protegimos.
Estuvieron famélicos
les dimos de comer.
Les asaba la sed
les dimos de beber.
Estuvieron enfermos
les curamos;
pero ahora cuando vamos a Europa
en busca de trabajo,
nos humillan,
nos muelen a patadas,
nos escupen;
pero como en desquite no hay venganza,
como ustedes son raza de víboras seniles,
si nos siguen echando
no habrá quien preñe a sus mujeres.
Así decía un emigrante.
(*Euler Granda*, 2003)

Noch eins von Auswanderern

Bei der spanischen Eroberung
haben sie uns zuerst lebend aufgerieben,
dann haben sie uns das unsere weggenommen;
die Überlebenden von uns
wurden mit ihren Seuchen angesteckt,
sie haben uns die Knochen zermahlen,
sie haben unser Gold verschlungen,
sie wurden fett;
sie häuften ihr Vermögen an.
Im Ersten Weltkrieg
gaben wir ihnen Zuflucht in Indoamerika,
wir haben sie mit offenen Armen empfangen;
sie blühten hier auf,
ihr Gesindel adelte sich bei uns.
Ihr treuen Kleptomanen,
die ihr nicht Leben könnt
ohne ein Gemetzel,
wir schon:
heilige Idioten,
unschuldige Täubchen,
im Zweiten Weltkrieg
haben wir sie wieder beschützt.
Sie hatten Hunger,
wir gaben ihnen zu Essen.
Sie hatten Durst,
wir gaben ihnen zu Trinken.
Sie waren krank,
wir haben sie gepflegt;
aber jetzt wenn wir nach Europa kommen
auf der Suche nach Arbeit,
erniedrigen sie uns,
sie treten uns,
sie verachten uns;
aber wo doch Ausgleich keine Rache ist,
ihr Rasse seniler Schlangen,
wenn ihr uns weiterhin rausschmeißt,
wird es bald keinen mehr geben, der eure Frauen schwängert,
wie es ein Emigrant einmal sagte.
(Übersetzung: *Julia Paffenholz*)

In Europa zum Mediziner ausgebildet, gründete er in Quito eine revolutionäre Zeitschrift, in die das freiheitliche Gedankengut aus Europa einfloss.

In Zeiten der Unabhängigkeit war **Jose Joaquin Olmedo** aus Guayaquil der bekannteste Literat. Die meisten Intellektuellen fielen der brutalen Niederschlagung des ersten Aufstands im Jahr 1809 in Quito zum Opfer und auch *Olmedo* musste später ins Exil.

In der Republik begann eine literarische Phase, die **romantische Epen** über die Helden der Befreiung verfasst und so den Eliten Heldenbilder schafft – Legenden, die die Existenz des neuen Staates rechtfertigen. Hier stechen *Dolores Veintemilla de Galindo, Numa Pompilio Llona, Julio Zaldumbide, Luis Cordero* und *Juan León Mera* heraus. Der Letztere schrieb den Text der Nationalhymne. Später stellten die Schriften von *Juan Montalvo,* der ein großer Gegner des Diktators *Gabriel García Morenos* war, eine erste **Hinwendung zum Klassizismus** dar. Das zeigte sich in seinen Werken *„Las Catalinarias", „Los siete tratados", „El Cosmopolita"* und eine Ergänzung zu *Don Quijote* in *„Los Capítulos que se olvidaron a Cervantes"* („Die Kapitel, die Cervantes vergessen hat").

Der Roman *„La Emancipada"* von *Miguel Riofrío* öffnete in der zweiten Hälfte des 19. Jahrhunderts die Tür zum **Realismus.** Dieser Stil entwickelte sich besonders an der Küste unter einer neuen Generation von Schriftstellern, die sich die „Kopflosen" nannten. Sie beschrieben das einfache Leben der Küstenbewohner und ihr Stil erinnert an den magischen Realismus, der mehr als ein halbes Jahrhundert später durch den Kolumbianer *Gabriel García Marquez* bekannt wurde. Andere Vertreter dieser Strömung sind: *José de la Cuadra („A la costa"), Joaquin Gallegos Lara („Cruces sobre el agua"), Enrique Gil Gilbert („Jaguar").* Diese Bücher gelten heute als die Klassiker der ecuadorianischen Literatur und sind auch in andere Sprachen übersetzt worden.

Der Autor *Jorge Icaza* aus Quito beschreibt in seinem Roman *„Huasipungo",* der unter dem gleichen Titel auch auf Deutsch erschienen ist, die extreme Armut, der die Indígenas auf den Haziendas ausgesetzt sind, und die Erniedrigungen, die sie erleiden müssen. Auch in seinem Werk *„Hijos del viento"* prangert er die soziale Ungerechtigkeit der Situation der Indígenas an. In *„El Chulla Romero y Flores"* zeichnet er 1956 ein Porträt des typischen Hauptstadtbewohners der unteren Klassen und wie er sich durchs Leben schlägt.

In den 1960er-Jahren formierte sich die **Gruppe der Tzánzicos.** Der Name geht auf die indigene Schrumpfkopftechnik zurück und steht sinnbildlich für den Rückgang des Rationalen. Die *Tzánzicos* widmeten sich neuen Formen der Literatur. Beeinflusst durch die freiheitlichen Ideen dieses Jahrzehnts waren sie auf der Suche nach einer neuen Form der Gesellschaft. Diese Gruppe schuf Romane und zahlreiche Kurzgeschichten. In der Poesie sticht hier *Euler Granda* („*Un perro tocando la liria*") heraus.

Schon in den 1950er-Jahren begann eine subjektivistische Strömung, deren bedeutendster Vertreter *Cesar Dávila Andrade* mit seinen *„13 Relatos"* ist. Bekannt ist auch sein späterer Roman *„Joaquina en la vida y en la muerte"* (1976), ebenso die Sammlung von Kurzgeschichten *„Historia de un intruso"* von *Marco Antonio Rodríguez*.

In den 1990er-Jahren gab die **Casa de la Cultura Ecuatoriana** einer neuen Generation von Schriftstellern wichtige Impulse, in der auch die Frauen eine große Rolle spielen, z. B. *Margarita Laso* mit ihrer erotischen Poesie, *Janeth Yanez Cosios,* die mit magischen Worten den ecuatorianischen Alltag beschreibt, *Maria Eugenia Viteri* mit ihren Kurzgeschichten, *Jenny Carrasco* mit ihrem Roman *„La diosa en el espejo"* und die Poetin *Maria Fernanda Espinosa*. Die herausragendste Poetin ist hier *Violeta Luna*. *Diego Velasco* mit seinen experimentellen Wortspielen, *Israel Pérez* mit *„Caballos al amanecer"* brechen mit dem klassischen Romanschema. *Huilo Ruales Hualca* erzielte Aufmerksamkeit mit surrealistischen Kurzgeschichten, z. B. die ins Deutsche übersetzte *„Mal de ojo"* (dt. „Fetisch und Fantosch"). Der mythische *Roman „Porque se fueron las garzas"* (1982, dt. „Auf der Suche ich nach mir") von *Gustavo Alfredo Jácome* schildert den Zwiespalt eines Indigenen zwischen seinen Traditionen und der westlichen Welt. *„El Rincón de los justos"* (dt. „Die Nische der Gerechten") von *Jorge Velasco Mackenzie* spielt in den Ghettos Guayaquils und gilt als Meisterwerk. Der politische Roman *„Entre Marx y una mujer desnuda"* (1976) von *Jorge Enrique Adoum* wurde erfolgreich verfilmt.

Im Jahre 1986 wurde der **Literaturpreis „Eugenio Espejo"** für herausragende schriftstellerische Leistungen eingerichtet. Einer der ersten Preisträger war 1993 der Poet und Romancier *Nelson Estupiñan,* der 1998 für den Literaturnobelpreis nominiert wurde.

„El viajero de Praga" (1996) von *Javier Vásconez* wurde viel gelesen. Typische Vertreter der Romane mit viel Lokalkolorit sind *Raúl Vallejo*, *Iván Egües* („*La Linares*") und *Raúl Pérez Torres* („*La teoria del desencanto*"), in denen die Protagonisten auf der Suche nach der ecuadorianischen Identität und dem eigenen Ich sind. *Jacinto Jijón y Chiluisa* bricht in seinem Roman *„Longo"* ein Tabu und verdeutlicht auf ironische Weise den Rassismus in der Gesellschaft und versetzt so der komplexbeladenen Klassengesellschaft einen heftigen Schlag.

Die Werke von *Eliécer Cárdenas* sind schon fast Klassiker – seine Romane, z. B. *„Polvo y Ceniza"*, wurden ebenfalls verfilmt. Ein ironischer Roman von *Cárdenas*, der die Medienlandschaft aufs Korn nimmt, ist *„Una silla para Díos"*.

Ecuador mangelt es nicht an Schriftstellern, seit den 1990er-Jahren gibt es ein breites Spektrum verschiedener literarischer Richtungen. Das *Casa de la Cultura Ecuatoriana* fördert junge Autoren wie *Diego Velasco* und seinen Gedichtband „Cordeles". Jedoch wird wie überall beklagt, dass es an Lesern fehle.

Malerei und Bildhauerei

Die **ersten Zeichen** von Malerei in der Region des heutigen Ecuadors finden sich auf jahrtausendealten **Keramiken.** Die Darstellungen sind von der indigenen Kosmovision inspiriert, zeigen Alltagssituationen und abstrakte Motive. Ihre höchste Entwicklung erreichte diese Alltagskunst im **15. Jahrhundert.** Die Ankunft der Spanier änderte alle Aspekte des Lebens der Andenbewohner und so gab es auch in den künstlerischen Darstellungen einen Bruch. Es kamen Franziskanermönche aus dem belgischen Gent ins Land, die sich fortan um die Pflege und Entwicklung der Kultur kümmerten. Sie gründeten die *Escuela de Artes y Oficios de San Andres,* eine Kunstschule, in der Indígenas mit Talent in Malerei und Bildhauerei ausgebildet wurden. Sie war der Vorläufer der später zu Weltruhm gelangten *Escuela quiteña de arte* (Kunstschule von Quito).

So stand das **16. Jahrhundert** unter dem Einfluss flämischer Lehrer, die zunächst mit ihrer Technik des *claro-oscuro* (Hell-Dunkel) – stark beeinflusst von der Schule *Hans Peter Bruegels* Vater und Sohn – arbeiteten, im Laufe der Zeit aber einen eigenen Stil entwickelten. Es wurde viel mit Blattgold gearbeitet, um Details hervorzuheben, etwa eine Gloriole (Heiligenschein). Es wurden dreiteilige Altäre erschaffen, deren beiden Seitentüren man schließen kann, um so den Altar zu transportieren. Der bedeutendste Künstler dieser Zeit war *Fray Pedro Bedón*.

Im **17. Jahrhundert** kamen neue **Strömungen aus Europa** – so auch der italienische Manierismus, den *Leonardo da Vinci* inspirierte. Die Perspektive in den Gemälden gewann an Bedeutung, das *claro-oscuro* trat in den Hintergrund. Es wurden lebende Modelle benutzt und nicht nur europäische Bilder kopiert wie im 16. Jh. In dieser Zeit gewann die Schule von Quito ihre ganz eigene Charakteristik, die sie berühmt machte. Besonders die Marienbildnisse, die von indigenen Frauen inspiriert waren, trugen dazu bei. Sie haben breite Backenknochen, rote Wangen, kräftige Hände und breite Schultern, wie es für die andinen Frauen typisch ist. Auch die Heiligen wurden nicht mehr blond und blauäugig dargestellt, sondern glichen sich der einheimischen Bevölkerung an. In der Bildhauerei brachte dieses Jahrhundert zahlreiche brillante Künstler hervor, ein besonders herausragender ist *Manuel Chili,* bekannter unter seinem Spitznamen *Caspicara* (Holz- oder Pockengesicht), weil sein Gesicht durch die Pocken gezeichnet war. Er entwickelte eine Technik, mit der man Glas in die Augen von Skulpturen einfügen kann und ein spezielles Harz, welches der Haut von ohnehin sehr fein gearbeiteten Figuren einen lebendigen Ausdruck verlieh. Ein anderer sehr bedeutender Bildhauer war *José Olmos* – auch bekannt als *Pampite*, dessen dramatische Jesusskulpturen viele Altäre zieren. Seine Spezialität war das Herz Jesu an einer Spirale zu befestigen, wodurch es den Eindruck erweckt, wirklich zu schlagen. *Bernardo de Legarda* schnitzte die *Jungfrau von San Francisco de Quito,* das Wahrzeichen der Hauptstadt, auch bekannt unter dem Namen die *Jungfrau vom Panecillo.* In Cuenca im Süden des Landes erlangte eine Werkstatt unter der Führung des Indígena *Gaspar Zangurima* großen Ruhm. Das Gleiche gilt für *Miguel de Santiago,* der mit seiner Tochter und seinem Sohn wundervolle Arbeiten in den Konventen von *San Agustín* und *San Diego* in Quito vollbrachte. Sein Cousin arbeitete indessen an großen Leinwänden in der Jesuitenkirche *Compañia de Jesús*.

Das **18. Jahrhundert** ist vom italienischen **Barock und später Rokoko** beeinflusst. In bunten Farben wird das Leben der Heiligen dargestellt. Die Themen sind nicht mehr so blutig und es spiegelt sich in den Werken die Ruhe wider, die in das Leben der Künstler eingekehrt ist. Der größte Teil der Arbeiten in diesem Jahrhundert konzentriert sich auf die Gestaltung der Decken von Kirchen, Klöstern und Konventen.

Die Malerei und Bildhauerei während der Kolonialzeit stand ganz im Dienste der Religion und die Gründung der Republik hatte auch Einfluss auf das Kunstschaffen. So wandelten sich im **19. Jahrhundert** die Themen. Es entstanden nun Landschaften, Porträts der lokalen Größen und besonders die Helden der Unabhängigkeit wurden verewigt. Stilistisch finden sich aus dieser Zeit **neoklassische und auch romantische Elemente.** Berühmte Namen aus dieser Zeit sind *Juan Agustín Guerrero, Joaquin Pinto, Luis A. Martínez* und *Antonio Salas,* der einen großen Teil seines Werkes dem großen Befreier *Simón Bolívar* widmete.

Im **20. Jahrhundert,** nach der liberalen Revolution, erschien *Miguel Mideiros* auf der Bildfläche, der wieder dem **klassischen Stil der Malerei** nachkam, gefolgt von *Camilo Egas, Manuel Rendón Seminario* und *Pedro León* – die zwei letzteren stark beeinflusst durch den europäischen Impressionismus.

Beeinflusst durch die mexikanischen Muralisten (politisch engagierte Wandmaler) und die russische Revolution entstand eine neue Generation Künstler wie *Leonardo Tejada, Diógenes Paredes* oder der Holzschnitzer *Galo Galecio.* Sie schufen einen Stil, den sie selbst als „magisch-folkloristisch" bezeichneten. In die Kunstgeschichte ging diese Strömung unter

der Bezeichnung **„Indigenismus"** ein, denn die Indígenas wurden zum zentralen Thema in den Werken. Dieser soziale Realismus hatte die Idee, die Lebensbedingungen der Indígenas anzuprangern. Ihre Werke zeugen von großem Schmerz, Trauer, Missbrauch, Armut, Krankheit und Verlassensein. Einer der wichtigsten Vertreter ist *Eduardo Kingman*, besonders seine Werke *„El maizal"* (Der Maispflanzer), *„La sed"* (Der Durst) und *„Mujeres con santo"* (Frauen mit dem Heiligen) erlangten große Berühmtheit. In seinem Werk spielen Hände eine große Rolle, über sie stellt er die Gefühle der Protagonisten dar.

Kurz vor **Mitte des 20. Jahrhunderts** wurde man auf den begnadeten Maler **Oswaldo Guayasamín** aufmerksam. Geboren in Quito, indigener Abstammung, fühlte er sich zu den Indigenisten zugehörig und war Mitglied der kommunistischen Partei. Er war ein großer Verteidiger der Ärmsten des Landes. Zunächst erforschte er die Farbe, dann spielte er mit Schwarz-Weiß, er schuf eine impressionistische Strömung, die auch nachfolgende Künstler stark beeinflusste. Wie *Kingman* konzentrierte auch er sich auf die Darstellung der Hände. Seine Arbeiten sind sehr wertvoll, viele junge Ecuadorianer schätzen ihn auch wegen seines Engagements

Wandbild mit einer Szene aus dem Leben auf dem Land

gegen den Einfluss der USA im Land. Zwar sehr gut mit dem Pinsel, malte er jedoch viel mit dem Spachtel, um größere Flächen zu bedecken. Er entdeckte für sich den Muralismus, eine seiner besten Arbeiten ist die Wandmalerei an der Fakultät für Recht an der Zentraluniversität in Quito. Sein Kontakt mit der indigenen Welt inspirierte ihn, alte Designs wieder aufzugreifen, mit überlieferten Formen zu spielen, um so an eine gemeinsame Vergangenheit der Ecuadorianer zu erinnern. In den 1970er-Jahren gründete der Künstler mit seiner Familie die **Fundación Guayasamín.** Sie fördert junge Künstler, erhält das Werk des Meisters und stellt in ihrem Museum auch Artefakte alter andiner Kulturen aus. Sein letztes Projekt „La capilla del hombre" (Die Kapelle der Menschheit) sollte in einer Reihe von Muralen die Geschichte der Menschheit erzählen. Der Tod überraschte ihn 1999 und das Werk wurde von anderen Künstlern aus dem ganzen Kontinent vollendet. Es kann heute im Museo Guayasamín in Quito besichtigt werden.

Die **1970er- und 1980er-Jahre** markierten den Beginn einer neuen Epoche innerhalb der ecuadorianischen Kunst. Ähnlich wie in der Literatur gab es nicht nur eine Strömung, sondern die unterschiedlichsten Herausforderungen wurden von den Künstlern angenommen. In der Malerei erschien eine primitivistische Strömung mit *Enrique Tábara* und *Oswaldo Viteri,* der magische Realismus von *Gonzalo Endara Crown,* der esoterische Realismus von *Judith Gutiérrez,* der abstrakte Folklorismus von *Gilberto Almeida,* die kritische Satire von *Ramiro Jácome,* die abstrakten Bilder des in Ecuador lebenden Chilenen *Carlos Castasse* und von *Mariela García* und die magischen Deformationen von *Nelsón Román.*

Die **1990er-Jahre und die Gegenwart** sind auch geprägt von einer jungen Generation Künstler wie *Roberto Deley* und *Edi Crespo* aus Riobamba, *Fernando Torres* und *Pedro Niaupari* aus Quito und *Jorge Perugachi,* sie selbst nennen ihre Strömung *mágico americano* (amerikanische Magie). Eine andere Strömung ist der *feismo* (von *feo*: hässlich). Hier sticht besonders der Italo-Ecuadorianer *Luigi Stornaiolo* hervor, weitere Vertreter sind *Hernán Cueva, Carlos Rosero* und *José Villareal.*

Der ecuadorianische **Neoexpressionismus** ist gegenwärtig ebenso eine starke Strömung, wichtige Vertreter sind: *Pilar Flores, Marcelo Aguirre, Pablo Barriag, Jorge Morocho, Celín López* und *Rubén Molina.*

Weitere moderne Maler sind *Voroshilov Bazante, Washington Iza, Jorge Artieda, Miguel Varea* und *Roberto Lituma.*

Neben den bekannten Künstlern gibt es zahlreiche unbekannte, die jedes Wochenende im El-Ejido-Park in Quito ihre Werke ausstellen und verkaufen. Diese Künstler versuchen, sich durch Kopien oder Imitationen von bekannten Künstlern ihren Lebensunterhalt zu sichern. Die beliebtesten Vorlagen sind von *Endara Crown,* mit seinen idyllischen Landschaften mit Vulkanen und fliegenden Zügen, mit Luftballons und bunten Häusern. Auch die indigenen Maler aus Tigua in der Provinz Cotopaxi finden sich auf diesem Markt. Seit den 1960er-Jahren verfeinerten und kommerzialisierten sie die alte Technik auf Tierhäute zu malen. Diese kleinen gerahmten Bildchen zeigen Szenen aus der bäuerlichen Umgebung, sie fallen durch ihre kräftigen Farben und eine naive Darstellungsweise auf.

In Cuenca gibt es eine aktive Künstlerszene und alle zwei Jahre findet die **„Internationale Biennale der Malerei"** statt, wo auch junge Künstler die Chance bekommen, ihr Schaffen einem breiteren Publikum zugänglich zu machen.

Kino

Die ersten cinematografischen Erfahrungen wurden in den 1920er-Jahren gemacht. Sie waren lange Zeit beeinflusst von nationalen Themen wie den Unabhängigkeitskriegen, religiösen Persönlichkeiten, der Legende vom Inka-Schatz etc. Zwischen den 1960er- und den 1980er-Jahren wurde es still um den ecuadorianischen Film, abgesehen von einer relativ stetigen **Dokumentarfilmproduktion.**

Mit den 1980er-Jahren setzte eine neue Phase ein. Einige junge Filmemacher, die in Cuba oder Europa studiert haben, kehrten in ihre Heimat zurück und gaben dem ecuadorianischen Film ein neues Gesicht. Die Projekte der Filmschaffenden sind weit gestreut, dennoch erkennt man deutlich die **lateinamerikanische Note,** d. h., es sind kritische Filme, es werden Liebesgeschichten erzählt, es gibt komische Filme, gerne wird mit dem Absurden gespielt – *Quentin Tarantino* scheint ein Vorbild zu sein – und viel Lokalkolorit macht die Filme zu Zeugnissen der gegenwärtigen Alltagskultur. Lange Zeit gab es keine nennenswerte Unterstützung durch den Staat, aber dank der Gründung des *Consejo Nacional de Cinematografía* 2011 erfährt die nationale Filmproduktion interessante Anstöße, so z. B. das Projekt *Cine sobre Ruedas* („Kino auf Rädern"), bei dem in allen Bussen, die zwischen Riobamba und Quito verkehren, ecuadorianische Filme gezeigt werden. Diese Filme können problemlos mit großen Produktionen mithalten. Einige **herausragende Regisseure** sind *Sebastian Cordero* mit „Ratas, Rateros y Ratones", „Cronicas" und „Pescador", *Juan Camilo Luzuriaga* mit der Verfilmung des Buches „Entre Marx y una mujer desnuda" *und* „La Tigra", *Gustavo Guayasamin* mit dem Dokumentarfilm „Los hieleros del Chimborazo", *Viviana Cordero* mit der Geschichte eines Wrestling-Kämpfers „Un titan en el ring", *Tania Hermida* mit dem Roadmovie „Qué tan lejos", *Fernando Mieles* mit „Prometeo deportado", *Alex*

Schlenker mit „Distante cercanía", *Ana Cristina Barragán* mit „Alba", *Juan Sebastián Jácome* mit „Cenizas", *Alberto Muenala* mit „Killa Nawpamukun" und *Maite Sotomayor* mit „Horas exhaustas".

Zwar gibt es sehr gelungene Eigenproduktionen, jedoch wird der große Markt von jeher von **ausländischen Filmen** beherrscht. Zwischen den 1950er und den 1980er-Jahren wandelten sich die Kinosäle in soziale Treffpunkte. Sonntags versammelten sich Familien und Freunde in den Kinos, um dann Gesprächsstoff für die nächste Woche zu haben. Der Einfluss der Hollywoodproduktionen war und ist sehr groß. In den 1990er-Jahren nahm die Bedeutung des Kinos wieder ab, denn immer mehr Haushalte bekamen Fernsehen und Video. Die Flaute dauerte aber nicht allzu lange, denn auch in Ecuador sprießen seit Ende der 1990er-Jahre die großen Kinokomplexe wie Pilze aus dem Boden, hier beschränkt sich das Angebot auf die internationalen Blockbuster-Filme. Aber auch in den überregionalen Bussen werden oft Videos gezeigt. Besonders beliebt sind Karate- und Actionfilme. *Jean-Claude Van Damme* ist fast eine Art Nationalheld. Daneben gibt es in den größeren Städten **Programmkinos.** In Quito organisiert die *Casa de la Cultura* und auch die *Casa Humboldt* (Goethe-Institut) thematische Filmzyklen. In der Kino-Stiftung *Ocho y Medio* (in Quito, Guayaquil und Manta) organisieren junge Regisseure Kinoevents, die sich fern vom Mainstream bewegen. Einmal im Jahr findet in Quito ein Film- und Videofestival *(Festival de Cine de Quito Cero Latitud)* statt, bei dem auch unbekannten Produktionen eine Chance gegeben wird. Die Stiftung *Arte Nativo* aus Riobamba präsentiert das jährliche Filmfestival *Kondor ñaui.*

Die Gesellschaft heute: von der Bananenrepublik zur Demokratie

Politische Landschaft und Akteure | 154

Nationale Identität, Nationalismus und Patriotismus | 165

Rechte, Gesetze und Korruption | 166

Wirtschaft | 175

Migration | 179

Staatliche Versorgung | 182

Medien | 185

Umwelt | 190

Entwicklungszusammenarbeit | 195

◁ Ein fliegender Verkäufer am Busterminal (Abb.: 007ec cd)

Politische Landschaft und Akteure

Die **Regierung Correa** brachte Ecuador eine moderne Verfassung, einige Jahre der politischen Stabilität und sozioökonomischer Entwicklung, gleichzeitig aber eine erhebliche Vertiefung des extraktivistischen Wirtschaftsmodells, beruhend auf dem Ausverkauf der natürlichen Reichtümer, und eine Polarisierung der Gesellschaft in Befürworter und Gegner des zunehmend autokratischer werdenden „Caudillo" *Rafael Correa*. Im Mai 2017 wurde er von seinem Parteigänger **Lenín Moreno** abgelöst, der sich nach kurzer Zeit von seinem Vorgänger distanzierte. Seine Regierung ist durch einen demokratischeren Stil geprägt, er versteht es, Opposition und andere gesellschaftliche Akteure einzubinden, sodass er ein Referendum im Februar 2018 klar für sich entscheiden konnte. Sein Versprechen, die *Revolución Ciudadana* („Bürgerrevolution") mit den Bürgern zu machen, scheint er einzuhalten. Unklar ist bislang, ob seine wirtschaftlichen Maßnahmen die Ausbeutung der natürlichen Ressourcen Ecuadors beenden werden, so wie er es zumindest in Aussicht gestellt hat.

Staatsaufbau und Parteiensystem

Seit 1979 ist Ecuador eine **präsidiale Demokratie.** Das Land gliedert sich in 24 Provinzen, diese wiederum in Kantone, die aus Gemeinden bestehen. In der neuen Verfassung von 2008 sind erfolgversprechende Maßnahmen zur Dezentralisierung des Landes festgeschrieben, sodass den Provinzen mehr Handlungsfreiheit eingeräumt wird. Bislang wurden diese leider nicht umgesetzt. An der Spitze des Staates steht der alle vier Jahre direkt vom Volk gewählte **Präsident** mit seinem Vizepräsidenten, dessen Machtbefugnisse vom Ermessen des Präsidenten abhängen. Die **Legislative** bildet ein Einkammersystem *(Asamblea Nacional)* mit 137 Abgeordneten, die ebenfalls alle vier Jahre gewählt werden. Die **Judikative** besteht aus Amtsgerichten, Obergerichten und dem Obersten Gerichtshof. Der traditionell starken Politisierung des Rechtssystems versucht die Verfassung von 2008 mit Umstrukturierungen zu begegnen, die die Unabhängigkeit der Justiz von staatlicher Einflussnahme gewährleisten soll. So wurde als Kontrollorgan u. a. ein starkes Oberstes Verfassungsgericht eingerichtet. Unter *Correa* wurde die Gewaltenteilung zu Gunsten der Regierung ausgehöhlt. Die Regierung *Moreno* macht Schritte hin zu einer gegenseitigen Kontrolle der Staatsgewalten.

▷ Rafael Correa, der ehemalige Präsident Ecuadors

Extrainfo 9 (s. S. 9): Kommentar der Deutschen Welle über das Referendum: „Ein neues Ecuador gibt Lenín Moreno das ‚Jawort'"

Das **Wahlsystem** wird von einer obersten Wahlbehörde kontrolliert (*Consejo Nacional Electoral*). Erlangt ein Präsidentschaftskandidat nicht 40 % der Stimmen, gibt es eine Stichwahl zwischen den beiden stärksten Kandidaten. Der ehemalige Präsident *Correa* ist seit 1979 der erste, der es 2009 und 2013 ohne eine zweite Runde an die Macht geschafft hat. Die Wahlbehörde tritt nur alle vier Jahre zu den Wahlen zusammen und bildet laut der Verfassung von 2008 die vierte Staatsgewalt.

Die fünfte Staatsgewalt sind **die Bürger.** Dafür gibt es ein wichtiges, neu geschaffenes Kontrollorgan, den *Consejo de Participación Social y Control Ciudadano,* der für Transparenz sorgen und gegen Korruption vorgehen soll. Daneben existieren noch der Rechnungshof sowie die *Defensoría del Pueblo.* Es herrscht allgemeine **Wahlpflicht.**

Die Parteienlandschaft in Ecuador ist durch die Regionen Costa und Sierra geprägt, aus der z. B. die traditionelle Partei *Partido Social Cristiano (PSC)* stammt, eine christlich-konservative Partei, die ihre Mitglieder an der Küste rekrutiert. In den letzten 20 Jahren entstanden einige populistische Parteien, z. B. *Partido Roldosista Ecuatoriano* (PRE) – die Partei *Abdala Bucarams* – und der *Partido Renovador Institucional Acción Nacional* (PRIAN), die Partei des Bananenkönigs *Alvaro Noboa*. Mittlerweile hat sich auch *Pachakutik,* die Partei der Indígena-Bewegung, im Parlament etabliert. Die anderen Parteien lassen sich eher als Wahlgemeinschaften

bezeichnen, die sich kurz vor den Wahlen um einen Kandidaten gruppieren. Fünf der letzten sieben Präsidenten waren Gründer ihrer eigenen Retortenparteien, die nach ihrer Präsidentschaft in der Versenkung verschwanden. Auch die traditionellen Parteien sind personenzentriert und verfügen nicht über nachhaltige nationale Programme. Viel eher sind sie von regionalistischen Einzelinteressen bestimmt.

Der ehemalige Präsident *Correa* startete als Parteiloser, gerade um sich vom traditionellen Parteiensystem abzusetzen. Seine Bewegung **Alianza País** ist zwar nach europäischen Maßstäben immer noch nicht als echte Partei zu bezeichnen, im Unterschied zu anderen Vereinigungen fällt sie aber durch ein klares Programm auf. Die ecuadorianische Parteienlandschaft ist seit 2006, dem Entstehungsjahr von *Alianza País,* sehr starken Änderungen unterworfen, die viele traditionelle Parteien in die Bedeutungslosigkeit stürzten. Die Mitte-Links-Parteien verloren ihre Wählerschaft an *Correa,* die Mitte-Rechts-Parteien bilden die Opposition, **CREO,** die neugegründete Bewegung *Guillermo Lassos* (Herausforderer *Morenos*) ist die stärkste unter ihnen.

Die **Bürger wählen den Präsidenten** und gleichzeitig die Abgeordneten. Durch die Struktur des Parteien- und Wahlsystems ist es oft der Fall, dass der Präsident über keine stabile Mehrheit im Parlament verfügt. Die Partei des Präsidenten erlangt nämlich meist nicht viele Sitze. Im ersten Wahlgang kann es vorkommen, dass der spätere Präsident selbst nur 20 % der Wähler gewonnen hat, weil es so viele Kandidaten gibt. Erst in der Stichwahl sind die Bürger sozusagen gezwungen sich für einen der übrig gebliebenen zwei Kandidaten zu entscheiden. Die Zusammensetzung der Abgeordneten präsentiert den ersten Wahlgang. Mit Ausnahme der

Alianza País bei den Wahlen von 2009 und 2013 hatte noch keine Partei eine Mehrheit im Parlament. Das hat in der Vergangenheit die Entscheidungsfindung der Legislative erheblich behindert.

Auch wohlmeinende Präsidenten sind durch dieses System gezwungen, Allianzen zu schließen, die gegen ihre Wahlversprechen verstoßen, um im Parlament nicht boykottiert zu werden.

Aus diesen Gründen sind die Parteien nur in geringem Maße Vertreter des Volkswillens. Das hat die **Bedeutung der sozialen Bewegungen** als politische Akteure seit der Jahrtausendwende erheblich anwachsen lassen. Hier sind zu nennen die CONAIE und andere Vereinigungen der Indígenas, die Studenten- und Schülerbewegung FEUE *(Federación de Estudiantes Universitarios del Ecuador)* und FESE *(Federación de Estudiantes Secundarios del Ecuador),* verschiedene Menschenrechtsvereinigungen sowie zahlreiche andere Gruppen (Rentner, Frauen, Afroecuadorianer, sexuelle Minderheiten, Arbeiter, Umweltaktivisten), die sich in der *Coordinadora de los Movimientos Sociales* (CMS) zusammengetan haben, um ihren Anliegen politisches Gewicht zu verleihen. Wie der Sturz *Gutiérrez'* 2005 während der *Rebelión de los Forajidos* zeigte, waren die Ecuadorianer der Politiker und Parteien müde („Sie sollen alle weg" – Schlachtruf der Bürgerbewegung gegen *Gutiérrez*). Der als parteiloser Kandidat angetretene Präsident *Correa* verdankt seinen Erfolg sicherlich dem Versprechen, mit der Parteienherrschaft zu brechen und das ganze politische System zu sanieren.

Das **Militär** spielt in der politischen Landschaft Ecuadors wie in vielen lateinamerikanischen Staaten eine besondere Rolle. Es ist der Garant der Verfassung und einem Präsidenten gelingt es kaum, sich ohne die Unterstützung des Militärs an der Macht zu halten. Zu diesem Zwecke werden dem Militär Privilegien garantiert, z. B. bestätigt der jeweils neue Präsident immer wieder das Privileg der Steuerfreiheit des gesamten Militärapparats. Außerdem haben die ecuadorianischen *Fuerzas Armadas* (FFAA, Streitkräfte) einen nicht zu unterschätzenden wirtschaftlichen Einfluss. Durch zahlreiche andere Einrichtungen, die nur für die Nutzung durch das Militär bestimmt sind, darunter auch Schulen und Universitäten, bildet das Militär eine Art Staat im Staate und ist gleichzeitig auch noch ein wichtiger Arbeitgeber. Im Jahr 2016 wurden 1,82 % des Bruttoinlandsprodukt für das Militär ausgegeben. (Zum Vergleich: In Deutschland waren es 1,2 %.)

◁ Politische Parade einer kleinen Partei

Für Unter- und Mittelschicht ist die **militärische Laufbahn** eine willkommene Möglichkeit, Aufstiegschancen in der Gesellschaft wahrzunehmen. Es gibt einen obligatorischen Wehrdienst für Männer ab 18 Jahren. Seit 2002 besteht die zumindest theoretische Möglichkeit diesen zu verweigern. Jedoch sind die entsprechenden gesetzlichen Regelungen noch nicht ausgearbeitet. Viel eher ist es so, dass sich ca. die Hälfte aller jungen Männer vom Militärdienst „freikauft", beispielsweise durch entsprechende medizinische Gutachten.

Das **Ansehen des Militärs** in der Bevölkerung ist gespalten. Dadurch, dass die Militärdiktaturen in Ecuador vergleichsweise unblutig abliefen, hat es nicht so einen schlechten Ruf wie z. B. in Argentinien. Als großer Arbeitgeber und auch als Institution, die soziale Projekte durchführt, genießt es bei vielen hohes Ansehen. Etliche andere Bürger stehen dem Militär wegen seiner Einmischungen in die Politik, seiner großen Privilegien und zahlreicher Korruptionsskandale kritisch gegenüber. Bisher ungeklärt blieb beispielsweise die Explosion eines großen Waffenarsenals im Jahre 2002 in Riobamba, bei der zahlreiche Menschen ums Leben kamen. Es scheint eine absichtlich herbeigeführte Explosion gewesen zu sein, um Waffenlieferungen an die kolumbianische Guerilla zu vertuschen, die aber außer Kontrolle geriet.

Unter Präsident *Correa* wurde die wirtschaftliche und politische Macht des Militärs durch die neue Verfassung zwar eingeschränkt, im Fall einer Krise kann ihm aber sehr schnell eine große Macht zufallen. Der versuchte bzw. möglicherweise initiierte Staatsstreich im September 2010 (siehe Kapitel „Das neue Jahrtausend ...") war ein Moment, in dem *Correa* mit Hilfe des Militärs wichtige Köpfe in der militärischen Führungsebene austauschte.

Strukturelle Defizite, die „Bürgerrevolution" und ihre Zukunft

Ecuador erfüllte lange Zeit das Klischee der **Bananenrepublik** in mehrfacher Hinsicht. Es ist der größte Bananenexporteur der Welt und gleichzeitig machte das Land regelmäßig durch spektakuläre Präsidentenwechsel Schlagzeilen. Im April 2005 beendete der dritte gewählte Präsident in Folge vorzeitig seine Amtszeit, indem er von Protestaktionen der Bürger gestürzt wurde. Von 1996 bis 2005 hatte Ecuador somit neun Präsidenten. „Que se vayan todos" („Sie sollen alle verschwinden") war der Schlachtruf der Protestierenden und Ausdruck einer allgemeinen Politikmüdigkeit, der nur mit grundlegenden Reformen des politischen Systems begegnet werden konnte. Die strukturellen Ursachen für die chronische politische Instabilität Ecuadors können folgendermaßen zusammengefasst werden:

- Der schnelle Wechsel der exekutiven Ämter sowie die starke Zersplitterung des Parteiensystems und der in ihm vorherrschende Personalismus verhinderten eine Politik, die am nationalen Gemeinwohl interessiert ist. Viel eher steht das Interesse einzelner Gruppen im Vordergrund.
- Das politische System ist durch einen starken Regionalismus geprägt, der Ausdruck eines noch nicht abgeschlossenen Nationenbildungsprozesses ist.
- Die ethnische Heterogenität konnte bisher nicht nachhaltig auf nationaler politischer Ebene aufgefangen werden. Der Prozess der nationalen Identitätsfindung ist angesichts der Heterogenität noch nicht abgeschlossen und beeinträchtigt ein gemeinsames *Projekt Ecuador* aller dort lebenden Gruppen.
- Die demokratischen Institutionen sind von den informellen Regeln der Korruption und des Klientelismus durchdrungen, was einer funktionierenden Gewaltenteilung entgegenläuft.
- Die seit einigen Jahren guten makroökonomischen Daten verschleiern eine Reihe ungelöster wirtschaftlicher Probleme, die die sozioökonomische Entwicklung des Landes behindern. Die Wirtschaftsstruktur ist auf die Erdölförderung und andere wenige Exportprodukte ausgerichtet. Diese Abhängigkeit vom Weltmarkt ist nicht geeignet ein langfristiges stabiles Wachstum hervorzurufen und bedeutet über kurz oder lang den Ausverkauf der natürlichen Reichtümer Ecuadors.
- Das Sozialsystem und das Steuersystem sind reformbedürftig.

Wandel der politischen Landschaft und die „Revolución Ciudadana"

Diesen Herausforderungen stellten der ehemalige Präsident *Rafael Correa* und seine Bewegung *Alianza País* eine Entwicklungsstrategie entgegen, die er *Revolución Ciudadana* (Bürgerrevolution) nannte und die es sich zum Ziel gesetzt hatte, den Sozialismus des 21. Jahrhunderts zu etablieren. Mit marxistischen Thesen hatte diese politische Idee allerdings nicht mehr viel gemein. Ihr wichtigster Vertreter war Venezuelas ehemaliger Präsident *Hugo Chávez* (gestorben 2013); *Correa* wurde als gemäßigter Anhänger dieser Idee eingestuft.

Die Bürgerrevolution ist ein ambitionierter politischer Plan, der eine **neue Verfassung** vorsah, die **Schaffung von effizienten Mechanismen gegen die Korruption, wirtschaftliche Strukturveränderungen** durch die Schaffung eine Mikrokreditsystems, die Einführung eines für alle zugänglichen **Gesundheits- und Bildungsystems** (Ziel war eine Erhöhung der

Ausgaben um das 10-fache auf 6% des Bruttoinlandsprodukts) sowie die **Rettung und das Hochhalten der Würde Lateinamerikas** (Neuverhandlung der Auslandsschulden, politische und wirtschaftliche Integration des Kontinents in den Weltmarkt, Ablehnung der Hegemonialmachtsansprüche der USA).

Von diesen Zielen erfolgreich umgesetzt wurde die neue **Verfassung von 2007,** die als eine der fortschrittlichsten der Welt gilt. Sie erklärt Ecuador zu einem sozialen, demokratischen, multikulturellen, laizistischen Rechtsstaat, der die sozialen Grundrechte seiner Bürger auf Ernährung, Bildung und Gesundheit garantiert. Auch in der **Reduzierung der Armut** war die Regierung *Correa* mithilfe entsprechender Sozialpakete sehr erfolgreich (Abnahme um ca. 8%). Weitere Erfolge wurden in der **Demokratisierung des Bildungs- und Gesundheitssystem** erzielt. Die Bekämpfung der Korruption allerdings hat sich, wie im Nachhinein ans Licht kam, ins Gegenteil verkehrt.

Die **Schwierigkeiten bei der Umsetzung der Bürgerrevolution** hängen sicherlich eng mit den erwähnten strukturellen Defiziten zusammen, besonders mit der Herausforderung, etablierte traditionelle Strukturen zu verändern, die die Machtansprüche der gesellschaftlichen Eliten beschneiden würden. Außerdem wurde recht bald deutlich, dass der zunehmend autoritär werdende Regierungsstil *Correas* die Integration vieler gesellschaftlicher Akteure (gerade auch eigentlich natürlicher Partner einer Bürgerrevolution wie die sozialen und ökologischen Bewegungen) verhinderte und so dem angestrebten Wandel die demokratische Legitimation nahm.

Die Beliebtheit *Correas* schwand innerhalb seiner letzten Regierungsjahre zunehmend. Gerade die **Kriminalisierung der sozialen Proteste** war kennzeichnend für die totalitären Züge, die seine Regierung annahm. Sein Versuch, sich aufgrund einer außergewöhnlichen Verfassungsänderung zum dritten Mal zur Wahl zu stellen, scheiterte, sodass sein ehemaliger Vizepräsident *Lenín Moreno* (2007–2011) bei den Wahlen 2017 als Präsident für die *Alianza País* kandidierte. In einer Stichwahl gewann er knapp gegen den Unternehmer *Guillermo Lasso* und regiert nun seit April 2017 das Land. Der erste Wahlgang zeigte, dass sich auch weite Teile der Linken gegen die weitere Vorherrschaft der *Alianza País* aussprachen. Bald nach seinem Regierungsantritt kam es zum Bruch mit *Correa*. *Moreno*

▷ Frauendemonstration am 8. März, dem internationalen Frauentag

machte deutlich, dass er eine Revolution mit den Bürgern machen wolle, nicht gegen sie. Die Einrichtung von runden Tischen für einen nationalen Dialog (*Mesas de dialogo nacional*) war ein klares Zeichen *Morenos*, einen Bruch mit dem konfrontativen Stil *Correas* zu vollziehen und mit allen gesellschaftlichen Akteuren – auch der Opposition – ins Gespräch zu kommen. Schnell kamen erhebliche Korruptionsskandale innerhalb der ehemaligen politischen Führungskaste zum Vorschein. Berühmtester Fall war der um den Vizepräsidenten *Morenos*, *Jorge Glass*, der seit Dezember 2017 sogar im Gefängnis sitzt. Im September 2017 stellte *Moreno* den neuen Entwicklungsplan der Regierung vor: „Plan nacional de desrollo 2017–2021 – Toda una vida" („Nationaler Entwicklungsplan 2017–2021 – Für ein ganzes Leben"), der ein ambitioniertes Programm vorsieht und sich in Struktur und Inhalt an der Agenda 2030 und den 17 Nachhaltigkeitszielen der UN orientiert.

Während der zweiten Hälfte 2017 entwickelte sich innerhalb der Regierungspartei *Alianza País* ein tiefer werdender Graben zwischen *Correa*-Anhängern (*Correístas*) und Anhängern *Morenos*, der letztlich in der Abspaltung der *Correístas* von der *Alianza País* mündete und zur Gründung des **Movimiento Revolucion Ciudadana** führte. Im Februar 2018 rief *Moreno* zu einem Referendum auf, das insbesondere die Rückkehr *Rafael Correas* und anderer politischer Gegner, die sich der Korruption

Ein ecuadorianischer Witz – „Woher kamen Adam und Eva?"

Der folgende Witz nimmt die gutgläubige und phlegmatische Haltung auf die Schippe, die sich die Ecuadorianer selbst nachsagen:

DE DÓNDE ERAN ADÁN Y EVA?

Un Alemán, un francés, un ingles, y un ecuatoriano comentan sobre un cuadro de Adán y Eva en el Paraíso.
El Alemán dice: „Miren que perfección de cuerpos: ella esbelta y espigada el con ese cuerpo atlético, los músculos perfilados … Deben de ser alemanes."
Inmediatamente, el francés reacciona: „No lo creo. Es claro el erotismo que se desprende de ambas figuras … ella tan femenina … él tan masculino. Saben que pronto llegará la tentación … Deben ser franceses."
Moviendo negativamente la cabeza el ingles comenta: „Para nada. Noten … la serenidad de sus rostros, la delicadeza de la pose, la sobriedad del gesto. Solo pueden ser ingleses."
Despues de unos segundos mas de contemplación el ecuatoriano exclama: „No estoy de acuerdo. Miren bien: no tienen ropa, no tienen zapatos, no tienen casa, sólo tienen una triste manzana para comer, no protestan y todavía piensan, los muy idiotas, que están en el Paraíso … Esos mensos sólo pueden ser Ecuatorianos!!"

Ein Deutscher, ein Franzose, ein Engländer und ein Ecuadorianer reden über ein Bild von Adam und Eva im Paradies. Der Deutsche sagt: „Schaut mal, was für perfekte Körper: sie schlank und groß, er mit athletischem Körper und gut definierten Muskeln … das müssen Deutsche sein."

Sofort reagiert der Franzose und sagt: „Das glaub ich nicht. Die Erotik, die von beiden ausgeht … sie so feminin … er so maskulin. Sie scheinen zu spüren, dass die Verführung naht … das müssen Franzosen sein."

Kopfschüttelnd sagt der Engländer: „Nein, nein. Schaut mal, die Ernsthaftigkeit ihrer Gesichter, die Feinheit ihrer Haltung, die Nüchternheit ihrer Gesten. Das können nur Engländer sein."

Nach einigen Sekunden schweigenden Betrachtens ruft der Ecuadorianer: „Damit bin ich nicht einverstanden. Schaut mal genau: sie haben keine Kleider, sie haben keine Schuhe, sie haben kein Dach überm Kopf, sie haben nichts als diesen Apfel zu essen, sie protestieren nicht und diese Idioten glauben immer noch sie seien im Paradies … Diese Deppen können wirklich nur Ecuadorianer sein!!"

schuldig gemacht hatten, verhindern sollte. Daneben wurden noch andere Fragen abgehandelt, die u. a. als Zugeständnisse an die Indigenen- und Umweltbewegungen zu werten sind.

Eine Reform des *Consejo de Participación Ciudadana y Control Social* (Rat der Bürgerbeteiligung und sozialer Kontrolle) erfolgte, die es *Moreno* erlaubt, wichtige Posten in der Judikative von Correa-Anhängern zu säubern.

Die Abstimmungsergebnisse zeigten deutlich, dass sich die **Konfliktlinien innerhalb der Gesellschaft** nun nicht mehr zwischen *Alianza País* und der Opposition bewegten wie in den Jahren der Regierung *Correas*, sondern zwischen Anhängern *Correas* und Parteigängern *Morenos*, unterstützt von der Opposition. Resultat dieses Konfliktes ist auch, dass die *Alianza País* im Parlament die Mehrheit verlor, sodass es, wie bereits lange Zeit in der Prä-Correa-Ära geschehen, zu schwierigeren Entscheidungsprozessen in der Legislative kommen wird.

Der Politikwissenschaftler *Jonas Wolff* analysiert die Situation der Regierung *Morenos* bezüglich der Gewaltenteilung folgendermaßen: Zur Exekutive ist zu sagen, dass *Morenos* Kabinett zwar aus einigen Ministern der Correa-Ära besteht, andererseits aber auch aus Leuten aus dem Wirtschaftssektor und den indigenen und sozialen Bewegungen. Außerdem holte er sich Leute aus der ersten Phase der Regierung *Correas* heran, die eine wichtige Rolle beim Beginn der „Bürgerrevolution" spielten. Sparmaßnahmen ergriff er, indem einige Ministerien, in denen wichtige Correa-Getreue saßen, aufgelöst wurden. In der letzten Amtsperiode *Correas* war die Gewaltenteilung kaum noch gegeben. Alle wichtigen staatlichen Kräfte waren hauptsächlich mit *Correas* Gefolgsleuten besetzt. Das hat sich mit *Morenos* Regierung schlagartig geändert. Nicht nur die Exekutive gibt ein diverseres Bild ab, auch die Legislative ist durch den Verlust der absoluten Mehrheit der Regierungspartei wieder zur Arena politischer Kämpfe geworden. Bezüglich der Judikative hat das Referendum dazu geführt, die Vorherrschaft der Correa-Anhänger zu brechen. Aber auch hier kann *Moreno* nicht einfach die Anhänger seines Vorgängers gegen seine Leute austauschen, weil er die Opposition in der Legislative im Auge behalten muss. Insgesamt ist eine **klare Verbesserung der gegenseitigen Kontrolle der politischen Institutionen** festzustellen.

Die Opposition konsolidiert sich wieder nach der Phase *Correa*. Bislang sind die stärksten Gegenkräfte der Regierung *CREO*, die Mitte-Rechts-Vereinigung des Präsidentschaftskandidaten *Lasso*, und die abgespaltene Fraktion der *Alianza País*, die *Revolución Ciudadana*.

Kurz: Mit der Regierung *Moreno* hat Ecuador einen **wichtigen Schritt zurück zur Demokratie** gemacht, weg vom personalistischen und oftmals repressiven Stils *Correas*. Unter *Moreno* ist der Druck auf die Medien bezüglich der Pressefreiheit, auf zivilgesellschaftliche Freiheiten, auf die Meinungsfreiheit gesunken. Die Antikorruptionsbemühungen der Regierung sind glaubhaft. Die Gewaltenteilung hat sich stark verbessert.

Es ist noch nicht genau absehbar, wie sich diese Entwicklung in der Zukunft auswirkt. An dieser Stelle sei auch gesagt, dass es hinsichtlich der Demokratieentwicklung seit *Correas* Amtsantritt 2007 zu einer stetigen Verbesserung gekommen ist. Seine Sozialpolitik und der verbesserte Zugang zu öffentlicher Versorgung sowie infrastrukturelle Verbesserungen haben dazu geführt, dass sich weite Teile der bisher ausgeschlossenen Bevölkerung als Teil der Demokratie Ecuadors erleben. Gegen Ende seiner Regierungszeit hat diese Entwicklung einen Einbruch erlitten, unter *Moreno* hat sie nun ein insgesamt sehr hohes Niveau erreicht.

Insgesamt lässt sich feststellen, dass die Intensität der sozialen Konflikte innerhalb der ecuadorianischen Gesellschaft signifikant reduziert wurde, indem die Polarisierung zwischen Regierungsgegnern und Regierungsanhängern aufgelöst wurde.

Herausforderungen für die Regierung *Moreno* sind, die bemerkenswerten politischen, sozialen und ökonomischen Fortschritte der Regierung beizubehalten und gleichzeitig die autoritäre Struktur, die soziale Polarisierung und die nicht nachhaltige Wirschaftspolitik bei der Implementierung der Bürgerrevolution zu korrigieren. *Wolff* spricht von einem schwierigen Balanceakt:

- **Reduzierung der restriktiven Regulierungen der Medien und der Zivilgesellschaft** sowie der Machtkonzentration in der Exekutive durch Reformen, ohne in das korporatistische, von Interessen zersplitterte liberale System der Prä-Correa-Ära zurückzukehren.
- In einer Phase des relativ niedrigen Ölpreises **Wirtschaftspolitik so zu gestalten, dass wichtige Errungenschaften der Regierung *Correas* im sozialen Bereich erhalten bleiben.**
- Gleichzeitig zu **verhindern, dass das postneoliberale Wirtschaftsmodell Correas fortgeführt wird.**
- **Politischen Dialog und pluralen gesellschaftlichen Auseinandersetzungen neuen Raum zu geben,** ohne zu dem elitären Pluralismus der Prä-Correa-Zeit zurückzukehren, in dem sich Mittel- und Oberklasse wohlfühlten, der aber weite Teile der Bevölkerung ausschloss.

Die Zukunft wird zeigen, wie sich die Bürgerrevolution entwickelt, aber die wirtschaftliche und politische Situation lässt den Schluss naheliegend erscheinen, dass es nicht einfach wird, den Herausforderungen adäquat zu begegnen.

Nationale Identität, Nationalismus und Patriotismus

In Ecuador redet man gerne und viel über Politik. Im Allgemeinen sind die Leute sehr gut über aktuelle Geschehnisse informiert. Insbesondere wird über die Regierung geschimpft und die Politiker im Allgemeinen. Andere beliebte Ziele der Wortattacken waren die USA und der Neoliberalismus, jetzt ist es in vielen Kreisen der Präsident *Rafael Correa* – der dann oft nicht einmal namentlich genant wird, sondern man spricht von *este man* – „dieser Typ".

Besonders Männern gefällt es, große Reden zu schwingen, wer was falsch macht und wie man es besser machen sollte. Es ist allerdings ein großer Schritt, die Reden in die Tat umzusetzen.

Gerade politische Gespräche geben Aufschluss über die nationale Identität der Bürger. Ecuador ist ein in viele Teile gespaltenes Land, das unterschiedlichste ethnische und soziale Identitäten beherbergt. Trotzdem bemerkt man im Gespräch über außen- und weltpolitische Angelegenheiten deutlich so etwas wie ein **nationales Zusammengehörigkeitsgefühl.** Die nationale Selbstwahrnehmung der Ecuadorianer ist allzu oft geprägt von dem Gefühl, Opfer der Historie zu sein. Bei einigen drückt sich das in einer Art nationalem Minderwertigkeitskomplex aus, bei anderen in übertriebenem Nationalstolz – oftmals trifft man sogar beides gleichzeitig an.

Eine **gespaltene Haltung** ist typisch. Einerseits entschuldigen sich viele Leute für Ecuador und seine Unfähigkeit aus seinen Reichtümern etwas zu erwirtschaften, aber gleichzeitig zeigen sie eine große Verbundenheit zu ihrem Land: „Unser Land ist arm und schwach, aber wir lieben es." Gerade für Deutsche, die auch kein unkompliziertes Verhältnis zu ihrer Nation haben, ist es mitunter rührend wie viel *cariño* (Zuneigung) viele Ecuadorianer für ihr Land empfinden.

Der ecuadorianische Schlachtruf der Fußball-Weltmeisterschaften von 2002 (Japan/Südkorea) und 2006 (Deutschland) verdeutlicht vielleicht diese seltsame Mischung aus Minderwertigkeitsgefühl und Vaterlandsliebe: *„Sí se puede!!!"* („Ja, wir können es!"). Über den Fußball hinaus hatte sich dieser Satz daraufhin zu einem gesamtgesellschaftlichen Aufmunterungsmantra entwickelt. Die Regierung *Correa* hat in großem Maße zu dem Umstand beigetragen, dass das Selbstbewusstsein der Ecuadorianer bezüglich ihres Landes gewachsen ist. Man könnte sagen, dass sich das Selbstbewusstsein des Präsidenten erheblich auf das nationale Selbstbild ausgewirkt hat.

Buen Vivir – das gute Leben

*Ecuador sorgte international für Schlagzeilen, da es in der Verfassung von 2008 das **„Buen Vivir" zum Verfassungsprinzip** erhob. Ein Jahr später folgte Bolivien dem Beispiel. Buen Vivir (auf Quichua Sumak Kawsay) bedeutet „gutes Leben" und ist eine auf indigenen Traditionen beruhende Weltsicht.*

In Artikel 275 der Verfassung Ecuadors steht Folgendes: „Das Buen Vivir erfordert, dass Personen, Gemeinschaften, Völker und Nationen tatsächlich im Besitz ihrer Rechte sind und ihre Verantwortlichkeiten im Kontext der Interkulturalität, des Respekts ihrer Vielfalt und des harmonischen Zusammenlebens mit der Natur ausüben."

*Dieses Prinzip stellt eine Alternative zum westlichen Entwicklungsbegriff dar, da es nicht das Wachstum in den Mittelpunkt stellt, sondern das Wohlergehen der Natur und des Menschen oder anders gesagt: die **Balance des Kosmos**. Es steht insofern konträr zur westlichen Weltanschauung, da es die kapitalistische Wachstumsidee ausschließt und gemeinschaftliche Ideale verfolgt. Im Rahmen des „Guten Lebens" können keine Ungerechtigkeiten akzeptiert werden. Dass dieses Prinzip in den letzten Jahren nicht nur in Lateinamerika so populär geworden ist, kann auch dadurch erklärt werden, dass es eine Antwort auf das Scheitern neoliberaler Politik gibt. Auch europäische Wachstumskritiker und Umweltaktivisten finden hier viele Anknüpfungspunkte. Die Grenzen des Wachstums sind sichtbar, daher findet überall auf der Welt eine Suche nach Alternativen zum Wachstumszwang statt. Hierin liegt das große Interesse am Buen Vivir begründet. Es wurde schon viel darüber diskutiert, inwieweit sich dieses Prinzip auch auf Europa übertragen ließe. Sicherlich können die Ideen des Buen Vivir auch die **europäische Nachhaltigkeitsdebatte** bereichern, andererseits wird vor einer Idealisierung der indigenen Weltsicht gewarnt.*

Rechte, Gesetze und Korruption

Rechtssystem

Die schwache demokratische Institutionenlandschaft spiegelte sich vor der Verfassung von 2008 auch im Rechtssystem wider. Es existierte kein Justizministerium und kein unabhängiges oberstes Verfassungsgericht. Die Justiz war politisiert, also abhängig von Interessen. Daher war die Rechtsstaatlichkeit eingeschränkt und Rechtsbeugung der Normalfall. Auch die Gesetzgebung war undurchsichtig und z. T. widersprüchlich,

*Ein entscheidender Unterschied zur traditionell linken Weltanschauung ist, dass im Buen Vivir die **Natur in den Rang eines Rechtssubjekts** erhoben wird, das dem Menschen gleichgestellt ist, wogegen die westlichen Weltanschauungen den Menschen ganz klar als Beherrscher der Natur sehen. Im Buen Vivir steht nicht der Mensch im Mittelpunkt, sondern die **Pacha Mama** (Mutter Erde). Diese Idee hat eine Entkommerzialisierung der Natur zur Folge, letztlich führt die Anerkennung der Rechte der Natur zu einem völlig anderen Umgang mit ihr.*

Einer der wichtigsten Theoretiker dieses Konzepts ist der Ecuadorianer Alberto Acosta, der das überlieferte indigene Wissen systematisiert hat. Er gilt als geistiger Vater dieses Prinzips in der ecuadorianischen Verfassung. Inzwischen hat er sich mit Correa überworfen.

*Wie sieht es nun mit der Umsetzung des Buen Vivir in Ecuador aus? Die kosmische Balance kann nur auf der Grundlage demokratischer Entscheidungen erlangt werden, daher auch die große **Kritik von Seiten der CONAIE** (Dachverband der Indigenen) und den Sozialen Bewegungen an der autokratischen Politik des ehemaligen Präsidenten Correa. Man sah in seinem Verhalten einen Verstoß gegen das Verfassungsprinzip des Buen Vivir. Besonders sichtbar wurde dieser Verstoß durch den Ausverkauf des Nationalparks Yasuní und das generell auf Ausbeutung der Rohstoffe basierende Wirtschaftsmodell Correas, das gegen das Prinzip der Natur als Rechtssubjekt verstößt.*

Sein Nachfolger Moreno hat mit dieser Linie bisher nicht gebrochen, gibt aber Anlass zur Hoffnung, indem er in seinem Entwicklungsplan „Plan nacional de desarrollo - Toda un vida 2017-2021" auf das Prinzip des „Buen Vivir" zurückgreift.

außerdem unvorhersehbaren Schwankungen unterworfen. Das schreckt internationale Investoren ab und ist vor allem ein Hindernis für die Ausbreitung einer demokratischen Kultur. Viel eher existiert dadurch eine **Kultur der willkürlichen Gewalt** zur Durchsetzung von Partikularinteressen. Da, wo der Staat nicht straft, ergibt sich das Problem der Selbstjustiz. Das so begründete traditionell geringe Vertrauen der Bevölkerung in das Rechtssystem hat ein ausgeklügeltes System der **Korruption und Vetternwirtschaft** entstehen lassen.

Mit der **Verfassung von 2008** sind Strukturen geschaffen worden, die die Grundlage für ein unabhängiges Rechtssystem legen können. Ganz wichtig ist dabei die Einrichtung eines Obersten Verfassungsgerichts. Lei-

Extrainfo 10 (s. S. 9): Videomitschnitt des Vortrags
„Buen Vivir – Gutes Leben in einer solidarischen Ökonomie" von *Alberto Acosta*

der hat die Regierung *Correa* die Chance nicht genutzt, die verfassungsmäßigen Änderungen mit Leben zu füllen. Viel eher versuchte *Correa*, die wichtigen Positionen im Rechtssystem mit seinen Gefolgsleuten zu besetzen. Ihm wird heute vorgeworfen, das Rechtssystem manipuliert zu haben, um seine politischen Gegner kaltzustellen.

Lange war das **Strafrecht** dadurch gekennzeichnet, dass der Polizei weite Justizzuständigkeiten zugewiesen wurden, d. h., dass Gefängnis- und Polizeidirektoren in vielen Fällen nach ihrem Ermessen über Haftbefehle und Freilassungen entscheiden konnten. Die Regierung *Correa* ergriff einige Maßnahmen, um die überfüllten Gefängnisse zu entlasten, indem die U-Haft auf ein Jahr begrenzt wurde und die Gerichtsverfahren schneller durchgeführt werden als früher.

Die **Autorität von Polizei und Militär** ist unumstritten und man sollte im Umgang mit ihnen vorsichtig sein. Es ist äußerst ratsam, sich kooperativ und freundlich zu verhalten. Das Gleiche gilt für andere Träger der öffentlichen Ordnung, etwa in der Verwaltung. Zollt man ihnen nicht den erwünschten Respekt, dauert die abzuwickelnde Angelegenheit gerne mal Monate statt Tage. Außerdem sind die Wege und Mittel der ecuadorianischen Bürokratie für einen Außenstehenden schwer nachvollziehbar.

Vor den Gebäuden der öffentlichen Verwaltung stehen häufig sogenannte *tramitadores,* dass sind **professionelle Helfer bei der Erledigung von Behördengängen.** Diese Leute verkaufen Formulare, stellen sich für andere in die Schlangen und geben Tipps im Umgang mit den Beamten. Bei komplizierteren Angelegenheiten sollte man als Ausländer einen Anwalt einschalten, so machen es auch die Ecuadorianer. Insbesondere ratsam ist das, wenn man auf irgendeine Weise mit dem Gesetz in Konflikt gerät. Die Ecuadorianer bedienen sich im Umgang mit Ordnungshütern oder der Bürokratie oftmals sogenannter *enchufes* oder *palancas* (Seilschaften, Beziehungen), das heißt, sie haben irgendwo in der Verwaltung einen Freund oder Verwandten sitzen, der die jeweiligen Angelegenheiten vorwärtstreibt.

Menschenrechte

Während der Militärdiktatur sind in Ecuador vergleichsweise wenig Verstöße gegen die Menschenrechte zu beklagen gewesen. Anders als in einigen lateinamerikanischen Ländern spielt die gesellschaftliche Bewältigung von Verbrechen des Militärs gegenüber der Gesellschaft daher keine Rolle. Der ecuadorianische Staat bekennt sich in der Verfassung und in internationalen Abkommen zur **Achtung der Menschenrechte.** Es gibt keine Todesstrafe. Zwar kann man nicht von einer Kultur der Gewalt sprechen (abgesehen von der strukturellen Gewalt, die durch Armut entsteht), trotzdem sind auch in der heutigen Demokratie immer wieder Verstöße gegen die Menschenrechte zu verzeichnen. Auffällig korreliert die Anzahl mit der demokratischen oder autoritären Haltung des jeweiligen Präsidenten. So passt es zu einem autoritäreren Regierungsstil durch gezielte Einschüchterungsmaßnahmen ein Klima der Angst zu erzeugen, in der es kritische Stimmen schwer haben. Die demokratische Fassade wird dabei aufrechterhalten und bisher haben sich alle Präsidenten von solchen Verstößen distanziert.

Heikel hinsichtlich der Menschenrechte sind die **Defizite des Rechtssystems.** Die damit einhergehende Straffreiheit vieler Täter lässt leider zahlreiche Verbrechen ungesühnt. Die Stellung der ecuadorianischen Polizei ist höchst problematisch, denn sie unterliegt nur bedingt der zivilen Justiz. Zudem gehen von ihr viele Rechtsbrüche wie Misshandlungen und Folterungen von Gefangenen aus, die selten strafrechtlich verfolgt werden. Kommt es zu Anzeigen, werden die Opfer eingeschüchtert und bedroht. Das Gleiche gilt für das Militär. Aber auch hier helfen die Verfassung des Jahres 2008 und der Wille der Regierung, die Straflosigkeit einzudämmen.

Die meisten **Verstöße** sind dort zu verzeichnen, wo sich betroffene Bevölkerungsgruppen gegen die Zerstörung ihrer Lebensgrundlagen zur Wehr setzen. Ihre Gegner sind Konzerne, oft ausländischer Herkunft, deren wirtschaftliche Interessen denen der Bevölkerung entgegenlaufen. Oft sind die Regierungen nicht gewillt, ihre Bürger dagegen zu schützen, weil es zum Teil ihre eigenen wirtschaftlichen Interessen betrifft oder weil sie ausländische Investoren nicht verärgern und vertreiben wollen. Aktive Kritik an der Ölpolitik ist nicht ungefährlich. Kenner der Materie vermuten, dass die Hintermänner von Anschlägen auf Bevölkerung oder Aktivisten nicht nur in der ecuadorianischen Elite zu finden sind, sondern genauso in den Chefetagen der Konzerne in Europa oder den USA sitzen.

Akute Probleme gibt es seit Jahren in der Amazonía, wo sich die **Interessen der Indígenas** mit denen der Ölmultis reiben. Insbesondere der Fall Sarayacu ist international bekannt geworden. Hier wehren sich die Quichua-Indígenas gegen das Eindringen eines Ölkonzerns in ihren Lebensbereich. Sie wurden aufgeschreckt durch alarmierende Entwicklungen im Norden des Landes, wo sich z. B. die Huaroanis schon in den 1980er-Jahren auf einen Deal mit den Ölkonzernen eingelassen haben, seitdem in völliger Abhängigkeit leben und mittlerweile vom Aussterben bedroht sind. Die Anführer der Sarayacu werden regelmäßig mit dem Tod bedroht und die ganze Gemeinschaft ist brutalen Einschüchterungsmaßnahmen ausgesetzt. Mitglieder dieser Gemeinschaft waren schon mehrmals in Deutschland, um auf Solidaritätsveranstaltungen für Unterstützung zu werben. Einige Dokumentarfilme über den Fall sind im deutschen Fernsehen ausgestrahlt worden. Das verstärkt den Druck auf die ecuadorianische Regierung und stärkt das Selbstbewusstsein der Sarayacus. 2012 gewannen sie einen Prozess gegen den ecuadorianischen Staat, der daraufhin Kompensationszahlungen leisten musste. Trotzdem, führte die ecuadorianische Regierung 2016 erneut Verhandlungen mit Unternehmen über die Konzessionsvergabe zur Erdölförderung in Sarayaku, ohne die Gemeinschaft vorher konsultiert zu haben. Der Fall wird noch vor dem interamerikanischen Gerichtshof für Menschenrechte verhandelt.

Unter der Regierung *Correa* kam es zu **zahlreichen fragwürdigen Anklagen wegen angeblicher Sabotage.** Kritiker der Regierung und Menschenrechtsverteidiger wurden strafrechtlich verfolgt, eingeschüchtert und bedroht. Den indigenen Gemeinschaften wurde immer wieder das Recht auf vorherige Konsultation bei Entscheidungen bezüglich ihrer Lebensgrundlage beschnitten. So äußerte sich der UN-Menschenrechtsausschuss besorgt über die Einschränkung der Meinungs- und Vereinigungsfreiheit, über die Anwendung von Gewalt bei friedlichen Demonstrationen sowie das Ausbleiben der Reformen, über die Konsultationen der indigenen Gemeinschaften. Außerdem wurden Antidiskriminierungsmaßnahmen zum Schutz der Lesben, Schwulen, Bisexuellen, Transgeschlechtlichen und Intersexuellen (LGBT) sowie Maßnahmen gegen die Gewalt an Frauen empfohlen.

Der neugewählte Präsident **Moreno** thematisierte in einer Volksabstimmung im Februar 2018 das Verbot von Bergbau in Schutzgebieten und die Einschränkung der Ölförderung im Yasuní-Nationalpark. Seit seinem Amtsantritt gibt es zwar weiterhin Einschränkungen der Meinungs- und Versammlungsfreiheit und auch eine endgültige konsequente Umsetzung des Rechts auf Konsultation der indigenen Gemeinschaften bei Fragen bezüglich ihres Gebiets blieb bisher aus, aber er fährt einen **deutlich gemäßigteren Kurs als sein Vorgänger.** Ein Beispiel ist die Situation am Rio Blanco: Unter *Correa* eskalierte im Juli 2016 ein Konflikt in der Provinz Morona Santiago im Süden des Landes. Die indigene Gemeinschaft der *Shuares* wollte am **Rio Blanco** ein Bergbauprojekt zum Gold- und Silberabbau in ihrem Gebiet verhindern. In diesem Zusammenhang wurden 300 Militärs in der Gegend stationiert und zahlreiche Umweltaktivisten festgenommen. Inzwischen wurde unter *Moreno* die dadurch von der Auflösung bedrohte NGO Acción Ecológica rehabilitiert und der Shuares-Sprecher *Agustín Wachapá* aus der Untersuchungshaft entlassen. Im Juli 2018 entschied ein Richter zugunsten der *Shuares,* dass die Bergbauaktivitäten der chinesischen Firma Junefield/Ecuagoldmining vorerst gestoppt werden müssen, da eine verfassungsmäßig verankerte Konsultation der Gemeinschaft nicht stattgefunden hat. Dies ist insofern ein historischer Richterspruch, da zum ersten Mal vor einem ecuadorianischen Gericht zugunsten einer indigenen Gemeinschaft entschieden wurde und nicht zugunsten des Staates oder eines ausländischen Konzerns. Wie es dort weitergeht bleibt spannend.

Die FEDHU (Netz ecuadorianischer Vereine für Menschenrechte) und Human Rights Watch drängen Präsident *Moreno,* den Verstößen seines Vorgängers auch auf juristischer Ebene zu begegnen, indem die kriminalisierten Personen (Aktivisten und indigene Führer) vollständig rehabilitiert werden und auch entsprechende Gesetze, die die Freiheiten der Bürger und der NROs beschnitten hatten, geändert werden.

Internationales Aufsehen erregte Ecuador, weil es seit August 2012 *Julian Assange,* dem Gründer von *WikiLeaks,* in der ecuadorianischen Botschaft in London Asyl gewährt. Voraussichtlich wird sein Aufenthalt aber in kurzer Zeit beendet sein (Stand: Oktober 2018).

Korruption und Klüngel

Laut *Transparency International* (Nichtregierungsorganisation, die sich für die Bekämpfung von Korruption einsetzt) liegt Ecuador 2017 auf Platz 117 von insgesamt 180 Ländern mit einem Wert von 3,2 auf einer Skala von eins – sehr korrupt – bis zehn. Zum Vergleich: Deutschland landete auf Platz 12 mit einem Wert von 8,1. Allerdings hat sich Ecuador damit seit 2005 um 48 Plätze verbessert. Damals fiel es selbst im lateinamerikanischen Durchschnitt negativ auf.

Seit dem Beginn der Demokratisierung im Jahre 1979 bis zu *Correas* Regierungsantritt 2007 ließ sich ein starker **Anstieg der Korruption und des Nepotismus** verzeichnen. Letzteres ist in Ecuador unter folgenden Namen bekannt: *nepotismo, clientelismo, personalismo, paternalismo* oder *amiguismo* und meint das, was im Deutschen unter Vetternwirtschaft oder Klüngel verstanden wird, also die Verteilung von Ämtern oder Gütern nach persönlichen Beziehungen und nicht nach sachlichen Kriterien.

Viele **Beamtenposten waren von politischem Zuschnitt,** das heißt, dass jede Regierung einen großen Teil des Beamtenapparats in den Ministerien und in der ganzen Bürokratie mit Parteigängern neu besetzte. Das wirkte sich negativ auf Kontinuität und Qualität der Exekutive aus und öffnete der Vetternwirtschaft Tor und Tür. Wie im vorherigen Abschnitt verdeutlicht, leisteten die Defizite im Rechtssystem den korrupten Strukturen ebenfalls Vorschub. Die Korruption und die Vettern-

Extrainfo 11 (s. S. 9): Interessante Doku über Korruption in Ecuador (auf Spanisch)

Offener Brief einer Ecuadorianerin an ihre Landsleute, Februar 2005

„Früher sagten alle, Noboa taugt nichts, jetzt sagen alle, Gutiérrez taugt nichts, und von seinem Nachfolger werden garantiert wieder alle sagen, er tauge nichts. Darum wächst in mir der Verdacht, dass das Problem nicht darin liegt, was für ein Dieb Bucaram war, was für ein Schwätzer Mahuad, was für Halunken Noboa und Gutiérrez sind, sondern das Problem liegt in uns selbst. In uns als Volk. Ich gehöre zu einem Volk, wo die List hoch geschätzt wird. Wo sich über Nacht zu bereichern eine Tugend ist. Wo man Zeitungen niemals in einer Kiste verkaufen könnte, wo jeder Geld reintut, sich eine nimmt und die restlichen liegen lässt, wie in anderen Ländern. Ich gehöre zu einem Land, in dem die Büros Schreibwarenläden für ihre Angestellten sind, aus dem sie ihre Kinder mit Schulbedarf versorgen. Ich gehöre zu einem Land, wo die Leute sich als Gewinner fühlen, wenn sie sich illegal bei ihren Nachbarn an der Kabelantenne anschließen. Wo die Leute ihren Müll auf die Straße werfen und dann von der Regierung verlangen, sie solle die Straßen sauber halten. Wo es kein politisches Erinnerungsvermögen gibt. Wo unsere Abgeordneten zwei Tage im Jahr arbeiten, aber fürs ganze Jahr kassieren. Ich gehöre zu einem Land, wo man Führerscheine und medizinische Zertifikate kaufen kann. Zu einem Land, wo Autos Vorfahrt haben. Wo die Menschen viele Fehler haben, es aber lieben, die Regierung zu kritisieren. Umso öfter ich Gutiérrez eine Ratte schimpfe, umso besser fühle ich mich als Mensch, obwohl ich mir gerade gestern noch die Aufgaben für das nächste Mathematikexamen besorgt habe. Nein, Nein, Nein, es reicht.

Wir haben zwar gute Anlagen, aber es ist noch ein weiter Weg, um zu den Menschen zu werden, die unser Land bräuchte. Diese Defekte, diese Schlitzohrigkeit, diese menschliche Unehrlichkeit im kleinen Stil kann wachsen und wird dann zu den Skandalen, von denen wir täglich in der Zeitung lesen.

Ich bin gerne Ecuadorianerin, mir gefällt die ecuadorianische Art zu leben. Aber wenn dieser Lebensstil dazu führt, unseren Entwicklungsmöglichkeiten als Nation zu schaden, ändert sich die Sache. Ein neuer Präsident kann mit den gleichen Ecuadorianern gar nichts besser machen. Wir müssen uns ändern. Jetzt, nachdem ich mir alles von der Seele geschrieben habe, gehe ich die Verantwortlichen suchen. Hoppla, ein Spiegel, schon habe ich eine gefunden ..."

An diesem Brief wird deutlich, wie tief die Verfilzung des Politischen sich auf das Alltagsverhalten der Menschen auswirkt und wie schwierig es auch Jahre später noch sein muss, eine Bewusstseinsänderung zu erreichen.

wirtschaft dienten so der Erhaltung der bestehenden gesellschaftlichen Machtverhältnisse.

1998 wurde eine **Antikorruptionskommission** eingerichtet. Diese untersucht entsprechende Fälle und will durch Kampagnen die Unterstützung der Bürger bei der Bekämpfung der Korruption gewinnen. Die öffentliche Meinung verdammt Korruption. Skandale werden in den Medien genauestens dokumentiert und seit Jahrzehnten verspricht jeder Präsident, mit diesem Übel Schluss zu machen. Doch erst mit der neuen Verfassung von 2008 sind tatsächlich Mechanismen geschaffen worden, diesem Übel an den Kragen zu gehen. So erklärt sich auch die Verbesserung in dem eingangs angeführten Korruptions-Ranking. Allerdings zeigen die im Jahr 2017 aufgedeckten riesigen Korruptionsskandale der Regierungskaste rund um *Correa*, dass diese Mechanismen bislang in den oberen Reihen nicht greifen. Der neue Präsident *Moreno* versucht, die Antikorruptionsinstanzen wie den bürgerlichen Kontrollrat gegen die Korruption zu entpolitisieren, in dem er *Correas* Anhänger gegen Vertreter der wichtigen gesellschaftlichen Akteure ersetzt.

Der ehemalige Präsident Febres Cordero wird beschuldigt, das Volk bestohlen zu haben

Die **Vetternwirtschaft** *(nepotismo)* dagegen, also offizielle Wege durch „Freunde" abzukürzen oder Beziehungen zu nutzen, um seine Angelegenheiten zu regeln, wird von den meisten praktiziert und hierüber herrscht **kein Unrechtsbewusstsein.** Der Zusammenhang zwischen dem einen und dem anderen wird nicht gesehen. Auf der einen Seite wird Korruption auf hoher Ebene verurteilt und Politiker haben einen sehr schlechten Ruf, auf der anderen Seite bedient sich jeder, der kann, seiner Seilschaften. Und ein normaler Bürger, der in der Verwaltung oder Justiz Schmiergelder zahlt, sieht sich eher als Opfer der Korruption, denn als Täter.

Möglicherweise verstärken auch **historisch-kulturelle Besonderheiten** dieses Denken und Handeln. Das im Andenraum verbreitete Prinzip der Gegenseitigkeit drückt sich auch darin aus, dass man jemandem, von dem man einen Gefallen erwartet, ebenfalls etwas gibt. So ist es nicht nur unter Freunden und Verwandten üblich, kleine Geschenke zu machen, sondern auch bei öffentlichen Autoritäten. In der Kolonialzeit wurde Königstreue mit Ämtern und Ländereien belohnt, feudale Strukturen lebten von diesen persönlichen Beziehungen und diese sind in Teilen immer noch vorhanden. Wie im Kapitel „Kommunikationsstil – Direkte und indirekte Kommunikation" dargestellt, unterstützen zwei verbreitete Verhaltensmuster die korrupten Strukturen: Die Beziehungsebene ist bedeutender als die Sachebene und die internalisierte Regelorientierung ist relativ gering. Diese Faktoren führen dazu, dass das Bewusstsein für die Unrechtmäßigkeit von Bestechung später einsetzt als in Mitteleuropa. Es hängt von der Perspektive ab, wann etwas Korruption ist oder nur die Loyalitäten stärkt. Insofern ist es ein fließender Übergang von „eine Hand wäscht die andere" zu Korruption und Vetternwirtschaft. Hinzu kommt, dass der Staat nicht als neutraler Dienstleister gesehen wird, von dem man bestimmte Leistungen erwarten kann für seine Steuern.

Das Übel Korruption wird weitgehend erkannt, aber in einem Staat, in dem so lange diese Form der Einflussnahme praktiziert wurde, ist es äußerst schwierig, die entsprechenden Strukturen zu eliminieren. Maßnahmen dagegen sind die Erhöhung der Beamtengehälter, Kampagnen, die die Bürger über ihre Rechte informieren sollen, sowie die Einrichtung von „Oficinas de Protección al Consumidor" – Verbraucherschutzzentralen, an die man Beschwerden richten kann.

Ölförderung im Amazonasgebiet

Wirtschaft

Ökonomische Struktur Ecuadors

Die Wirtschaft Ecuadors ist in starkem Maße abhängig vom **Export verschiedener natürlicher Ressourcen.** Die ökonomische Entwicklung der letzten 150 Jahre ist durch den Kakao-, den Bananen-, und den Erdölboom bestimmt. Die **Hauptexportprodukte** im Jahr 2017 waren an erster Stelle Erdöl und seine Derivate, mit Abstand gefolgt von Bananen, Garnelen und Kaffee, dann Kakao und Blumen, schließlich in viel geringerem Maße Fisch und Holz. Die industrielle Produktion beschränkt sich weitgehend auf den Eigenbedarf. Hier zu nennen sind Nahrungs- und Genussmittelindustrie, Pharmaprodukte – im Land durch ausländische Konzerne hergestellt – und Textilindustrie.

Das **Erdöl** führte in den 1970er-Jahren zu hohen Wachstumsraten des Bruttoinlandsprodukts (BIP) von bis zu 8,5 %. Anfang der 1980er-Jahre zeigte sich aber aufs Neue, dass die Fixierung auf ein Exportprodukt nicht geeignet ist eine Volkswirtschaft zu stabilisieren: Der Ölschock riss Ecuador in die Schuldenkrise. Versuche einer Diversifizierung der Wirtschaft und der Aufbau einer eigenen Industrie scheiterten.

Mit den unterschiedlichsten Programmen wurde seitens der Politiker auf die wirtschaftlichen Krisen reagiert, jedoch blieb eine langfristige Stabilisierung aus. Die **Modernisierungsprogramme** hatten seit den 1990er-Jahren auf Druck der internationalen Finanzorgane neoliberale Züge, d.h., es wurde der Rückzug des Staates aus dem wirtschaftlichen Sektor proklamiert. Der Kapitalismus in seiner Reinform wurde als Retter der armen Länder angesehen. In Ecuador wurde das vor allem durch die Privatisierung der staatlichen Unternehmen umgesetzt. Durch den Verkauf

versuchte der Staat sein Haushaltsdefizit zu verkleinern. Diese „wilde" Privatisierung führte zu Massenentlassungen und einer Verteuerung der Dienstleistungen dieser Unternehmen für die Verbraucher. Strukturanpassungsmaßnahmen dieser Art lockten wegen der politisch instabilen Situation keine ausländischen Investoren an. Auch waren sie nicht geeignet, den rasanten **Absturz der Mittelklasse in die Armut** aufzuhalten – im Gegenteil. Wirtschaftswissenschaftler sprechen von zwei verlorenen Dekaden in Lateinamerika, die 1980er-Jahre durch die Schuldenkrise und die 1990er durch ungeeignete neoliberale Maßnahmen, wie Anfang des neuen Jahrhunderts auch der Staatsbankrott Argentiniens zeigte.

Ende der 1990er-Jahre stürzte Ecuador in die **tiefste Wirtschaftskrise** seit über siebzig Jahren, 1999 schrumpfte das Bruttoinlandsprodukt um 7,3 %. Ursache waren die Auswirkungen des Klimaphänomens *El Niño*, die Asienkrise, der Verfall der Erdölpreise und interne Probleme: der drohende Zusammenbruch des Bankensystems, leere Staatskassen und damit einhergehend ein rapider Verfall des Sucres, verursacht durch gravierende Regierungsfehler, ein defizitäres Steuersystem, Korruption und politische Verantwortungslosigkeit der wirtschaftlichen Eliten. Breite Bevölkerungsschichten rutschten unter die international festgelegte Armutsgrenze. Die **Arbeitslosigkeit** stieg und die **Unterbeschäftigung** erreichte einen Stand von ca. 50 %. Das heißt konkret, dass ein Großteil der Bevölkerung im informellen Sektor ein Auskommen suchte, wo gesetzliche Regelungen wie Steuern und Sozialversicherung umgangen werden, für den Besucher z. B. an den vielen Straßenverkäufern sichtbar. Eine andere Strategie der Bevölkerung, der Armut zu begegnen, war die seit 1999 explosionsartig angestiegene Migration ins Ausland.

Die Regierung reagierte auf die Krise mit der **Einführung des US-Dollars** im Jahr 2000. Zunächst verschärfte das die wirtschaftliche Misere. Die Talfahrt konnte jedoch mit dem Anstieg der Ölpreise durch den Irakkrieg und anderer begünstigender Faktoren wie z. B. den Geldsendungen der Emigranten gestoppt werden.

Die staatlichen Einnahmen Ecuadors unterliegen direkt den **Schwankungen des Erdölpreises am Weltmarkt.** Der jahrelang hohe Erdölpreis bescherte der ecuadorianischen Wirtschaft während der Regierung *Correas* hohe Wachstumsraten, mit der sie die Sozial- und Modernisierungsprogramme finanzieren konnte. Mit dem Absturz des Ölpreises 2016 rutschte Ecuador in die Rezession, wovon es sich inzwischen etwas erholt hat. Für 2018 wird ein Wirtschaftswachstum von 0,6 % erwartet.

▷ Der Sucre wurde mittlerweile vom US-Dollar abgelöst

Extrainfo 12 (s. S. 9): Kurze Zusammenfassung der Geschichte der Ölförderung in Ecuador und der durch Texaco verursachten Schäden (auf Spanisch)

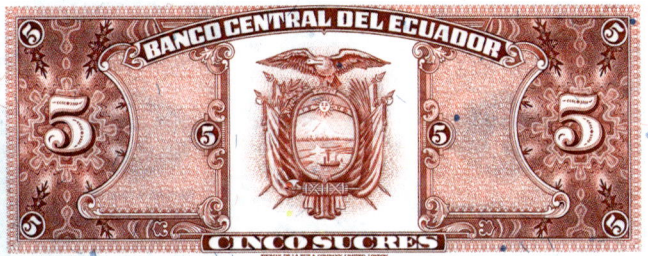

Inflation, Schulden, Öl und Dollarisierung

Seit den 1980er-Jahren ist die **hohe Auslandverschuldung** Ecuadors eines der großen Probleme des Landes. Der Staat musste seine ausländischen Kredite zurückzahlen, sparte dafür an anderer Stelle – meist dort, wo am wenigsten Widerstand zu erwarten ist. Also im Bildungs- und Gesundheitssektor, auf deren Mittel vor allem die unteren Bevölkerungsschichten angewiesen sind, denn die Oberschicht versorgt sich in diesen Bereichen privat. Hinzu kam, dass der Staat durch das Geldmonopol die Möglichkeit hatte, finanziellen Engpässen mit dem Druck neuen Geldes zu begegnen: Kurzfristig ist das Geld dann zwar vorhanden, langfristig wird durch die illegitime (weil sie nicht dem Wirtschaftswachstum entspricht) Ausweitung der Geldmenge das Preisniveau nach oben gedrückt. Eine **Inflation** ist mit hohen volkswirtschaftlichen Kosten verbunden, die vor allem von den ärmeren Leuten getragen werden. Ist eine Währung erst mal in eine inflationäre Phase geraten, ist es äußerst schwierig diese zu unterbrechen, weil die Inflation durch psychologische Faktoren eine starke Eigendynamik entwickelt. Hat die Bevölkerung das Vertrauen in eine Währung verloren, büßt sie ihre Funktion als Wertaufbewahrungsmittel und Recheneinheit ein. Eine inflationäre Währung muss außerdem gegenüber den ausländischen Währungen regelmäßig abgewertet werden, das wiederum verteuert die Importe. Zwar hatte der Sucre bis 2000 als Zahlungsmittel gedient, die anderen Funktionen einer Währung hatte aber seit den 1980er-Jahren der US-Dollar übernommen.

Die **Einführung des US-Dollars im April 2000** war für die Bevölkerung ein Schock. Der Ankündigung im Januar folgten Indígena-Proteste und der Sturz des Präsidenten *Mahuad,* dennoch galt der US-Dollar bereits 3 Monate später als offizielles Zahlungsmittel Ecuadors – der Sucre verlor ein halbes Jahr später seine Gültigkeit. Vergleicht man dies mit den jahrelangen psychologischen und wirtschaftlichen Vorbereitungen vor der Einführung des Euros, versteht man vielleicht die Brisanz dieser Aktion. Der Sucre war zwar inzwischen sehr inflationär geworden, aber dennoch gehörte er zu Ecuador wie der Dollar zu den USA. Die plötzliche Abschaffung wurde als Kapitulation der Regierung angesehen, weil sie dadurch ihr wichtigstes finanzpolitisches Steuermittel aus der Hand gab und die Abhängigkeit von den Vereinigten Staaten noch vergrößerte. Betrachtet man die Psychologie von Inflationen, wird klar, dass die Preise zunächst auch mit dem US-Dollar weiterstiegen. Weil es kaum flankierende Maßnahmen gab, schafften es die Ecuadorianer sogar, den US-Dollar zu inflationieren, wie in der Presse selbstironisch bemerkt wurde. Da die Löhne jedoch nicht anstiegen, hatte sich die Kluft zwischen Arm und Reich durch diese Maßnahme extrem verschärft.

Mittlerweile haben sich die Preise nach der Dollarisierung **auf hohem Niveau stabilisiert.** Das Leben in Ecuador ist insgesamt immer noch billiger als in Europa, gemessen am Verdienst und im Verhältnis zum Warenkorb aber sehr teuer (siehe Exkurs „Armut in Zahlen"). Alle Laden- oder Restaurantketten haben Preise, die mit deutschen vergleichbar sind. Das bedeutet, dass sie einem kleinen Teil der Bevölkerung vorbehalten sind.

Die **Auslandsverschuldung** hatte Anfang dieses Jahrtausends ein solches Ausmaß erreicht, dass alle Einnahmen aus dem Ölgeschäft laut Vereinbarung mit dem Internationalen Währungsfonds (IWF) in den Schuldendienst gesteckt werden mussten. Zur Bedienung der Schuld wurde extra eine neue Pipeline gebaut, die OCP, um die doppelte Menge Öl fördern zu können. Nach Schätzungen sind die Ölquellen Ecuadors 2025 versiegt, gleichzeitig würde wohl auch ein großer Teil des Ökosystems beschädigt sein. Angesichts dieser Situation entwickelte der ehemalige Präsident *Correa* zusammen mit anderen hochverschuldeten Ländern das Prinzip der illegitimen Schulden. Er beglich die Schulden beim IWF, um nicht mehr an seine Auflagen gebunden zu sein und verwies ihn des Landes. Diese Finanzierungslücke stopfte er durch neue Kredite aus China, Iran, Pakistan und Russland.

Extrainfo 13 (s. S. 9): Bericht über europäische Migration nach Ecuador (auf Spanisch)

Migration

Bereits seit vielen Jahrzehnten existiert ein **Auswanderungsstrom Richtung Nordamerika.** Die massive Emigration ist aber eine Erscheinung, die erst mit der schweren Wirtschaftskrise ab 1998 aufgetreten ist. Innerhalb von wenigen Jahren haben viele Ecuadorianer ihr Land verlassen, um der damaligen ökonomischen Krise zu entfliehen. Schätzungen gehen davon aus, dass bis zu 1,5 Millionen Ecuadorianer, also 10–15 % der Bevölkerung, bis 2008 ihr Land verlassen haben. Hauptziele waren Spanien, die USA und Italien. Mittlerweile liegt die Migrationsrate bei -0,5 pro 1000 Einwohner. Das erklärt sich durch Rückkehrer und Zuzug aus Kolumbien und Venezuela.

Die Emigranten nahmen oftmals erhebliche Risiken auf sich. Traurige Schlagzeilen machte 2010 ein Fall von 72 hingerichteten Wanderarbeitern in Mexiko, die sich weigerten, mit einem Drogenkartell zusammenzuarbeiten. Die meisten waren Ecuadorianer auf ihrem Weg in die USA. Diese illegalen Einwanderungen kosten die Migranten sehr viel Geld (in die USA ca. 8000 US-Dollar), oft verschuldete sich eine Familie, um einen Sohn mit illegalen Schlepperbanden, den sogenannten *coyotes,* in die USA schleusen zu lassen.

Die **Auswanderer** kommen aus fast allen Schichten, so z. B. Menschen aus armen Familien, die mit einer Arbeit im Ausland ihre Familien in Ecuador unterstützen wollen, z. T. auch junge Mütter, die ihre Kinder bei Verwandten zurücklassen, in der Hoffnung, ihnen durch das gesandte Geld ein besseres Leben zu ermöglichen. Daneben gibt es nicht wenige junge Abiturienten, die versuchen, durch ein Studium im Ausland ihre Zukunftschancen zu erhöhen. 80 % der **Emigranten haben einen Sekundärschul- oder Hochschulabschluss,** was für Ecuador den Verlust vieler gut ausgebildeter Menschen bedeutet, die in den Hochzeiten der Migration eigentlich im eigenen Land gebraucht wurden.

In Spanien und Italien gibt es große ecuadorianische Kolonien, die die Nachfrage nach billigen Arbeitskräften im Pflegesektor bedienen.

Die sogenannten „remesas" (Rücksendungen) machten 2017 2,07 % des Bruttoinlandsprodukts aus. Das ist über die Hälfte weniger als noch 2008. Trotzdem bilden sie weiterhin einen wichtigen Teil der nationalen Deviseneinnahmen. Indirekt profitieren 30 % der Familien von diesen Geldsendungen. Pro Kopf macht das ca. 150 $ aus. Zum Vergleich dazu beträgt die Pro-Kopf-Summe der erhaltenen öffentlichen Mittel für Entwicklungszusammenarbeit (ODA) nur 14 $ (2016). Arbeit bleibt ein wichtiges Exportprodukt und hat in vielen Familien die Armut abgefedert. Trotzdem sind die psychosozialen Folgen durch das Auseinanderreißen

„Du weißt, dass du Ecuadorianer bist, weil ..."

Diese Serienmail über ecuadorianische Befindlichkeiten spielt auf einige der bereits erwähnten Einstellungen zu Politik, Vaterlandsliebe und Migration an:

Sabes que eres Ecuatoriano porque:
Crees que el agua de manzanilla cura casi todo.
Y crees que un traguito cura todo lo demás.
Cuando viajas, llevas pequeñas funditas de mote.
„Mañana" significa: „ahorita no", o „nunca".
Si una boda es a las 8:00 llegas a las 9:00 y aun no hay nadie.

Culpas al „Guagua Pichincha" de la contaminación.
Culpas a los ricos del tráfico.
Culpas a los pobres del crimen.
Culpas al PRE por casi todo lo demás.
Culpas a los „gringos" por todo el resto.

Tienes mas fe en un asaltante que en un chapa.
Tienes mas fe en un chapa que en un congresista.
Tienes mas fe en el congresista que en el presidente.
Tienes mas fe en el presidente, que en tu esposo(a).

Disfrutas tomarte una Pilsener y aún así pides una marca importada.
En la mesa de un restaurante, hay mas celulares y beepersque platos con comida.
Comes morcilla, caldo de patas, chinchulines, guatita, caldo de tronquito, etc. pero crees que las hamburguesas no son saludables.
Cuando alguien te dice „te llamo luego"... das por un hecho que no será así.
Reportarte enfermo a la oficina en un Lunes es normal.
A un mesero de 80 años le dices „joven" ... a un mesero de 20 años le dices „viejo".
A todos les dices „hermano", „ñaño", „ñañito".
Pero a tu verdadero hermano, le dices „huevon".

Gritas a los 4 vientos „Como Ecuador no hay dos" ... pero quisieras que fuera como Miami o Nueva York. Si tienes alguna oportunidad de salir del Ecuador, sales y no te importa las condiciones.

Una ves que logras estar fuera, lloras con la música chichera y cuando regresas, ya no te gusta tu país, vienes a „visitar" por unos días y regresas cuanto antes.

Du weisst, dass du Ecuadorianer bist, weil:
Du glaubst, dass Kamillentee fast alles heilt.
Und du glaubst, dass ein gutes Schlückchen den Rest heilt.
Wenn du reist, hast du immer Provianttütchen mit Mote (weißer Kochmais) dabei.
„Morgen" bedeutet „Jetzt nicht" oder „Nie".
Wenn eine Hochzeit um acht anfangen soll, kommst du um neun und es ist immer noch keiner da.

Du beschuldigst den Guagua Pichincha (Vulkan in Quito) für die Luftverschmutzung.
Du beschuldigst die Reichen für den Verkehr.
Du beschuldigst die Armen für die Kriminalität.
Du beschuldigst die PRE (Partido Roldosista Ecuatoriana, Partei von Bucarám) für alles andere.
Du beschuldigst die Gringos (Amis) für den ganzen Rest.

Du hast mehr Vertrauen in einen Räuber, als in einen Polizisten.
Du hast mehr Vertrauen in einen Polizisten, als in einen Kongressabgeordneten.
Du hast mehr Vertrauen in einen Kongressabgeordneten, als in den Präsidenten.
Du hast mehr Vertauen in den Präsidenten, als in deine(n) eigene(n) Ehefrau/Ehemann.

Du trinkst eigentlich gerne ein Pilsener (ecuad. Bier), trotzdem bestellst du importiertes Bier.
Auf dem Tisch in einem Restaurant sind mehr Handys und Beepers als Teller mit Essen.
Du isst Blutwurst und jede Menge andere sehr fettige Fleischgerichte, aber glaubst Hamburger wären ungesund.
Wenn dir jemand sagt: „Ich ruf dich an", ist dir völlig klar, dass das nie passiert.
Sich Montagsmorgens im Büro krank zu melden ist normal.
Einen 80-jährigen Kellner nennst du „Junge", einen 20-Jährigen nennst du „Alter".
Du nennst alle „Bruder", aber deinen wirklichen Bruder nennst du „Penner".

Du rufst zu jeder Gelegenheit: „Wie Ecuador gibt es kein zweites", wünschst dir aber, es wäre so wie Miami oder New York. Wenn du dann eine Gelegenheit hast, das Land zu verlassen, tust du es, egal zu welchen Konditionen.

Wenn du dann endlich weg bist, weinst du beim Klang der heimischen Schlager. Und wenn du zurückkommst, gefällt dir dein Land nicht mehr, du kommst nur noch zu Besuch, um so schnell wie möglich wieder abzuhauen.

sozialer Netze gravierend. Auch die Erfahrungen der Emigranten im Ausland sind oftmals frustrierend, sind sie dort Opfer des weitverbreiteten Rassismus gegenüber Wirtschaftsflüchtlingen, unabhängig davon, was für eine gesellschaftliche Position sie in Ecuador gehabt hatten.

Mittlerweile sind zahlreiche Menschen, die nach Spanien und Italien ausgewandert sind, wegen der dortigen Wirtschaftskrisen zurückgekehrt. Es gibt ein Regierungsprogramm, das **Rückkehrer** unterstützt. Trotzdem ist die Situation der Rückkehrer oftmals bedauerlich. Die hohen Erwartungen der Familie an ihren Migrationserfolg konnten sie nicht erfüllen, zudem fühlen sie sich durch die lange Abwesenheit ihrem Land und ihrer Familie entfremdet.

Seit den 2010er-Jahren migrieren zunehmend Spanier auf der Suche nach Arbeit nach Ecuador. Ecuador ist Aufnahmeland für Menschen aus Kolumbien und Venezuela, die der schwierigen Situation in ihrer Heimat entfliehen. Ganz aktuell (2018) steht Ecuador vor der Frage, wie mit den Flüchtlingsströmen aus Venezuela umzugehen ist.

Staatliche Versorgung

Das staatliche **Institut für Soziale Sicherung** (IESS) soll Schutz bei Krankheit, Mutterschaft, Arbeitsunfällen, Arbeitslosigkeit, Arbeitsunfähigkeit, im Alter und für Hinterbliebene bieten. Ähnlich wie in Deutschland erfolgt die Beitragszahlung anteilig von Arbeitgeber und Arbeitnehmer und beträgt insgesamt rund 20 % des Lohnes. Im Dezember 2013 waren 8,1 Millionen Arbeitnehmer dort versichert. Das sind 150 % mehr als noch im Jahre 2010. Der Regierung *Correa* ist diese Steigerung zu verdanken, leider hat sie sich gegen Ende der Amtszeit auch aus den Geldern des IESS bedient und die Rückzahlung der Kredite ist bislang unklar. Traditionellerweise übernehmen die Familien die soziale Absicherung, weshalb das Netz an privaten Alternativangeboten in Gesundheit und Bildung sehr gut ausgebaut ist, zu dem aber die ärmere Bevölkerung keinen Zugang hat. Zwischen Stadt und Land gibt es immer noch auffällige Unterschiede in der Versorgung. Durch konsequente Dezentralisierungsmaßnahmen konnte die Situation aber erheblich verbessert werden.

> Schulschluss an einem Colegio

Bildungssystem

Das Bildungssystem wird **zum großen Teil vom Staat getragen.** Die Regierung *Correa* erreichte eine komplette Restrukturierung des Bildungssystems nach europäischen Standards. Die Lehrergehälter wurden angehoben und die Richtlinien vereinheitlicht. Aber auch **Privatschulen** haben eine lange Tradition in Ecuador, es werden dort Schulgelder in unterschiedlicher Höhe erhoben. Außerdem gibt es viele Schulen und auch Universitäten **unter kirchlicher Trägerschaft mit staatlicher Beteiligung** – die sogenannten *fiscomisionales*. In einigen Gebieten spielen sie traditionell eine große Rolle im Erziehungssystem und sind nicht so teuer wie andere private Schulen. Der Unterricht in den **öffentlichen Schulen** (*escuela fiscal, colegio fiscal* – öffentliche Grund- und weiterführende Schule) ist nicht unbedingt schlechter als in den Privatschulen. Vielmehr ist es eine Sache des Status, auf welche Schule man seine Kinder schickt und mit was für Mitschülern sie dort zusammentreffen. Die Ausbildung der Lehrer ist für öffentliche und private Schulen die gleiche. Die Qualität des Unterrichts hängt in beiden Schulformen aber im Wesentlichen von der Persönlichkeit der Lehrer ab.

Die **Alphabetisierungsrate** ist mit 94 % relativ hoch. Tatsächlich können ca. 15 % der Bevölkerung die Schriftsprache nicht für sich im Alltag nutzen. Besonders auf dem Land verlassen viele Kinder die Schule bereits nach den ersten sechs Jahren, weil die Kinder mitarbeiten müssen. Etwa 48,8 % der Schüler schließen die Sekundarstufe mit dem *bachillerato* (Abitur) ab, von den indigenen Schülern jedoch nur 4 %. Die durchschnittliche Anzahl der Schuljahre beträgt 8,3.

Extrainfo 14 (s. S. 9): Das Bildungswesen nach der Bürgerrevolution (auf Spanisch)

Der traditionell stark lehrerbezogene Unterricht an den Schulen wird langsam durch eine interaktivere Form ersetzt. Seit Jahren arbeiten Wissenschaftler an der Umsetzung der Lehrplanreform. Die Reform setzt auf ein ganzheitliches Unterrichtskonzept und die stärkere Einbeziehung der Schüler, um so deren Analyse- und Kritikfähigkeit zu stärken. Mit der Bürgerrevolution wird der Bildung als Schlüssel für die Weiterentwicklung des Landes Rechnung tragen. 2017 liegt der Bildungsetat bei 4,1 % des BIPs.

Unter den ansässigen **Ausländern** gilt das ecuadorianische öffentliche Bildungssystem unzureichend. Daher schicken sie ihre Kinder meist auf **teure Privatschulen,** deutsche Kinder z. B. auf die Deutsche Schule in Quito – sie gehört zu den teuersten des Landes und prozentual sind wesentlich mehr ecuadorianische als deutsche Schüler auf dieser Schule, weil sie auch unter den wohlhabenden Ecuadorianern einen guten Ruf hat.

Ecuador verfügt insgesamt über **60 anerkannte staatliche und private Universitäten** und Institute (vergleichbar mit Fachhochschulen) und für sie gilt Ähnliches. Die privaten haben sehr oft religiöse Träger. Sie sind teuer und qualitativ nicht unbedingt besser als die staatlichen, denn die vermittelten Inhalte müssen sich an den Leitlinien des Trägers orientieren. Viele Universitätsdozenten unterrichten an verschiedenen Einrichtungen. Die privaten werden von ihnen wegen der besseren Bezahlung geschätzt, die staatlichen wegen der freiheitlichen Lehre. Die größte Universität in Quito ist die staatliche *Universidad Central,* die zweitgrößte die private *Universidad Católica*. Letztere ist auch für mitteleuropäische Verhältnisse teuer, für besonders begabte Studenten erteilt sie **Stipendien.** In Ecuador gibt es auch eine Art **Bildungskredit** für das Studium an staatlichen Universitäten. Diesen kann grundsätzlich jeder Ecuadorianer erhalten, er muss allerdings in Form einer dreijährigen Tätigkeit für die Regierung zurückgezahlt werden.

Gesundheitssystem

Die **medizinische Grundversorgung** des staatlichen Gesundheitssystem ist in Ecuador **gratis** – auch für Ausländer –, seit den 1990er-Jahren durch Privatisierungsmaßnahmen und Misswirtschaft jedoch äußerst lückenhaft. Die **Krankenhäuser und Krankenstationen waren unterversorgt** mit Medikamenten, medizinischem Bedarf und Ärzten. So wurden die Patienten zwar umsonst behandelt, aber meist mussten sie die Medizin selber kaufen und lange auf einen behandelnden Arzt warten. Die Regierung *Correa* hat diese Situation verbessert. Die lange bestehende Versorgungslücke wurde durch eine Vielzahl von niedergelassenen Ärzten, medizinischen Laboratorien und privaten Kliniken in allen Preisklassen geschlossen. Mittlerweile muss jeder Arbeitnehmer über eine Sozialversicherung verfügen. Einen Teil zahlt der Arbeitgeber, den anderen der Arbeitnehmer. Die Situation in den öffentlichen Krankenhäusern hat sich erheblich verbessert.

Ein funktionierendes Krankenversicherungssystem nach europäischen Maßstäben wird derzeit aufgebaut. Der Zugang zu Medikamenten für arme Familien wurde verbessert, 2017 wurden 3,8 % des Staatshaushalts für Gesundheit ausgegeben.

Die **Lebenserwartung** liegt bei Männern mit 73 und bei Frauen mit 79 Jahren relativ hoch. Die Kindersterblichkeit liegt bei 1,8 % (Deutschland 0,5 %).

Gerade in medizinischen Fragen verlassen sich Menschen gerne auf Vertrautes, so gehen viele Deutsche in Ecuador zu deutschsprachigen Ärzten oder zumindest zu von der Botschaft empfohlenen Ärzten. Dem sollte man hinzufügen, dass **ecuadorianische Ärzte** sicherlich besser sind als ihr Ruf bei Mitteleuropäern. Dadurch, dass die Ärzte gerade in den öffentlichen Krankenhäusern mit einer Vielzahl von Fällen konfrontiert werden, haben sie nach ihren Anerkennungsjahren meist breiter gestreute praktische Erfahrungen als deutsche Ärzte. So gibt es einige deutsche Medizinstudenten, die ihre Praktika in ecuadorianischen Kliniken ableisten und es als sehr bereichernd für ihre Praxiserfahrung ansehen.

Medien

Traditionellerweise stehen die meisten Medienanstalten im Dienst von bestimmten **Interessensgruppen** und informieren den Bürger nur bedingt neutral.

Die Medien werden von den Politikern als Plattform genutzt, deren Wahlchancen zu steigern. Sie sind sehr wichtig für die Meinungsbildung im Land und viele **Journalisten manipulieren** durch ihre Form der Berichterstattung die öffentliche Meinung. Die eingefärbte Informationspolitik war lange Zeit äußerst kontraproduktiv für den Demokratisierungsprozess. Die fehlende objektive Berichterstattung führte dazu, dass die Ecuadorianer sehr wenige Informationen zu Menschenrechtsverletzungen oder Umweltskandalen im eigenen oder anderen lateinamerikanischen Ländern erhielten.

In den meisten Medien steht die **Unterhaltung der Konsumenten im Vordergrund.** Die meistverkauften Blätter und die Magazine mit den höchsten Quoten bewegen sich im Bereich der *yellow press:* Nachrichten von Katastrophen, Klatsch aus der High Society, Sport – insbesondere Fußball – und die neuesten Modetrends.

Daneben gibt es aber auch Medien, die versuchen, mit einem **objektiven Journalismus** die Leser und Zuschauer zu informieren. Sie wollen von den kommerziellen Medien vertuschte Skandale publik machen und den Bürgern eine Stimme geben. Gerade die Radioprogramme mit Bürgerbeteiligung haben in Ecuador eine lange Tradition. Finanziert sind sie von unterschiedlichen (kirchlichen, staatlichen, internationalen) Instanzen. Dieses Konzept, den Bürgern in den Medien eine Stimme zu geben, weitet sich mittlerweile auch auf einige Printmedien und Internetforen aus. In Quito gibt es ein **Internationales Zentrum für Medien,** das CIESPAL. Es kooperiert mit Menschenrechtsorganisationen und mit deutschen Institutionen der Entwicklungszusammenarbeit. CIESPAL unterstützt Radioprojekte und bietet Trainingskurse für die Medienarbeit. Durch CIESPAL und andere Initiativen existieren mittlerweile eine Reihe von alternativen Netzwerken, die sich der Aufklärung der Bürger verschrieben haben und ein Gegengewicht zu dem Informationsmonopol der kommerziellen Medien bieten möchten, z. B. die Internetportale von der Menschenrechtsorganisation *proDH* (www.prodh.org). Oder **alternative Presseagenturen** wie *Prensa Tierra* in der Provinz Pastaza, die aus den indigenen Gemeinden der Region Korrespondenten in Puyo haben und so die z.T. illegalen Machenschaften der Erdölkonzerne in der Amazonía einer breiteren Öffentlichkeit bekannt machen. Die alternativen Medien liefern jedoch nur den Menschen Informationen, die sie bewusst suchen, daher ist ihr Einfluss auf die öffentliche Meinung und den allgemeinen Informationsstand nicht sehr groß – aber steigend.

In den Jahren der Demokratie seit 1979 gab es immer wieder Phasen, in denen die **inoffizielle Zensur** von Seiten der Regierung sehr stark war, z. B. unter *León Febrés-Cordero* (1984–1988), unter *Abdalá Bucaram* (1996–1997), unter dem 2005 gestürzten *Lucio Gutiérrez* und besonders unter der Regierung *Correa*.

Bereits zu Beginn seiner Amtszeit machte Präsident *Correa* durch scharfe **Medienschelte** Furore. Er kritisierte, dass die traditionellen Medien stets die Eliten gestützt hätten. Schließlich verklagte er sogar die Tageszeitung *La Hora* wegen persönlicher Verleumdung. Er wollte eine Zahlung von 40 Millionen Euro einklagen, nahm die Klage aber später zurück. Tatsächlich fand der Leser in den verbreiteten Blättern kaum ein positives Wort über die amtierende Regierung.

▷ Zeitungslektüre auf der Plaza Grande in Quito

Daher **verstaatlichte die Regierung Correa einige Medien,** darunter mehrere Fernsehkanäle, die allerdings mittlerweile pleite sind. Im Jahre 2013 trat ein neues Mediengesetz in Kraft, das die Pressefreiheit auf unterschiedliche Weise einschränkte. Die Medien wurden fortan einem Superintendanten unterstellt, der ein direkter Vertreter der Exekutive war. Die seit 2017 amtierende Regierung *Moreno* sieht davon ab, die Gesetze zur Medienkontrolle anzuwenden, und strebt langfristig Reformen des Mediengesetzes an.

Presse

Printmedien waren wahrscheinlich am meisten betroffen durch das Machtmonopol. Die Besitzer der Medienkonzerne sind Teil der ökonomischen Elite. Insofern dienen die publizierten Informationen der politischen Gruppe, der der Besitzer angehört.

Es gibt einige **überregionale Zeitungen,** die aber maßgeblich in dem jeweiligen Machtzentrum, aus dem sie stammen, gelesen werden. In Quito sind das *Comercio,* in Guayaquil *Universo,* in Cuenca *Mercurio* und *La Razón,* die alle tendenziell den Interessen der rechts-konservativen Elite entsprechen. Der *Telégrafo* aus Guayaquil ist die älteste Zeitung Ecuadors und mittlerweile das wichtigste Presseorgan der Regierung. Daneben haben die kleineren Städte ihre Lokalzeitungen.

Das weitverbreitetste Blatt der **Sensationspresse** ist *Extra*, das mit Fotos von schlimmen Unfällen und Toten die größte Auflage im Land hat.

Zeitschriften und Magazine widmen sich hauptsächlich Themen wie den Partys der High Society, Reiseberichten, Interviews, Mode, Horoskope etc. Trotzdem finden sich hier manchmal interessante politische Artikel.

Thematische Zeitschriften sind u. a. das Sportmagazin *Estadio*, *Gestión* (Wirtschaft) *Revista*, *El Agro*, *Latindex* und *Diners* (Kunst und Kultur). Hervorragend ist das linkskritische Magazin *Gatopardo*.

Fernsehen

Das Fernsehen ist sicherlich das **einflussreichste Medium** des Landes. Es gibt zwölf große Fernsehanstalten und daneben einige Lokalsender. 2007 hatte die Regierung *Correa* mehrere private Kanäle verstaatlicht, die zum Propagandainstrument der Regierung wurden.

Die **Fernsehkanäle in privater Hand** haben meistens einen kommerziellen Charakter. Die Unterhaltung des Publikums steht im Vordergrund, mehr als die Hälfte der Sendezeit scheint von Telenovelas belegt zu sein. Actionfilme, Boulevardmagazine, Nachrichtensendungen und Fußball bestreiten den Rest des Programms. Daneben gibt es kleine Kanäle auf loka-

Radio-, Fernseh- und Handystationen auf einem Berg in der Nähe von Quito

ler Ebene, die mitunter mehr Gewicht auf kulturelle Sendungen legen. Die **öffentlich-rechtlichen Sender** strahlen neben zahlreichen Informationen der Regierung ein buntes Unterhaltungsprogramm aus. In einigen Städten werden **zweisprachige Programme** in Quichua und Spanisch angeboten. Mittlerweile können auch von immer mehr Haushalten mittels Kabel und Satellit die spanischsprachigen Sender aus den USA empfangen werden.

Radio

Im Radio gibt es zwei klare Tendenzen: die **kommerziellen Radiosender** und die **radios populares** (Bürgerradios). Die ersteren finanzieren sich komplett durch Werbung oder andere Propaganda. Ihre Programmauswahl ist je nach Sender sehr unterschiedlich, aber Musik steht bei den meisten im Vordergrund. Radios haben auch eine große Bedeutung in der Verbreitung von kulturellen Ereignissen und Neuigkeiten, wie z. B. *Radio Visión* in Quito.

Die **Bürgerradios** haben in Ecuador eine lange Tradition, sie spielen für das politische Leben eine besondere Rolle. Bereits in den 1970er-Jahren wurden die ersten Radiosender gegründet, deren Programme nicht kommerziell sind und die dem Bürger Partizipationsmöglichkeiten bieten sollen. Dadurch können die Bürger ihre Meinung frei äußern und die Interaktion zwischen den verschiedenen, z. T. weit voneinander entfernt liegenden Gemeinden wird gestärkt. Die Radiosender sind durch Stiftungen oder Spenden finanziert. Diese haben auf dem Land umso größere Bedeutung, da dort das Fernsehen weniger verbreitet ist bzw. weniger Sender zu empfangen sind.

In den letzten 40 Jahren halfen Radios sehr in der Entwicklung der bäuerlichen Gemeinden, denn die Sender dienen auch als **Kommunikationsmedium zwischen den Gemeinden.** Eine Organisation, welche die Verbreitung solcher Radios auf dem Land fördert, ist ERPE in Riobamba. Auch in der Amazonía spielen die Radios eine wichtige Rolle, verschiedene indigene Volksgruppen haben ihre eigenen Stationen, mit deren Hilfe der Zusammenhalt und Austausch zwischen den weitverstreuten Gemeinden gewährleistet wird. Die Programme sind vielseitig, von Fernlernkursen, über Diskussionsforen zu Musik. Meist wird auf Mittelwelle gesendet.

Auch **in den großen Städten** gibt es partizipative Radiosender, z. B. *Radio Bolívar* und *Radio Quito* in der Hauptstadt, *Radio El Prado* in Riobamba, *Radio Atalaya* in Guayaquil, *Radio Latacunga* in Latacunga, wo Bürger ihre Meinung sagen können, neben Programmelementen wie Musik, Reportagen, Sport und Radionovelas (Hörspiel-Seifenopern). Mangels staatlicher Unterstützung finanzieren sich diese Sender auch über Werbung.

Umwelt

Ecuador ist ein kleines Land, hat durch die unterschiedlichen Klimazonen aber eine immens **große Artenvielfalt** vorzuweisen. Es gibt mehr Pflanzenarten als in den USA und doppelt so viele Vogelarten wie in ganz Europa. Zum Schutz dieser Ökosysteme sind auf ca. 24 % des ecuadorianischen Territoriums **Naturschutzgebiete und Naturreservate** eingerichtet. Für den Tourismus spielt die Artenvielfalt Ecuadors eine entscheidende Rolle, ist doch die Natur für die meisten Touristen der wichtigste Grund ihrer Reise.

Galápagos ist die größte Attraktion Ecuadors und nach wie vor kommen viele Touristen wegen dieses Archipels ins Land. Das gilt besonders für Nordamerikaner. Seit den 1930er-Jahren stehen die Inseln unter Naturschutz, seit 1979 sind sie von der UNESCO zum „Erbe der Menschheit" erklärt worden. Trotzdem ist die einzigartige Flora und Fauna latent bedroht. Für Touristen und die ca. 10.000 Bewohner gelten strenge Regeln – ob sie jedoch langfristig die Einzigartigkeit erhalten können ist fraglich. 1998 wurde zumindest endlich das Verbot von Industriefischerei von 24 km auf 64 km Distanz von den Küsten erweitert. Ein Tankerunglück im Jahre 2001 hat glücklicherweise nicht so viel Schaden angerichtet wie zunächst vermutet.

Der sogenannte **Ökotourismus** hat sich zu einer wichtigen Einnahmequelle der ecuadorianischen Volkswirtschaft entwickelt und hat laut Experten noch ein großes Entwicklungspotenzial zu bieten: vorausgesetzt, die einzigartige Natur fällt in den nächsten Jahren nicht gänzlich den anderen wirtschaftlichen Aktivitäten zum Opfer. Denn die Ausbeutung der Naturreichtümer ist geeignet, kurzfristige hohe Gewinne zu erzielen, die den Blick für die langfristigen sozialen und ökologischen Folgen verstellen.

So liegen die **größten ökologischen Probleme** Ecuadors genau dort, wo das unternehmerische Kalkül auf die Natur trifft:

- Die **Zerstörung der Mangrovenwälder** durch die Garnelenindustrie an der Küste: Die großen Gewinne, die durch die Züchtung der Krabben erzielt werden können, führen dazu, dass an den Ufern große Becken angelegt werden, wo mit hoher Technologie sehr wenige Menschen große Mengen an Krabben züchten können. Dafür müssen die niedrigen Mangrovenwälder abgeholzt werden. Abgesehen von den ökologischen Folgen verlieren dadurch viele Menschen ihre Lebensgrundlage, da die Mangroven sie mit Muscheln und Meeresfrüchten

> Der Cotopaxi ist einer der höchstgelegenen Vulkane des Planeten

Extrainfo 15 (s. S. 9): Deutsche-Welle-Beitrag über das Bananensterben

für den Eigenbedarf und für den kleinen Handel versorgt haben. Bis heute mussten etwa zwei Drittel der ecuadorianischen Mangrovenwälder den Shrimps-Farmen weichen, die oft illegal angelegt werden und dann meistens weiter bestehen dürfen.

- Die **Abholzung der Wälder** durch die Holzwirtschaft im ganzen Land: An dieser Praxis sind große Konzerne, aber auch einfache Bürger, die damit ihr Leben finanzieren, beteiligt. Mit Tropenhölzern können große Gewinne erzielt werden. Doch die grüne Lunge der Erde schrumpft in Ecuador jährlich in etwa um eine Fläche, die zwei Mal so groß ist wie die Münchens. Ein einzigartiges Ökosystem wird zerstört. Die Konsequenzen für den ganzen Planeten sind hinlänglich bekannt. Allerdings kann man nicht unbedingt erwarten, dass die vergleichsweise armen Menschen darauf Rücksicht nehmen, solange ihnen keine Alternativen geboten werden.

- Der **Abbau der Metalle** (Kupfer, Zinn, Erze, seltene Erden, Gold) durch Bergbau. Besonders akut im Intag in der Provinz Imbabura, wo es seit langem Konflikte zwischen den Bewohnern und den Unternehmen gibt. Seit die Regierung *Correa* 2015 die Umsetzung von sechs Megabergbauprojekten beschloss, kommt es auch andernorts zu massiven Protesten gegen diese großflächige Form der unwiderruflichen Na-

Extrainfo 16 (s. S. 9): Video über nachhaltige Garnelenzucht in Ecuador

turzerstörung, die durch Bergbau und seine Abfälle geschieht (siehe auch das Stichwort Rio Blanco auf S. 170).
- Die Ausweitung der **Erdölwirtschaft** im Amazonastiefland: Die Erdölvorkommen Ecuadors liegen im Regenwald des Oriente, genau dort, wo auch die größte Artenvielfalt zu verzeichnen ist. Über 40 Jahre Erdölförderung haben die Ausweitung der Armut nicht verhindern können und ebenso wenig die anderen wirtschaftlichen Probleme des Landes gelöst. Viel eher haben die Vorkommen die hohe Verschuldung erst ermöglicht. Jetzt dienen sie dazu, dieselbe wieder abzutragen. Sie haben das ökologische Gleichgewicht durcheinander gebracht und für die Lebensbedingungen der Bewohner des Amazonastieflands tiefe Veränderungen hervorgerufen.

Es gibt zwei große **Pipelines,** die das Öl aus dem Osten über die Anden an die Küste transportieren. Die ältere, die SOTE, wurde in den 1970er-Jahren gebaut. Die neuere, die OCP, wurde 2003 in Betrieb genommen. Ihr Bau wurde von heftigen Protesten der Umweltorganisationen begleitet. Sie durchschneidet elf Naturschutzgebiete und verläuft durch ökologisch hoch sensible Zonen, die durch häufige Vulkanausbrüche und Erdbeben einen Unfall wahrscheinlich machen. In der Tat wurde die Pipeline während des Baus 2002 bereits auf einer Länge von 850 m durch einen Ausbruch des Vulkans Reventador zerstört. Eine längere, aber sicherere Trasse wurde wegen der höheren Kosten nicht gebaut. Das Projekt wurde entscheidend durch die deutsche West LB mitfinanziert, weswegen auch in Deutschland scharfe Proteste stattfanden.

Beide Pipelines führen durch die Wasserversorgungsgebiete Quitos, so ist bei einem Rohrbruch der SOTE 2003 die Laguna de Papallacta verseucht worden, die 40 % des Wassers für Quito lieferte. Durch häufige Rohrbrüche sickert sehr viel Erdöl in die Natur.

Die **Schäden durch die Ölförderung** selbst sind ebenfalls erheblich. Das Grundwasser in der Nähe der Fördertürme wird verseucht. Die giftigen Reste der Förderung werden in Becken gesammelt, wo sie langsam in das Grundwasser sacken. Die Flüsse weisen eine hohe Konzentration an Quecksilber auf.

Die Errichtung der Infrastruktur ist mit der **Abholzung großer Waldgebiete** verbunden. Die indigenen Volksgruppen im Nordosten Ecuadors sind durch die Erdölindustrie vom Aussterben bedroht. Sie leiden an Hautkrankheiten, einer hohen Krebsrate, Unterernährung durch Zerstörung ihrer Lebensgrundlagen, ihre Babys haben häufig Missbildungen. Eine Studie der Universität Harvard hat herausgefunden, dass Menschen, die in der Umgebung der Ölindustrie wohnen, einer toxikologischen Belastung ausgesetzt sind, die sogar Schäden am Erbgut verursacht. Durchschnittlich ereignet sich alle drei Tage ein Leck in einer Pipeline oder einem Bassin, viele dieser kleineren Unfälle bleiben der großen Öffentlichkeit verborgen. Die Ölfirmen bauen im Allgemeinen darauf, dass die Lobby für den Regenwald und seine Bewohner schwach und der Regenwald unzugänglich ist. Bei Unfällen werden keine teuren Maßnahmen ergriffen, die die Schäden nachhaltig eindämmen würden (wie z. B. bei Öl-Unglücken in Europa oder den USA). Viel eher wird leidlich vertuscht. Ziehen die Ölfirmen ab, hinterlassen sie wüste Szenarios.

Das Zitat eines Ölarbeiters klingt zynisch, weist aber auf nachhaltige **Zerstörung der traditionellen Strukturen** hin: „Wir würden nach unserem Abzug die Straßen ja denaturieren, aber wenn es soweit ist, will das garantiert keiner mehr." Bei einem Besuch der nordöstlichen Provinz Sucumbíos, die übrigens trotz ihrer Gefahren eine Touristenattraktion ist, weil hier im Nationalpark Cuyabeno eines der artenreichsten Gebiete der Erde liegt, wird man überall mit den negativen Auswirkungen der Erdölförderung konfrontiert. Voraussichtlich wird das auf lange Sicht dem Ökotourismus schaden, der nach dem Abbau der Ölvorkommen eigentlich eine wirtschaftliche Alternative für das Land wäre.

Mittlerweile sind die Umweltprobleme aber zunehmend in den Blick der Öffentlichkeit gerückt. Die größte ecuadorianische **Umweltorganisation** *Acción Ecológica* versucht mit Aufklärungskampagnen auf die Schäden aufmerksam zu machen und den Umweltschutz im Bewusstsein der Bürger zu verankern.

Die Bewohner Sarayacus (siehe Kapitel „Menschenrechte") sind sehr aktiv dabei, die Lobby des Regenwalds zu vergrößern. Sie gewannen zudem 2012 einen Prozess gegen die Regierung. Indígenas und Bauern der Nord-Provinz Sucumbíos haben es geschafft, den **US-Konzern Texaco** (jetzt *Chevron*) in Lago Agrio/Nueva Loja vor Gericht zu stellen. In den 1980er-Jahren hatte Texaco erhebliche Schäden verursacht und nicht behoben (z. B. wurde Erdöl gegen die Staubentwicklung auf die Straßen geleitet). Insgesamt ist fast hundert mal mehr Öl ausgelaufen als bei der Deepwater-Horizon-Katastrophe im Golf von Mexiko. Seit 1993 fordert die Opfervereinigung (ca. 30.000 Bewohner Sucumbíos) vor Gericht eine Entschädigung. Nach etlichen Verzögerungstaktiken seitens des Konzerns bestätigte im November 2013 schließlich das Oberste Gericht Ecuadors eine vorherige Verurteilung des Konzern zu einer Zahlung von 9 Milliarden Dollar, die zuvor in einer niedrigeren Instanz ausgesprochen worden war. Bisher ist allerdings kein Geld geflossen – im Gegenteil. Der Konzern versucht nun, ein Urteil gegen die Kläger wegen terroristischer Machenschaften zu erwirken.

Die Regierung *Correa* bezeichnete sich selbst als „grün" und in der Verfassung sind die **„Rechte der Natur"** festgeschrieben (s. S. 166). Präsident *Correa* machte international von sich reden, als er die Initiative **Yasuní-ITT** in seinen Regierungsplan aufnahm. Trotzdem, nicht nur das Scheitern des Yasuní-Projekts (s. S. 196) zeigte deutlich, dass die **Ressourcenpolitik der Bürgerrevolution wenig mit nachhaltiger Umweltpolitik zu tun hatte.** Präsident *Moreno* gibt durch seinen Entwicklungsplan, der sich an den UN-Nachhaltigkeitszielen *(sustainable Development Goals)* orientiert, Anlass zur Hoffnung. Auch zwei Fragen im Referendum von Februar 2018 beinhalten den Umgang mit Ölförderung und Bergbau. Die Bevölkerung sprach sich ganz klar für den Schutz der Natur aus. Inwieweit die Regierung *Moreno* das Versprochene tatsächlich konkret umsetzt, bleibt abzuwarten.

Staatliche und nichtstaatliche Institutionen vermitteln in Umweltkonflikten, wobei auch Organisationen der deutschen Entwicklungszusammenarbeit beteiligt sind. Es gibt Bemühungen, eine Art grünes Siegel für die Blumen- und Holzproduktion zu etablieren. In Mitteleuropa kann man bereits Blumen, Tropenhölzer und Bananen erwerben, die mit einem Umweltverträglichkeitssiegel ausgestattet sind.

Seit 1996 gibt es ein **Umweltministerium,** das ein Gesamtkonzept für eine nachhaltige Umweltpolitik erstellt hat. Das Ministerium wurde mithilfe der deutschen GIZ (Gesellschaft für internationale Zusammenarbeit) dezentralisiert. Strenge Schutzvorschriften und Aufforstungspläne werden vom Umweltministerium überwacht, jedoch wird den wirtschaftlichen Interessen der Regierung im Zweifelsfall der Vorrang eingeräumt.

Die **Umweltpolitik der Städte** beginnt Formen anzunehmen (es gibt beispielsweise erste Ansätze einer Mülltrennung), aber noch weist die Wasser- und Müllentsorgung Defizite auf. Die Energieversorgung Ecuadors resultiert zu 60 % aus Wasserkraft, der Rest wird weitgehend von Dieselmotoren übernommen. Es gibt keine Atomkraftwerke im Land.

Das **Umweltbewusstsein** ist, gemessen an mitteleuropäischen Maßstäben, schwach ausgeprägt. Müllvermeidung und Energiesparen sind im Alltagsverhalten relativ unbekannt. Aber: Die Ecuadorianer verursachen definitiv weniger Müll als Mitteleuropäer, weil z. B. Pfandflaschen viel billiger sind als Einwegflaschen und weil viel Verpackungsmaterial meist nur an teureren Produkten zu finden ist. Die meisten Menschen versorgen sich nach wie vor hauptsächlich über die Märkte. Außerdem verbrauchen sie wesentlich weniger Energie als die Industrieländer, weil weniger Autos fahren und keine großen Industrien existieren (Kohlendioxid-Emission pro Kopf: Ecuador 2,7 t, Deutschland 8,9 t).

Extrainfo 17 (s. S. 9): Video darüber, wie Goldminen Zaruma in Ecuador gefährden

Entwicklungszusammenarbeit

Ecuador empfängt aus vielen Industrieländern und von einigen multilateralen Organisationen (z. B. der UNO) Entwicklungshilfe. Deutschland engagiert sich seit den 1950er-Jahren im Land. Nach Spanien und den USA ist die die Bundesrepublik das wichtigste Geberland. Der wichtigste deutsche Partner ist die Gesellschaft für internationale Zusammenarbeit (GIZ), die ein großes Büro in Quito hat und aus der GTZ (Gesellschaft für Technische Zusammenarbeit) und dem DED (Deutscher Entwicklungsdienst) hervorgegangen ist. Sie arbeitet zusammen mit örtlichen nichtstaatlichen Organisationen und staatlichen Institutionen. Als deutsche NGO (*non-governmental organization,* Nichtregierungsorganisation) ist unter anderen die **Deutsche Welthungerhilfe** zu nennen, die Projekte in Ecuador betreibt. Die vier großen deutschen politischen Stiftungen unterhalten ebenfalls Büros in Quito. Schätzungsweise knapp 80 deutsche Entwicklungshelfer und -experten *(cooperantes técnicos)* sind vor Ort aktiv. Allein 2017 stellte Deutschland 37,5 Millionen Euro für Entwicklungszusammenarbeit mit Ecuador zur Verfügung. Vom **Bundesministerium für Entwicklung und Zusammenarbeit** (BMZ) und der ecuadorianischen Regierung festgelegte Schwerpunkte für die Kooperation sind „Schutz der Umwelt und der natürlichen Ressourcen" und „Öffentliche Verwaltung und Wirtschaftsreform". Der erste Schwerpunkt umfasst die Bereiche Waldschutz, Agrobiodiversität, Erhalt von Küsten- und Meeresschutzgebieten sowie die Minderung des Treibhausgasausstoßes und die Anpassung an den Klimawandel. Im zweiten Schwerpunkt konzentriert man sich auf Stadtentwicklung und Dezentralisierungsmaßnahmen. Des Weiteren werden u. a. Maßnahmen zur Prävention der Gewalt gegen Frauen gefördert.

Viele Entwicklungsdefizite Ecuadors sind auf die **jahrelange politische Instabilität und strukturelle Mängel** zurückzuführen. Der Entwicklungsplan der Regierung *Correa* passte gut zum Ansatz der deutschen Entwicklungszusammenarbeit, jedoch kam es insbesondere durch das Scheitern der Yasuní-ITT-Inititative zu einem Bruch in der guten Zusammenarbeit beider Staaten. Unter Präsident *Moreno* wurde die Zusammenarbeit wieder aufgenommen. Die Entwicklungsziele des nationalen Entwicklungsplans „Plan nacional de desarollo" (s. S. 166) orientieren sich an der Agenda 2030 und beinhalten eine Bekämpfung der Armut und der Gewalt. Außerdem schreiben sie das Recht auf Bildung, Arbeit, soziale Absicherung, Wohnraum, Gesundheit und kulturelle Teilhabe fest. Gesellschaftliche Partizipation nimmt einen hohen Stellenwert ein. Besonders Entwicklungsziel Nummer 3 des Entwicklungsplans („Rechte der Natur wahren") wird von den deutschen Aktivitäten der Entwicklungszusammenarbeit ergänzt.

Yasuní-ITT

*Präsident Correa machte international von sich reden, als er die **Initiative Yasuní-ITT** in sein Regierungsprogramm aufnahm. Es handelte sich dabei um ein bisher einzigartiges Umweltprojekt: Ecuador wollte auf die Ölförderung im Yasuní-Nationalpark verzichten und sollte im Gegenzug von der Weltgemeinschaft die Hälfte der zu erwartenden Erträge erstattet bekommen. Somit wäre das Artenreichtum gesichert worden und es wäre kein CO_2 ausgestoßen worden. Revolutionär an dieser Initiative war, dass hier erstmals konkret die Klimagerechtigkeit berücksichtigt worden wäre. An den Kosten hätten sich auch die Länder beteiligen sollen, in denen am meisten CO_2 ausgestoßen wird. Das Geld wäre durch einen UN-Treuhandfond verwaltet und für Umwelt- und Entwicklungsprojekte in Ecuador verwendet worden.*

*Ursprünglich kam diese Initiative aus der Zivilgesellschaft und wurde von der Regierung übernommen, passend zum Verfassungsprinzip des „Buen Vivir" (s. S. 166) und der **Anerkennung der Natur als Rechtssubjekt.** Es schien eine kluge Idee, die Industrieländer, die traditionell die Rohstoffe des Südens ausbeuten und den Hauptanteil am globalen CO_2-Ausstoß haben, am Klimaschutz zu beteiligen. Ein internationales Bündnis von Nichtregierungsorganisationen, „Yasunidos" genannt, unterstützte die Initiative (in Deutschland sind sie über die Seite www.saveyasuni.eu organisiert).*

*Deutschland galt zunächst als einer der wichtigsten Unterstützerstaaten. Der mit dem Regierungswechsel 2009 eingesetzte Entwicklungsminister Dirk Niebel bewertete diese Idee jedoch als erpresserisch und kündigte einen Großteil der Unterstützung auf. Als bis Sommer 2013 nur etwa 0,37 % des erwarteten Betrags zugesagt wurden, verkündigte Correa den sogenannten „Plan B": **Das Erdöl solle gefördert werden.** Im Oktober stimmte das Parlament zu. In seinen Reden betonte der Präsident, dass durch Einsatz der neuesten Technologien dem Urwald quasi kaum Schaden zugefügt werde, dass ihm der Mensch doch mehr am Herzen läge als die Natur und dass die **Armutsbekämpfung** eben **von diesem Öl abhinge.***

*Umweltverbände und indigene Organisationen, die schon lange mit Correa streiten, kritisieren, dass niemals über einen „Plan C" nachgedacht wurde. Dieser könnte so aussehen, dass das Erdöl nicht gefördert wird, obwohl der internationale Betrag nicht zusammen gekommen ist. Fakt ist nämlich auch, dass bereits **Konzessionen zur Ölförderung** im Yasuni **an China** vergeben wurden, die an einen sehr hohen Kredit geknüpft sind.*

Nach Aufkündigung des Fördermoratoriums kam es zu einem Schlagabtausch zwischen der deutschen und der ecuadorianischen Regierung, die sich gegenseitig die Schuld am Scheitern der Initiative vorwarfen. In diesem

Extrainfo 18 (s. S. 9): Deutscher Bericht über die Ölförderung im Yasuní-Nationalpark

*Zusammenhang parodierte Correa die deutsche Perspektive: „Holzt nicht ab, holt nichts aus dem Boden, sterbt vor Hunger, aber wir genießen als Touristen den Dschungel, den ihr nützlichen Idioten erhaltet." Die Bundestagsabgeordnete Ute Koczy von Bündnis 90/die Grünen kommentierte die Aufkündigung des Fördermoratoriums mit Verweis auf die **„Ego-Trips von Niebel und Correa".***

Daraufhin initiierte das Bündnis Yasunidos, bestehend aus Umwelt- und Idigenenorganisationen, eine große Unterschriftenkampagne, die letztlich 2014 von der Regierung Correa unter vorgeschobenen Gründen abgeschmettert wurde. Die Regierung Moreno nahm in der Volksbefragung 2018 die Frage auf, ob die Ölförderung im Yasuní auf ein kleineres Maß beschränkt werden sollte. Eine Mehrheit sprach sich dafür aus. Gleichzeitig begannen die Ölförderungen in diesem Park. Im August 2018 entschuldigte sich der Staat Ecuador bei den Aktivisten für die Diskreditierung, die sie in den letzten Jahren der Regierung Correa erfahren hatten. Wie es mit Yasuní weitergeht, wird die Zukunft zeigen.

◸ Der Nationalpark Yasuní könnte schon bald anders aussehen …

Verhalten und Kommunikation

Sprache | 201

Kommunikationsstil | 208

Konfliktverhalten | 219

Nonverbale Kommunikation | 222

Lebensgefühl | 223

◁ Markt in Riobamba. Im Hintergrund der Chimborazo, der höchste Berg des Landes (Abb.: 077ec rj).

039ec bd

Neben der Sprache an sich ist auch die Art und Weise, wie kommuniziert wird, wichtig zum Verständnis der Menschen. Jedes Land hat bestimmte kulturspezifische Orientierungs- und Wertesysteme, die sich innerhalb des Landes nochmal durch Region, Ethnie, Bildungsniveau, Schichtzugehörigkeit und selbstgewählte Identitäten unterscheiden können. Trotzdem gibt es gemeinsame Grundannahmen des Alltagsdenkens und kulturelle Selbstverständlichkeiten, die das Handeln beeinflussen. Sie äußern sich in der Körpersprache, in Gesten und allgemeinen Verhaltensregeln. Meist sind sie unbewusst, was dazu führt, dass die Wahrnehmung nicht objektiv ist, sondern die Dinge durch eine kulturelle Brille wahrgenommen werden. „Der Ecuadorianer" existiert genauso wenig wie „der Deutsche", aber in vielen Interaktionssituationen lassen sich Verhaltenspräferenzen ausmachen, auf die typischerweise zurückgegriffen wird. So werden bei der Begegnung zweier Landsleute stillschweigend bestimmte Verhaltensnormen beachtet, z. B. welche Themen bei einer ersten Begegnung angeschnitten werden können und welche nicht. Liegen bei den Kommunikationspartnern unterschiedliche Systeme zugrunde, kann das Gegenüber als reserviert oder eben als zu aufdringlich empfunden werden. Im Folgenden sind einige markante Verhaltenspräferenzen dargestellt. Um diese Informationen richtig einordnen zu können, ist es sinnvoll sich über die eigenen Verhaltensmuster Gedanken zu machen und diese womöglich als kulturgebunden zu erkennen. Daher wird im folgenden Kapitel auch auf deutsche Kulturstandards eingegangen. Alle Aussagen sind als Tendenzen zu verstehen, da sich auf dem Gebiet der Kommunikation keine absoluten Aussagen treffen lassen.

Die Sprache ist ein wichtiges Werkzeug für den Reisenden, sich in einem fremden Land zurechtzufinden. Aber, keine Sorge, die Ecuadorianer sind sehr tolerant gegenüber mangelnden Sprachkenntnissen. Mit viel Geduld versuchen sie zu ergründen, was der Ausländer wohl meinen könnte. Auch in anderen Bereichen wird die Andersartigkeit der Fremden weitgehend akzeptiert und Fettnäpfchen werden meist verziehen. Das ist auch gut so, denn um diese kommt keiner auch mit noch so viel theoretischem Wissen herum.

Sprache

Spanisch ist die offizielle Landessprache Ecuadors, daneben existiert die weitverbreitete Indígenasprache **Quichua,** sowie eine Reihe anderer Indígenasprachen, die aber verhältnismäßig wenig verbreitet sind. Quichua wird von einem Großteil der indigenen Völker insbesondere in der Sierra gesprochen. Im 8. Jahrhundert hatte sich das Quichua im Andenraum als Handelssprache etabliert. In Ecuador wird ein bestimmter Quichua-Dialekt gesprochen, der ursprünglich aus der Gegend um Cuzco stammt und mit der Eroberung durch die Inkas ins heutige Ecuador gelangte. Der Aufschwung der indigenen Bewegungen und die Rückbesinnung auf die traditionelle Kultur haben auch zu einer Aufwertung des Quichua geführt. Ursprünglich war sie eine gesprochene Sprache, die nicht als Schriftsprache existierte. Um ihre Existenz neben dem Spanischen zu gewährleisten und um die Organisation der indigenen Bewegung zu stärken, kam es in den letzten Jahrzehnten zu einer zunehmenden Verschriftlichung. Des Weiteren wird über bilinguale Projekte zur Zweisprachigkeit (z. B. Schulunterricht auf Quichua und Spanisch) versucht, die Stellung der Indígenas in der Gesellschaft zu stärken.

Die spanische Sprache wird auch als **castellano** bezeichnet, d. h. die Sprache Kastiliens, der Ursprungsregion des Spanischen in Zentralspanien. Denn es ist dieses mittelalterliche Spanisch, das nach der Entdeckung Amerikas durch die Spanier nach Hispanoamerika gebracht wurde. So erklären sich einige Unterschiede zwischen dem europäischen und dem lateinamerikanischen Spanisch dadurch, dass in den vergangenen 500 Jahren jede Region eine eigene sprachliche Entwicklung durchlaufen hat. Der größte Unterschied liegt in der **Aussprache.** Lateinamerikaner sind von Spaniern sehr leicht durch den Klang ihrer Sprache zu unterscheiden. Direkt deutlich wird das durch den in ganz Lateinamerika üblichen *seseo*. Während man in Spanien ein „c" vor „e" und „i" wie ein englisches „th" ausspricht, spricht man in Lateinamerika das „c" vor „e" und „i" sowie das „z" wie ein stimmloses „s", das entspricht dem deutschen Buchstaben „ß". Wahrscheinlich lässt sich das dadurch erklären, dass die meisten Eroberer aus Andalusien und der Extremadura stammten, wo man damals noch keinen Unterschied zwischen „c", „s" und „z" machte.

◁ Liebespaare haben ihre eigene Sprache

Abgesehen von einigen allgemeinen Charakteristika des lateinamerikanischen Spanisch, unterscheiden sich auch innerhalb des Kontinents, ja sogar innerhalb der Länder, die jeweiligen **Dialekte** stark voneinander. Eine Faustregel ist, dass in den Küstenregionen und der Karibik undeutlich gesprochen wird und bestimmte Buchstaben verschluckt werden, während in höheren Regionen deutlicher betont wird. Daneben weist jedes lateinamerikanische Land noch seine eigenen Besonderheiten auf, in denen sich die Gegebenheiten der Region und die Mentalität der Bewohner widerspiegeln. Das gilt auch für Ecuador.

In Ecuador ist es schwierig, sich mittels einer anderen europäischen Sprache als Spanisch zu verständigen. Die meisten Leute sprechen kaum Englisch, es sei denn, sie arbeiten in der Tourismusbranche. Idealerweise sollte der **Reisende,** der nicht nur um Land, sondern auch um Leute bemüht ist, **Spanisch sprechen.** Die Ecuadorianer freuen sich über Ausländer, die ihre Landessprache beherrschen und leicht gerät man mit Einheimischen in intensive Gespräche über Gott und die Welt. Will man als Reisender etwas mehr erleben als die „klassischen" Sehenswürdigkeiten, sollte man sich zumindest mit einem Grundvokabular ausstatten, denn schon ein paar Brocken öffnen so manche Türe und unterscheiden den Reisenden vom Klischee des typischen Gringos. Die Grundlagen der Sprache zu lernen ist relativ einfach. Schnell kommt der Lernende auf ein Niveau, das eine rudimentäre Unterhaltung ermöglicht.

Das Spanische der **Sierra** ist klar und deutlich und wird vergleichsweise langsam gesprochen. Daher eignet sich die Gegend sehr gut, um Spanisch zu lernen und es haben sich insbesondere in Quito, aber auch in Otavalo, Baños und Cuenca zahlreiche **Sprachschulen** etabliert. Viele Individualreisende beginnen ihren Aufenthalt mit einem zwei- oder dreiwöchigen Sprachkurs. Das gängige Modell sieht vier Unterrichtsstunden täglich *one to one*, d. h. als Einzelunterricht, vor. Der Preis liegt deutlich unter dem in Deutschland üblichen. Sprachschulen bieten darüber hinaus auch noch andere Leistungen an. So gibt es Komplettpakete mit Sprachunterricht, Kost, Logis und Freizeitprogramm. Neben dem Spracherwerb bietet ein solches Paket den Reisenden die Möglichkeit, sich zunächst in einer geschützten Umgebung an das Land zu gewöhnen. Oft fungieren die Sprachlehrer durch die intensive Zusammenarbeit als Mittler in allen Lebenslagen. Hieraus ist schon die ein oder andere langjährige Freundschaft entstanden. Außerdem bietet das Leben in einer Familie oder mit jungen Ecuadorianern die Möglichkeit, Kontakte zu knüpfen und die gelernten Dinge anzuwenden. Die zahlreichen Anbieter kann man leicht über das Internet ausfindig machen. Auch vor Ort ist es einfach, in kürzester Zeit eine geignete Schule zu finden.

Ecuadorianismen

Das ecuadorianische Spanisch ist angereichert mit einer ganzen Reihe von Wörtern, die aus dem Quichua übernommen sind. Oft liegt das daran, dass es sich um Phänomene handelt, die vor der Entdeckung Amerikas in Europa nicht bekannt waren. Manchmal wurde dann die ursprüngliche **Quichua-Bezeichnung ins Spanische** und gelegentlich auch ins Deutsche übernommen (z. B. *condor, quinua*). Bisweilen hielt sich in Übersee der ursprüngliche Name, während in Spanien eine andere Bezeichnung gewählt wurde: So ist das Wort für die aus dem Andenraum stammende Kartoffel in Ecuador und in den anderen lateinamerikanischen Ländern *papa*, in Spanien aber *patata*.

Einige der **Quichua-Wörter** sind in den ganz normalen Sprachgebrauch übergegangen und werden meistens statt des spanischen Wortes benutzt: z. B. *guagua* (Kind), *guambra* (Jugendlicher), *chuchaqui* (Alkoholkater), *chumado* (betrunken), *ñaña/ñaño* (Schwester/Bruder). Andere werden nur als eine Art typisch ecuadorianischer Code gebraucht und bestehen neben den spanischen Wörtern: z. B. *shunsho* (dumm), *mishie* (Katze), *taita* (Vater), *chimilinga* (klein).

In **geografischen Bezeichnungen** wurde oft der ursprüngliche Ortsname beibehalten (Riobamba, Guayaquil etc.), insbesondere wenn sich vor der Eroberung durch die Spanier dort bereits eine Siedlung befand. Häufig entstand auch eine Mischform, z. B. San Francisco de Quito, der volle Name der Hauptstadt, wobei Quito auf *quitu* zurückgeht, der Stamm, dem die Gründung dieser Stadt zu verdanken ist. Alle Vulkane Ecuadors haben ihre alten Namen behalten und auch in den Beinamen spiegelt sich der große Einfluss des Quichua im ecuadorianischen Spanisch wider. Der Pichincha, der Hausvulkan Quitos, hat z. B. zwei Krater, den inaktiven älteren Rucu Pichincha und den aktiven jüngeren Guagua Pichincha. *Rucu* bedeutet „alt" oder „schlafend" und *guagua* „jung" oder „Kind".

Daneben gibt es eine Vielzahl ecuadorianischer umgangssprachlicher Bezeichnungen oder **Slangs,** die nicht indigenen Ursprungs sind. Einige davon sind auch in anderen lateinamerikanischen Ländern bekannt:

Sehr häufig hört man den Ausruf *chévere* (toll, cool, super ...), wenn jemand sein Wohlgefallen oder seine Zustimmung kundtun möchte. In die ähnliche Richtung gehen *bacán* (an der Costa), *plenaz* oder *plenazo* und *alaja* (toll).

Andere Beispiele sind: *chiro* (pleite), *pelada* (Freundin oder junges Mädchen), *cacho* (Witz), *te fregaste* (du bist reingefallen, du hast verloren), *pacheco* (kalt), *ay caray caray!* (Na sowas!), *chapa* (Polizist), *pana* (Freund),

Schimpfwörter und Flüche

Sie haben nicht nur den Sinn, Missfallen auszudrücken. Manchmal dienen sie lediglich der Verstärkung des Gesagten oder sogar als vertrauliche Anrede. Wie negativ etwas gemeint ist, wird durch den Tonfall und den Kontext deutlich.

- *Negative Ausrufe sind z. B. das sehr oft gehörte „chuta" (vergleichbar mit „Mist") oder „chucha" (etwas stärker als „chuta").*
- *Andere abwertende Ausrufe in absteigender Härte sind: „Mierda!", „qué vaina!", „qué bestia!" (alle drei: „Ach du Scheiße!" oder auch nur: „Au weia!"), „maldito!" (Verflucht!), „que huevada" (So ein Mist!), „qué susto!" (Ach du Schreck!), „díos mío!" (Mein Gott!).*
- *Gerne benutzte abwertende Titulierungen sind: „hijo de puta" (Hurensohn), „pendejo/a" (Idiot, Trottel), „idiota" (Idiot), „huevón" (Blödmann), „pajero" (Wichser), „cachudo, cornudo" (Betrogener), „payaso" (Clown), „tarado/a" (Doofmann) und speziell für Frauen „Perra" (Hündin).*

cholo (Mischling), *plata* (Geld), *trago* (Drink) etc. Oder die in einigen lateinamerikanischen Ländern übliche Vorsilbe *re-* oder *recontra-* wird zur Verstärkung, z. B. *recontrachiro* (superpleite) oder *reguapa* (superhübsch) benutzt. Natürlich gibt es hier immer Moden, die den aktuellen Slang beeinflussen. Sehr lange hält sich schon unter jüngeren Leuten die Anrede *loco/loca* (Verrückte/r) im Sinne von „Kumpel/Freund". Außerdem sind die verschiedenen Slangwörter abhängig von Region und der jeweiligen Clique. Viele Ecuadorianer haben Sinn für Sprachwitz und erfinden gerne Spitznamen *(apodos)* für alles und jeden, daher kann sich in bestimmten Freundeskreisen fast so was wie eine Privatsprache entwickeln, die für Außenstehende – besonders Ausländer – kaum zu verstehen ist. Auch viele Berufsgruppen haben ihren eigenen Slang.

In Ecuador werden für einige Dinge andere **Synonyme** als die in Spanien üblichen gewählt, z. B. bezeichnet man Autos mit *carro* und seltener mit *coche*. Dagegen ist ein Einkaufswagen ein *cochecito* und kein *carrito* wie in Spanien. Anders als in Spanien tut man sich in Lateinamerika leichter damit, **Wörter aus dem Englischen** in die Sprache aufzunehmen. So sagt man beispielsweise *computadora* anstatt *ordenador,* man benutzt auch das Wort *film* anstatt *película*. Oder *mitín* von Englisch *meeting* (Treffen). Ein *guachiman* vom US-amerikanischen *watchman* ist ein Aufpasser. Beliebt ist das vom Englischen *to check* abgeleitete Verb *chequear* ähnlich dem deutschen „checken".

- *„Maricón", „maríca", „meco" bedeuten alle drei „Schwuler" und werden z. T. unter jungen Männern als derb-freundschaftliche Anrede benutzt.*
- *Das in Spanien übliche „cabrón" (Scheißkerl) wird in Ecuador nur selten für krasse Fälle benutzt und ist nicht unbedingt gesellschaftsfähig. Außerdem wird es für Zuhälter verwandt.*
- *Andere umgangsprachliche Wendungen sind: „No me jodas!" (Nerv mich nicht!), „vete!" (Hau ab!), „no me molestes!" (Lass mich in Ruhe!).*

Als Ausländer sollte man keine Schimpfwörter verwenden, denn die Gefahr ist groß, sie im falschen Moment zu benutzen oder die Härte des Wortes nicht einschätzen zu können. Das wird einem Ausländer zwar meist verziehen, aber dennoch ist es peinlich. Schimpfwörter richtig dosiert einzusetzen, bedarf einer hohen Identifikation mit der Sprache und der Mentalität. Spanier werden z. B. oft als grob empfunden, sie sprechen zwar die gleiche Sprache, haben aber völlig andere Verhaltenskodizes – auch was den Einsatz von Schimpfwörtern angeht. Trotzdem ist es hilfreich, die Umgangssprache und die Schimpfwörter zu kennen, um Situationen richtig einschätzen zu können.

Ansonsten fällt auf, dass sich das ecuadorianische Spanisch einer Vielzahl von **Verniedlichungen** bedient. Diesem Sprachgebrauch begegnen wir im gesamten andinen Raum, in Mexiko und Zentralamerika. Auf diese Weise wird die nette Absicht des Gesagten unterstrichen und manchmal den Dingen ihr negativer Beigeschmack genommen. Diese Angewohnheit spiegelt die freundliche ecuadorianische Mentalität wider und drückt Zuneigung und Wärme aus. Es wird nicht nur an Substantive ein *-ita/-ito* oder *-cita/-cito* angehängt, sondern auch an Adjektive, Adverbien, Zeit- und Ortsangaben. So entstehen auf den ersten Blick kurios anmutende Verbindungen, wie z. B. *hasta luegito* („bis gleich-chen"), *despuesito* („später-chen"), *ahorita* („jetzt gleich-chen"), *horita* (Stündchen), *un ratito* (ein Weilchen), *un momentito* (ein Momentchen), *cafecito* (Käffchen), *cervecita* (Bierchen), *aguita* („Wässerchen" oder „Teechen"), *mujercita* (Frauchen), *besito* (Küsschen), *niñito* (Kindchen), *amorcito* (Liebchen), *chumadito* („angeheitert-chen"), *colita* (kohlensäurehaltiges Getränkchen), *de hechito* (in der Tat-chen), *cerquita* (nah-chen), *arribita* (oben-chen), *chaucito* (Tschüsschen), *chiquito* („klein-chen") oder sogar *chiquitito* („kleinlein-chen").

Die Verkleinerungsform wird häufig an **Namen** angehängt. Viele Söhne erhalten den Vornamen ihres Vaters und um innerhalb der Familie keine Verwirrung zu stiften, ist der Sohn dann z. B. der Pablito. Doch auch sonst werden die Vornamen verniedlicht.

Neben den Verniedlichungen lieben die Ecuadorianer auch **Kose- und Spitznamen.** So gibt es für viele Vornamen gängige Abkürzungen, die z.T. genauso in der restlichen hispanischen Welt verwendet werden wie z.B. *Pancho* oder *Paco* für *Francisco*, *Lola* für *Dolores*, *Lalo* für *Rosario* und *Eduardo*, *Lucho* für *Luis*, *Lucha* und *Luchita* für *Lucia*, *Chente* oder *Vichi* für *Vicente*, *Washo* für *Washington*, *Pepe/Pepito* für *José* und *Lupe* für *Guadalupe*.

Es folgen einige Beispiel für häufig gebrauchte **Redewendungen:**

- *Mande?* (befehle!?) wird gebraucht, wenn man etwas nicht verstanden hat, also wie das deutsche „Wie bitte?".
- Einen Fremden bittet man mit *disculpe, señor/a* (Verzeihung, der Herr/ die Dame) um Hilfe.
- Oft hört man *siga,* das ist der Imperativ des Verbs *seguir* und bedeutet „weitermachen", „weitergehen". Wenn es laut in den Bussen gerufen wird, bedeutet es, dass man nach hinten durchgehen oder dass der Fahrer weiterfahren soll. In einem Geschäft sagt es der Verkäufer im Sinne von „Schauen Sie sich alles in Ruhe an".
- *No más* ist eine idiomatische Wendung, die an zahlreiche Aussprüche angehängt wird, sie bedeutet „nur"/„nicht mehr": z. B. bei Preisen *un dolar no más* (das kostet nicht mehr als einen Dollar), *una colita no más* (nur eine Cola), *dime no más* ...(sag mir mal ...), *sigue/siga nomas* („weitergehen", „weitermachen").

Regionale Unterschiede in der Phonetik

Wie schon angedeutet, gibt es zwischen Anden und Costa erhebliche Unterschiede in der Aussprache des Spanischen. Sprachwissenschaftler sprechen in der **Sierra** von einem unstabilen Vokalismus, sowie einer sehr deutlichen Aussprache des Konsonanten „s". Das heißt, dass die Vokale zu Gunsten der Konsonanten in den Hintergrund treten. Insbesondere vor „s" kann es zu einem totalen Vokalausfall kommen, z. B. *tiendas* wird zu *tiends* (Geschäfte), *plumas* wird zu *plums* (Federn). Möglicherweise ist dies auf den phonetischen Einfluss des Quichua zurückzuführen. An der **Küste** ist das Gegenteil der Fall: größere Stabilität der Vokale zu Ungunsten der Konsonanten. Die Konsonanten „d" und „s" fallen oft völlig weg. So wird das Suffix der Partizipien (-*ado, -ido*) zu *ao* und *io*, also aus *encantado* wird *encantao,* aus *cansado* wird *cansao* usw. Das „s" am Wortende kann ganz wegfallen, z. B. kann sich *nada más* (nichts mehr) wie *ná má* anhören. Innerhalb von Wörtern spricht man anstatt des „s" oft einen Laut, der dem deutschen „h" ähnelt, z. B. *Muihne* anstatt *Muisne* (Küstenort in der Provinz Esmeraldas). Dieses Phänomen tritt in vielen anderen Küstengebieten Lateinamerikas sowie in Südspanien auf.

Wie in den meisten Ländern ist die Ausgeprägtheit der Dialekte auch von sozialen Faktoren abhängig, d.h., bei ärmeren Leuten ist die Sprache stärker mit einem Dialekt eingefärbt.

Für den ausländischen Besucher ist der Unterschied zwischen Costa und Sierra direkt hörbar. Ist das ecuadorianische Spanisch der Anden im Allgemeinen sehr deutlich und gut verständlich, bedarf es an der Küste einer gewissen Gewöhnungszeit. Die Sprache scheint an der Küste der lebhafteren Mentalität der Bewohner angepasst, alles ist etwas lauter, etwas schneller, man nimmt sich nicht die Zeit jeden einzelnen Buchstaben auszusprechen, so werden die Wortenden oftmals verschluckt. Das Amazonastiefland ist phonetisch dem Hochland zuzuordnen, da die Mehrzahl der Siedler ursprünglich aus den Anden stammt.

Eine weitere phonetische Besonderheit weist die **Provinz Azuay** mit der Hauptstadt Cuenca im Süden der Republik auf. Hier sprechen die Leute sehr melodiös und sind für Ecuadorianer direkt an ihrer Aussprache als *cuencanos* zu erkennen.

Siezen oder duzen: vos, tú und usted

In den meisten Ländern Lateinamerikas wird die zweite Person Plural, also *vosotros* (ihr) nicht benutzt, stattdessen sagt man *ustedes* (eigentlich 3. Person Plural, Höflichkeits-Sie), wenn man mehrere Leute anspricht – unabhängig davon, ob dies Freunde sind oder Fremde, ob man sich siezt oder duzt. Es gibt also im Plural keinen Unterschied zwischen „ihr" und „Sie".

In einigen lateinamerikanischen Ländern – so auch in Ecuador – benutzt man die Anrede *vos,* wenn man jemanden freundschaftlich vertraut anredet. *Vos* ist noch etwas persönlicher als *tú* (du).

Die Konventionen für die Benutzung von *usted* (Sie) und *tú* (du) gleichen denen in Deutschland. Grundsätzlich werden unbekannte Leute gesiezt, es sei denn, es handelt sich um eine lockere Situation oder einen privaten Rahmen. Ganz eindeutige Regeln gibt es nicht und es gilt zu erspüren, was in welcher Situation angebracht ist. Am besten ist, darauf zu achten, wie man selbst angesprochen wird und macht es ebenso. Ältere Leute jedoch duzen üblicherweise die jüngeren, werden aber trotzdem mit „Sie" angesprochen. In traditionellen Familien war es lange üblich, dass Kinder ihre Eltern siezen, in der jüngeren Generationen setzt sich diese Tradition jedoch nicht fort. In Kollegenkreisen wird sich meistens geduzt, das gilt aber nicht unbedingt für die Vorgesetzten. Wie in Deutschland gibt es hier je nach individuellem Arbeitsumfeld unterschiedliche Gepflogenheiten. Oftmals gilt die Regel, sich innerhalb einer Hierarchiestufe zu duzen, aber nach oben und nach unten zu siezen.

Kommunikationsstil

Neben den Worten an sich beinhaltet der verbale Austausch zwischen Menschen noch andere Elemente. Die Art und Weise wie gesprochen wird – die Betonung, die Lautstärke, die Wortwahl, das Tempo, die Menge der Worte, die Sprechpausen – alle diese Elemente transportieren Informationen, die wichtig zum Verständnis der Botschaft des Sprechers sind. Diese impliziten Botschaften nennt man paraverbale Elemente. Ähnlich den nonverbalen Elementen sind sie wie die Sprache selbst von Kulturkreis zu Kulturkreis unterschiedlich. Wie lang ein Redebeitrag sein sollte, wer wann das Wort ergreifen kann und auch die Themen, die wann und wo angeschnitten werden können, unterliegen kulturellen Normen. Schließlich sind ebenso die Konventionen zur Benutzung bestimmter Stilmittel wie Humor oder Höflichkeit in der verbalen Kommunikation kulturgebunden. Im Folgenden werden Hinweise auf ecuadorianische und deutsche Kommunikationsstandards und den Umgang mit ihnen gegeben. (Viele Anregungen stammen aus dem Buch: Schroll-Machl, Sylvia: Die Deutschen – Wir Deutsche.)

Direkte und indirekte Kommunikation

Die **Bedeutung des Unausgesprochenen,** der paraverbalen Elemente, ist in Lateinamerika größer als in Mitteleuropa.

Die Ecuadorianer pflegen eine sehr freundliche und **respektvolle Umgangsart** mit ihren Mitmenschen. Höflichkeit wird groß geschrieben und es gilt, seine Gesprächspartner nicht zu brüskieren, zu blamieren, unter Druck zu setzen oder gar ihren Gesichtsverlust zu riskieren. In einem Gespräch ist es viel wichtiger, das Wohl des Gegenübers zu berücksichtigen, als die Dinge direkt zu benennen. Daher sind die unausgesprochenen Elemente sehr wichtig. Die Interpretation dieser Nuancen ermöglicht es oft erst die wahre Botschaft des Gegenübers zu verstehen, der auf diese Weise die Regeln der Höflichkeit einhalten kann. In der Fachsprache nennt man diesen Kulturstandard **„Kultur des hohen Kontexts"**, d. h., der Kontext (das Zwischenzeilige oder die Situation) ist wichtiger als das gesprochene Wort.

Dagegen haben die **deutschen Kommunikationsmuster einen niedrigen Kontext,** es zählt mehr das Ausgesprochene, Sichtbare, Rationale. Auf eine Frage folgt eine klare Antwort. Aussagen werden ohne doppelten Boden, ohne Umschweife und Dekorationen formuliert. Es gilt als ehrlich, klar heraus zu sagen, was man denkt. Ehrlichkeit ist mit nur relativ kleinen Einschränkungen eine erstrebenswerte Tugend. Wer seine Bedürfnisse nicht deutlich formuliert, muss sich nicht wundern, wenn sie unberücksichtigt bleiben. Dieser Kommunikationsstil geht einher mit der starken Sachorientierung der deutschen Kultur, d. h., den Deutschen geht es zunächst um die Sache, dann erst um die Beziehung zu einem Gesprächspartner. In Deutschland gilt dieses Kommunikationsmuster als professionell, da Zeit sparend und effizient sowie authentisch und menschlich, da ehrlich. Man glaubt, auf diese Weise am besten Missverständnissen aus dem Weg gehen zu können. Innerhalb der deutschen Kultur trifft das auch meist zu.

Treffen jedoch **Deutsche auf die ecuadorianische Hochkontextkultur,** in der „weiche" Botschaften zum Erfolg führen, kann es zu gründlichen **Missverständnissen** kommen. Sowohl wegen der Schwierigkeiten der Deutschen, den Kontext zu dekodieren, als auch für die Ecuadorianer, die Direktheiten der Deutschen auszuhalten. In einer Studie zu deutschen Kulturstandards wurde ermittelt, dass die deutsche Art zu kommunizieren von Menschen aus über 15 anderen Kulturkreisen häufig als unhöflich, fordernd und autoritär, außerdem leicht verletzend bis arrogant, oft kalt und herzlos und ganz sicher ohne Charme empfunden wird. Deutschen scheint nichts anderes wichtig zu sein als ihr momentanes Sachanliegen. Auch werden sie als beschränkt wahrgenommen, wenn sie **Andeutungen und Anspielungen** einfach überhören. Im schlimmsten Fall wird ihnen sogar unterstellt, Dinge absichtlich nicht zu hören (vgl. Schroll-Machl).

Das ist eine ziemlich harte Kritik, wenn man bedenkt, dass ein Kommunikationsstil in den meisten Fällen etwas unbewusstes, angelerntes ist und Deutsche sich also wirklich keiner Schuld bewusst sind, während sie vielleicht schon (unabsichtlich) mehrere Menschen gegen sich aufgebracht haben. Interpretiert man nämlich hinter die deutsche Art noch Doppelbödigkeiten und Unausgesprochenes, können manche Aussagen in der Tat geradezu unverschämt und beleidigend wirken. Zum Trost für die Deutschen sollte aber hinzugefügt werden, dass Menschen aus Hochkontextkulturen, die sich einmal an den deutschen Stil gewöhnt haben, dem sehr wohl auch Vorteile abgewinnen können: Es gibt keinen Sumpf der Doppelbödigkeiten, man weiß, woran man ist, nach dem Motto „Ein Wort ist ein Wort" kann jeder sich auf Zusagen verlassen.

Aus diesen Erklärungen lässt sich ableiten, wie die Kommunikation in der Hochkontextkultur Ecuadors abläuft und worauf sich Deutsche einstellen sollten. Demnach wird in Ecuador ein **indirekter Kommunikationsstil** gepflegt: Es wird nicht exakt gesagt, was gemeint ist, sondern die Worte werden nett und dekorativ verpackt. Die deutsche direkte Art „auf den Punkt zu kommen" oder „mit der Tür ins Haus zu fallen" wirkt in Ecuador befremdlich bis unhöflich. Ein Gespräch wird immer mit dem eröffnet, was Deutsche etwas abwertend als **Smalltalk** bezeichnen. Man erkundigt sich erst nach dem Befinden des Anderen, nach dem der Familie, vielleicht nach den Erlebnissen vom Wochenende, dann ist das Feld für das Anliegen oder den Grund des Gesprächs geebnet. Wird diese Regel verletzt, ist das Gegenüber irritiert und erlebt den Gesprächspartner als fordernd, womöglich sogar unverschämt. Auch in Deutschland ist diese Art des Umgangs nicht unbekannt, allerdings beschränkt sie sich eher auf das Privatleben, wogegen man in Ecuador diesen Kommunikationsstil in allen Lebensbereichen anwendet – auch im Arbeitsumfeld.

Kritik wird demnach nicht direkt geübt, sondern eher in **Ironie oder Witz** verpackt, Missfallen wird häufig mit Schweigen zum Ausdruck gebracht. Als Deutscher muss man lernen, auf die Zwischentöne zu hören, um herauszufinden, was die wirkliche Meinung oder Absicht des Gegenübers ist. Ein klares „Nein" bekommt man sehr selten zu hören, meist wird schwammig geantwortet, Sätze wie *vamos a ver* (mal sehen) oder *tal vez* (vielleicht) sind zu hören. Auf den Vorschlag oder die Frage wird dann nicht mehr weiter eingegangen und er fällt sozusagen unter den Tisch. Diese Situationen können für Menschen aus dem deutschen Kulturkreis äußerst irritierend sein und geben Anlass für jede Menge Missverständnisse. Die beste Art damit umzugehen ist, offenen Ohres (bzw. Sinnes) für das Unausgesprochene zu sein. Es kann durchaus hilfreich sein, bei Unsicherheiten nachzuhaken (z. B. „Gefällt euch der Vorschlag? Wenn ja, warum?" oder „Was ist nicht so gut an der Idee?"), um nicht Dinge zu initiieren, die unter Umständen von den Kollegen oder Freunden nicht mitgetragen werden.

Wenn der deutsche und der ecuadorianische Kommunikationsstil aufeinandertreffen, ist generell die Gefahr gegeben, dass **Deutsche die Ecuadorianer mit ihren Vorschlägen und Ideen überrollen,** weil die Zeichen der Ablehnung oder des „sich erst mal überlegen müssens" von Deutschen nicht als solche interpretiert werden. Am Ende sind sie dann überrascht, weil sie nicht die erhoffte Unterstützung erhalten haben und fragen sich, „warum haben die denn nicht gleich gesagt, dass ihnen das nicht gefällt?". Also: Geduld mit den Mitmenschen, ihnen Zeit lassen, ihre eigene Meinung zu bilden und zu äußern, Einfühlungsvermögen beweisen und gut zuhören!

Ebenso kann umgekehrt die deutsche Art, mit der **eigenen Meinung** nicht hinter dem Berg zu halten, Verwunderung hervorrufen. Die Angewohnheit Vorschläge zunächst kritisch zu hinterfragen, bevor man „Ja" sagt, können die Gesprächspartner missinterpretieren. Sie denken möglicherweise, dass der Deutsche etwas nicht will, obwohl er eigentlich nur das „Für und Wider" abgewogen hat. Der Ecuadorianer hat also zwischen den Zeilen gelesen, obwohl da gar nichts zu lesen ist. Ganz klar, dass erst recht die deutsche direkte, sachliche Kritik von Ecuadorianern sehr übel genommen werden kann (siehe auch Kapitel „Konfliktverhalten").

Ferner kann das **deutsche klare und ehrliche „Nein"** auf Ecuadorianer brüskierend wirken. Ein Beispiel: Ein Deutscher wird gefragt, ob er am Wochenende einen Ausflug mitmachen wolle und dieser antwortet ohne Zögern mit „Nein, keine Zeit", weil er da schon etwas anderes vorhat. Der Ecuadorianer empfindet das direkte „Nein" fast als Affront gegen seine Person, während es für den Deutschen wirklich nur um die Tatsache geht, dass der Ausflug an dem Wochenende nicht möglich ist. Ein Ecuadorianer hätte diplomatischer geantwortet: „Oh, ja gerne, mal schauen, oh weh, ich fürchte es geht nicht, aber auf jeden Fall ein anderes Mal." Etwas anderes ist das ecuadorianische „Höflichkeits-Nein", was eigentlich ein „Ja" sein soll: „Möchtest du was essen?" „Oh nein danke, ich habe wirklich keinen Hunger." Der Deutsche fragt womöglich nicht noch mal, obwohl der Ecuadorianer eigentlich Hunger hat, aber aus Höflichkeit nicht direkt „Ja" sagt, er möchte ein bisschen genötigt werden, um nicht unhöflich und gierig zu wirken.

Als Deutscher sollte man sich immer wieder vor Augen halten, dass diese **Indirektheit ein Ausdruck von Höflichkeit und Respekt** gegenüber den Mitmenschen ist und die Ecuadorianer (und übrigens auch viele andere Kulturen) wunderbar damit zurechtkommen. Deutsche denken mitunter, diese Art der Kommunikation wäre sehr kompliziert und leicht misszuverstehen. Dem ist nicht so. Der indirekte Stil ist für Leute aus den Kulturräumen, in denen er gepflegt wird, ein nicht mehr und nicht weniger funktionierendes Mittel, sich mit ihren Landsleuten auseinander zu setzen, als es in Ländern anderer Kulturräume der direkte Stil ist. Die Probleme treten erst auf, wenn beide Stile aufeinander treffen. Aber das Wissen um verschiedene Arten der Kommunikation und vor allem das Bewusstsein um die Kulturgebundenheit der eigenen Ausdrucksformen, ist schon ein riesengroßer Schritt sich auf den anderen Stil einlassen zu können.

Mit dem indirekten Kommunikationsstil geht in Ecuador einher, dass der **Stellenwert gesprochener Worte** ein anderer ist als in Deutschland. Zusagen und Versprechungen, ja Worte im Allgemeinen, haben in Ecuador ein wesentlich **geringeres Maß an Verbindlichkeit** als in Deutschland. Es lässt sich aber ein Gespür dafür entwickeln, wann etwas wirklich ernst gemeint ist, z. B. wenn direkt konkrete Schritte unternommen werden, die Agenda gezückt und ein Termin vereinbart wird. Ist man sich als Ausländer über die Ernsthaftigkeit einer Vereinbarung nicht sicher, hilft es manchmal, andere anwesende Ecuadorianer die Lage einschätzen zu lassen. Dinge, die sich nicht auf die unmittelbare Zukunft beziehen, müssen vorher unbedingt noch mal bestätigt werden, sonst kann man davon ausgehen, dass sie nicht stattfinden. Für Deutsche ist das zu Anfang sehr gewöhnungsbedürftig. Nicht umsonst gelten sie auch als sehr *cumplidos* (pflichtbewusst), d. h., sie sind pünktlich und auf ihr Wort kann man sich verlassen. Man bekommt in Ecuador mitunter das Gefühl, dass Pläne, Zusagen und auch Versprechen eher so etwas wie Wünsche oder Möglichkeiten sind. **Vage gehaltene Zusagen** sind auch nicht als Zusagen zu verstehen. Ein „ja schön, vielleicht, mal sehen" kommt einfach besser an als ein „Nein", verpflichtet aber zu nichts. Hier passt das berühmte Beispiel mit der Frage nach dem Weg: Obwohl der Befragte den Weg nicht kennt, gibt er irgendeine Antwort, die womöglich falsch ist. Er möchte nicht unhöflich sein und die Hilfe verwehren, außerdem auch nicht unwissend erscheinen. Ein Ecuadorianer erkennt an der Art der Antwort, ob sie stimmt oder nicht. Allerdings wird dieses Beispiel für fast alle Hochkontextkulturen angeführt. Interessanterweise wird es mitunter auch genannt, wenn Norddeutsche oder Preußen die Rheinländer beschreiben sollen.

Generell ist die Zuverlässigkeit der Ecuadorianer aber sehr vom Individuum abhängig und man stellt schnell fest, wie ernst die Worte von wem zu nehmen sind. Außerdem gilt es hier wieder, die Zwischentöne richtig zu interpretieren.

Auch die **Zuverlässigkeit von öffentlichen Institutionen,** Behörden, Geschäften und Handwerkern ist anders als in Deutschland. Für viele Deutsche, die in Ecuador leben, ist das ein großes Ärgernis. Aber diese Situation könnte sich langfristig ändern, da es auch immer mehr Ecuadorianer gibt, die sich über die unzuverlässige Art der Mitmenschen ärgern. Die zunehmende Konkurrenzsituation auf dem Arbeitsmarkt und im kommerziellen Sektor tut ein Übriges, Qualitätsarbeit in der vereinbarten Zeit als anzustrebenden Standard zu etablieren (siehe hierzu auch Kapitel „Umgang mit Zeit").

Das **Verhältnis zur Wahrheit** unterscheidet Deutsche und Ecuadorianer voneinander. In Ecuador akzeptiert man mehrere Wahrheiten auf einmal. Es ist daher überhaupt nicht peinlich, wenn jemand etwas erzählt, was so einfach nicht stimmen kann, der Sache aber eine dramatischere Note gibt oder denjenigen nicht so schlecht dastehen lässt. Wirklichkeit und Wunsch werden nicht so stark voneinander unterschieden, ohne dass es den Erzählern unbedingt bewusst sein muss. Auch hat die **Höflichkeit einen größeren Stellenwert als die Wahrheit,** weit über das in Deutschland übliche Maß hinaus. Von daher darf nicht alles Gesprochene für bare Münze genommen werden. Auf der anderen Seite schockieren Deutsche wie bereits gesagt die Ecuadorianer mitunter mit ihrer ehrlichen und zum Teil rechthaberischen Art, die manchmal sehr rücksichtslos wirken kann.

Der andere Umgang mit der Ehrlichkeit stellt für Deutsche eine Umstellung dar, weil es in ihrem Kulturkreis eine große Tugend ist, vermeintlich die Wahrheit zu sagen. Die europäische und ganz besonders die deutsche Logik ist eine „Entweder-Oder-Logik". Das heißt, man glaubt an ein „wahr" und ein „falsch". Das Streben nach der Wahrheit nimmt im deutschen Kulturkreis einen zentralen Raum ein.

In der christlichen Religion in Ecuador spielt der alleinige Wahrheitsanspruch bzw. Ausschließlichkeitsanspruch eine untergeordnete Rolle. Die Vermischung der spanischen mittelalterlichen Seinsformen mit der andinen Weltanschauung führte dazu, dass Wahrheit keine zentrale anzustrebende Tugend ist. Es gibt **mehrere Wahrheiten,** die nebeneinander existieren können, auch wenn sie sich nach formal-logischen Kriterien ausschließen. Die große Bedeutung von Respekt und Toleranz gegenüber den Mitmenschen lässt scheinbare Ungereimtheiten in den Hintergrund treten. Folglich herrscht auch ein größeres Vermögen, Unstimmigkeiten und Doppeldeutigkeiten auszuhalten. Der Glaube an eine objektive Wahrheit ist sehr viel weniger verbreitet als in Deutschland.

Schon Touristen fällt in Ecuador auf, dass viele Ecuadorianer **andere Denkkategorien** benutzen, die weniger auf Fakten als auf Eindrücken beruhen. Fragt man beispielsweise nach der Größe einer Stadt, bekommt man selten die Zahl der Einwohner genannt, die vielen überhaupt nicht bekannt ist, sondern eher eine individuelle Einschätzung (*bastante grande* – sehr groß). Fragt man danach, wie weit der Weg noch ist, bekommt man oft zu hören *ya mismo llegamos* (gleich sind wir da), das kann sich wirklich um gleich handeln oder noch ein paar Stunden dauern. Fragt man nach einer konkreten Sache, z. B. „Was ist ein Ozelot?", kann die Antwort in Geschichten über den Ozelot liegen, nicht aber in einer Definition. Exakte Angaben machen die wenigsten Leute. So mancher Ecuadorianer ist verblüfft über die Menge an Statistiken und Fakten mit denen die Köpfe der Deutschen gefüllt zu sein scheinen.

Es muss allerdings hinzugefügt werden, dass es auch in Ecuador in den letzten Jahren eine Tendenz gibt, Meinungen mit einem *„por qué?"* zu hinterfragen. **Kritik- und Analysefähigkeit** sind mittlerweile zumindest unter jungen Pädagogen Erziehungsstandards, die sich langsam, aber sicher in der Gesellschaft bemerkbar machen. Die Menschen gewöhnen sich zunehmend an rationale Begründungen ihrer Haltungen und Handlungen und das Interpretieren gerät langfristig weiter in den Hintergrund. Dies gilt

◨ Skurriler Humor: eine der vielen Puppen, die zu Silvester aufgestellt werden

besonders für Ecuadorianer, die es gewöhnt sind, mit Ausländern zusammenzuarbeiten.

Ein anderes Phänomen trägt ebenfalls zur Etablierung der direkteren Kommunikation bei. Die Demokratisierungsbestrebungen der sozialen Bewegungen und der zivilgesellschaftlichen Kräfte versuchen, einen **demokratischen Dialog** in der Gesellschaft zu etablieren, der **Elemente des direkten Stils** beinhaltet, z. B. Offenheit, Meinungsbildung, Vertreten der eigenen Meinung, Hinterfragen von Meinungen Anderer, Kritikfähigkeit und Analysefähigkeit.

Beschäftigt man sich mit ecuadorianischen und deutschen Mentalitäten und Kommunikationsformen, tut sich genau hier eine Schnittmenge auf. Ist doch ein Teil der deutschen Bevölkerung auf der Suche nach einer ganzheitlicheren Weltsicht, die sich nicht nur auf die Ratio stützt, die auch andere Aspekte mit einbezieht, sich bemüht das Drumherum (also den Kontext) zu erkennen und in ihre Kommunikationsformen und Handlungsweise einfließen lässt – eine Haltung, die vielen Ecuadorianern in die Wiege gelegt ist.

Humor

Der Humor spielt in der alltäglichen Kommunikation eine große Rolle. Humor lebt vom Kontext und von Doppeldeutigkeiten, oft wird etwas genau anders gesagt, als es gemeint ist und gerade die Einbeziehung des Unausgesprochenen lässt den Witz entstehen. Während in Deutschland der Humor tendenziell eher auf den privaten Bereich beschränkt bleibt, ist er in Ecuador allgegenwärtig. Ecuadorianer lachen sehr viel, treiben gerne Späße miteinander und schätzen Wortwitz. Für Personen und andere Dinge werden oftmals **Spitznamen** verwendet. Jeder Präsident hat seinen mehr oder weniger wohlwollenden Spitznamen. Dauernd kursieren neue Witze über aktuelle Geschehnisse. Oftmals leben sie von einer selbstironischen Haltung gegenüber der eigenen Nation. Familienmitglieder und Freunde untereinander haben ihre Privatsprache entwickelt, die getragen ist von Anspielungen, Ironien und privaten Witzen. Ein Ausländer stößt anfangs schnell an seine sprachlichen Grenzen, aber das macht nichts, mitlachen kommt immer gut an. Überhaupt ist Lachen fast wichtiger als der Witz. Schneller als gedacht fühlt man sich in die ecuadorianische Geselligkeit einbezogen, denn die Ecuadorianer sind grundsätzlich sehr tolerant gegenüber sprachlichen Mängeln und geduldig im Zuhören und Erklären. Ein Beispiel für schwarzen Humor lautet so: „Ich habe jetzt gelernt, chinesich zu kochen." „Und? Wie läuft's?" „Ich vermisse meinen Hund."

Extrainfo 19 (s. S. 9): Auftritt von *Carlos Michelena* in einem Park in Quito (auf Spanisch)

Höflichkeit

Ecuadorianer haben ein großes Gespür dafür, sich in das Gegenüber hineinzuversetzen. Sie messen ihre Worte oftmals an dem, was sie glauben dem Anderen zumuten zu können oder was ihm gefallen könnte, um ihm respektvoll und höflich zu begegnen.

Auch sonst spiegelt sich in der Sprache eine **sehr liebenswürdige Haltung** gegenüber den Mitmenschen wider, z. B. hört man auch von Fremden sehr oft die Anrede: *mi hija/mi hijo* (meine Tochter/mein Sohn) oder *mi niña/mi niño* (mein Kind) – selbst wenn die angesprochenen Leute längst keine Kinder mehr sind. Insgesamt ist die Sprache der Ecuadorianer sehr höflich, bisweilen sogar förmlich: *con mucho gusto* (mit viel Vergnügen), *estamos para servirle* (zu Ihren Diensten), *a la orden* (zu Befehl) als Erwiderung zu *gracias* (Danke). *Dios le pague* (Gott wird es Ihnen zahlen) anstatt *gracias*, ist eine oft zu hörende Floskel. *Que le vaya bien* (dass es Ihnen gut gehen möge) wird oft anstatt *adiós* (Auf Wiedersehen) benutzt.

In dieser förmlichen Sprache erkennt man z. T. noch die **Bedeutung traditioneller Loyalitätsstrukturen.**

Auf die Anfrage, ob man etwas Bestimmtes haben will, wird *gracias* meist im Sinne von „Danke ja" benutzt, in Deutschland versteht man „Danke" in diesem Zusammenhang meistens als „Nein danke".

Der deutsche Kommunikationsstil ist nicht nur direkt, sondern klingt für Ecuadorianer oftmals etwas scharf. Deutsche benutzen weniger Worte, weil die direkte Art ohne Umschreibungen auskommt und die Intonation ist eher neutral, während die Stimmlage der Ecuadorianer eine Spur freundlicher und wärmer klingt.

Redebeiträge, Sprechpausen und Gesprächsordnung

Eine weitere Besonderheit in der Kommunikation ist, dass Redebeiträge in Gruppengesprächen und in Dialogen bedeutend länger sind als in Deutschland. Womöglich liegt das an der erwähnten Indirektheit der Sprache, der Bedeutung der Höflichkeit und der Priorität der Beziehungsebene, jedenfalls dauert es länger als in Deutschland, bis jemand auf den eigentlichen Punkt zu sprechen kommt. Jede Sprache hat eigene unausgesprochene Konventionen, wie lange ein Sprecher ungefähr reden kann und woran man erkennt, dass ein Sprecher zu Ende geredet hat und ein anderer erwidern kann. In Ecuador sind die **Pausen innerhalb eines Redebeitrags länger** als bei uns, nun ist die Rede insgesamt länger, was dazu führen kann, dass Deutsche etwas erwidern, obwohl der Sprecher noch gar nicht zu Ende geredet hatte. Auf den Sprecher kann das dann so wirken, als sei man ihm ins Wort gefallen oder hätte ihn nicht ausreden lassen. Von daher sollte man sich, um Missverständnisse zu vermeiden, insbesondere in Arbeitssituationen mit einer Erwiderung so lange zügeln, bis sicher ist, dass der Gesprächspartner alles gesagt hat, was er sagen wollte. Die längeren Redebeiträge können auch dazu führen, dass bei Deutschen das Gefühl entsteht, einfach nicht zu Wort zu kommen. Gerade im Arbeitsumfeld wird ihre Geduld mitunter erheblich auf die Probe gestellt.

Tendenziell haben **Männer höhere Redeanteile** als Frauen. Kinder sind in Anwesenheit von Erwachsenen wesentlich zurückhaltender als in Deutschland. Das Wort der jeweils älteren Generation gilt mehr, so werden die Aussagen von Großeltern in weit höherem Maße respektiert als in Deutschland.

Zwischen den Klassen fällt auf, dass sich der Niedrigerstehende deutlich dem Höhergestellten unterordnet, ihm somit auch das erste Wort lässt, ihm entsprechende Höflichkeitsfloskeln entgegenbringt und ihn mit *Don* oder *Doña* vor dem Vornamen anredet, beispielsweise *Don Mauricio, Doña Elena*.

Die Gesprächsbeiträge in Arbeitssituationen wie Besprechungen, Konferenzen und Versammlungen orientieren sich an der **Betriebshierarchie.** Sie stehen im Verhältnis zur Position des Sprechenden. Oft spricht nur die ranghöchste Person, während sich die niedriggestellteren Mitarbeiter zurückhalten und lediglich mitschreiben. Ist die ranghöchste Person nicht anwesend, geht ihre Aufgabe auf die nächsthöchste Person über.

Konversationsthemen

Die Ecuadorianer interessieren sich für Ausländer und suchen das Gespräch mit ihnen. Es fällt auf, dass man schneller mit Fragen konfrontiert wird, die deutscher Meinung nach eher ins **Privatleben** gehören. Die ersten Fragen sind oft: „Bist du verheiratet?", „Hast du Kinder?", wenn nein, „warum nicht?". Diese Fragen werden aus Interesse an der fremden Person gestellt und um über diese Informationen an Anknüpfungspunkte für die weitere Konversation zu kommen. Übrigens: Auch wenn sie von einem Mann an eine Frau gerichtet werden, sind solche Fragen seltener als Anmache zu verstehen, sondern zeigen einfach Neugierde und Interesse an der Person. Diese Fragen gelten in Ecuador als Gesprächseröffnung und gelten nicht als zu privat. Weitere typische Smalltalk-Fragen an Ausländer sind: „Wie gefällt dir Ecuador? Was gefällt dir am besten?" und Fragen nach dem Leben in Deutschland. Bei Fragen nach dem Befinden wird nicht unbedingt ein Detailbericht erwartet, würde aber gegebenenfalls Anlass für weiteren Gesprächsstoff liefern.

Ecuadorianer bemühen sich, relativ schnell ein freundschaftliches Verhältnis zu Leuten zu bekommen, mit denen sie in Kontakt treten. Oftmals wird der **Humor** benutzt, um das Eis zu brechen. Die Grenze zwischen einer zu privaten Frage und einer angebrachten Frage bemerkt man rasch, da bei unangenehmen Themen einfach ausweichend geantwortet oder geschwiegen wird. Dann sollte nicht weiter insistiert werden. Das Gleiche lässt sich natürlich umgekehrt anwenden. Ausweichende Antworten werden schnell als solche verstanden und akzeptiert, ohne dass eine unangenehme Situation entsteht.

Andere mögliche Gesprächsthemen sind: Wie geht's?, Wo kommst du her?, Fußball, Kinder, Familie, Männer über Frauen, Frauen über Männer, Partys, Fernsehen, Politik oder aktuelle Geschehnisse.

Im Grunde wird wie in Deutschland über alles geredet, was gerade anliegt, je nach Interessenslage, beruflicher und familiärer Situation der Gesprächspartner. Eine Trennung zwischen Bekanntschaft und Freundschaft ist jedoch nicht üblich. Schneller als in Deutschland kommuniziert man über Dinge aus dem privaten Bereich, allerdings ist es nicht üblich, Freunden private Details zu erzählen. **Probleme bleiben im Familienkreis,** der eher die Funktion der tiefen Freundschaften hat, wie sie in Deutschland üblich sind. Natürlich können sich auch in Ecuador Freundschaften entwickeln, in denen man Sorgen und Nöte teilt. Einige Ecuadorianer schätzen insbesondere die Freundschaft zu Deutschen, weil sie sie für vertrauenswürdig und verlässlich halten. Es gibt zahlreiche Beispiele für langjährige Freundschaften über die Distanz hinweg.

Trotzdem kann es Deutsche verblüffen, wie wenig Freunde über bestimmte Lebensbereiche des anderen wissen. Dachte man z. B. mit einem glücklichen Ehepaar befreundet zu sein, hört man völlig unvermittelt von deren Scheidung. Generell lässt sich sagen, dass familiäre Probleme und **Beziehungsprobleme selten nach außen getragen** werden. Das liegt nicht unbedingt an der Unfähigkeit, darüber zu reden, sondern es gibt nicht so sehr die Tendenz, Dinge zu problematisieren und dann stundenlang darüber zu reden. Beisammensein wird eher zum Fröhlichsein genutzt, um sich genau von diesen Problemen abzulenken und nicht andere damit zu belasten. Viele Lateinamerikaner in Deutschland mokieren sich über eine vermeintlich typisch deutsche Party: „Man sucht sich einen Gesprächspartner, diskutiert die ganze Nacht über persönliche Probleme und im Hintergrund läuft leise Musik, zu der keiner tanzt. Es erinnert eher an Trauerfeierlichkeiten als an eine *fiesta*." Mit Ecuadorianern kann man herrlich stundenlang Unsinn reden, ein Witz jagt den anderen, dazwischen wird getanzt und getrunken. Auch Europäer können sich von dieser Leichtigkeit anstecken lassen. Sorgen können bis zum Morgen warten.

Konfliktverhalten

Wie die anderen Kommunikationsstandards schon vermuten lassen, sind Ecuadorianer gemeinhin keine konfliktfreudigen Menschen. **Höflichkeit und Harmoniebedürfnis** stehen viel weiter oben auf der Werteskala als Konfliktfähigkeit, also die Analyse, Bearbeitung und schließlich Lösung von Konflikten. Dies ist nämlich mit der direkten Konfrontation und dem expliziten Aussprechen der Konfliktlinien verbunden, was den meisten Ecuadorianern sehr widerstrebt, verstößt es doch gegen die Regeln der Höflichkeit und Ehre. Die Ehre einer Person zu wahren beinhaltet, dass man sie nicht bloßstellt, damit sie nicht ihr Gesicht verliert.

Anders als in der deutschen „Streitkultur" gibt es also in Ecuador eher eine **Kultur der Konfliktvermeidung.** Zwischenmenschliche Spannungen werden viel länger ausgehalten und überspielt als in Deutschland. Der Druck und der Unmut, der dadurch entsteht, wird lange Zeit dem Unmut und der Peinlichkeit vorgezogen, die durch die Benennung des Konflikts entstehen würde. Fehlverhalten des Gegenübers wird stillschweigend ausgehalten, in der Hoffnung der andere bemerkt seinen Fehler von selbst. Anstatt direkte Kritik zu üben, versucht man durch Anspielungen und allegorische Beispiele den anderen auf sein Fehlverhalten aufmerksam zu machen. Gelingt das nicht, wird das Verhältnis eher auf Eis gelegt, als eine Konfrontation zu suchen. Außerdem herrscht die Einstellung vor, dass es viele Unstimmigkeiten gibt, die sich mit der Zeit von selbst auflösen, wogegen Worte die Sache eher verschlimmern. Der Kommentar eines Ecuadorianers über die Deutschen: „Sie machen aus jedem Problemchen einen Konflikt, den es mit Worten zu bearbeiten gilt. Ihre Art, alles zu problematisieren, macht den Umgang mit ihnen manchmal kompliziert. Sie können richtig zänkisch sein."

Deutsche sind im Allgemeinen konfrontativer: Sie benennen Fehler, analysieren Probleme, vertreten vehement ihre Meinung. Konflikte werden nicht nur als etwas Schlechtes erlebt, sondern auch als Chance, Probleme anzugehen. Die Diskussionsfreude der Deutschen ist groß (übrigens bedeutet das spanische Wort *discutir* bezeichnenderweise „streiten"). Sie ringen um logische Fehler, decken Widersprüche auf und benennen Unklarheiten. Im Dienste der Wahrheitsfindung werden Konflikte regelrecht ausgefochten, denn erst nach einem ausgetragenen Konflikt ist eine nachhaltige Lösung möglich. Dabei ist die schonungslose Problemanalyse nötig, um den Fehler zu beheben. Der Nachteil der Konfliktkonfrontation ist, dass Gefühle außer Acht gelassen werden. Denn auch in Deutschland ist eine Fehleranalyse für die Leute, die die Kritik ertragen müssen, möglicherweise peinlich.

Wie geht man als Deutscher mit dem ecuadorianischen Konfliktmanagement um?

Deutsche können und sollten sich nicht plötzlich genau wie Ecuadorianer benehmen. Es ist schwer und auch nicht unbedingt erstrebenswert, eigene Kommunikationsmuster gänzlich zu ignorieren. Es gilt, sich auf das Neue einzustellen, ohne sich selbst zu verleugnen. Es kann einem Deutschen in Ecuador aufgrund des anderen Kommunikationsverhaltens passieren, dass er mitten in einem Konflikt steht, ohne etwas davon zu bemerken. Dagegen gibt es kein Allheilmittel, aber ein paar Tipps, damit die kulturellen Unterschiede die Verständigung zwischen Deutschen und Ecuadorianern nicht unnötig erschweren:

- *Erkundigen Sie sich immer sehr genau und explizit nach der Meinung des Gegenübers, hören sie diese genau an und entschlüsseln Sie sie.*
- *Vorsicht beim „Finger-auf-die-Wunde-Legen".*
- *Überlegen Sie gut, ob das Problem so wichtig ist, dass es benannt werden muss. Vielleicht können Sie auch einfach damit leben. Bereits mit dem bloßen Benennen eines Missstands oder eines Problems macht man sich nicht unbedingt Freunde, schon das Ansprechen kann zum Konflikt werden. Anders als in Deutschland werden Probleme und Konflikte glattgebügelt, um die Beziehungsebene nicht zu beeinträchtigen. Probleme auf den Tisch zu bringen und offen anzusprechen, kann die Situation also verschlechtern.*

In Ecuador kann ein offen gewordener Konflikt die Beziehung zwischen zwei Menschen auf Dauer ruinieren. Dadurch, dass Konflikte lange schwelen, kann die Eskalation umso vernichtender sein, weil sich Aufgestautes entlädt.

In Deutschland wird man in Auseinandersetzungen schneller laut, so wirken Konflikte zwischen Deutschen auf Ecuadorianer oft viel härter als sie eigentlich sind. Dafür beruhigt sich die Situation auch schneller wieder. In Ecuador ist nach einer lauten Eskalation die Beziehung oft für immer zerstört oder zumindest angegriffen. Sind Ecuadorianer erst mal verärgert, ist es sehr schwer, die Kränkung wieder gutzumachen.

Deutsche widersprechen relativ schnell, leider manchmal zu schnell, anstatt sich die Zeit zu nehmen richtig zuzuhören und nachzuforschen. Schon im Schulsystem wird ihnen beigebracht, die Dinge zu hinterfragen

- *Wenn Probleme oder Konflikte doch so dringlich sind, dass man sie ansprechen will, dann ist Folgendes zu beachten: Im privaten wie im beruflichen Umfeld sollte man sich zwecks Klärung möglichst mit einer Person seines Vertrauens besprechen. Damit dieses Gespräch den Konflikt tatsächlich löst, sollte es in einem vertrauten, angstfreien Raum stattfinden. Immer darauf achten die Gefühle des Gegenübers nicht zu verletzen, also weder ihn selbst, noch die Firma oder die Familie direkt kritisieren. Die Ich-Form sollte gewählt werden, um die eigene Betroffenheit zum Ausdruck zu bringen. Keine direkte Kritik oder Schuldzuweisung ans Gegenüber und schon gar nicht zu viel auf einmal. „Reinen Tisch machen" kann nach hinten losgehen. Die Wertschätzung des Gegenübers muss gewahrt bleiben, also hier ganz bewusst die Dinge positiv formulieren: „Ja, das war sehr schön, vielleicht können wir es sogar noch verbessern ..." oder bei einem Konflikt die Schuld bei sich suchen: „Was habe ich falsch gemacht, dass du mir jetzt so reserviert begegnest?"*
- *Verwechseln Sie das weiche Konfliktverhalten der Ecuadorianer nicht mit Schwäche oder Nachgiebigkeit.*

Das Wissen über den anderen Umgang mit Konflikten schützt leider nicht immer vor Missverständnissen und daraus resultierenden Unstimmigkeiten. Diese Grundmuster der Kommunikation sind so in Fleisch und Blut übergegangen, dass man meist automatisch auf das bekannte Verhalten zurückkommt. Jedoch nutzt dieses Wissen im Nachhinein Konflikte zu verstehen und mit mehr Verständnis für den anderen zu reagieren.

und Kritikfähigkeit ist – anders als in Ecuador – ein wichtiges Erziehungsziel. Kritik wird offen geäußert, gilt als sachdienlich und professionell und ist ein Zeichen von Intelligenz. Mit Lob dagegen wird sparsamer umgegangen. Zu viel Lob kann mit Naivität und einer unreflektierten Haltung verbunden werden, im schlimmsten Fall als „Schleimerei" gelten. Durch ihre Liebe zur Kritik gelten Deutsche international als Meister der Beschwerde. Man sieht, dass das deutsche Konfliktverhalten sich an vielen Stellen mit dem ecuadorianischen reibt. Die meisten Probleme entstehen wohl dadurch, dass sich die Ecuadorianer durch die deutsche Direktheit oder sogar Kritik beleidigt fühlen. Während auf der anderen Seite die Ecuadorianer von den Deutschen als unehrlich empfunden werden können, weil sie nicht direkt sind und Auseinandersetzungen aus dem Weg gehen.

Nonverbale Kommunikation

Distanz und Nähe

Die Körperdistanz in der Familie, im Bekannten- und Freundeskreis und auch unter Fremden ist geringer als in Mitteleuropa. Es gehört zum Alltag mit Fremden z. B. im Bus **Körperkontakt** zu haben. Zudem fällt auf, dass Ecuadorianer sich öfter absichtlich berühren als Deutsche. Schon die **Begrüßung** ist mit mehr Körperkontakt verbunden. Bei Gesprächen unter Freunden oder Arbeitskollegen kommt es häufiger vor, dass man sich berührt, z. B. die Hand auf die Schulter legt. Viele Europäer erleben diesen selbstverständlichen körperlichen Kontakt nach einer Eingewöhnungszeit

als Zeichen von zwischenmenschlicher Wärme und Sympathie. In der Tat ist der zwischenmenschliche Umgang von größerer Herzlichkeit geprägt als in Deutschland. Allerdings ist hier für Deutsche die Gefahr gegeben durch diese kulturell bedingt andere Körpernähe mehr in eine Beziehung hineinzuinterpretieren, als vom Gegenüber beabsichtigt ist. So kann die anfängliche Begeisterung der Ausländer nach einer Zeit in Enttäuschung umschlagen, wenn die durch Herzlichkeit und Nähe geweckten Erwartungen nicht erfüllt werden können.

Insgesamt fällt auf, dass in Ecuador andere Vorstellungen bezüglich der **Privatsphäre** herrschen als bei uns. Die Gesellschaft ist weniger individualistisch als die deutsche; das schlägt sich auch in dem Raum nieder, den eine Person für sich beansprucht. In Ecuador ist dieser Raum kleiner. Das Bedürfnis der Deutschen, sich zum Beispiel durch eine geschlossene Zimmertür abzugrenzen, ist in ecuadorianischen Familien eher unüblich. Auch enge Wohnsituationen oder dicht gedrängte Menschen werden nicht als so unangenehm empfunden. Vielmehr hat man das Gefühl, dass auch fremde Leute eher die Nähe der Anderen suchen, z. B. in Schwimmbädern, auf Picknickplätzen oder in Restaurants.

Gesten

Viele **internationale Gesten** werden auch in Ecuador gebraucht, z. B. der ausgestreckte Mittelfinger als Beleidigung oder Daumen hoch für okay. Wie in Mitteleuropa, zeigt man mit dem Zeigefinger nicht direkt auf Leute, es wird höchstens mit dem Kinn in die Richtung gedeutet.

Eine irritierende Geste ist die für **"Komm her"**. Auf Deutsche wirken die kleinen Bewegungen mit der Handfläche nach unten eher wie ein „Geh weg!", z. B. wie wenn man ein Tier wegscheucht.

Die Geste für **Schweigen** oder „Ich sage nichts" wird relativ oft benutzt. Mit Daumen und Zeigefinger verschließt man sich wie mit einem Reißverschluss den Mund.

Größenangaben für Tiere und Menschen unterscheiden sich. Menschliche Größe wird mit aufrechter Hand, die Größe von Tieren dagegen mit flach gestellter Hand (wie bei uns für Menschen und Tiere) angegeben.

Lebensgefühl

a lo ecuatoriano (auf die ecuadorianische Art)

Die meisten Ecuadorianer sind ausgesprochene **Gefühlsmenschen.** Sie sind fröhlich, witzig, lachen viel, feiern gerne Partys und tanzen oft und ausdauernd (auch ohne Alkohol). Außerdem haben sie einen Hang zum Dramatischen. Liebesschmerz, Heimweh, Trauer wird auf dramatischere Art verarbeitet als in Deutschland. Man schämt sich seiner Tränen nicht so sehr und lässt den Schmerz raus. Insgesamt scheinen die Ecuadorianer keine strikte Trennung von Gefühlswelt und Verstand vorzunehmen. In Entscheidungen oder Handlungen, egal ob im privaten oder beruflichen, fließen beide Seiten mit ein. Ecuadorianer, die in Deutschland wohnen, beklagen sich mitunter über die Gefühlskälte im deutschen Alltag. Sie vermissen, dass sich unbekannte Leute offen begegnen, ein paar nette Worte austauschen oder sie anlächeln. Das verwundert nicht, sind die Emotionen in Deutschland doch eher für den privaten Bereich reserviert. Auf der anderen Seite sind Deutsche in Ecuador überwältigt von der Freundlichkeit der Menschen, denen man auf der Straße begegnet. Diese Eigenschaft hängt eng zusammen mit dem stärker ausgeprägten Gemeinschaftsgefühl von Ecuadorianern.

◁ Körperliche Nähe ist selbstverständlicher als unter Deutschen

Individualismus contra Kollektivismus

Ecuadorianer wirken auf viele Deutsche sehr hilfsbereit und herzlich. Sie zeigen eine große Bereitschaft, Fremde in ihr Leben zu integrieren. Schnell wird man in Gespräche verwickelt. Hat man Dinge zu erledigen, findet man leicht jemanden der einem Begleitung anbietet. Bittet man jemanden um einen Gefallen, wird dieser Wunsch in den allermeisten Fällen nicht abgeschlagen.

Es fällt auf, dass in Ecuador die **Bedeutung der Gemeinschaft** und der guten Beziehungen zu den Mitmenschen sehr groß ist. Der für die westlichen Industrieländer typische Individualismus wird hier durch die Bedeutung der Gruppe ersetzt. In individualistisch geprägten Gesellschaften herrscht eine Betonung des Einzelnen vor, unabhängig von einer Gruppenzugehörigkeit. Wichtiger als die Gruppe oder Familie ist die persönliche Identität, so lebt der Einzelne in einer relativen emotionalen Unabhängigkeit von anderen. In gemeinschaftlich geprägten Gesellschaften wie der ecuadorianischen identifiziert sich der Einzelne eher über die **Zugehörigkeit zu einer Gruppe,** von der er in vieler Hinsicht abhängig ist. Die Gruppe gibt ihm emotionale Stabilität und es bestehen materielle Abhängigkeiten von ihr.

Im Falle Ecuadors ist eine **Ursache dafür die Schwäche des Gemeinwesens.** Auf die staatliche Versorgung ist kein Verlass, also übernimmt die Familie wichtige soziale Aufgaben. Daraus ergibt sich automatisch, dass „moderne" Werte wie Selbstständigkeit und Unabhängigkeit in Ecuador nicht so eine große Bedeutung haben wie in den Industrienationen der westlichen Hemisphäre. Einzelkämpfertum ist in Ecuador meist nicht von Erfolg gekrönt. Aber die zunehmende Orientierung an einer modernen Marktwirtschaft lässt hier langsam, aber sicher traditionelle Strukturen aufbrechen.

In Deutschland ist Selbstbestimmung und eigenverantwortliches Handeln sehr wichtig. Es gilt für jeden als erstrebenswert, einen Überblick über die eigenen Angelegenheiten zu haben und ungern verlässt man sich auf andere, weil Abhängigkeiten grundsätzlich gemieden werden. Die ganze **deutsche Gesellschaft** ist so ausgerichtet, dass man alleine wunderbar zurechtkommt und nicht auf den Schutz der Gruppe angewiesen ist. Beziehungen haben einen vergleichsweise niedrigen Stellenwert, denn der öffentliche Raum ist weitgehend nach sachlichen Kriterien organisiert. Damit das funktioniert, verlangt es von den Bürgern ein hohes Maß an Selbstdisziplin, denn jeder muss sich freiwillig an die Regeln des Gemeinwesens halten, was auf diese Weise anonym funktioniert. So darf man den **Individualismus** auch nicht mit Egoismus verwechseln, denn der

Individualismus ist getragen von dem Verantwortungsgefühl für das letztlich anonyme Gemeinwesen und dem internalisierten Konsens, sich an die Regeln zu halten. Das wirkt sich auch auf andere Persönlichkeitsbereiche von Deutschen aus; so ist es in Deutschland pädagogisches Ziel, den Menschen in die Lage zu versetzen selbstverantwortlich zu werden. Der Verlust der persönlichen Selbstbestimmung wird beispielsweise im Alter als sehr tragisch empfunden. Ein Mindestmaß an Abgrenzung und Eigenständigkeit gilt als Voraussetzung für die psychische Gesundheit.

So ist **Fürsorge und Mitdenken für andere** in Ecuador selbstverständlich, für Deutsche eine zweischneidige Angelegenheit, denn es kann leicht als Einmischung missverstanden werden. Es gilt für Deutsche als respektvoll, jemanden erst einmal etwas alleine versuchen zu lassen – zu leicht unterstellt man ihm sonst die Unfähigkeit selbstverantwortlich zu handeln. In Ecuador kann das als mangelnde Hilfsbereitschaft ausgelegt werden. Viel schneller wird Hilfe angeboten und man ist leicht verblüfft, wenn Deutsche darauf etwas entrüstet reagieren. Gerade **zwischen den Geschlechtern** ist es in Ecuador selbstverständlich, dass ein Mann einer Frau bei körperlichen Anstrengungen aller Art hilft (beim Busaussteigen, beim Tasche tragen etc.). Die brüsken Reaktionen einiger deutscher Frauen auf diese Angebote werden belächelt.

Ein weiterer Bereich, in dem sich deutsche Eigenart mit der ecuadorianischen Lebensweise reiben kann, ist das **Dienstleistungswesen.** Die ecuadorianische Klassengesellschaft funktioniert so, dass Menschen aus den unteren Schichten die körperliche Arbeit für die Höhergestellten verrichten. Dabei sind auch kleinere Dienstleistungen üblich, die Deutsche normalerweise alleine machen. Hier zu nennen sind z. B. Schuhputzer, Kofferträger und Parklückeneinweiser. Einen wirklich wichtigen Anteil am Dienstleistungssektor haben die Hausangestellten. In Ecuador kann das Selbermachen wie eine Weigerung wirken, ärmeren Leuten einen kleinen Verdienst zu ermöglichen.

Eine andere Ausdrucksform des Individualismus in Deutschland ist der Wunsch, sich von anderen abzusetzen, also z. B. durch ein ungewöhnliches Äußeres, eine ungewöhnliche Lebensweise oder ein exotisches Hobby. In Ecuador dagegen ist der Konformitätsdruck größer. Sich Anerkennung durch seine Mitmenschen zu verschaffen funktioniert am ehesten durch eine Orientierung nach oben, d. h., die gängigen Luxusgüter dienen den meisten Menschen als erstrebenswerte Statussymbole. In Deutschland ist es nicht generell anders, jedoch schmückt mancher sich gerne mit dem Besonderen, um sich von den anderen zu unterscheiden.In Ecuador geht man mit dem **eigenen Zuhause** ausgesprochen großzügig um. Gerne werden Fremden selbst ärmliche Behausungen gezeigt. Doch auch in

Mittel- und Oberschicht haben Wohnungen nicht so einen privaten Charakter wie in Mitteleuropa. Viel häufiger kommen und gehen Verwandte und Freunde, ohne dass es langer Vorplanung bedarf. Es ist unproblematisch, in den privaten Raum der anderen einzudringen, da es gar nicht als Eindringen empfunden wird.

Die **Privatsphäre** von Ecuadorianern und das Bedürfnis nach Alleinsein ist deutlich kleiner als bei Deutschen. Selbst bei Leuten, die den entsprechenden Platz hätten, bemerkt man, dass sie die Anwesenheit anderer Menschen dem Alleinsein vorziehen. So teilen sich Familienmitglieder gerne ein Schlafzimmer, es ist nicht so erstrebenswert wie in Deutschland, ein Eckchen nur für sich zu haben. Wenn ein Deutscher mit einer ecuadorianischen Familie zusammenlebt, sollte er damit rechnen, nicht die gewohnten Rückzugsmöglichkeiten zu haben. Die Privatsphäre wird nicht in dem in Deutschland üblichen Maß respektiert. Auch das Bedürfnis nach Zeit, die frei von den Ansprüchen anderer ist, wird in Ecuador nicht als wichtig für das psychische Wohlergehen eines Menschen angesehen. Es gibt sicherlich viele Ecuadorianer, die in ihrem Leben noch nie alleine in einem Raum geschlafen haben.

Das **Besuchsverhalten** ist anders als in Deutschland. Besonders unter Verwandten ist es normal, sich gegenseitig für mehrere Monate zu beherbergen, wenn die Umstände es erfordern. Bereitwillig teilt man auch beengte Verhältnisse.

Der ausgeprägte Gemeinschaftssinn erklärt eigentlich sehr viele Verhaltensunterschiede zwischen Deutschen und Ecuadorianern. Eine Ecuadorianerin drückte diesen Unterschied so aus: „Hier zählt eher das ‚Wir' als das ‚Ich', dass macht es manchmal schwierig mit Deutschen, denn bei euch steht eindeutig die eigene Person im Vordergrund." In Ecuador wird der Individualismus sogar als negatives Verhaltensmuster angesehen, das mit der Moderne auch Einzug in die eigene Gesellschaft genommen hat. Er wird oft gleichgesetzt mit Werteverlust und Egoismus. In politischen Diskussionen wird ihm Mitschuld an der Misere der ecuadorianischen Gesellschaft gegeben.

Dadurch, dass viele Ecuadorianer ein großes **Bedürfnis nach Gesellschaft** haben, ist es normal, den Freunden oder der Familie viel Zeit zu widmen, ihnen zu helfen oder sie zu begleiten. Hinzu kommt noch, dass es in Ecuador grundsätzlich einen anderen Umgang mit Zeit gibt. Sie wird großzügiger verteilt, ist nicht so verplant und man ist eben viel schneller bereit, sie anderen zu widmen (siehe auch Kapitel „Umgang mit Zeit"). Insgesamt erscheint das zwischenmenschliche Miteinander in Ecuador lockerer, herzlich und unkompliziert, ist aber mit dem deutschen Bedürfnis nach individueller Abgrenzung nicht immer kompatibel.

Umgang mit Zeit

Je nach Kultur gibt es ganz unterschiedliche Arten, mit Zeit umzugehen. In einigen Ländern wie auch in Ecuador wird die Zukunft nur sehr vage geplant und auf äußere Anforderungen situativ reagiert. Man schaut, was die jeweilige Lebenslage verlangt und handelt spontan, nicht unbedingt in Hinblick auf die Zukunft. Das Verhalten scheint keinem langfristigen Plan zu folgen. Die Zeit ist nicht stark verplant, weil eher nach aktueller Dringlichkeit gehandelt wird. Daher ist der **Planungshorizont kurzfristig,** Pläne und Termine gelten als ideales Ziel, das sich aber noch ändern kann.

In anderen Kulturen – insbesondere der deutschen – stellen die Menschen sehr genaue Pläne auf, um ihre langfristigen Ziele in einer mehr oder weniger fernen Zukunft erreichen zu können. Ihre Zeit ist stark durchstrukturiert und durch Termine und kurzfristige Etappen der Zielerreichung geprägt. Wird der Plan durch äußere Umstände umgeworfen, reagiert man vergleichsweise unzufrieden. Zeit ist in Deutschland ein wichtiges Thema und die Handlungen von Deutschen scheinen immer von irgendwelchen Zeitplänen und Terminen geleitet zu sein. Das macht sie einerseits unflexibel, andererseits berechenbar und somit verlässlich. Zeit ist ein wichtiges Gut, das man nicht bei sich selbst und auch nicht bei anderen vergeuden sollte. Sie sollte effektiv genutzt werden, also Zeitpläne sind konsequent abzuarbeiten und Ablenkungen vom Ziel sollten vermieden werden. „Erst die Arbeit, dann das Vergnügen" bedeutet, dass die Beziehungen zu anderen Menschen hintenan stehen. Wieder siegt Sachorientierung über soziale Beziehungen. Auch daher gelten Deutsche bei Ecuadorianern als sehr diszipliniert. Die Ecuadorianer selbst gehen weder im Privatleben noch bei der Arbeit so konsequent bei der Umsetzung ihrer Pläne vor. Diese Arbeits- und Lebensweise wäre sicherlich auch nicht sehr erfolgreich, denn das **Unkalkulierbare ist Teil des Alltags.** Von daher haben Zukunftspläne eine geringere Bedeutung und Verbindlichkeit, weil sie ohnehin dauernd der Realität angepasst werden müssen.

Fragt man Ecuadorianer, wie sie sich ihre **gegenwartsorientierte Haltung** erklären, führen sie, neben der Erfahrung, dass langfristige Pläne oft durch äußere Umstände nicht funktionieren, gerne die Klimatheorie an: Die günstigen klimatischen Gegebenheiten haben eine Kultur des langfristigen Planens und des vorausschauenden Handelns unnötig gemacht. Dagegen hat der Winter mit seinem kalten und rauen Klima die Mitteleuropäer jahrtausendelang trainiert, vorausschauend zu denken, um überleben zu können.

Ethnologen unterscheiden monochrone von polychronen Kulturen. Die erstere beinhaltet u. a. die Handlungsweise, eine Sache zu einer Zeit zu

Pünktlichkeit

*Wie man sieht, ist Zeit ein nicht so kostbares Gut wie in Deutschland und es wird großzügiger mit ihr umgegangen. Gegenüber verschwendeter Zeit herrscht ein gewisser Gleichmut. Der Ärger ist geringer, wenn jemand umsonst irgendwo hingegangen ist; überhaupt geht man eher persönlich irgendwo vorbei als anzurufen. In Schlangen wird vergleichsweise geduldig gewartet. Bekannte werden bei Erledigungen begleitet, einfach um ein bisschen zu reden. Positiv betrachtet bedeutet dies, dass Ecuadorianer ihre Zeit eher den anderen widmen, als es in der deutschen Gesellschaft verbreitet ist. Die negative Seite ist das leidige Thema Pünktlichkeit. Durchschnittlich sind Ecuadorianer wesentlich **unpünktlicher als Deutsche.** Wie der Rest Lateinamerikas gilt Ecuador als Land des „Mañanas" (Morgen). „Mañana" steht hier für die Antwort auf eine Frage. Man sagt diesen Ländern nach, dass grundsätzlich alles auf Morgen verschoben wird. Morgen bedeutet in diesem Fall irgendwann in der Zukunft, nur nicht jetzt. Das Leben wird locker angegangen, ohne Hektik, man lässt sich nicht so vom Zeitdruck der Industrieländer vereinnahmen. Das beinhaltet auch die mangelnde Pünktlichkeit bei Verabredungen, Öffnungszeiten, Fahrplänen etc. Zeitangaben sind mit einer gesunden Skepsis zu genießen. Auch die ecuadorianischen Wörter für „sofort" und „gleich" („ya mismo, ahora mismo") dürfen nicht wörtlich genommen werden.*

*Als Reisender sollte man **Toleranz walten lassen.** Zeitliche Unzuverlässigkeit ist anders als in Deutschland keine direkte Kränkung gegenüber den Mitmenschen. Pläne und Verabredungen sind in Deutschland verbindlich, weil sonst das ganze System zusammenbricht. Im ecuadorianischen System spielen andere Faktoren eine wichtigere Rolle.*

*Trotzdem erwacht auch in Ecuador langsam ein Bewusstsein dafür, dass mangelnde Pünktlichkeit gegenüber den Mitmenschen unhöflich ist – und außerdem nicht wirtschaftlich. Inzwischen gibt es **Kampagnen von Regierungsseite gegen die Unpünktlichkeit.***

*Eine **Ausnahme bildet die Stadt Ambato.** Hier wird Pünktlichkeit groß geschrieben. So bedeutet der Ausdruck „hora ambateña", dass Pünktlich-*

> Ein Nickerchen auf der Arbeit vertreibt die Wartezeit

keit erwünscht ist. Dasselbe signalisieren folgende Zusätze: „puntualidad alemana" (deutsche Pünktlichkeit), „puntualidad suiza" (schweizerische Pünktlichkeit), „hora inglesa" (englische Uhrzeit). „Hora ecuatoriana" dagegen bedeutet eine gewisse Unpünktlichkeit mit einzukalkulieren. Im Geschäftsleben ist man relativ pünktlich, d. h., mehr als 15 Minuten Verspätung sind unhöflich. Im privaten Bereich kann es etwas länger werden, aber mehr als eine halbe Stunde ist unüblich.

Wie man **als Deutscher** mit dieser Situation am Besten umgeht, bleibt eine individuelle Entscheidung. Sich ärgern hilft nicht. Selber unpünktlich sein ist auch keine empfehlenswerte Handlungsoption, denn es gibt überraschend pünktliche Ecuadorianer. Außerdem gelten Deutsche als sehr pünktlich, weswegen man ihnen u. U. auch mit größerer Pünktlichkeit begegnet. Mit der Zeit entwickelt der Besucher aber ein Gespür dafür, sich individuell auf seine Mitmenschen einzustellen. Zwar gibt es keine allgemeingültige Regel, aber man muss nicht hetzen, um auf die Minute pünktlich zu sein. Außerdem kann man eine gewisse Unpünktlichkeit des Anderen einkalkulieren und sich z. B. etwas zu lesen mitnehmen.

tun, die polychrone dagegen, mehreren Handlungssträngen auf einmal zu folgen. Man kennt diese Handlungsweise auch unter dem englischen Wort *multitasking*, das sich in der Berufswelt zu einer gefragten Fähigkeit entwickelt hat. Die Deutschen sind eher eine monochrone und die Ecuadorianer eine **polychrone Kultur.** In Ecuador sieht man dauernd Leute, die mit mehreren Dingen auf einmal beschäftigt sind, die sich unterhalten, am Computer sitzen, dabei noch telefonieren, während das Radio läuft. Womöglich ist dies ebenso ein Grund für den insgesamt höheren Geräuschpegel in Ecuador. Musik, Fernsehen und Radio haben häufig eine Lautstärke, die in Deutschland als aufdringlich empfunden wird, weil man sich auf nichts anderes konzentrieren kann. Ecuadorianer scheinen damit besser umgehen zu können.

In Ecuador hat der Umgang mit Zeit auch kulturhistorische Ursachen: Die vorspanischen Kulturen der Anden hatten ein **zyklisches Verständnis für Zeit,** d. h., alles ist einer Regelmäßigkeit unterworfen und kehrt immer wieder. Bis heute beeinflusst das die Mentalität der Menschen. So unterscheidet die Fachliteratur lineare und zyklische Zeitauffassung. Die deutsche Art wird als linear bezeichnet – alles ist auf ein bestimmtes Ziel ausgerichtet. Diese Einstellung hat ihren Ursprung im Christentum: Das Lebensziel ist der Eintritt ins Himmelsreich und um dieses Ziel zu erreichen, muss die Zeit bis dahin sinnvoll genutzt werden. Insbesondere in protestantischen Gebieten erfuhr die geradlinige Lebensplanung ein Hoch. Hier war die Region, wo die industrielle Produktionsweise ihren Ausgang nahm, was den rigideren Umgang mit Zeit noch verstärkte.

„Ich habe keine Zeit" ist ein beliebter Satz bei Deutschen, der untereinander auch weitgehend als Entschuldigung akzeptiert wird, auf Ecuadorianer aber sehr kränkend wirken kann. Deutschen fällt das Verletzende nicht auf, weil nach ihrer Logik die Erfüllung des Zeitplanes eng verbunden ist mit sozialem Verantwortungsgefühl. Denn von den Plänen des Einzelnen hängen etliche Pläne der anderen ab. Termine stimmen die verschiedenen individuellen Pläne aufeinander ab, andere Ablenkung wird vermieden, spontane Aktionen abgewimmelt, weil es ein ganzes terminliches Gerüst von sich und anderen durcheinander bringen würde. Die Gegenwart muss sich meist der Zukunft beugen. Aber wenn dann mal ein Termin dran ist, nimmt eine Person sich ausschließlich Zeit für die andere, Ablenkungen wären jetzt unhöflich. In Ecuador ist das anders. Zwar hat man **mehr Zeit für seine Mitmenschen,** aber diese Zeit ist dann nicht ausschließlich nur einer Person oder einem Thema gewidmet. Es ist z. B. normal, nicht eingeplante Leute zu Verabredungen mitzubringen oder während eines Treffens wird ausgiebig mit dem Handy telefoniert und womöglich mit den Anwesenden weitergeredet. Bei Einladungen kann es vorkommen, dass die Gastgeber nebenbei noch mit etwas anderem beschäftigt sind oder versuchen, mehrere Dinge unter einen Hut zu bringen.

Selbst die **Freizeit** ist bei vielen Menschen in Deutschland strikten Zeitplänen unterworfen. Es kommt oft vor, dass Deutsche permanent hinter ihren selbstgestellten Plänen herhinken, weil das Leben oft nicht so planbar ist; das erzeugt ihnen Stress und macht sie unzufrieden. Ecuadorianer reagieren auf die deutschen Eigenarten ziemlich verständnislos. So etwas wie Freizeit-Stress ist in Ecuador gänzlich unbekannt. Hier wird fast ausschließlich nach dem spontanen Lustprinzip vorgegangen. Außerdem kommt wie bereits angemerkt hinzu, dass die Freizeit nicht scharf von der produktiven Zeit abgetrennt ist, sodass das Gefühl die Freizeit jetzt hundertprozentig auskosten zu müssen nicht so verbreitet ist. Das Bedürfnis nach Zeit für sich selbst ist ebenso wenig verbreitet, Ecuadorianer können ihre Batterien auch im trubelhaften Miteinander in der Familie wieder aufladen, außerdem ergibt sich hier und da von ganz alleine eine Mußestunde in der sich entspannt wird.

Oft beschreiben **deutsche Reisende** ihre Erlebnisse in Ecuador als surreal. Eine Erklärung dafür kann sein, dass häufig unerwartete Dinge geschehen und die Ecuadorianer darauf nicht mal erstaunt reagieren. Während Deutsche im wahrsten Sinne des Wortes aus dem Konzept geraten, sobald sich ein gefasster Plan nicht umsetzen lässt, gehen Ecuadorianer viel gelassener damit um – dann ändern sie eben ihre Pläne. Geduld und Flexibilität sind Eigenschaften, die viele Ecuadorianer auszeichnen. Dies sind hilfreiche Lebens- oder Überlebenseigenschaften und zudem entspannen sie den Umgang der Menschen untereinander. Dem deutschen Reisenden sei ans Herz gelegt, nicht zu sehr an seinen Reiseplänen zu hängen, sondern sich auf das ecuadorianische Zeitverständnis einzulassen. Gelingt das, lässt sich tatsächlich eine gelassenere Einstellung zumindest für einige Zeit in den deutschen Alltag hinüberretten.

Familie und Alltag

Rollenverhalten von Männern und Frauen:
von Müttern und Machos | 234

Frauen in der heutigen Gesellschaft | 237

Deutsch-ecuadorianische Beziehungen | 244

Die Funktion der Familie | 248

Moralvorstellungen und Wertewandel | 251

Ländliches Milieu | 252

Städtischer Alltag | 253

Arbeitsleben | 254

Dienstpersonal | 257

Freizeitgestaltung | 259

Ess- und Trinkkultur | 260

Auf dem Tiermarkt in Otavalo (Abb.: 078ec dr © Rafał Cichawa)

Rollenverhalten von Männern und Frauen: von Müttern und Machos

Das spanische Wort **machismo** ist abgeleitet von *macho* (männlich, Mann) und beschreibt eine **Überbetonung der Männlichkeit**. Was im Deutschen unter „Macho" verstanden wird, ist auf Spanisch der *machista*. Der *machismo* stellt einen Zusammenhang zwischen Macht und Sexualität her. Die christliche Religion hat durch die Rolle, die dem Mann als Schöpfer zukommt, große Bedeutung in der Verfestigung dieses Phänomens. Der Mann ist der Starke, der Intelligente, der seine Familie gegen den Rest der Welt zu schützen hat. Daraus leitet sich der **männliche Herrschaftsanspruch** ab. Demnach bleibt die Frau zu Hause und kümmert sich um das leibliche Wohlergehen des Mannes und der Kinder. Der Wert der Frau leitet sich schlicht aus ihrer Mutterfunktion ab.

Wie einige südeuropäische Länder sind auch die lateinamerikanischen Gesellschaften durch den *machismo* geprägt. Die Wurzeln für die heute erkennbaren **geschlechtsspezifischen Rollenverteilungen** liegen in der Zeit der Eroberung Amerikas durch die Spanier. Spanische Frauen wurden zum Zwecke des Erhalts der spanischen Rasse nach Amerika gebracht, womit man ihre Funktion als Gebärerin unterstrich. Als andere wichtige Faktoren für die spezifische Ausprägung des *machismo* in Lateinamerika sehen Soziologen die Kriegermentalität der Konquistadoren und die Überlegenheitsgefühle der Spanier gegenüber den Indígenas, insbesondere den indigenen Frauen. Auch in einigen hochentwickelten Kulturen des vorkolumbischen Amerikas hatten Männer die gesellschaftliche Vormachtstellung inne. Inwieweit das noch eine Rolle spielt, ist schwer einzuschätzen, denn der Herrschaftsanspruch der Spanier über die Ureinwohner hatte deren Machtstrukturen radikal verändert.

Die **Anpassung der Frauen** an den *machismo* wird als **marianismo** bezeichnet, der das Stereotyp der verantwortungsvollen, selbstlosen, moralisch aufrechten Heiligen beinhaltet. Seinen Ursprung hat dieses Konzept in der mystischen Verehrung der Jungfrau Maria. Der *machista* braucht zur Aufrechterhaltung seines Selbstbilds aber zwei Extreme: einerseits die „heiligen" Mütter und Ehefrauen, die seine unreife Art um des Familienerhalts willen ausgleichen und andererseits die Geliebten, die seinen Eroberungstrieb und seine Bestätigungssucht befriedigen. Das Stereotyp des fremdgehenden lateinamerikanischen Ehemannes liegt hier begrün-

> Machos amüsieren sich auch untereinander

det, denn die heilige Ehefrau taugt nicht als Geliebte. Die Ehre eines Mannes ist eng mit dem Verhalten seiner Ehefrau verknüpft. Darum gilt es durch Kontrolle ihren ehrenhaften Lebenswandel zu garantieren. Einige Psychologen sehen im Fremdgehen des Mannes eine vorbeugende Maßnahme, bevor er selbst betrogen wird, was seine Männlichkeit in Frage stellen würde – durch den eigenen Betrug hat er sie dann schon unter Beweis gestellt. Die gesellschaftliche Akzeptanz eines untreuen Gatten ist ungleich höher als umgekehrt, denn ihm wird zugestanden, auf diese Weise seine männliche Identität zu bestätigen.

Allerdings sind *machismo* und *marianismo* Konstrukte, welche in dieser Reinform nicht existieren. Das zeigt sich schon an der Frage, wo denn die vielen Geliebten herkommen sollen. Neuere Forschungen zeigen, dass die Ausprägungsformen schichtabhängig differieren. Männer aus der Oberschicht kompensieren demnach ihre Bestätigungssucht in Beruf, Politik und mit teuren Statussymbolen. Sie können sich außerdem eine kostspielige **Geliebte** leisten. Der Mann muss zu Hause nicht durch aggressives Auftreten seine männliche Dominanz beweisen. So scheinen die Geschlechterbeziehungen der oberen Klassen nach außen egalitärer. Die Männer der unteren Schichten dagegen versuchen, zu Hause ihre gesellschaftlichen Ohnmachtsgefühle durch Einforderung weiblichen Gehorsams zu kompensieren, um ihre soziale Identität nicht zu verlieren. Daraus ergibt sich das Paradoxon, dass Frauen der unteren Schichten gleichzeitig vom Mann unabhängiger sind, weil sie arbeiten, sich ihm aber stärker unterordnen müssen als Frauen der Mittel- und Oberschicht. Daher gibt es in den unteren Schichten immer mehr unverheiratete Frauen, die sich bewusst nicht an einen Mann binden möchten.

Insgesamt nähern sich durch die gesellschaftlichen **Modernisierungsprozesse** auch in Lateinamerika die Rollenbilder aneinander an. Große Teile der ecuadorianischen Gesellschaft sind zwar noch von der männlichen Dominanz geprägt, dennoch ist der *machismo* mittlerweile ein vieldiskutiertes Phänomen, das von immer mehr Frauen hinterfragt oder zumindest wahrgenommen wird. Die traditionellen Lebensformen sind in einem Wandlungsprozess begriffen, wie er in Mitteleuropa bereits vor 50 Jahren eingesetzt hat. Der Hort des *machismo* ist die **Familie.** Die Vorstellungen der idealen Männlichkeit und der idealen Weiblichkeit unterstützen das Phänomen *machismo* und werden insbesondere durch die Mütter an ihre Söhne und Töchter weitergegeben. Ein Junge muss stark sein und wird für Mut, Kraft und Klugheit bewundert. Im Haushalt braucht er sich nicht die Finger schmutzig zu machen. Mädchen dagegen werden ausstaffiert wie kleine Prinzessinnen, ihre Niedlichkeit und später Schönheit wird von der ganzen Familie wie ein Schatz behütet. Außerdem werden sie auf ihre Rolle als Hausfrau und Mutter vorbereitet. Von einem Mann wird erwartet, dass er seine Familie alleine ernähren kann. Daher sieht es ein Vater, der genug verdient, ungern, wenn seine studierenden Kinder einen Nebenverdienst haben, um größere Unabhängigkeit von den Eltern zu erlangen. Viele junge Erwachsene, die noch zu Hause wohnen und studieren, sind ökonomisch von ihrem Vater abhängig, sodass er völlige Kontrolle über sie hat. Dieser **Erziehungsstil** zieht sich durch die gesamte Gesellschaft. Viele Beziehungen im Arbeitsbereich sind von paternalistischen Strukturen geprägt. Der Chef ist wohlwollend wie ein Vater, solange man nicht seine Entscheidungen hinterfragt.

Für einen großen Teil der Frauen gilt **Schönheit, weibliche Schwäche und Fragilität** als Ideal, eben weil sie es in ihrem Elternhaus so erlebt haben. Sie erwarten von den Männern, für ihr Aussehen bewundert zu werden, deshalb gehört es quasi zum guten Ton, einer Frau Komplimente zu machen – auch auf der Straße. Sie erwartet, vom Mann hofiert und beschützt zu werden. Das bedeutet z. B., dass sämtliche schwere Tätigkeiten vom Mann verrichtet werden, dass er das Gepäck trägt, dass die Frau auf der straßenabgewandten Seite des Bürgersteigs geht, dass man sie abends begleitet. All dies ist für die meisten europäischen Frauen der jüngeren Generation gewöhnungsbedürftig. Einerseits ist diese Art der Hofierung schmeichelhaft, andererseits entmündigend. Viele ecuadorianische Frauen beklagen sich über den *machismo*, aber solange diese Erwartungen an den Mann in ihrem Selbstverständnis bestehen bleiben, ist es schwierig, den männlichen Herrschaftsanspruch nachhaltig zu brechen. Eine Frau, die sich wie ein Mann verhält, männliche Arbeit verrichtet oder einen männlichen Körperbau hat, wird abwertend als *machona* bezeichnet.

Obwohl es wegen der Bedeutung von weiblicher Schönheit nicht anzunehmen wäre, spielt der **Körperkult** eine deutlich geringere Rolle als in Deutschland. Ein paar Pfunde zu viel auf den Rippen scheinen keine Frau ernsthaft zu belasten. So ist *gordita* oder *gordi* (Dicke) ein oft gebrauchter Kosename für pummelige Frauen. Ehemänner reden von ihrer Frau oft als *mi gordita* (mein Dickerchen). Magersucht und Bulimie gibt es sehr selten und die Durchschnittsecuadorianerin macht freiwillig keinen Sport. Dies gilt aber nicht für Frauen der Oberschicht, Medienfrauen oder Models, die sich am globalen Schönheitsideal der schlanken, blonden, großen Frau orientieren. Das Ideal wird auch in den Medien propagiert, jedoch sind die meisten Ecuadorianerinnen so weit davon entfernt, dass es sie offensichtlich nicht so unter Druck setzt wie europäische Frauen.

Frauen in der heutigen Gesellschaft

In der **Oberschicht** ist die traditionelle Rollenverteilung dadurch etwas aufgeweicht, dass Frauen eine bessere Ausbildung bekommen, durch ihren finanziellen Hintergrund Freiräume haben und sich in ihrem Selbstverständnis an der „modernen Frau" der Industrieländer orientieren. Dies trifft v. a. auf jüngere Frauen zu. Ecuadorianerinnen, die es schaffen, sich von den klassischen Denkmustern zu befreien, die nicht dem Rollenklischee der Frau entsprechen wollen und ihr eigenes Leben führen, sind oft Frauen, die Kontakt zu Ausländern haben oder im Ausland gelebt haben.

Ärmere Familien versuchen, dem Ideal der traditionellen Rollenverteilung zu folgen. Jedoch ist es häufig die Not, die die gesamte Familie (auch die Töchter) zwingt, zum Lebensunterhalt der Familie beizutragen und z. B. als Straßenverkäufer oder -verkäuferin zu arbeiten. Die *Chola Cuencana,* der Prototyp der Mestizin aus Cuenca, reflektiert auch eine Realität des ganzen Landes: die arbeitende Frau der Unterschicht, die ihre Familie ernährt und so zum Familienoberhaupt wird.

Bei den **Ärmsten** scheint sich nach außen hin das klassische Familienschema aufzulösen. Das wiederum ist Teil des Problems: Viele Männer, die in den ärmeren Stadtvierteln wohnen, sind vom Land in die Stadt gekommen in der Hoffnung, ihrer Familie ein besseres Leben bieten zu können. Häufig gelingt das nicht. Die Männer scheitern in ihrer Rolle als Versorger und Familienvorstand. Die dadurch entstehende Frustration führt oft zu Alkoholismus, Drogenmissbrauch und zerrütteten Familien. In diesen Familien sind die Kinder oft gezwungen, die Schulen zu verlassen und zu arbeiten. Im schlimmsten Fall haben die Kinder gar kein Elternhaus mehr und leben auf der Straße als Schuhputzer oder Bettler.

Die Geschlechterbeziehungen der unteren Klassen sind stärker durch **Gewalt und Misstrauen** geprägt. So sind viele Männer aus diesen Schichten gegen Verhütungsmittel, da sie den Frauen sexuelle Freiräume ermöglichen, die für die Männer nicht mehr kontrollierbar sind. Gewalt gegen Frauen ist eine alltägliche Situation. Gerade sozial prekäre Verhältnisse haben dazu geführt, dass immer mehr Frauen ihr Leben und das ihrer Familie in die eigene Hand nehmen. Viele Frauenselbsthilfegruppen sind entstanden, die auch das Selbstbewusstsein der Frauen und ihrer Kinder langfristig stärken. Der Fall *Lorena Bobbit* in den 1990er-Jahren, die ihrem gewalttätigen Mann den Penis abschnitt, eröffnete eine Diskussion über häusliche Gewalt. Nebenbei bemerkt ist seit dieser Zeit das Wort Penis (*pene*) in dem ansonsten eher prüden Ecuador salonfähig geworden.

Die Situation der Frauen hat sich in den letzten Jahrzehnten dramatisch geändert. Während laut der Zeitschrift *Vistazo* in den 1970ern die durchschnittliche **Geburtenrate** bei 6,2 Kindern pro Frau lag, betrug sie im Jahre 2012 nur noch 2,4. Und die Anzahl der Frauen, die als Familienvorstand fungieren ist auf 40 % angewachen. Das heißt, dass fast 40 % der **Familien ohne Vater** sind. Daher kann man bei vielen Familien nicht mehr von einer traditionellen Rollenverteilung sprechen. Die Einstellung vieler Leute ist dieser neuen Realität aber noch nicht angepasst.

Neben den schon genannten Gründen riss Anfang des Jahrtausends die massenhafte **Migration** viele Familien auseinander. Unter den Auswanderern waren viele Frauen, die ins Ausland gingen und ihre Kinder bei Verwandten zurückließen, in der Hoffnung, sie irgendwann nachzuholen. Aber nicht nur die Migration ins Ausland erschüttert die traditionellen Familienstrukturen: Innerhalb Ecuadors finden Land-Stadt-Bewegungen statt, die Familien zumindest zeitweise auseinanderbringt. Für die Frauen bedeuten beide Formen der Migration ein gestiegenes Maß an Eigenverantwortung und Entscheidungskompetenz gegenüber ihren Männern.

Trotz der klassischen Denkmuster, die noch in vielen Köpfen bestehen, ist es seit geraumer Zeit **normal, dass Frauen arbeiten** gehen. Sei es aus ihrem Selbstverständnis heraus oder aus ökonomischen Zwängen. Für viele Männer ist das immer noch ein Problem: zum einen, weil es nach außen hin offenbart, dass der Mann die Familie nicht alleine ernähren kann, zum anderen ist die Frau dadurch weniger kontrollierbar. Ein weiteres Problem für die Frau ergibt sich daraus, dass die Kindererziehung und der Haushalt weiterhin v. a. auf ihr lasten. Nicht viele Männer sind bereit, sich die Hausarbeit mit ihrer arbeitenden Frau zu teilen. Für die Frauen der Mittel- und Oberschicht löst sich das Problem durch Dienstmädchen, umso härter trifft es die große Mehrheit der Frauen in den ärmeren Schichten.

Frauen haben es auf dem **Arbeitsmarkt** sehr viel schwerer als Männer. In den Städten verdienen Frauen für die gleiche Arbeit nur 83 % des Lohns eines Mannes, auf dem Land sind es nur 55 %. Die Arbeitsgesetzgebung, z. B. zum Mutterschutz, besteht zwar auf dem Papier, nutzt aber nur einer Minderheit, weil sehr viele Arbeitsverhältnisse informell sind oder die Gesetze nicht beachtet werden.

Die Rollenverteilung ist zwar de facto nicht mehr klassisch, aber das **Sexualverhalten** vieler Männer ist es noch. Es ist nicht ungewöhnlich, dass Männer ins Bordell (*cabarete* oder *chongo*) gehen. Es wird öffentlich nicht darüber geredet, aber unter Männern ist es ein beliebter Zeitvertreib, sei es auch nur, um sich eine Stripteasetänzerin anzuschauen. Die Zahl der außerehelichen Kinder in Ecuador ist sehr hoch. Selbst bei Familien, die man gut zu kennen glaubt, offenbaren sich mitunter Überraschungen. Viele Männer haben „Nebenfamilien", über die aber nicht gesprochen

▲ Trotz hoher Qualifikation verdienen Frauen meist weniger als Männer

wird. Da verwundert es nicht, dass viele Paarbeziehungen von tiefem Misstrauen gegenüber dem Partner geprägt sind. Der offene Dialog und die gemeinsame Bearbeitung von Konflikten zwischen Eheleuten ist nicht sehr verbreitet. Oft haben sie auch bezüglich der Kindererziehung Geheimnisse voreinander (wenn z. B ein Elternteil heimlich größere Freiheiten als der andere gewährt).

Der Wandel in den Geschlechterbeziehungen deutet sich auch darin an, dass mittlerweile über **50 % der Studierenden Frauen** sind. Waren es lange Zeit die Töchter der Oberschicht, denen ein Studium ermöglicht wurde, versuchen nun immer mehr Eltern der Mittel- und auch Unterschicht, ihren Töchtern durch Ausbildung eine bessere Zukunft zu ermöglichen. Zwar ist es in vielen Büros und Institutionen noch so, dass die Frauen Sekretärinnen und die Männer die Entscheidungsträger sind, aber das wird sich durch die verbesserten Qualifikationen der Frauen langfristig kaum aufrechterhalten lassen.

Auffällig ist in Ecuador die hohe Zahl sehr **früher Schwangerschaften** bei jungen Mädchen. Sicherlich ist ein Grund hierfür die Hoffnung vieler Mädchen, sich durch eine Heirat aus dem Elternhaus lösen zu können; in vielen Fällen werden sie dann aber einfach sitzen gelassen. Auch die mangelnde Aufklärung oder Verbreitung von Verhütungsmitteln ist eine Ursache für diese Fälle. An einigen christlichen Schulen werden sogar noch Kampagnen gegen Verhütung gemacht, unter dem Motto „*No usa condón, usa tu corazón*" („Benutz kein Kondom, benutz dein Herz"). Hinzu kommen die schon erwähnten Abneigungen vieler Männer gegen Verhütungsmaßnahmen. Generell existieren viele Vorbehalte gegen Verhütungsmittel: Bei Frauen ist es die Angst vor Krebs durch die Einnahme der Pille und Furcht, dass die Benutzung eines Kondoms beim Partner den Verdacht auf Untreue schürt. Ungeschützter Geschlechtsverkehr wird so zu einem Treue- und Liebesbeweis.

An der **Küste** ist der Umgang zwischen den Geschlechtern etwas anders als in der Sierra, z. B. ist die Form des unverheirateten Zusammenlebens (*unión libre*) besonders in der Unterschicht weit verbreitet. Oft liegt das daran, dass kein Geld für die aufwendigen Hochzeitsfestivitäten vorhanden ist. An der Küste ist das Ideal der schönen Frau viel stärker ausgeprägt: Die Frauen sind aufgeputzter und weniger prüde; die Väter, Brüder und Ehemänner sind sehr stolz auf deren Schönheit. Das offensichtliche Machogehabe ist deutlicher ausgeprägt als im Hochland und die Frauen sind koketter. Die Männer der **Sierra** dagegen sind dezenter und weniger protzig, sie haben gegenüber Frauen eher ein ritterliches Verhalten.

Nicht unerwähnt bleiben soll die Tatsache, dass einige Ecuadorianer und auch Ecuadorianerinnen den *machismo* nicht nur als eine Bürde für die Frauen, sondern auch als eine **Bürde für die Männer** erleben. Die Erwartungen an einen Mann sind hoch. Gleichberechtigte Geschlechterbeziehungen machen auch dem Mann das Leben leichter. Eine Ecuadorianerin erzählte, sie kenne einige richtige Machos, die mit Europäerinnen eine Beziehung eingegangen seien, ihre männlichen Herrschaftsansprüche nach einigen Reibereien aufgegeben haben und das Beziehungsleben nun als viel angenehmer empfinden. Natürlich gibt es auch umgekehrt Ecuadorianerinnen, die die egalitärere Haltung vieler deutscher Männer sehr schätzen.

Die Geschlechterbeziehungen zwischen den **Afroecuadorianern** sind ebenfalls durch den *machismo* gekennzeichnet. Die Männer versuchen, den Herrschaftsanspruch gegenüber der Frau mit vielen Mitteln durchzusetzen, häufig auch mit Gewalt. Viele Beziehungen sind von Kontrolle und Misstrauen bestimmt. Allerdings gibt es einen erwähnenswerten Unterschied zum Rest der ecuadorianischen Gesellschaft: In den afroecuadorianischen Gemeinschaften sind die **Frauen die Zentren der Familie.** Sie sind die Trägerinnen der Kultur und sie selbst bezeichnen ihre Familienstrukturen als matriarchalisch. Die Sklaverei hatte keine Rücksicht auf intakte Familien genommen, sie waren dem unternehmerischen Kalkül der Sklavenhalter ausgeliefert. Insofern orientierten sich verwandtschaftliche Beziehungen an der mütterlichen Linie. Dies scheint sich bis heute erhalten zu haben. Viele Männer haben mit verschiedenen Frauen Kinder, können die Vaterpflichten also nicht im klassischen Sinne wahrnehmen. Die Mütter tragen die Verantwortung für die Familie oft alleine.

Schwarze Frauen in Ecuador werden von der mestizischen Gesellschaft auf mehrfache Weise diskriminiert: aufgrund ihrer Klasse, ihrer Hautfarbe und ihres Geschlechts. Im Zuge der erwachenden Bewegung der Afrolateinamerikanerinnen sind es viele schwarze Ecuadorianerinnen, die sich in **Frauenbewegungen** politisch organisieren. Die ecuadorianische *Coordinadora Nacional de Mujeres Negras* vereinigt die unterschiedlichen Gruppierungen. In ihr findet man Wissenschaftlerinnen, Politikerinnen, Frauenrechtlerinnen, aber vor allem ganz einfache Frauen, die sich Gehör verschaffen wollen und für Anerkennung kämpfen. Eine der ersten Schwierigkeiten, auf die sie treffen, ist der Widerstand ihrer Männer gegen diese Art von Engagement. Frauengruppen sind vielen Ecuadorianern äußerst suspekt (nicht nur Schwarzen). Offensichtlich werden Ängste geschürt, es könnte an ihrem Thron gesägt werden. Als Beispiel sei hier eine Frauengruppe aus dem kleinen Küstenstädtchen Muisne in der Provinz Esmeraldas genannt. Einige Frauen hatten sich zusammengefunden, um eine Fußballgruppe zu gründen. Das Gespött sämtlicher Männer war groß. Als die Frauen aber ernst machten, wurden die Männer misstrauisch und versuchten, ihre Frauen zu hindern. Als dies erfolglos blieb, begleiteten die Männer sie immer zum Training. Mittlerweile sind sie die größten Fans ihrer Frauen, die inzwischen auch über Muisne hinaus sportliche Erfolge feiern. In diesen und ähnlichen Begebenheiten spiegelt sich, ähnlich wie bei den mestizischen Frauen, das erwachende Selbstbewusstsein der schwarzen Frauen wider.

Die Verbreitung des *machismo* unter den **Indígenas** ist schwer zu beurteilen. Für Außenstehende wirkt es ganz so, als ob die Männer die dominanten Personen in den Familien sind. Kontakte zu Familien laufen meist über Männer, überhaupt vertreten die Männer nach außen hin die Familien. Es scheint die klassische Rollenverteilung vorzuliegen. Nach Aussagen der Indígena-Frauen selbst, deren Männern und Kennern der indigenen Kulturen, treffen aber eigentlich die Frauen die wichtigen Entscheidungen oder zumindest sind sie gleichberechtigt daran beteiligt. Die mangelnde Außenpräsenz der Frauen liege daran, dass die Männer sozusagen draußen die „Drecksarbeit" erledigen, wofür die Frauen zu kostbar sind. Aber auch die indigenen Geschlechterbeziehungen befinden sich im Wandel, es gibt zunehmend indigene Frauen, die sich sehr wohl nach außen artikulieren. Gerade in der politischen Bewegung drängen die Frauen langsam, aber stetig nach vorne. Ein prominentes Beispiel ist die ehemalige Außenministerin *Nina Pacari*. Zudem sollte man nicht vergessen, dass es zwischen den verschiedenen indigenen Völkern Ecuadors große kulturelle Unterschiede gibt, die auch eine ganz unterschiedliche Stellung der Frau mit sich bringen.

Traditionell sind **Frauen im öffentlichen Leben, auf politischer Ebene** und in wirtschaftlichen Schlüsselfunktionen unterrepräsentiert. In die internationalen Schlagzeilen geriet Ecuador 1997, als nach der Absetzung *Bucarams* seine Vizepräsidentin *Rosalía Arteaga* die Regierungsgeschäfte übernahm. Länger als zwei Tage blieb sie nicht im Amt, denn das Parlament setzte sie ab. Frauen wurden für ungeeignet gehalten, große politische Verantwortung zu übernehmen. Die weibliche Bevölkerung empörte sich auch nicht über diesen Rechtsbruch, denn *Arteaga* stand in enger Verbindung zu dem unbeliebten *Bucaram* und daher konnte man sie nicht gut leiden.

Betrachtet man die Entwicklung der letzten 20 Jahre, zeigt sich ein langsamer Wandel in der sozialen und politischen Stellung der Frau. Es gibt nun einige Frauen in politisch und wirtschaftlich exponierten Positionen. In der Regierung *Correa* werden sogar 40% der Ministerposten von Frauen bekleidet. Aufgrund der hohen Anzahl der Universitätsabgängerinnen und einem einsetzenden Bewusstseinswandel wird sich das in Zukunft noch ausweiten.

Um die traditionelle Unterrepräsentierung auf politischer Ebene zu kompensieren, entwickelten Frauen von jeher Strategien, ihre Interessen durchzusetzen. Eine beliebte weibliche Methode ist die Unterwanderung der männlichen Herrschaft von unten – Frauen versuchen durch Allianzen, Tricks und Arrangements ihren Willen umzusetzen. Bei einigen wichtigen ecuadorianischen Politikern wird vermutet, dass die Ehefrau die eigentliche Triebkraft seines Erfolgs ist.

Die **lateinamerikanische Frauenbewegung** unterscheidet sich von der in industrialisierten Länder insofern, dass der Focus sich nicht primär auf die Unterdrückung der Frau durch den Mann richtet. Während es den europäischen Bewegungen hauptsächlich um die Gleichberechtigung zwischen Mann und Frau geht, richtet sich der Kampf der Lateinamerikanerinnen gegen die Klassenunterschiede. Sie fordern die Bereitstellung der Grundbedürfnisse für alle und die Demokratisierung der Gesellschaft. Den Vereinigungen der Afroecuadorianerinnen geht es darüber hinaus um die Beseitigung des Rassismus. Auch in Ecuador hat die Bezeichnung „Feministin" *(feminista)* einen negativen Beigeschmack. Die politisch engagierten Frauen sehen sich als Verfechterinnen der Frauenbelange. Und die Frauen leiden am stärksten unter der ungerechten Ressourcenverteilung der ecuadorianischen Gesellschaft. Daher kämpfen ecuadorianische Frauenorganisationen vor allem für ökonomische und politische Ziele auf gesamtgesellschaftlicher Ebene. Ein Ergebnis dieses Kampfes sind Gesetzesänderungen in der Verfassung von 1998, in die nach langem Ringen Gesetze zum Schutz der Frau innerhalb der Ehe aufgenommen wurden. Überhaupt ist Gewalt gegen Frauen und Kinder ein großes Thema innerhalb der Bewegung. Laut INEC *(Instituto Nacional de Estadísticas y Censos)* sind 60 % der Frauen schon einmal **Opfer häuslicher Gewalt** geworden. Es gibt viele verschiedene Frauenvereinigungen in Ecuador, außerdem hat sich Gender innerhalb der sozialen Bewegung als Querschnittsthema etabliert, sodass sich in vielen Organisationenen eigene Frauengruppen gegründet haben. Das *Foro nacional de la mujer ecuatorinana* (Nationale Forum der ecuadorianischen Frau) ist eine Plattform, auf der sich 320 Organisationen zusammengeschlossen haben, die im Gender-Bereich aktiv sind. Eine wichtige Organisation ist die *Coordinadora Política de Mujeres Ecuatorianas* (CPME), die es sich zum Ziel gesetzt hat, die politische Beteiligung der Frauen auf allen Ebenen zu fördern. 2012 wurde mit *Luna Creciente* („Wachsender Mond") eine Frauengruppe ins Leben gerufen, der Arbeiterinnen und Bäuerinnen mit gleicher Zielsetzung angehören. Darüber hinaus stehen die Bekämpfung von Armut und Gewalt sowie die Gesundheitsförderung als Schwerpunktthemen auf der Agenda. Daneben haben sich in den letzten Jahren verschiedene andere feministische Gruppen formiert.

Gedicht über Männer und Frauen (Autor anomym)

Masculinidad y Femininidad
Por cada mujer fuerte cansada de aparentar debilidad, hay un hombre débil cansado de parecer fuerte.

Por cada mujer cansada de tener que actuar como tonta, hay un hombre agobiado por tener que aparentar saberlo todo.

Por cada mujer cansada de ser calificada como „hembra emocional", hay un hombre a quien se le ha negado el derecho a llorar y ser delicado.

Por cada mujer poco feminina cuando compite, hay un hombre obligado a competir para que no se dude de su masculinidad.

Männlichkeit und Weiblichkeit
Auf jede starke Frau, die es müde ist, schwach zu erscheinen, kommt ein schwacher Mann, der es müde ist, stark zu erscheinen.

Auf jede Frau, die es müde ist, sich wie ein Dummchen zu verhalten, kommt ein Mann, der unter dem Druck steht, auf alles eine Antwort wissen zu müssen.

Auf jede Frau, die es müde ist, als emotionales Weibchen angesehen zu werden, kommt ein Mann, dem man das Recht zu weinen und schwach zu sein verwehrt hat.

Auf jede Frau, die in Konkurrenzsituationen wenig weiblich ist, kommt ein Mann, der zur Konkurrenz gezwungen wird, damit man nicht seine Männlichkeit anzweifelt.

Deutsch-ecuadorianische Beziehungen

Für **deutsche Frauen** in Ecuador gilt: Der Umgang zwischen den Geschlechtern ist durch Höflichkeit und eine gewisse Sinnlichkeit geprägt. Ein Mann macht einer Frau ein Kompliment und bemüht sich auch sonst, recht freundlich zu sein. Dieser angenehme Umgang zwischen Mann und Frau bedeutet aber nicht, dass die Position der Frau in der Gesellschaft gleichberechtigt wäre. Für deutsche Frauen, die in Ecuador arbeiten, ist die männliche Dominanz zunächst nicht störend oder auffällig, wie es vielleicht anzunehmen wäre. Ecuadorianische Männer treten europäischen Frauen oft mit einer **respektvollen Bewunderung** gegenüber, die es leicht macht, ein freundschaftliches oder kollegiales Verhältnis aufzubauen. Freundlichkeit und kleinere Komplimente bedeuten (vielleicht anders als in Deutschland) nicht direkt, dass der Mann um die Frau wirbt. Trotzdem stellt die Eroberung alleinstehender oder unverheirateter europäischer

Por cada mujer cansada de ser objeto sexual, ay un hombre preocupado por su potencia sexual.

Por cada mujer que se siente atada a sus hijos, hay un hombre a quien le ha sido negado el derecho al placer de la paternidad.

Por cada mujer que no ha tenido acceso a un salario satisfactorio, hay un hombre que debe asumir la responsabilidad de otro ser humano.

Por cada mujer que da un paso hacia su propia liberación, hay un hombre que redescubre el camino hacia la libertad.

Auf jede Frau, die es müde ist, Sexualobjekt zu sein, kommt ein Mann, der sich um seine sexuelle Potenz sorgt.

Auf jede Frau, die sich an ihre Kinder gefesselt fühlt, kommt ein Mann, dem man das Recht auf Vaterschaft verwehrt hat.

Auf jede Frau, die keinen Zugang zu einem angemessenen Einkommen hat, kommt ein Mann, der die Verantwortung für einen anderen Menschen übernehmen muss.

Auf jede Frau, die einen Schritt zu ihrer persönlichen Freiheit tut, kommt ein Mann, der den Weg zur Freiheit wiederentdeckt.

Frauen für Ecuadorianer oft eine Herausforderung dar. Die Freizügigkeit der europäischen Gesellschaften ist in Ecuador bekannt, von daher erhofft sich der eine oder andere Ecuadorianer leichtes Spiel. Die charmante Art der Latinos eine Frau zu umgarnen soll bei so einigen Europäerinnen nachhaltigen Eindruck hinterlassen haben. Von daher gilt: Eine Frau kann in Ecuador die **Komplimente** eines Mannes ruhig freundlich annehmen, sie sollte sie aber nicht überbewerten, da sie Teil des Spiels zwischen den Geschlechtern sind. Wenn sie kein Interesse an einer intimeren Beziehung zu einem Mann hat, sollte eine Frau keinesfalls Einladungen annehmen, die nur ihr alleine gelten – um keine falschen Hoffnungen zu wecken. Ein Bier mit einem Arbeitskollegen zu trinken, kann – aber muss nicht unbedingt – harmlos sein, das kommt ganz auf den Kollegen an. Eine ecuadorianische Frau würde eine solche Einladung nämlich eher nicht annehmen. Ergibt sich doch eine Situation, in der ein Mann eindeutige Avancen macht, wird er im Allgemeinen akzeptieren, in seine Schranken verwiesen zu werden. Eine Strategie, um diesen Mann nicht zu beleidigen, ist die Rettung der Situation auf humorvolle Weise. Es kann sein, dass die deutsche Frau ohne es zu bemerken Signale gesendet hat, die in Ecuador anders bewertet werden als in Deutschland. Das bedeutet aber nicht, dass sie sich gegenüber Männern schroff verhalten muss, um keine falschen Hoffnungen aufkommen zu lassen.

Deutsche alleinstehende, kinderlose Frauen bekommen häufig **eindeutige Angebote.** Außerdem kann es vorkommen, dass sie von Ecuadorianerinnen als Konkurrenz wahrgenommen werden. Oder sie werden wegen ihrer Kinderlosigkeit offen bedauert. Für manch eine sind dies Wermutstropfen in ihrem Ecuadoraufenthalt. Aber meistens schließen deutsche Frauen recht schnell Freundschaft mit ihren ecuadorianischen Geschlechtsgenossinnen. Eine Deutsche sollte außerdem vermeiden, ein ausschweifendes Sexualleben zu führen, da das ihren „Ruf" beschädigt und andere (unerwünschte) Männer ermutigen könnte, aufdringlich zu werden. Liegen dagegen auf beiden Seiten ernsthafte Gefühle vor, die das Ausfechten der gegenseitigen Erwartungen überleben, steht einer langlebigen Beziehung nichts im Wege. Diese Verbindungen halten nicht kürzer und nicht länger als die unter Deutschen.

Deutschen Frauen, die mit ihrem Partner in Ecuador sind, kann es passieren, dass den Worten ihres Mannes mehr Bedeutung beigemessen wird als ihren eigenen. Viele ecuadorianische Männer kennen das Prinzip der Gleichberechtigung in der Ehe nicht, weshalb bei Entscheidungen nach außen der Ehemann als oberste Instanz angehört werden soll, z. B. im Umgang mit Handwerkern oder männlichen Angestellten.

Im **Arbeitsleben** kann es zwar vorkommen, dass die Ecuadorianer eine Frau nicht ernst nehmen, häufiger aber hört man von deutschen Frauen, dass die Arbeitskollegen sie mit sehr großem Respekt behandeln, Respekt vor allem vor der guten deutschen Ausbildung. Viele Männer sind es nicht gewöhnt, mit professionell ausgebildeten Frauen zu arbeiten und so können sie nur schwer einschätzen, was davon zu halten ist. Eine Ecuadorianerin drückte es so aus: *„Les tienen miedo."* („Die haben Angst vor ihnen."). Natürlich lässt sich dieser Respekt auf Dauer nur durch kompetentes Arbeiten aufrechterhalten. Ecuadorianer, die in Institutionen der Entwicklungszusammenarbeit oder internationalen Unternehmen arbeiten, eben dort, wo deutsche Frauen normalerweise in Ecuador arbeiten, sind an die internationalen Standards der Gleichberechtigung gewöhnt.

Auf der Straße sollten Frauen direkten Augenkontakt zu Männern vermeiden, denn es wirkt auf einige Männer wie eine Einladung zu mehr. Oft rufen Männer Frauen etwas hinterher oder pfeifen ihnen nach. Das sollte die Frau ignorieren und sich nicht aufregen. Bezüglich der Kleidung gibt es nicht viel zu beachten. Tendenziell sind die Ecuadorianerinnen in der Stadt eleganter gekleidet als die deutsche Durchschnittsfrau. Wenn sie in Quito oder im Hochland zu sommerlich angezogen ist, wird sie als Touristin belächelt. An der Küste kleiden die Leute sich in der Freizeit legerer.

Für **deutsche Männer** gilt: In Ecuador stellt sich für sie der *machismo* oder der Umgang zwischen den Geschlechtern als weniger große Herausforderung dar. Meist wird ihnen von allen Seiten große **Bewunderung und Vertrauen** in ihr Können entgegengebracht. Ecuadorianerinnen sind fasziniert von deutschen Männern. Groß, blond und blauäugig ist das Schönheitsideal schlechthin. Ganz zu Schweigen

001ec cr

von den finanziellen Möglichkeiten, die sie bei einem deutschen Mann vermuten – der ideale Versorger. Kommt es dann aber tatsächlich zu einer engeren Allianz zwischen beiden, sieht sich der deutsche Mann womöglich doch mit der anderen Seite des *machismo* konfrontiert. Nämlich den Erwartungen, die die Frau an ihn stellt und die er vielleicht nicht erfüllen kann und will: z. B. die Beschützer- und Versorgerrolle zu übernehmen oder eine gewisse romantische Leidenschaft an den Tag zu legen und ab und zu den eifersüchtigen Gatten zu mimen. Mögliches Problemfeld für die Beziehung zwischen deutschem Mann und ecuadorianischer Frau ist die starke Abhängigkeit von der Familie. Besonders jüngere Frauen begeben sich oft nur in Begleitung ihrer Cousinen und Schwestern zu ersten Rendezvous, überhaupt wird sehr viel Zeit mit Verwandten verbracht. Später erwartet sie vielleicht, dass gewisse Versorgungsfunktionen des deutschen Mannes auch auf die Familie der Frau ausgeweitet werden.

Wie bereits angedeutet, gehen Ecuadorianer häufiger ins **Bordell**. Es kann also vorkommen, dass man von Kollegen oder Freunden dorthin eingeladen wird. Wer dazu keine Lust hat, soll es ruhig sagen, vielleicht regt das zum Nachdenken über Offenheit in Beziehungen an. Diese Freudenhäuser sind oft vergleichbar mit Nachtclubs mit Tänzerinnen, viele gehen nur zum Trinken und Schauen dahin.

Die Funktion der Familie

Die Familie geht den Ecuadorianern über alles, unabhängig von sozialer Klasse und Hautfarbe. Die Familien sind normalerweise hierarchisch strukturiert und von den Kindern wird Gehorsam erwartet. In den meisten Fällen erfüllen sie die Erwartungen der Eltern. Die **Großeltern** haben einen hohen Stellenwert in der Familie. Traditionell dreht sich das **Leben der Großfamilie** um einen zentralen Punkt: das Haus der Großeltern. Somit ergibt sich, dass die besten Freunde der Kinder meist ihre *primos* (Cousins) und *primas* (Cousinen) sind. *Primos/as* werden fast alle genannt, mit denen man in der gleichen Generation verwandt ist. **Cousin und Cousine** ersten Grades sind die *primos hermanos*.

Die Jugendlichen bleiben meist im Haus der Eltern bis sie heiraten. So lange unterliegen sie den **Regeln der Eltern,** die je nach deren Einstellung mehr oder weniger streng sind. Aber selbst in strengen Elternhäusern hängen die erwachsenen Kinder sehr an ihren Eltern und akzeptieren deren Regime. Den jungen Frauen wird gemeinhin weniger Freiheit eingeräumt als den Söhnen. Das Gebot „Du sollst Vater und Mutter ehren" wird in Ecuador groß geschrieben. Oft sind es die Eltern, die die Lebenspläne der Kinder entwerfen. Da schon die Erziehung der Kinder wesentlich weniger demokratisch abläuft als in Deutschland, sind es die Kinder nicht unbedingt gewöhnt, ihr Leben in die eigene Hand zu nehmen und folgen den Wünschen der Eltern. Die Wünsche der Eltern werden selten hinterfragt und auch nicht diskutiert. Trotzdem ist das Verhältnis zwischen Eltern und Kindern oft sehr liebevoll. Sie verbringen freiwillig sehr viel Zeit miteinander, wenn sie getrennt sind, wird viel telefoniert, beide Seiten leiden sehr unter Trennungen. In den Familien spiegelt sich das starke Gemeinschaftsgefühl der Ecuadorianer wider.

Die Institution Großfamilie beginnt allerdings langsam zu bröckeln, da auch in Ecuador die Auswirkungen der modernen Gesellschaft und die damit einhergehende **Spaltung der Familien** zu spüren sind. Die Menschen sind immer öfter zu einer größeren Mobilität gezwungen, um ihren Lebensunterhalt zu verdienen. Viele müssen ihren Heimatort verlassen, um woanders zu arbeiten. Somit beginnt langfristig das Fundament des familiären Zirkels rissig zu werden. Die **Jugendlichen** in den Städten finden enge Freunde außerhalb der Familie. Das Verhältnis zu den *primos* verliert an Bedeutung. Die jungen Leute haben weniger Lust, ihre Freizeit mit der Familie zu verbringen, da es viele andere Möglichkeiten gibt. Jugendliche haben es mitunter schwer, sich gegen die konservativen Wertvorstellungen ihrer Familie durchzusetzen. Sie sind von ihren Eltern abhängig und haben wesentlich kleinere Freiräume als in Mitteleuropa. Lange Haare bei

Jungen, Piercings, Tatoos und allzu legere Kleidung sind häufig Anlass zu mittleren Familiedramen, auch bei Volljährigen.

In Ecuador ist die **Scheidungsrate** gestiegen, mehr Frauen finden den Mut, ihre fremdgehenden, prügelnden oder alkoholabhängigen Männer zu verlassen oder schlicht und ergreifend den Irrtum einer verfrühten Hochzeit zu korrigieren. Außerdem wird die Zahl der Kinder pro Familie geringer (siehe Kapitel „Frauen in der heutigen Gesellschaft"), Einzelkinder sind aber immer noch sehr selten. Die hohe Emigrationsrate trägt dazu bei, die familiären Netze aufzulösen. Auffällig ist, dass Probleme in der Familie selten nach außen getragen werden. So überrascht es immer wieder, wenn sich ein Paar plötzlich scheiden lässt, wo doch alles in Ordnung zu sein schien. Des Weiteren scheint es in vielen Familien dunkle Geheimnisse zu geben, über die nicht gesprochen wird – oft dreht es sich um uneheliche Kinder oder eine Geliebte des Familienvaters.

Trotz der sich andeutenden Auflösungstendenzen ist gerade in Zeiten ökonomischer Probleme die Familie ein Rettungsanker, auf den man sich blind verlassen kann und der die mangelnde Sozialfürsorge des Staates ersetzt.

Im **Verhalten gegenüber Kindern und Senioren** spiegelt sich die generell große Bedeutung der Familie wider. Kinder werden in Ecuador vergöttert. Sie sind das Lebensglück vieler Familien und nach wie vor definieren

Eine Familie der Mittelschicht

sich viele Frauen über ihre Kinder. In der Öffentlichkeit sind Kinder wesentlich akzeptierter als in Mitteleuropa. Sie werden von den wenigsten Leuten als lästig empfunden. Viel eher werden sie von allen gehätschelt und die Eltern bekommen Komplimente für ihren Nachwuchs. Für Eltern ist das sehr angenehm, es ist selbstverständlich, seine Kinder überallhin mitzunehmen – ohne sich Gedanken zu machen, ob sie stören. Die meisten ecuadorianischen Kinder sind eher unauffällig. Selten passiert es, dass sie durch ständiges Gebrüll oder Gequengel nerven. Vielleicht liegt es daran, dass Kinder zwar als etwas sehr Schönes, aber auch als etwas ganz Normales angesehen werden. Sie laufen im normalen Leben mit, werden als Segen empfunden, aber es wird ansonsten kein größerer Umstand um sie gemacht. Man ist lieb zu ihnen und erwartet dafür Fügsamkeit. Körperliche Züchtigung bei respektlosem Verhalten ist sicherlich verbreiteter als in Deutschland. Leider ist die ecuadorianische Infrastruktur wenig auf Kinder ausgerichtet. Allein der Verkehr insbesondere in Städten bietet sich nicht dazu an, Kindern eine so frühe Selbstständigkeit wie beispielsweise in Mitteleuropa zu ermöglichen.

Die Situation der **Kinder aus ärmsten Verhältnissen** ist anders. Viele sind verwahrlost oder müssen sehr früh für ihren Lebensunterhalt sorgen. Oft sieht man kleine Kinder, die schon alleine die Verantwortung für ihre noch jüngeren Geschwister übernehmen, während die Eltern arbeiten. Es ist erstaunlich, wie früh diese Kinder Dinge meistern, die dem Nachwuchs aus besseren Verhältnissen niemals zugetraut würden.

Alten Leuten bringt man viel Respekt entgegen. Sie leben meist bei ihren Kindern und werden nicht als Last empfunden, sondern im Gegenteil, von ihren Familien verehrt und ihre Ratschläge sehr ernst genommen. Da es kein ausreichendes Rentensystem gibt, sind im Alter die meisten Menschen auf ihre Familie angewiesen. Dies ist ebenfalls ein Grund, warum Kinderreichtum lange Zeit als Segen empfunden wurde.

⌃ Diese junge Mutter trägt alle Last ihrer Familie alleine

Moralvorstellungen und Wertewandel

Familie, katholische Tradition und damit einhergehende Vorstellungen von moralischem Verhalten bestimmen weite Teile der ecuadorianischen Gesellschaft. Insbesondere an **Frauen** stellt das den Anspruch von Reinheit und schwacher Weiblichkeit. Die Orientierung an diesem Ideal ist in unteren Schichten teilweise durch ökonomische Zwänge durchbrochen. In den **oberen Schichten** wirkt den traditionellen Idealen die Orientierung an den westlichen Industriegesellschaften entgegen, die viele der „alten Werte" bereits abgelegt haben.

Abgesehen von den Brüchen in den vorherrschenden Moralvorstellungen, die in jüngerer Zeit auftraten, ist die ecuadorianische Gesellschaft von jeher von einer gewissen **Doppelmoral** geprägt. Das heißt, es bestehen mitunter große Unterschiede zwischen dem „Schein" und dem „Sein". Daher scheinen es die Ecuadorianer gewöhnt zu sein, mit Widersprüchlichkeiten in ihrer Lebensweise zu leben.

Als Ausländer kann man sich sehr gut mit der vorherrschenden Moral arrangieren. Auf gewisse Art genießen Fremde Narrenfreiheit, solange sie ungewöhnliche Lebensweisen nicht nach außen tragen. Vorsicht ist geboten bei Nacktheit, an der Ecuadorianer viel eher als Europäer Anstoß nehmen. Die katholisch geprägte Prüderie äußert sich allerdings auch in einer stärkeren Bezugnahme auf Geschlechtsteile in lockeren Runden oder in Witzen (z. B. Machowitzen).

Gegenüber Mitbürgern sind Ecuadorianer nicht ganz so tolerant. Zwar wird mittlerweile voreheliches Zusammenleben toleriert, aber gegenüber sexuellen Minderheiten verhalten sich die meisten eher ablehnend. Abweichendes Verhalten wird normalerweise nicht verfolgt, so aber doch ungern gesehen oder totgeschwiegen. Die **Schwulen- und Lesbenbewegung** steckt vergleichsweise in den Kinderschuhen, aber es gibt sie. Gleichzeitig machten in letzter Zeit Kliniken von sich reden, wo die Homosexualität zwangsweise „wegtherapiert" werden soll.

Derzeit differenziert sich die Gesellschaft in Ecuador in verschiedene Richtungen. Große Gruppen sind der konservativen Lebensführung noch verpflichtet, andere wiederum wild entschlossen, dies zu ändern.

Neben den moralischen Wertvorstellungen orientiert sich die Bevölkerungsmehrheit nach „oben". Oben bedeutet „weiße" Oberschicht. Die höhere Klassenzugehörigkeit drückt sich nach außen hin in diversen Statussymbolen aus, die so die Position einer Person in der Gesellschaftshierarchie darstellen. Die meisten Menschen streben nach diesen Symbolen (Markenware, Autos etc.), leider mitunter auf Kosten anderer, nicht direkt sichtbarer Bereiche (Bildung, Gesundheit).

Ländliches Milieu

Das Leben auf dem Land unterscheidet sich stark von dem in der Stadt. Die infrastrukturelle Versorgung ist wesentlich schlechter als in der Stadt und das Leben ist für die ärmere Landbevölkerung sehr hart. In der **Sierra** besteht ein großer Teil der bäuerlichen Bevölkerung aus Indígenas, die entweder noch in ihren alten Traditionen verhaftet sind oder aber durch einen gewissen Grad an Mestizaje eine Mischform leben. Die „weißeren" Mestizen bilden die Mittel- und Oberschicht; sei es als Großgrundbesitzer oder auch als Lehrer, Ärzte, Beamte, Kaufleute, Handwerker etc.

In den ländlichen Gebieten der **Costa** gibt es kaum noch rein indigene Bevölkerung, die Bauern hier sind Mestizen oder Mulatten. Im **Oriente** leben die mestizischen Siedler, die *colonos,* in den kleineren Ortschaften z. T. zusammen mit der indigenen Bevölkerung. Aber es gibt noch viele rein indigene *comunidades* (Gemeinden).

Unabhängig von der Region ist das Landleben sehr einfach und immer noch von paternalisitischen Strukturen geprägt. Persönliche **Herrschafts- und Abhängigkeitsverhältnisse** sind oft anzutreffen. Die Kontakte zwischen Ober- und Unterschicht sind wesentlich enger und die Abhängigkeiten haben oft einen familiären Charakter. So sorgt sich der Großgrundbesitzer *(patrón)* um das Wohl seiner Angestellten, die seine Hacienda bearbeiten. Oft ist er Pate der Kinder und hilft im Notfall aus. Die lokalen Führungsschichten übernehmen außerdem soziale Funktionen, z. B. den Bau von infrastrukturellen Einrichtungen wie Krankenstationen und Schulen. Auf der anderen Seite verlangen sie Respekt und Gehorsam. Staatliche Institutionen unterliegen meist dem Willen der Lokalpatrone.

Die jahrhundertealten Hierarchieverhältnisse führten bei einem Großteil der Landbevölkerung zu einer **mangelnden Herausbildung von Selbstverantwortung und Eigeninitiative.** Von den Bauern wurde nie etwas anderes als Unterwürfigkeit erwartet. Für einen Ausländer ist es mitunter befremdlich, welcher Respekt einem seitens der einfachen Bevölkerung entgegengebracht wird. Die erneuernde Kraft der Großstadt fehlt, der emanzipatorische Einfluss der Industriegesellschaften ist gering. Dennoch gibt es zunehmend zivilgesellschaftliche Strukturen. Der Ursprung der starken Indígena-Bewegung liegt im ländlichen Ambiente. Begriffe wie *participación* (Mitbestimmung) und *derechos* (Rechte) sind nicht länger Fremdwörter für die einfache Landbevölkerung. Der erwachte Selbstbehauptungswille der Indígenas ist zwar je nach Region und Bildungsstand unterschiedlich ausgeprägt, in der Sierra aber schon als Massenphänomen zu bezeichnen. Bis sich jahrhundertealte Strukturen nachhaltig ändern, bedarf es aber noch wesentlich mehr Zeit.

Städtischer Alltag

Für Ausländer unterscheidet sich das Leben in den **großen Städten** Ecuadors nicht besonders von dem in europäischen Großstädten. Mit dem nötigen Geld lässt sich das Leben leicht nach gewohntem Standard organisieren. Dennoch gibt es viele Alltagserscheinungen, die anders sind als in Deutschland. Zunächst ist es gewöhnungsbedürftig, in einer ausgeprägten Klassengesellschaft mit einer breiten, unter der Armutsgrenze statuierten Unterschicht zu leben. Zwar versuchen sich die herrschenden Klassen, die Tourismusagenturen und die Konsumzentren von den Armen abzugrenzen, dennoch begegnet einem die Armut auf Schritt und Tritt – sei es durch Bettler, arbeitende Kinder, Wachpersonal oder erhöhte Sicherheitsmaßnahmen (siehe Kap. „Gewalt und Sicherheit").

Zur **Wohnsituation** in den Städten lässt sich Folgendes sagen: Es gibt Stadtteile, in denen hauptsächlich wohlhabende Leute wohnen, sowie sogenannte *barrios marginales,* wo sich die unteren Schichten niedergelassen haben. Die ersteren leben in gutbewachten Villen oder Wohnanlagen, den *condominios* – eingerichtet nach westlichem Vorbild. Die Ärmsten leben in einfachen Hütten am Rande der Städte, manchmal nur mit Bett, Tisch und Stuhl ausgestattet. Dazwischen findet man die unterschiedlichsten Wohnformen. Um dem Wachstum der Städte gerecht zu werden, sind zunehmend neue *condominios* gebaut worden, die nun in den unterschiedlichsten Preisklassen zu bewohnen sind. Dadurch werden die ehemaligen *barrios marginales* immer mehr in die städtische Infrastruktur integriert. War z. B. lange Zeit der Süden Quitos ausschließlich den Armen vorbehalten, zieht es jetzt auch die Mittelschicht dorthin, weil eben neue Wohnanlagen entstanden sind und durch den Trolleybus eine bessere Verkehrsanbindung existiert. Durch die anhaltende Landflucht entstehen neue *barrios marginales* weiter außerhalb.

> Zur Mittagszeit

Arbeitsleben

Die Ecuadorianer haben ein anderes Verhältnis zur Arbeit als Deutsche. Die primär deutschen Arbeitstugenden (Disziplin, Effizienz und Pünktlichkeit) sind in Ecuador weit weniger ausgeprägt. In Ecuador waren und sind immer noch Arbeitsstrukturen vorherrschend, die eher Gehorsam verlangen, als Eigenverantwortung und die Beurteilung des Individuums nach Leistung. Der **paternalistische Führungsstil** basiert vor allem auf Macht und nicht auf allgemein gültigen Regeln. Treue und Loyalität zum Arbeitgeber sind wichtiger als objektive Effizienzkriterien. Sich ein gutes Verhältnis zum Chef zu bewahren, zahlt sich für die Mitarbeiter eher aus, als das langfristige Wohl des Unternehmens im Auge zu haben.

Ein deutscher Kulturstandard ist die Wertschätzung von Regeln und Strukturen. Das heißt, dass Deutsche sich auf ein Regelsystem einlassen, es sich zu Eigen machen und dann von sich aus beachten. Aus diesem Grund muss ein Kontrollsystem von außen nicht sonderlich rigide sein, damit die Arbeitsstrukturen funktionieren. Das Pflichtgefühl des Einzelnen ist auch in nicht mehr überschaubaren anonymen Zusammenhängen wie dem Staatswesen verhältnismäßig hoch. **Arbeitsverhältnisse** in Deutschland sind dadurch vergleichsweise egalitär, jeder ist sozusagen sein eigener Chef. In Ecuador ist das anders: Der jeweils Höhergestellte kontrolliert seine Untergebenen und man begegnet sich nicht von Gleich zu Gleich. Die Verhältnisse sind persönlicher, aber dennoch hierarchischer. Doch auch in Ecuador hegen viele Leute, insbesondere Unternehmer, großen Respekt vor der deutschen Arbeitsweise. In modernen oder international arbeitenden Unternehmen wird sich deshalb sehr bemüht, eine disziplinertere Arbeitsweise einzuführen und den Mitarbeitern mehr Eigenverantwortung zu übergeben. Auch auf staatlicher Ebene versucht man, sich internationalen Standards anzunähern: Es gibt Arbeitsgesetze wie 40-Stunden-Woche, Urlaubsanspruch, Mindestgehalt etc. Diese Standards gelten aber nur für den formellen Arbeitssektor, der vergleichsweise klein ist.

Viele Deutsche beklagen sich bei der Zusammenarbeit mit Ecuadorianern über deren mangelnde Arbeitsmoral. So einfach ist das aber nicht. Ein Hauptgrund für diese Wahrnehmung ist wahrscheinlich die Tatsache, dass in Ecuador **keine strikte Trennung zwischen Arbeit und Freizeit** vorgenommen wird. In Ecuador sind die Übergänge fließend. Die Arbeit gilt als Lebenszeit und man nimmt sich mehr Zeit für die zwischenmenschlichen Dinge. Das konzentrierte, zielorientierte und effiziente Durcharbeiten vieler Deutscher wird mit einer befremdlichen Bewunderung betrachtet. Mitunter wird belächelt, wer sich wegen der Sache keine Zeit für

Ein ecuadorianischer Witz

Im Unterricht steht Inés auf und sagt:
„Mein Vater hat alles: einen Mercedes, ein Haus und vier gigantische Fernseher."
„Ach ja", sagt die Lehrerin. „Hat er auch eine Jacht?"
Inés denkt nach und antwortet: „Öh, nee ..."
„Also, hat er nicht alles", meint die Lehrerin.
Dann steht Arturito auf und sagt: „Aber mein Papa schon, er hat einen Mercedes, einen Rolls-Royce, ein Haus mit acht gigantischen Fernsehern und eine große Jacht."
„Aber hat er auch ein Privatflugzeug?"
„Öh, nee..."
„Es scheint mir, dass man dann auch nicht sagen kann, dass er alles hat", bemerkt die Lehrerin erneut.
Dann steht Pepito auf und sagt voller Überzeugung: „Aber mein Papa, der hat jetzt alles."
„Bist du sicher Pepito?"
„Ja, Frau Lehrerin. Letzten Samstag hat meine Schwester ihm ihren neuen Freund vorgestellt: Irokesenschnitt, Ohrringe, drei Lippenpiercings, Hose auf Halbmast, kaputtes Hemd, alles voller Tattoos. Als mein Papa ihn sah, sagte er: „,Das hat mir gerade noch gefehlt!'"

kollegiales Miteinander nimmt oder wer richtig in Stress gerät, wenn die Dinge nicht so funktionieren, wie man sich das vorgestellt hat. Die ecuadorianische Arbeitsweise ist dadurch geprägt, dass man damit rechnet, Pläne durch äußere Unwägbarkeiten umwerfen zu müssen. Somit sind Flexibilität, Improvisationsvermögen und Gelassenheit Tugenden, die einem wirklich weiterhelfen.

Zeit hat in Deutschland einen ungeheuer großen symbolischen Wert. Die deutsche Auffassung vom Zeitmanagement gilt somit als Basis für effektives Handeln und Professionalität. Wie im Kapitel „Umgang mit Zeit" dargestellt, gilt das für Ecuador nicht.

Außerdem sind die Deutschen bekannt für ihre vorausschauende **Gründlichkeit.** Sie arbeiten eins nach dem anderen ab und konzentrieren sich dabei immer nur auf die eine Sache, die sie gerade tun. Ihre Arbeitsweise ist perfektionistisch, d.h., sie geben sich nicht mit 80% zufrieden, sondern bemühen sich sehr um Details, um ein 100%iges Ergebnis zu erhalten. Daher ist deutsche Wertarbeit ein in der ganzen Welt geschätztes

Phänomen. Dieses Stereotyp entspricht zwar nicht ganz der Realität, treffen Deutsche aber auf eine ganz andere Arbeitsweise, stellt sich schnell heraus, wie tief verwurzelt dieser Standard doch in vielen Deutschen ist.

In Ecuador dominiert genau die andere Handlungsweise, d. h., man arbeitet an verschiedenen Dingen gleichzeitig, der Anspruch ans Endergebnis ist nicht perfektionistisch sondern funktional. Es ist unproblematisch, Leute bei ihrer Arbeit zu unterbrechen. So wie sich die Ecuadorianer gleichzeitig verschiedenen Dingen widmen können, nehmen sie keine strikte Trennung von Arbeit und Privatem oder Sach- und Beziehungsebene vor. Die Bereiche werden vermischt.

Im Kapitel „Kommunikationsstil – Direkte und indirekte Kommunikation" wird gezeigt, dass der deutsche direkte Stil erhebliche Unterschiede zum ecuadorianischen indirekten Stil aufweist. Für eine **erfolgreiche Zusammenarbeit** sollte man als Deutscher in Ecuador mehr Geduld mit seinen Mitmenschen haben, mehr nachforschen und interpretieren als bei uns üblich. Auch sollte man sich von Klang und Wortwahl einen höflicheren Stil angewöhnen, als in Deutschland üblich ist. Ein Anliegen sollte mit persönlichen Worten eingeleitet werden, bevor man zur Sache kommt; nicht umgekehrt, so wie es in Deutschland verbreitet ist. In Ecuador läuft vieles auf der informellen Ebene ab, d. h., wichtige Entscheidungen, Meinungen und Empfehlungen werden nicht unbedingt offiziell verkündet. Beachtet man dies als Deutscher nicht, kann es leicht vorkommen, dass man sich übergangen oder ungenügend informiert fühlt. Des Weiteren bleiben schriftliche Nachrichten oft unbeantwortet. Das ist durchaus normal und sollte nicht als Geringschätzung der eigenen Person missverstanden werden.

Das **Vorurteil vieler Ausländer,** die Ecuadorianer seien faul, entspricht nicht den Tatsachen. Zwar sind sie nach deutschen Maßstäben disziplinloser, aber im Durchschnitt arbeiten sie wesentlich mehr als die Menschen in den Industrieländern. Viele Geschäfte haben bis nachts auf, Dienstpersonal arbeitet oft mehr als 12 Stunden täglich, viele Leute haben mehr als eine Arbeit, zu der sie täglich gehen, gerade junge Leute bilden sich neben ihrer Arbeit häufig in Abendkursen fort. Lehrer müssen sich oft mit zwei Anstellungen über Wasser halten. Für Landarbeiter gilt nach wie vor die Formel *de sol a sol* (Arbeit von Sonnenaufgang bis -untergang). Die meisten Arbeitnehmer haben wesentlich weniger Urlaubstage als in Deutschland üblich. Um diese Belastung auszuhalten, ist es sogar sehr sinnvoll, während der Arbeit ab und an etwas zu entspannen und die Arbeitszeit als Lebenszeit zu betrachten. Das könnte auch manchem Europäer nicht schaden und sollte nicht mit mangelnder Arbeitsmoral verwechselt werden.

Dienstpersonal

In Ecuador haben die Familien gewöhnlich ab der Mittelschicht aufwärts *empleados/as,* das heißt Dienstpersonal, das die **häuslichen Angelegenheiten** besorgt. Es gibt in den höheren Kreisen Chauffeure und Gärtner, weit verbreiteter sind aber die Empleadas – Frauen, die waschen, kochen, putzen und die Kinder betreuen. Die unterschiedlichsten Zeitmodelle sind denkbar: von einmal in der Woche 2 Stunden putzen oder waschen, jeden Vormittag 2 Stunden kochen etc. bis zur immer noch sehr verbreiteten Form, eine junge Frau aus der Unterschicht in die Familie zu holen, wo sie mitwohnt und alle anfallenden Arbeiten erledigt.

Im Grunde sind es die **Dienstmädchen,** die den Frauen der Mittel- und Oberschicht den Rücken freihalten und es ihnen ermöglichen, Karriere zu machen oder sich angenehmeren Tätigkeiten als der Hausarbeit zu widmen. Oft sind es die Dienstmädchen, die sich in den ersten Jahren um die kleinen Kinder kümmern, und so manchmal ein engeres Verhältnis zu ihnen aufbauen als die eigene Mutter.

Früher kamen die Empleadas jung zu einer Familie, wo sie den Rest ihres Lebens blieben. Auf dem Land waren es häufig junge indigene Mädchen, denen man somit vermeintlich aus ihrer „chancenlosen" Situation heraushalf. Die Hausmädchen blieben unverheiratet und es wurde erwartet, dass sie keine Kinder in die Welt setzten. Kamen doch welche, wuchsen sie oft mit in der Herrschaftsfamilie auf, denn häufig waren die Söhne oder Väter der Familie Erzeuger dieser Kinder.

> Empleada – Mädchen für alles

Diese Situation der totalen Abhängigkeit besteht so heute in der Regel nicht mehr. Trotzdem ist für Mitteleuropäer das Verhältnis zwischen Empleada und Familie etwas befremdlich. Die Empleadas sind eine seltsame **Mischung aus Dienstpersonal und Familienmitglied,** da sie ja in fast alle internen Angelegenheiten der Familie eingebunden sind und sich oft auch ein sehr herzliches Verhältnis entwickelt. Für die Kindererziehung, insbesondere die der Söhne, bedeutet die Anwesenheit von Empleadas im Haushalt, dass sie sich früh an das „Bedientwerden" gewöhnen. Die nötige Konsequenz in der Kindererziehung leidet teilweise daran, dass die Person, die die meiste Zeit mit den Kindern verbringt, gleichzeitig Angestellte der Familie ist und auch die Kinder sie schnell als solche sehen. Zwar gibt es heutzutage gesetzlich vorgeschriebene 40-Stunden-Wochen und die Sozialversicherungspflicht, doch entspricht dies oft nicht der Realität im Alltag der Empleadas. Insbesondere junge Mädchen sehen sich nicht in der Situation ihre Rechte einzufordern. Somit arbeiten sie so viel, wie von ihnen verlangt wird, d.h. von früh morgens bis die Familie zu Bett geht. An Feiertagen wird meist die Hilfe des Personals benötigt und auch in den Urlaub werden die Empleadas mitgenommen. Von einer geregelten Freizeit kann meist nicht die Rede sein. Es mutet befremdlich an, dass viele Hausangestellte komplett ins Familienleben eingebunden sind, aber dann doch als Menschen zweiter Klasse behandelt werden.

In den besseren Kreisen Ecuadors wird sich zunehmend über die Probleme beschwert, die man mittlerweile mit dem Personal hat. Die totale Ausbeutung von einst ist heute nicht mehr möglich. Für die Arbeitgeber scheint das schwierig zu verstehen, ist doch das **paternalistische Verhältnis zum Dienstpersonal** auch dadurch gekennzeichnet, dass den jungen Frauen mitunter eine Schulbildung ermöglicht wird, dass man ihnen Geschenke macht oder dass man sich um ihre armen Herkunftsfamilien kümmert. Das Verhältnis zwischen Dienstpersonal und Arbeitgebern in Ecuador spiegelt auf gewisse Weise die gesellschaftliche Situation zwischen Armen und Reichen wider. Die besseren Kreise sehen sich häufig als Wohltäter der unteren Klassen, die Tatsache ignorierend, dass vielleicht gerade ihr Verhalten die Kluft zwischen Arm und Reich verfestigt.

Für in Ecuador lebende Deutsche stellt sich schnell die Frage, ob sie sich durch Empleadas das Leben erleichtern oder nicht. Die meisten deutschen „Gastarbeiter" gehören verhältnismäßig zu den Spitzenverdienern. „Reichtum verpflichtet" und die Gesellschaft reagiert mit Unverständnis, wenn Besserverdienende niemanden anstellen und dadurch von ihrem Verdienst profitieren lassen. Für berufstätige deutsche Mütter ist es durch die preisgünstigen Haushaltshilfen und Kinderfrauen zweifelsohne leichter, Familie und Beruf unter einen Hut zu kriegen.

Freizeitgestaltung

In den großen Städten gibt es ein breites Angebot an Restaurants, Bars, Diskotheken und Kinos. Mit der Einführung des US-Dollars sind allerdings die Preise in diesen Lokalitäten stark angestiegen und viele ziehen es vor, zu Hause zu feiern, zu trinken und zu tanzen, anstatt in Bars zu gehen. Viele **Restaurants** dagegen haben nach wie vor für die Mittel- und Oberschicht erschwingliche Preise.

Ansonsten lässt sich sagen, dass es jegliche Art von Freizeitvergnügungen in den Städten Ecuadors gibt – es ist alles nur eine Frage des Preises. Familien der unteren Schichten gehen am Wochenende gerne in die städtischen **Parks**, wo neben günstigen Sportmöglichkeiten, Boot- oder Karussellfahren vielleicht einfach ein Picknick gemacht wird. Die wirtschaftlich besser gestellten Kreise verbringen ihre Freizeit gerne in eigens für sie vorgesehenen Clubs oder *Hosterias,* wo man sich nach amerikanischem Vorbild sportlich betätigt, Leute treffen, gut essen oder feiern kann.

Viele Familien fahren **am Wochenende aufs Land,** um Verwandte zu besuchen oder einfach ein bisschen die Natur zu genießen. An den landesweiten Feiertagen zieht es viele Familien und junge Leute, die es sich leisten können, an den Strand oder in andere Erholungsgebiete, wie z. B. in das Strandbad Salinas oder in das andine Badestädtchen Baños.

In den Städten gibt es verschiedene **kulturelle Angebote** (Theater, Oper, Konzerte), über die die örtliche Presse informiert. Sportlich aktiv sind verschiedene Vereine, wie zum Beispiel der *Club de Andinismo* (etwa wie der Alpenverein), der über die Zeitung auf seine Angebote aufmerksam macht. Fitnessstudios sind relativ verbreitet, aber vergleichsweise teuer. Ein sehr beliebter Sport in Ecuador – auf dem Land wie in der Stadt – ist *Ecuavoley* – eine spezielle Form von Volleyball, den man zu sechst oftmals mit einem Fußball spielt.

Seit den 1990er-Jahren schießen in den großen Städten **Einkaufszentren** nach dem Vorbild US-amerikanischer Shopping Malls wie Pilze aus dem Boden. Die Ladenketten und Boutiquen in diesen Zentren haben meist Preise, die nur für die gehobene Mittelschicht und höhere Schichten bezahlbar sind. Dennoch ist es eine beliebte Freizeitbeschäftigung – insbesondere bei jungen Leuten – durch diese Zentren zu spazieren und den unerreichbaren Luxus zu betrachten.

Auf dem Land ist das Angebot begrenzter. Die Freizeitgestaltung wird durch die zahlreichen religiösen Feiertage mitbestimmt, die immer Anlass für ein **Dorffest** oder eine kulturelle Veranstaltung sind. Ansonsten wird das Wochenende auf dem Land – auch ohne Dorffest – insbesondere von der männlichen Bevölkerung vorwiegend mit Trinken verbracht. Junge Leute, Familien und Alte putzen sich heraus und schlendern durch die Parks. Die Dorfjugend trifft sich auch öffentlichen Plätzen, macht Scherze, hört Musik und bemüht sich um das andere Geschlecht.

Beim Besuch eines Festes oder einer Disco, egal ob in Stadt oder Land, sollte man sich darauf einstellen, dass man nicht ums **Tanzen** herumkommt. Unabhängig von Schicht und Hautfarbe tanzen die Menschen zu jeder sich bietenden Gelegenheit, meistens zu zweit. Überall schallt Musik in einer Lautstärke, die auf Deutsche kommunikationstötend wirkt, aber von den Ecuadorianern nicht als Belästigung empfunden wird. Die Musikrichtung wechselt zwischen *Salsa, Cumbia, Tecnocumbia,* traditionellen Schlagern und aktuellen Hits. Bei Festen fährt ein *discomóvil* (Auto mit aufgebauter Musikanlage) vor, Getränke liefern die benachbarten *Licorerías* (Alkoholläden) und die Party kann beginnen. Keine Sorge, es fällt normalerweise nicht auf, wenn man kein perfekter Tänzer ist.

Ess- und Trinkkultur

Die ecuadorianische Küche ist eine Symbiose aus andinen und spanischen Esstraditionen und den lokalen Grundnahrungsmitteln. Die vorspanische Ernährungsweise im Andenraum war weitgehend vegetarisch bis auf Fisch an der Küste und im Hochland gelegentlich Lama, Meerschweinchen oder Wild. Die **lokalen Grundnahrungsmittel** werden seit Tausenden von Jahren im Andenraum angebaut: Mais, Kartoffel, Bohne, *yuca* (Maniok), *ají* (Chili), Tomate, Avocado, Erdnuss, *achiote*. Andere einheimische Lebensmittel, die die tägliche Ernährung bereichern sind: Lupinen *(chochos), quinua* und zahlreiche weitere Hülsenfrüchte, Getreide- und Kartoffelarten, die in Mitteleuropa noch immer unbekannt sind. Außerdem gibt es eine große Bandbreite von einheimischen Früchten: *chirimoya, tomate de arbol* (Baumtomate), *piña* (Ananas), *papaya, guaba* (Guave), *capulí* (eine Kirschenart), *naranjilla* (Kumquat), *guayaba* (Guajave), *guanabana* und viele mehr, für die es nicht immer ein deutsches Wort gibt.

Die Spanier brachten Schafe, Ziegen, Hühner, Rinder und Schweine ins Land – heute ist **Fleisch wichtiger Bestandteil** der Nahrung. Außerdem kultivierten sie den Weizenanbau. Weitere durch die Spanier etablierte Lebensmittel sind Reis, Banane, Zuckerrohr, Zwiebeln und Knoblauch. Die eingeführten Tiere, die Gemüse- und Fruchtsorten passten sich optimal an die neue Umgebung an.

Dem Essen kommt bei **Festlichkeiten** eine große Bedeutung zu. Das Bankett ist in der andinen Tradition Zentrum der Feierlichkeiten und viele Rituale beziehen sich auf die Speisen. So hat jedes Fest eine spezifische

Extrainfo 20 (s. S. 9): Doku der Deutschen Welle über Regenwaldküche in Quitos Feinschmecker-Lokalen

Speise. In der Karwoche ist es die *fanesca*, eine köstliche Suppe aus bis zu zehn verschiedenen Hülsenfrüchten. Am Ostersonntag gibt es einen Kuchen in Form einer Taube (wie in Italien). *Colada morada* (rotes Beerengetränk) und *guaguas de pan* (Weckmänner) isst man zu Allerseelen. Zu Neujahr isst man *tamales*, eine in Maisblätter eingewickelte Speise aus Maismehl, die herzhaft oder süß sein kann.

Bei Familienfesten wie Taufen, erste Kommunion, Hochzeiten und Geburtstagen steht immer das Fleisch im Mittelpunkt der Speisen. Gerne wird dann *cuy* (Meerschweinchen) oder eine Art Spanferkel angeboten.

Grundsätzlich kann man in Ecuador alles bekommen, was auch in Deutschland erhältlich ist. Die **Auswahl an Obst und Gemüse** ist in Ecuador wesentlich größer und es gibt fast alles zu jeder Zeit frisch auf Märkten, in Supermärkten oder kleinen Lebensmittelgeschäften zu kaufen.

Trotz des riesigen Angebots an frischen Waren sind die meisten Ecuadorianer an feste Essensriten gewöhnt und nicht besonders experimentierfreudig. Die **Essgewohnheiten** variieren von Region zu Region.

„Cuy" (Meerschweinchen) dürfte nicht allen Europäern schmecken

In der **Sierra** beginnt der Tag mit einem *sanduche* (belegtes Brötchen) und einem Kaffee. Als Extra gibt es ab und an ein Spiegel- oder Rührei. Dazu ein frischer Saft aus *naranjilla*, Baumtomate *(tomate de arbol)*, Brombeere *(mora)*, *guayaba* oder Orangen.

Mittags gibt es die große Mahlzeit des Tages mit einer *sopa* (Suppe) und anschließend dem *plato fuerte* (Hauptgericht). Das besteht fast immer aus Reis, einem kleinen Stück *carne roja* (Schwein oder Rind) oder *carne blanca* (Huhn oder Fisch), dazu ein kleines bisschen Gemüse, wozu auch die Kartoffel zählt (daher die für Deutsche etwas ungewöhnliche Kombination von Reis und Kartoffeln). Am Abend begnügt man sich oft mit Brot und Kaffee oder Resten vom Mittag. Mais, Kartoffeln und Reis sind die Grundnahrungsmittel der Sierra.

An der **Costa** wird natürlich wesentlich mehr Fisch verzehrt. Anstatt Mais und Kartoffeln sind hier neben Reis die Kochbanane *(platano verde)* und Maniokwurzel *(yuca)* die stärkehaltigen Grundsubstanzen eines Gerichts.

Überall in Ecuador gibt es kleine einfache **Restaurants** *(comedores)*, wo man sich billig und gut ernähren kann. Das *almuerzo* wird mittags serviert und besteht wie auch zu Hause aus Suppe, Hauptspeise (etwas Fleisch, etwas Gemüse, viel Reis) und einem Saft oder einer *colada* (Mixgetränk aus Haferflocken oder Maismehl). Die *merienda* am Abend sieht genauso aus. Die Preise in diesen Lokalitäten sind oftmals so gering (2018 ca. 3 $ pro Mahlzeit), dass man beim Selberkochen kaum spart. Im Allgemeinen geht es in diesen Essstuben hygienisch zu und man sollte sich nicht scheuen, auf diese Weise die ecuadorianische Küche näher kennen zu lernen.

Schon die Spanier stellten überrascht fest, dass zu jedem Essen *ají,* die scharfe Chilischote, serviert wurde. Laut den Ecuadorianern gibt diese Schärfe dem Essen erst das gewisse Etwas. Zu Hause oder in Restaurants steht auf jedem Tisch immer ein Töpfchen mit *ají casero,* einer scharfen Soße aus Chilischoten *(ají)*, Baumtomate oder Tomate, Zwiebeln, frischem Koriander und Petersilie. Sie gibt dem Essen die nötige Würze und wirkt außerdem desinfizierend.

Oft wird zum Essen ein Teller mit verschiedenen Maisprodukten serviert: salziges Popcorn *(canguil)*, gerösteter Mais *(tostado)*, manchmal gekochter und geschälter weißer Mais *(mote)* und eventuell Bananenchips *(chifles)*. Dies tunkt man in die Suppe oder isst es nebenbei – es hat eine ähnliche Funktion wie Brot in südeuropäischen Ländern.

In kleinen **Garküchen** am Straßenrand werden gebratene *choclos* (Maiskolben), *verdes con queso* (gebratene Kochbananen mit Käse), *pinchos* (Fleischspießchen), herzhafte Kleinigkeiten wie *tamales* oder

Extrainfo 21 (s. S. 9): Kurzbeitrag über die teuerste Schokoladensorte der Welt, die aus der ecuadorianischen Kakaobohne „Nacional" gewonnen wird

empanadas, chochos con cuero (Lupinen mit gebratener Schweinehaut), an der Küste *bolones de verde* (Kochbananenklöße) und allerlei andere Snacks verkauft. Beliebte Fastfood-Speisen sind: *salchipapas* (Fritten mit Würstchen), *papipollo* (Fritten mit Hühnchen) und *perro caliente* (Hot Dog). Manchmal werden an Ständen ganze Menüs serviert. Für Leute mit stabilem Magen ist es absolut empfehlenswert sich hier zu verköstigen.

Eine sehr beliebte Spezialität ist das *ceviche,* eine Marinade aus Tomatensauce, Zwiebeln, Limetten und Gewürzen mit Fisch *(pescado),* Krabben *(camarones)* oder Muscheln *(concha)* oder allem drei *(mixto)*, die kalt gegessen wird. Es gibt auch die billige Variante ohne Fisch oder Fleisch, das *ceviche de chochos* (mit Lupinen), was häufig an Straßenständen der Sierra verkauft wird und jeder mal probiert haben sollte – eine vegetarische Delikatesse! Etwas Typisches der Küste sind die *encocados,* dass ist Fleisch oder Fisch mit Kochbananen in einem Sud aus Kokosnussraspeln geschmort. *Volquetero* ist im Amazonastiefland verbreitet und besteht aus Lupinen, Mais, Bananen, Zwiebeln, Tomaten und Thunfisch. Sehr gerne – manchmal sogar schon morgens – essen die Ecuadorianer *encebollado*. Das ist eine heiße Fischsuppe mit vielen Zwiebeln und Maniok. Die Suppen haben auf den ecuadorianischen Speiseplänen eine wichtige Bedeutung, sehr zu empfehlen sind die vegetarischen *locros,* z.B. *locro de papa* (Kartoffelsuppe mit Käse und Avocado) und *sancocho* (mit Hülsenfrüchten), die *caldos* sind mit Fleischeinlage.

Fleisch wird in Ecuador gerne und viel verzehrt. Seien es die *hornados* – ganze Schweine, die in den Ofen geschoben mit einer Art Gemüse-Salatsoße serviert werden. Oder *chicharrones* (Würstchen) und *fritadas* (gebratene Schweinefleisch-Stückchen), oft serviert mit *llapingachos* (gebratenes Kartoffelpürree) oder *mote*. Die *secos* (*de gallina, de carne*) sind Fleischgerichte, die mit Reis und Gemüse serviert werden, oft sind sie das Hauptgericht vom *almuerzo* (Mittagsmenü). *Menestra* ist ein Linsengericht, das ebenfalls mit Fleisch gereicht wird. *Churrasco* (Kotelett) und *apanado* (paniertes Schnitzel) werden in den Restaurants mit Salat, Gemüse, Reis und Fritten serviert. Gerne und oft isst man *parrilladas* – eine Auswahl verschiedenen Grillfleischs, das in Restaurants auf kleinen Grills oder heißen Platten serviert wird. Beliebt sind Speisen aus Eingeweiden und Därmen *(guatita, yaguarlocro, tripas)*. Eine besondere Spezialität der Sierra sind die *cuyes* (Meerschweinchen), die auf Spießen am Grill gebraten werden.

Back- und Süßwaren sind ebenfalls sehr beliebt und auch für Leute mit empfindlichen Magen geeignet: *allullas, quimbolitos, buñuelos, pristiños* sind süße Brötchen oder Teilchen. Fans von Naschwerk sollten einfach mal in eine Bäckerei oder ein Café gehen und sich vom Anblick der Leckereien inspirieren lassen.

In Ecuador findet man auch Restaurants mit **internationaler Küche**. Selbst in kleineren Städten gibt es mindestens ein chinesisches Restaurant, eine sogenannte *chifa*. In den größeren Städten findet man italienische Restaurants oder auch andere fremdländische Küchen. Weit verbreitet sind Fastfood-Ketten, die jedoch vergleichsweise teuer sind.

In größeren Städten findet man mittlerweile einige vegetarische Restaurants in verschiedenen Preisklassen. Auf dem Land müssen **Vegetarier** aber entweder ihre Gewohnheiten lockern oder selber kochen, denn in *comedores* und anderen Restaurants gibt es oft kein Gericht ohne Fleisch oder Fisch. Eine Alternative sind die Süß- und Backwaren, sowie einige vegetarische Speisen, die am Straßenrand verkauft werden. Außerdem sollten sie sich darüber bewusst sein, dass Essen ein sehr wichtiges gemeinschaftliches Ritual ist und Vegetarier häufig auf Unverständnis stoßen, weil sie das „Beste" ablehnen.

Die ecuadorianische Küche hat zwar bisher keinen Platz in der *Haute Cuisine* und wird ihn vielleicht auch nie haben, aber für den experimentierfreudigen Gaumen hält sie viele angenehme Überraschungen bereit. Für die meisten Ecuadorianer sind die Mahlzeiten ein ganz wichtiger Bestandteil des Tages – das Essen sollte aber am besten so wie zu Hause schmecken. Ein besonderes Bedürfnis nach Abwechslung und Neugier auf Neues findet man eher selten.

Die **Ess-Sitten** sind im Umgangsbereich der Ausländer ganz ähnlich wie in Europa. Man isst mit Messer, Löffel und Gabel. Man wünscht vor dem Essen „buen provecho" (Guten Appetit), nach dem Essen sagt man der Köchin oder dem Koch „muchas gracias". An Garküchen oder auf Märkten essen die Leute unabhängig von ihrer sozialen Schicht auch mit den Fingern. Auf dem Land und unter den Indígenas gibt es viele Familien, die als Besteck nur große Löffel verwenden.

Getränke

Neben *jugos* (Säfte) und *batidos* (Säfte mit Milch) sind allerorts *colas* erhältlich. Das sind **Erfrischungsgetränke** wie *Coca-Cola, Fanta, Inca-Cola* und jede Menge anderer süßer kohlensäurehaltiger Getränke.

Chicha ist ein traditionelles Getränk der Indígenas, das heute auch anderenorts serviert wird. Ursprünglich wurde Mais oder Maniok mithilfe von Speichel fermentiert und so mit jedem Tag alkoholhaltiger. Heute nimmt man andere Fermentierungshilfen und wenn die *chicha* nicht zu lange gegoren ist, ist sie ein erfrischendes Getränk.

Ecuadorianisches **Bier** ist empfehlenswert, die gängigen Marken sind *Pilsener, Biela* und *Club*. Der Bierkonsum der Ecuadorianer hält sich aber gemessen an deutschen Maßstäben in Grenzen. An der Küste trinken die Leute mehr Bier als in der Sierra, vermutlich wegen der Hitze. Außerdem sagt man, dass das Bier in der Sierra wegen der Höhe eher in den Kopf steigt.

Wein wird in Ecuador selten getrunken. Es gibt nur eine sehr geringe Weinproduktion im Land selbst. Weine werden aus Chile, Spanien und Argentinien importiert und sind gemessen an anderen Alkoholika extrem teuer (der billigste kostet ca. 5 $). Daher wird Wein nur zu ganz besonderen Gelegenheiten gereicht. Das Gleiche gilt auch für Sekt *(champán)* und Champagner.

Das billigste alkoholische Getränk in Ecuador ist **Schnaps** und der wird auch reichlich genossen. Jede Region hat ihren eigenen *aguardiente*, in der Sierra ist das *Norteño, Zhumir* und *Cristal,* an der Küste *Frontera, Caña Manabita* etc. Dieser Zuckerrohrschnaps ist eine Vorstufe des Rums (weniger prozessiert) und wird gerne mit Coca-Cola vermischt oder direkt pur getrunken.

In Bars werden vornehmlich Bier und Cocktails auf Rumbasis angeboten. Zu besonderen Festen kann man auf der Straße sogenannte *canelazos* kaufen. Das ist heißer Schnaps mit Zimtstangen und Naranjilla-Saft.

Das **Trinkverhalten** der Ecuadorianer unterscheidet sich vom deutschen Umgang mit Alkohol. Insgesamt ist der Alkohol nicht so ein integrativer Teil der Alltagskultur wie in Deutschland. Aber an Wochenenden und auf *fiestas* übersteigt der Alkoholkonsum schnell das gesunde Maß. Nach solchen Feiern sieht man zahlreiche „Alkoholleichen" am Straßenrand liegen. Außerdem gibt es mehr alkoholbedingte Aggressionsausbrüche als in Deutschland, weswegen man sich nachts nach Festen in Acht nehmen sollte. Der Alkoholismus ist besonders in den unteren Schichten ein großes Problem.

Frauen konsumieren in der Öffentlichkeit weniger Alkohol als in Deutschland. Dies liegt sicherlich am traditionellen Frauenbild, zu dem dieses Verhalten nicht passt. Trotzdem stellt man bei genauerem Hinsehen fest, dass es genügend Ecuadorianerinnen gibt, die gerne mal etwas mehr Alkohol trinken. Insbesondere schwarze Frauen haben ein lockereres Verhältnis zu Alkohol als ihre mestizischen Landsfrauen, wahrscheinlich, weil sie grundsätzlich nicht so eng an das konservative Frauenbild gebunden sind.

Der Konsum von Alkohol hat in der ecuadorianischen Kultur auch eine spirituelle Bedeutung, er ist Teil vieler Rituale und ein Rausch bedeutet hier eine Reise in die geistige Welt.

Als Fremder in Ecuador

Das Phänomen Ausländer | 268

Tourismus | 269

Gewalt und Sicherheit | 272

Versorgung | 274

Verkehr und Transportmittel | 276

Was Ausländern auffällt | 279

Ausklang | 283

◁ Ausländer bei einer Zeremonie in Otavalo (Abb.: 081ec dr © Ralph Brannan)

Das Phänomen Ausländer

Europäer sind in Ecuador grundsätzlich sehr willkommen. Sie genießen wegen ihrer Bildung, ihrer vermeintlichen Kulturbeflissenheit und ihres Lebensstandards **große Anerkennung.** Außerdem entsprechen viele Europäer dem vorherrschenden Schönheitsideal des blonden, großen Weißen, wie es die Leute aus amerikanischen Filmen kennen. Insbesondere Deutschen haftet ein seriöser Ruf an, der noch auf *Alexander von Humboldt* und sein Interesse an den Andenländern zurückgeht. Manchmal verspürt man geradezu eine Idealisierung der „Weißen" und auch deren Produkte. So werden ausländische Erzeugnisse weit höher geschätzt als einheimische. Das geht einher mit einer Geringschätzung der eigenen Produkte. Vielen Leuten macht man eine Freude mit Kleidung oder Erzeugnissen aus Europa. Ein anderes Phänomen ist die damit verbundene **Andersartigkeitserwartung** an die Europäer: Durch die Medien (besonders Filme) wird ein Bild der luxusverwöhnten und überzivilisierten Europäer und Amerikaner transportiert, die an keine normalen Härten gewöhnt sind – das verzerrt teilweise die Vorstellungen über das Leben und die Menschen in den Industrieländern.

Trotzdem: Die meisten Ecuadorianer gehen offen auf Ausländer zu und pflegen gerne die Bekanntschaft zu Europäern – immer vorausgesetzt die Ausländer sind auch offen und freundlich.

Darüber hinaus gelten Europäer und US-Amerikaner als **Geldbringer.** Nicht selten gibt es für Touristen einen Preisaufschlag. Oftmals sind die Vorstellungen von deren finanziellen Möglichkeiten überzogen. Trotzdem muss man sich als Reisender vor Augen halten, dass sich die wenigsten Ecuadorianer eine Reise nach Übersee leisten könnten. Selbst „arme" europäische Freiwillige und Studenten haben im Hintergrund irgendeine Geldquelle, die sie im Notfall anzapfen können – das gilt für das Gros der Ecuadorianer nicht. Im Kontakt zu Leuten aus Mittel- und Unterschicht sollte man das immer im Hinterkopf haben, wenn gemeinsame Unternehmungen geplant werden (z. B. Kino- oder Kneipenbesuch), um niemanden in Verlegenheit zu bringen.

▷ Touristen mit Robbe auf Galapagos

Extrainfo 22 (s. S. 9): Trailer zum deutschen Film „Die Vermessung der Welt", der teilweise in Ecuador gedreht wurde

Tourismus

Zwar sind bereits Mitte des letzten Jahrhunderts einige ausländische Reisende auf den Spuren *Humboldts* auf der „Straße der Vulkane" gewandelt und dem Bann der hohen Berge verfallen, aber erst in den 1960er-Jahren begann sich zunächst auf den Galapagosinseln eine rudimentäre Struktur zu entwickeln, die den Forschern die erstaunlichen Naturwunder des Archipels zugänglich machte. Die **steigenden Besucherzahlen** brachten den Tourismus als Wirtschaftszweig zum ersten Mal ins Blickfeld des Landes. Aber erst mit dem Ende der Militärdiktatur 1979 begann der **Ausbau der touristischen Infrastruktur.** Galt anfangs den Galapagosinseln das touristische Hauptinteresse, sind es mittlerweile nur noch knapp 20 % der Besucher Ecuadors, die das Archipel frequentieren. Trotzdem sind es so viele, dass das ökologische Gleichgewicht der Inseln bedroht ist. Verhältnismäßig wenige Ecuadorianer haben die Möglichkeit, ihr weltberühmtes „Menschheitserbe" selbst zu sehen, denn die weite Reise ist teuer.

Im Jahr 2017 besuchten rund 1.600.000 Ausländer das Land und waren somit die viertgrößten Devisenbringer. Sie kamen zu großen Teilen aus Kolumbien, den USA, Peru, Spanien, Argentinien und Deutschland. Die touristische Attraktivität des ecuadorianischen Festlands ist sicherlich auch dadurch gestiegen, dass die UNESCO der Altstadt Quitos 1978 den Status eines Kulturerbes der Menschheit verlieh. Auch der interne Tourismus spielt für die Wirtschaft eine wichtige Rolle. An den Wochenenden und

Folklore, Kommerzialisierung und neues Selbstbewusstsein

Indígenas spüren die große touristische Nachfrage nach ihren Traditionen und versuchen sie zu bedienen. Für Ausländer ist es manchmal schwer, zu beurteilen was „echt" ist und was nicht. Die Otavalo-Frauen tragen fast immer ihre Trachten, auf Touristen übt das eine große Faszination aus. Die Otavaleñas tun das, weil sie es immer getan haben. Im Oriente haben viele Indígenas ihre Trachten abgelegt, für Touristen werden sie manchmal wieder angezogen. In Ecuador ist dieser Prozess gekoppelt an die Renaissance der Indígenas, die auch eine Rückbesinnung auf die Traditionen mit sich bringt. Gleichzeitig kommen immer mehr Touristen, die auf der Suche nach Exotik sind. Sind die offen gelebten Traditionen nun Ausdruck eines neuen Selbstbewusstseins innerhalb der mestizischen Gesellschaft oder Kommerzialisierung der Folklore für Touristen? Die Frage lässt sich nicht beantworten, wahrscheinlich gibt es beide Fälle und teils beide zusammen. Es kann passieren, dass man im Urwald einen Schamanen mit Rolex am Arm sieht, was die meisten Touristen etwas konsterniert. Aber warum soll der Mann sich keine schicke Uhr zulegen, wenn die Touristen ihm das durch ihr Geld ermöglichen? Einige Touristen bedauern, dass die Indígenas des Oriente oftmals ihre traditionelle Kleidung abgelegt haben. Ein Zitat des Achuar-Indigenen Kistupa Peas zu diesem Thema: „Es macht keinen Sinn mehr, zwei Wochen an einem Kleidungsstück aus Palmfasern zu sitzen, wenn man sich für 2 Dollar ein T-Shirt kaufen kann."

Viele Touristen und auch Ökoaktivisten haben extrem normierte Rollenerwartungen wie ein Indigener zu sein hat. Diese Erwartungen schließen die Indígenas jedoch von der Modernität aus. Insbesondere politische Aktivisten der Indígena-Stämme des Oriente wehren sich gegen die an sie gestellte Rollenerwartung der Umwelt-NGOs der Industrieländer, mit de-

Feiertagen reisen viele Ecuadorianer in die nahe gelegenen Erholungsgebiete – am beliebtesten sind die Strandbäder Salinas, Manta und Atacames. In den Bergen ist Baños das meistbesuchte Ziel, an freien Tagen entwickelt sich das Örtchen zu einer großen Partyzone.

Das **Ministerio de Turismo (Tourismusministerium)** bemüht sich, den Tourismus zu fördern und zu steuern, jedoch profitieren auch zahlreiche ausländische Reiseveranstalter von der Branche. Die Hauptattraktionen für den internationalen Tourismus sind auf dem Festland die Natur mit Re-

Extrainfo 23 (s. S. 9): Schöne Doku mit dem Titel „Quito, Anden & Galápagos"

nen sie kooperieren. Der Kommentar eines Bewohners von Sarayacu: „Am liebsten sähen sie uns im Baströckchen ums Feuer tanzen." Ein indigener Anthropologe sieht es so: „Umweltschützer aus Europa und den USA sehen uns oft als ‚Hüter der Erde', als die besseren Menschen, unter deren Herrschaft es der Erde jetzt besser gehen würde. Ich halte das für eine Idealisierung, die uns gleichzeitig auf einer unterentwickelten Stufe festhält." Aber die Indígenas untereinander sind in diesem Punkt gespalten. Manche kokettieren bewusst mit dem Reiz des Exotischen, weil sie wissen, dass Europäer das von ihnen erwarten.

Die Indígenas wollen an den Errungenschaften der modernen Welt teilhaben und kämpfen dafür, nicht ausgeschlossen zu werden. Gleichzeitig sollen ihre Lebensvorstellungen und -räume akzeptiert werden. Als gleichberechtigte Mitglieder der modernen Gesellschaft unter Respektierung ihrer kulturellen Eigenheiten haben sie auch das Recht, ihre Traditionen zu pflegen. Egal ob wiederentdeckt oder nach wie vor ursprünglich, egal ob aus kommerziellen Gründen oder aus Überzeugung.

Im Falle Ecuadors ist das wie gesagt ohnehin nicht unbedingt zu unterscheiden. Selbstbestimmung bedeutet auch das Recht auf Vermarktung der traditionellen Lebensweise, wenn sie damit ihr Leben finanziell verbessern, warum nicht? Ökotourismus ist nämlich genau der Weg, den einige Stämme des Oriente gehen, um ihre Situation zu verbessern und sich vor der Ausbeutung ihres Lebensraums zu schützen. Sie hoffen, durch die Touristen auch eine größere Lobby für ihren Lebensraum zu schaffen.

Um die Ökoromantik oder das Verlangen der Touristen nach Exotik zu befriedigen, gibt es einige Mestizen, die mit dem Indigenen in sich spielen. Daneben fühlen sich ebenso viele Mestizen selbst angezogen vom Exotischen, das von den Indígenas ausgeht. Seit geraumer Zeit erfreuen sich beispielsweise Folkloregruppen sehr großen Zulaufs. Die Rückbesinnung auf lokale alte Traditionen, scheint eine globale Tendenz zu sein. An vielen Orten werden alte Bräuche, alte Tänze, alte Heilmethoden wiederentdeckt.

genwald, Vulkanen und Stränden, daneben üben die indigenen Kulturen und die Kolonialstädte ihren Reiz aus. Die meistbesuchten Orte sind Quito, Guayaquil, Cuenca und Baños, das Tor zum Oriente. Darauf folgen die auch bei Ecuadorianern beliebten Strandbäder.

Die Bedeutung der **Nationalparks** ist mit der Entdeckung des Ökotourismus immens gestiegen. *Ecoturismo* ist ein geflügeltes Wort und die meisten der knapp 1000 Reiseagenturen und Tourismusanbieter werben damit. Jedoch ist dieser Begriff nicht geschützt und er kann praktisch alles bedeuten. Die meisten Ecuadorianer verbinden ihn wohl mit Naturtourismus, bei dem das Geld der Besucher im Land bleibt. Die touristischen Möglichkeiten Ecuadors gelten als noch nicht ausgeschöpft, vergleicht man es mit ähnlichen Ländern. Überlebt die Natur ihre skrupellose Ausbeutung, könnte der Tourismus sich als größter Devisenbringer für das Land entwickeln.

Gewalt und Sicherheit

Ecuador galt lange Zeit als eins der sichersten Länder Lateinamerikas, worauf seine Einwohner stolz waren – es hieß, Ecuador sei **„La Isla de la Paz"** („Die Insel des Friedens") im sonst so gewalttätigen Lateinamerika. Bedauerlicherweise hat sich das im Laufe der 1990er-Jahre geändert. Dies steht zweifelsohne im Zusammenhang mit der steigenden Armut, ausgelöst durch die schwere Wirtschaftskrise Ende der 1990er-Jahre, die bis heute zu spüren ist. Wirtschaftliche Instabilität, Überbevölkerung, Anstieg der Arbeitslosigkeit und damit Vergrößerung des informellen Sektors, sowie ein Verfall der althergebrachten Wertvorstellungen ließen die **Gewaltbereitschaft ansteigen.** Der Kampf ums Überleben lässt Hemmungen und moralische Barrieren fallen. Straßenkriminalität (Diebstahl und Raubüberfall) ist die häufigste Form der Gewalt. Dies betrifft vor allem die großen Städte Quito und Guayaquil, die Provinz Esmeraldas, z. T. auch Manabí an der Küste und Lago Agrio (Nueva Loja) im Amazonasgebiet. In den anderen Gegenden ist zwar auch Vorsicht vor Taschendieben geboten, wirkliche Gewaltanwendung findet aber kaum statt. Trotz aller politischen Leidenschaft ist die politische Lage relativ sicher, d. h., die Regierungsumstürze waren bisher nicht mit massiver Gewalt verbunden und liefen überwiegend friedlich ab.

Für Mitteleuropäer bedeutet das eine Umstellung der von zu Hause gewohnten **Verhaltensweisen** vor allem insofern, dass man sich abends und nachts nicht frei bewegen kann. Man sollte dann ein offizielles Taxi nehmen oder nur in Gruppen unterwegs sein. Auf jeden Fall sind dunkle Ecken und Parks zu meiden. Immer wieder wird von Überfällen am helllichten Tage berichtet, meist hervorgerufen durch das Zurschaustellen von Schmuck oder anderen Wertgegenständen. Eine gute Regel ist, so wenig wie möglich bei sich zu führen, Geld in die Hosentasche zu stecken und im Gedränge die Augen aufzuhalten. An der Küste sollte auf einsame Strandspaziergänge mit Kamera verzichtet werden.

Ecuador hat im Vergleich zu anderen lateinamerikanischen Ländern keine besonderen Erfahrungen mit Gewalt, z. B. gab es nie eine einflussreiche gewaltbereite Guerilla und keine paramilitärischen Gruppen. Daher ist die Bevölkerung auch sehr erschrocken über diese Entwicklungen hin zu mehr Gewalt und Kriminalität, von denen sie stärker betroffen sind als die Ausländer. 20 % der Ecuadorianer gaben an, schon mindestens einmal Opfer eines Überfalls geworden zu sein. Mit 5,6 Morden pro 100.000 Einwohner im Jahr 2017 liegt Ecuador im lateinamerikanischen Durchschnitt (Deutschland: 0,2). Diese Zahl belegt aber auch, dass die Gewaltbereitschaft deutlich größer ist als in Europa. Aber teilweise sind die Warnungen insbesondere aus der Oberschicht etwas übertrieben. Zwar gab es wohl ein paar Überfälle auf Überlandbusse, trotzdem kann man das Risiko einer solchen Fahrt eingehen. Das Gleiche gilt für Busfahrten innerhalb Guayaquils, vor denen die reichen Leute der Stadt ausgiebig warnen. Sie würden aber grundsätzlich sowieso keinen öffentlichen Nahverkehr benutzen und auch Überlandfahrten werden ab einer gewissen Schicht nur noch in Privatfahrzeugen unternommen. Als Ausländer sollte man nicht überängstlich werden, sondern eine rationale Einschätzung der möglichen Gefahrenquellen ist gefragt. Das bedeutet z. B., dass man nicht auf die Berge und in die Stadtteile geht, vor denen in Reiseführern zu Recht gewarnt wird. Erstaunlicherweise werden Touristen (häufig Mitteleuropäer!) in Quito meist genau an diesen Orten überfallen, einige scheinen offensichtlich den Kick zu suchen. In manchen Situationen hilft es, sich auf seine Intuition zu verlassen, ob man z. B. jemandem vertrauen kann oder nicht. Um der Gewalt entgegenzuwirken und die Sicherheit in den Städten zu erhöhen, ist das **Aufgebot an Sicherheitskräften** in letzter Zeit deutlich erhöht worden. So ist die Altstadt Quitos und die Innenstadt Guayaquils durch rigorose Polizeimaßnahmen gegenüber Kleinkriminellen und durch Überwachungskameras mittlerweile wieder wesentlich sicherer geworden. Leider werden bei diesen Polizeieinsätzen die Täter häufig zu Opfern willkürlicher Gewalt durch die Polizisten.

Wird man doch Opfer eines Überfalls, sollte klein beigegeben werden, da die Täter meist bewaffnet und möglicherweise nervös sind. Im Normalfall gehen Überfälle glimpflich vonstatten.

Ein ganz anderes Sicherheitsrisiko geht für Europäer von einer anderen **Einstellung zur baulichen Sicherheit** aus. Als Fußgänger muss unbedingt geschaut werden, wo man hintritt, denn die Straßen und Bürgersteige sind übersät von Schlaglöchern und anderen „Fallen". Auf vielen Straßen gibt es abends unzureichend Licht und selbst tiefe Baulöcher sind nicht gesichert. In den Häusern liegen oft die Stromleitungen frei, insbesondere bei Elektroduschen sollten große Menschen aufpassen, dass sie sich an den Kabeln keinen Schlag holen. Treppengeländern und Brüstungen ist ebenso wenig zu trauen. Viele Dinge sind nur notdürftig repariert und mit

Vorsicht zu benutzen. Die Ecuadorianer sind es gewöhnt, die Eigenverantwortung für ihre körperliche Sicherheit zu tragen. Ihnen passieren seltener als den sicherheitsverwöhnten Deutschen Unfälle.

Deutsche Sicherheitsingenieure würden wahrscheinlich direkt das ganze Land lahm legen, denn Busse, Züge, Straßen etc. sind teilweise in bedauernswertem Zustand. Die Ecuadorianer sind auf gewisse Weise schicksalsgläubig, so legt beispielsweise kaum jemand einen Sicherheitsgurt an. Kinder werden im Auto mitunter sogar auf dem Schoß des Fahrers mitgeführt. Kurz, man sieht viele Dinge, die in Deutschland unvorstellbar sind. Die Zahl der Verkehrstoten liegt dadurch deutlich höher als in Deutschland.

Grundsätzlich gilt: Selber auf sich aufpassen und nicht erwarten, dass jemand anderes sich um die Sicherheit Gedanken gemacht hat.

Versorgung

In den Städten kann man fast alles bekommen, was es auch in Europa gibt. Grundsätzlich lässt sich sagen: Wo es eine Nachfrage gibt, ist das Angebot schnell zur Stelle. Das trifft auf das leibliche Wohl zu (überall bieten Straßenhändler die unterschiedlichsten Speisen an), aber auch auf andere **Waren des täglichen Bedarfs.** Einkäufe kann man auf den Märkten, in kleinen Gemüse- oder Lebensmittelläden oder in den großen Supermarktketten erledigen. *Supermaxi* ist die am weitesten verbreitete Kette, jedoch auch die teuerste, gefolgt von *Mi Comisariato* und dem günstigeren *Aki*. In den Shopping Malls gibt es ein großes Angebot von Luxus- und Konsumgütern aller Art, allerdings zu teilweise sehr hohen Preisen. Insgesamt gilt, dass importierte Waren viel teurer sind als das einheimische Äquivalent. So sind z. B. die in Europa gängigen Kosmetik- und Drogerieartikel alle auch in Ecuador zu haben, aber die Preise liegen meist über denen in Deutschland.

Der Durchschnittsecuadorianer versorgt sich daher eher auf Märkten oder in kleinen Läden. Es gibt **Handwerkshandlungen aller Art** und es kommt meist billiger, sich etwas anfertigen zu lassen, als die importierte Ware zu kaufen. Das gilt für die unterschiedlichsten Dinge, wie z. B. Eisenwaren (Grillroste) oder Kleidung (Anzüge, Schuhe etc.). Das liegt daran, dass die Dienstleistung oder die Handwerksstunde in Ecuador immer noch sehr gering entlohnt wird, so zahlt man z. B. bei einem normalen Friseur ca. 5–10 Dollar für einen anständigen Schnitt.

▷ „Mote" (Kochmais) und „Hornado" (Schweinebraten) auf dem Markt in Otavalo

Bemerkenswert ist in diesem Zusammenhang auch, dass Maschinen – die meistens importiert werden – deutlich teurer sind als in Europa. Das führt dazu, dass der Wertverlust im Laufe der Jahre wesentlich geringer ist. So zahlt man für eine ein paar Jahre gebrauchte intakte Maschine (Auto, Waschmaschine, Kühlschrank) nicht wesentlich weniger als für eine neue.

Was die Versorgung mit **Kleidung** angeht, sollte man auf die Qualität der Waren achten. Da viele Ecuadorianer keine Waschmaschine besitzen und mit der Hand waschen, werden viele Kleidungsstücke aus Kunstfaser hergestellt, weil sie pflegeleichter ist. Insbesondere bei Unterwäsche und Strümpfen ist es sehr schwierig, Baumwollartikel zu bekommen. Einheimische Ware hat oft keine Angaben zur Stoffqualität. Vorsicht bei vermeintlicher Markenware. Ecuadorianer lieben Markennamen, daher gibt es ein riesiges Angebot von billigen gefälschten Artikeln. Es ist durchaus üblich, zu handeln, insbesondere wenn man größere Mengen einer Ware erstehen will. Auch auf Kunsthandwerksmärkten kann man einen kleinen *descuento* (Ermäßigung) erwarten, wenn mehrere Produkte gekauft werden. Jedoch sollte das Feilschen nicht übertrieben werden, schnell entwickelt man ein Gespür dafür, wo Schluss ist.

Die **Währung** besteht aus original amerikanischen Dollarnoten und als Kleingeld gibt es spezielle ecuadorianische Münzen. Gültig ist aber auch das US-amerikanische Kleingeld, das immer mal dazwischen ist. Daher ist es zu Anfang etwas kompliziert die Münzen zu überblicken.

In Ecuador herrscht **Wechselgeldmangel** bzw. genereller Geldmangel, daher sollte man bei kleinen Käufen nicht mit einem größeren Schein bezahlen. Bei einer Kaufsumme von ca. 1 $, kann ein 10 $-Schein den Verkäufer unter Umständen schon überfordern. Er versucht dann zunächst woanders den Schein zu wechseln oder der Kauf kann einfach nicht getätigt werden. Gegen Abend ist die Situation etwas besser, da die Verkäufer über die Tageseinnahmen verfügen. Eine 20 $-Note kann einen im Alltag aber schon in ernsthafte Probleme bringen.

Viele Ecuadorianer versuchen, die kleinstmögliche Menge von einer Ware zu erwerben. Bei vielen Leuten liegt dies daran, dass sie buchstäblich von der Hand in den Mund leben. Aber auch andere bevorzugen dieses Kaufverhalten, das damit verbunden ist, ziemlich häufig zum Laden ums Eck zu gehen und ein Schwätzchen zu halten. Auch ist es üblich, **Käufe auf Raten** zu tätigen (*a crédito* oder *a plazos*). So geben viele Supermärkte und Elektromärkte in ihren Werbeprospekten direkt die monatlichen Ratenzahlungen an.

Verkehr und Transportmittel

Mit dem Auto

Die Fahrweise in Ecuador gleicht der in südeuropäischen Ländern, d. h., man sollte sich nicht so sehr auf Ampeln und Verkehrsschilder verlassen, sondern immer den realen Verkehr beobachten. Autos sind außerdem ein sehr beliebtes Objekt für Diebstähle, daher ist man auf bewachte Parkplätze angewiesen.

Zu Fuß

Es gilt die Regel: Ein Auto hat immer Vorfahrt. Daher ist äußerste Vorsicht geboten, denn die Autofahrer rechnen nicht damit, dass ein Fußgänger erwartet, dass ein Auto bremst. Zebrastreifen gibt es zwar überall, aber sie werden von den Autofahrern nicht respektiert. Man muss sich zur Straßenüberquerung Lücken suchen und schnell laufen. Trödelt man ein bisschen über die Straße, wird man schnell angehupt.

▷ Die Fahrt mit einem Überlandbus ist immer auch ein kleines Abenteuer

Mit dem Bus

Der **innerstädtische Busverkehr** ist sehr gut organisiert. Laufend fahren in den Zentren bis in die Nacht überallhin Busse. Man kann ein- und aussteigen, wo man will (Zusteigen per Handzeichen, Aussteigen, indem man *gracias* zum Fahrer sagt). In größeren Städten zahlt man 25 Centavos (Stand 2018), die vom Schaffner meistens beim Aussteig kassiert werden (Kleingeld parat halten!). Das einzige Problem ist, den richtigen Bus zu erwischen. Der **Streckenverlauf** steht auf ziemlich unübersichtlichen Schildern im Vorderfenster, manchmal ruft auch der Schaffner die noch anzufahrenden Stationen aus, um den Bus zu füllen (Gewinnbeteiligung der Buscrew). Anfangs sind Ausländer mit diesem System ziemlich überfordert, zumal die Busse nie so richtig halten, sondern man relativ schnell rein- oder rausspringen muss. Mit der Zeit wird es leichter – insbesondere, wenn man immer die gleiche Route fährt.

In Quito gibt es neben den normalen Bussen den *Trolleybus* und die *Ecovia,* zwei **Schienenbusse,** die die Stadt von Süd nach Nord auf einer eigenen Spur durchqueren. Dies ist in den Hauptverkehrszeiten die schnellste Art der Fortbewegung. Daher sind diese Busse immer sehr voll und leider auch Betätigungsfeld von zahlreichen Taschendieben.

Die **Eisenbahn** hat für den Verkehr mittlerweile überhaupt keine Bedeutung mehr. Sie wird ausschließlich für touristische Zwecke genutzt. Daher ist das System der **Überlandbusse** sehr gut ausgebaut. Es gibt viele verschiedene Buskompanien und in die abgelegensten Orte werden Fahrten angeboten. Man kommt nahezu zu jeder Uhrzeit von einer Stadt in die andere, ohne lange warten zu müssen. Entweder kauft man sich für län-

084ec dr © Pierre Jean Durieu

gere Strecken im Voraus ein Ticket, dann kann man sicher sein etwa bei einer Nachtfahrt einen Platz zu bekommen. Auf den verkauften Tickets stehen immer Sitznummern, auf die man sich auch setzten sollte, sonst entsteht große Verwirrung. Oder man lässt es drauf ankommen und geht einfach zum Busbahnhof, meist hat man Glück und es fährt direkt ein Bus in die gewünschte Richtung. Oft kann es sein, dass die Beifahrer einen schon vor dem Busbahnhof in einen halbvollen Bus lotsen.

Der **Zustand der Busse** ist unterschiedlich. Es gibt altersschwache Karossen neben modernsten Pullmannbussen.

Busfahren ist die allerbeste Art das Land kennen zu lernen. Einmal weil man auf diese Art bei den Anden- auf- und -abstiegen die spektakulären Landschaftsänderungen live erlebt. Dann aber vor allem, weil Reisende in den Bussen in vielerlei Hinsicht einen **Einblick in die Mentalität der Bevölkerung** erhalten. Sei es durch die Musik, durch Gespräche oder durch reine Beobachtung. Immer wieder schildern Reisende die bizarrsten Erlebnisse, die sie in den Bussen gehabt haben. Durch zahlreiche Verkäufer, die in Ortschaften kurz in die Busse steigen, ist ausreichend für das leibliche Wohl gesorgt.

Mit dem Taxi

Taxis sind in Ecuador sehr zahlreich. Man muss nie lange warten, bis eins vorbeifährt, und die Preise sind günstig. Tagsüber kostet eine Fahrt durch die inneren Zentren von Quito und Guayaquil ca. 4–6 $. Abends steigen die Preise an. Dann ist es sinnvoll, mit dem Fahrer vorher den Preis zu verhandeln. In kleineren Städten wie Riobamba, Ibarra oder Esmeraldas gibt es für die Taxis einen Fixpreis, wenn man sich innerhalb des Zentrums bewegt (ca. 1,50 $). Um überhöhten Preisen vorzubeugen, kann man sicherheitshalber vor der Fahrt fragen, wie viel die Strecke ungefähr kosten wird. Viele Taxis verfügen mittlerweile allerdings über einen Taxameter. Es ist zu empfehlen, nur in offizielle Taxis einzusteigen.

Was Ausländern auffällt

Eine **Umfrage unter Reisenden** ergab, dass als **positive Punkte** immer wieder die Liebenswürdigkeit und Hilfsbereitschaft der Ecuadorianer genannt wurden. Auch der freundliche und humorvolle Umgang der Einheimischen untereinander wurde hervorgehoben. Viele waren begeistert vom großen billigen Angebot der Früchte und Säfte, von der sensationellen Landschaft und von der gemütlichen Lebensart.

An Negativem wurde beklagt, dass man als Europäer sehr auffällt und zum Teil hemmungslos angestarrt wird. Einige Reisende fühlten sich belästigt vom relativ verbreiteten Sexismus und von der Tatsache, dass man als Weißer oft eine Sonderbehandlung erhält. Rücksichtslose Autofahrer und große Armut neben großem Reichtum waren weitere Kritikpunkte. Die „gemütliche Lebensart" bietet auch Anlass zur Klage, denn sie ist sicherlich oft mit Langsamkeit verbunden.

Dieses Buch ist auch an Menschen gerichtet, die eine Zeit lang **in Ecuador leben** wollen. Es lag nahe, die vor Ort lebenden Deutschen und Ecuadorianer zu befragen, welche Tipps in solch ein Buch aufgenommen werden sollten. Der Tenor war, dass es stark vom Anpassungsvermögen des „deutschen Individuums" und der Situation vor Ort abhängt, wie wohl man sich in der neuen Umgebung fühlt. Trotzdem lassen sich einige **typische Konfrontationspunkte** ausmachen, die immer wieder genannt wurden und z. T. schon in den vorhergehenden Kapiteln aufgetaucht sind. Es folgt eine lose Sammlung:

- Die **Sprache** ist oft Anlass für Missverständnisse. Dies liegt nicht unbedingt an mangelnden Spanischkenntnissen, sondern an der Art, wie Sprache eingesetzt wird. Selbst wenn man jahrelang in einem anderen Land lebt, bleibt es schwierig, kleine Nuancen rauszuhören, Zwischentöne zu verstehen bzw. Nichtgesagtes richtig zu deuten. Daher ist es besser, zu oft als zu wenig nachzufragen, ob man richtig verstanden hat, und sich zu vergewissern, ob man selbst richtig verstanden worden ist.

Taxis auf der Plaza Grande in Quito

Gedanken und Eindrücke von der Ecuador-Reise

Auf jeden Fall sollte man einen Crash-Kurs für Spanisch machen, denn dann kann man sich wenigstens ein bisschen mit den Leuten unterhalten, die einen manchmal im Bus sehr neugierig anschauen, oder auch in den Geschäften kommt man besser zurecht.

Die Busfahrten haben mich am meisten beeindruckt: Abgesehen von einer Höllenfahrt von Cuenca nach Riobamba, fahren die Busse zwar viel riskanter als bei uns, aber eigentlich doch immer noch so, dass man nicht unbedingt Angst haben muss. Die Indígenas, die einsteigen, schauen meistens eher desinteressiert in die Runde. Die Kinder sind alle, egal ob Indígenas oder Weiße, erheblich ruhiger als unsere. Die sitzen stundenlang ruhig auf dem Schoß und schauen uns zwar neugierig an, aber auf ein Anlächeln kommt keine Reaktion. Überhaupt sind alle Kinder wesentlich lieber. Ich sah keines mal quengeln oder nörgeln oder ungezogen. Wahrscheinlich liegt es daran, dass die Kinder ständig getragen werden und in engem Kontakt mit der Mutter oder dem Kindermädchen stehen.

Das bunte Treiben auf den großen Märkten hat mich sehr fasziniert. Da gibt es bestimmte Bereiche für Obst, Gemüse, Fleisch, Brot, Fisch, lebende Tiere usw. Alles sehr farbenfroh und viel üppiger als bei uns. Aber beim Fleisch wurde mir doch ein bisschen anders, weil die Rinder- und Schweinehälften einfach so von der Decke hingen und jeder sie anfassen konnte. Eine Frau grapschte sogar im Hackfleisch rum und kaufte nichts.

Beeindruckt haben mich auch die vielen Blumen, die z. B. auf dem Flughafen üppig in großen Kübeln dekoriert waren und natürlich auf der Hochzeit, die wir besucht haben. Das war wirklich toll.

Dass wir in der Weihnachtszeit dort waren, habe ich eigentlich gar nicht richtig realisiert. Es war einfach viel zu warm, draußen zu bunt, die vielen Blumen überall ließen einfach keine Weihnachtsstimmung aufkommen. Außerdem herrschte am Heiligen Abend in der Stadt ganz normaler Ge-

- Die **direkte deutsche Art**, „mit der Tür ins Haus zu fallen", ist für fast alle Ecuadorianer höchst gewöhnungsbedürftig. Mangelnde Nachfragen nach persönlichem Befinden etc. werden leicht als Desinteresse gedeutet, woraus man zukünftig seine Konsequenzen zieht. Daher vor allen Anliegen, Gesprächen, Anrufen etc. gewisse Zeit mit der Einleitung verbringen („wie gehts?", „was hast du gemacht?" ...), sonst bestätigt man das Bild des groben Deutschen (aleman bruto), welches neben dem guten Ruf der Deutschen auch vorhanden ist.

schäftsverkehr. Die Leute hatten es gar nicht eilig nach Hause zu kommen. Die ecuadorianische Familie, mit der wir Weihnachten gefeiert haben, war durch unser Verhalten bestimmt ziemlich irritiert, genau wie wir mit ihren Gepflogenheiten, aber trotzdem war es dann ja doch ein schöner Abend.

Highlights waren Mindo und die Dschungeltour. In Mindo fühlte ich mich in eine vergangene Zeit zurückversetzt bzw. an alte amerikanische Filme erinnert, wo Humphrey Bogart mit Katherine Hepburn auf einem Schiff durch den Dschungel fährt. Die ganze Dschungeltour würde ich noch einmal machen. Besonders gut fand ich, dass wir so richtig durch den Matsch stiegen und sogar einmal schwimmen mussten. Das war echt nichts für Sonntagstouristen. Hoffentlich bauen die nicht irgendwann mal Holzstege, damit jeder fußkranke Tourist bequem an die Wasserfälle gelangt. Baños ist ein Ort zum Erholen und Entspannen, Riobamba eher eine Geschäftsstadt. Und Quito ein Moloch, wo der große Unterschied zwischen Arm und Reich sehr sichtbar wird, wenn man mit dem Bus aus der Stadt rausfährt. Die Reichen leben in der Stadt in ihren wunderschönen, aber gegen die Außenwelt abgeschotteten Häusern. Alle Türen sind verriegelt und verrammelt, die Kinder können nicht draußen spielen und man muss ständig Angst vor Überfällen haben, wenn man sich mal ein bisschen besser anzieht und bescheidenen Schmuck trägt. In Cuenca habe ich mich sehr, sehr wohl gefühlt. Die Stadt ist einfach offen, aber nicht so gemütlich wie Baños. Als ich in einem Stoffladen Stoff für eine Überdecke für unser Bett kaufte, musste ich mit Händen, Füßen, Papier, Bleistift und Wörterbuch die Maße des Bettes angeben und die Verkäuferin wollte mir partout einreden, dass ich viel weniger benötigte, als ich wollte. Aber am Ende konnte ich mich durchsetzen und wir hatten viel Spaß.

Am Ende der Reise, nach dem Start zum Heimflug, war das Wetter ganz klar und ich konnte die Vulkane und schneebedeckten Berge noch einmal alle zusammen in ihrer vollen Schönheit sehen. Ein fantastischer Blick.

(Brief einer Deutschen, 61, über ihre Reise nach Ecuador)

■ Die deutsche Angewohnheit **Kritik zu üben** wirkt in Ecuador leicht beleidigend. Kritik wird nicht direkt ausgesprochen, sondern am besten in ein Lob verpackt, z. B. „ja sehr schön, vielleicht könnte man das noch so ändern …". Mit zu direkter Kritik kann man sich langfristig die Freundschaft oder Zusammenarbeit verscherzen. Ärger drückt sich bei Ecuadorianern oftmals im „Beleidigt-Sein" aus, aber natürlich kann es auch zu direkten Entladungen kommen. Ferner sollte man sich die menschliche Eigenschaft vor Augen halten, dass Selbstkritik nicht bedeutet, Fremdkritik zu akzeptieren. Ecuadorianer schimpfen viel über ihr Land, als Ausländer sollte man nicht ins gleiche Horn stoßen.

- Das **Bildungsniveau** der Ecuadorianer ist oft geringer als das der Deutschen. Insbesondere analytisch-logisches Denken wird in Schulen zumindest bislang (siehe Kapitel „Bildungssystem") weniger gefördert als bei uns. Hinzu kommt die Tatsache, dass Deutsche oft perfektionistisch und detailfixiert sind. In Ecuador sieht man sich oft damit konfrontiert, dass Arbeiten nicht unseren Maßstäben entsprechen. Viele Deutsche beschweren sich über fehlerhafte Ausführungen, mangelndes Mitdenken oder die Tatsache, dass Arbeiten später als vereinbart ausgehändigt werden. Ein typischer Ausspruch von Deutschen: „Hier funktioniert gar nichts." Aber Vorsicht, siehe den Punkt zu „Kritik" auf Seite 281.
- Die **Lebensweise**, die im Spruch „a lo ecuatoriano" zum Ausdruck kommt, besagt, dass viele Dinge des Alltags und auf der Arbeit nicht richtig funktionieren, improvisiert oder zurechtgeschustert sind. Insgesamt ist vieles nicht vorausschauend geplant – wenn es überhaupt geplant wurde. Die Gründe sind vielfältig und bereits behandelt worden.
- Trotz der kommunikativen Art der meisten Ecuadorianer kann es womöglich schwierig werden bei einem längeren Aufenthalt fern eines studentischen Ambientes **Anschluss unter den Ecuadorianern** zu finden. Insbesondere allein stehende Frauen über 30 sind hier betroffen. Ab einem gewissen Alter sind die meisten Ecuadorianer in ihre festen Familienverbände eingebunden und allein stehende Frauen sind nicht unbedingt willkommen. Hinzu kommt, dass Frauen sich mitunter von Männern mit Absichten verfolgt fühlen können. Wegen der insgesamt traditionelleren Lebensweise auf dem Land und dem damit einhergehenden intensiveren Leben im Familienverband kann hier Einsamkeit für die Ausländer u. U. zum Problem werden.
- Viele Frustrationen seitens der Ausländer können dazu führen, eine **arrogante Haltung gegenüber dem Land** zu entwickeln. So üben einige Deutsche ziemlich harte und unfaire Kritik am Land und seinen Bewohnern. Um nicht in diese Falle zu tappen, sind von den Ausländern Eigenschaften wie Flexibilität, Gelassenheit, Geduld und vor allem Humor gefragt. Außerdem hilfreich ist die Akzeptanz mehrerer Wahrheiten und besonders die Kenntnis der eigenen Grenzen. Keiner erwartet von einem Deutschen, zum Ecuadorianer zu mutieren. Es reicht, wenn er deren Andersartigkeit toleriert, wie das eigentlich zwischen allen Menschen unabhängig von ihrer Herkunft sein sollte. Sehr nützlich ist das Einfühlungsvermögen in den Anderen, eine Fähigkeit, die durchaus erlernbar ist. Letztlich sind wir alle nur Menschen, wahrscheinlich mit mehr individuellen als kulturellen Unterschieden.

Ausklang

Sehr viele unterschiedliche Meinungen und Ansichten zu den einzelnen Punkten machten es uns, den Autoren, manchmal schwer, die wirklich vorherrschenden Tendenzen herauszufiltern. Teilweise mussten wir mit Widersprüchen zwischen unseren eigenen Wahrnehmungen und den Aussagen der befragten Ecuadorianer umgehen. Das erklärt sich möglicherweise dadurch, dass jeder unterschiedliche Referenzpunkte hat und über viele Verhaltensweisen keine eindeutigen Aussagen getroffen werden können. Das, was „normal" ist, ist nicht nur für jede Kultur, sondern auch für jeden Menschen etwas Anderes. Im Gespräch mit deutschen Ecuadorkennern ergaben sich die gleichen Schwierigkeiten und wir mussten feststellen, dass auch die Wahrnehmung einer fremden Gesellschaft sehr stark von der individuellen Lebenssituation und der Umgebung des Einzelnen abhängt. Dies zeigte uns einerseits, wie heterogen die ecuadorianische Gesellschaft ist, andererseits, dass jeder Mensch ein Land anders erlebt und ein „Sittenbild" immer aus einer subjektiven Perspektive gezeichnet ist.

Kurz und gut: Wie wohl sich ein Deutscher in Ecuador fühlt, hängt in starkem Maße davon ab, inwieweit er selbst in der Lage ist, die Andersartigkeit dieses Landes zu akzeptieren. Denn die Ecuadorianer sind gegenüber Andersartigkeit ziemlich tolerant. Letztlich muss in jeder Situation intuitiv aufs Neue entschieden werden, welches Verhalten mit sich selbst und mit seiner Umgebung am besten zu vereinbaren ist. Es bleibt zu sagen, dass sich die meisten befragten Ausländer in das kleine Andenland verliebt haben.

Anhang

Glossar | 286

Literaturtipps | 287

Informatives aus dem Internet | 290

Register | 291

Bildnachweis | 296

Übersichtskarte | 298

Die Autoren | 300

◁ Indígenas-Kinder vor ihrer Hoftür (Abb.: 011ec cd)

Glossar

- **Achiote:** Samen eines Baumes, der als Lebensmittelfarbstoff dient
- **Afroecuadorianer:** Ecuadorianer mit deutlichen afrikanischen Anteilen
- **Aguadiente:** Zuckerrohrschnaps
- **Ají:** scharfe Chilischoten, meist zu einer scharfen Soße verarbeitet, die in Restaurants auf jedem Tisch steht
- **Amazonía, Oriente, Selva:** Amazonastiefland im Osten Ecuadors
- **Ayahuasca:** „Liane der Götter", Pflanze mit halluzinogener Wirkung, die von den Schamanen des Amazonastieflands für Rituale genutzt wird
- **Castellano:** Spanisch
- **Caudillos:** politischer oder militärischer Führer im lateinamerikanischen Kontext
- **Chicha:** aus Mais oder Yucca vergorenes Getränk der Indígenas
- **Comunidad Indígena:** indigene Gemeinde
- **CONAIE:** Confederación de Nacionalidades Indígenas Ecuador, größte Indígena Organisation Ecuadors, in der die meisten Volksgruppen organisiert sind
- **Conquista:** Eroberung Amerikas durch die Spanier
- **Constituyente:** (Asamblea Constituyente), verfassungsgebende Versammlung, die von November 2007 bis Mai 2008 in Montecristi tagt
- **Costa:** Küstenregion
- **Coyote:** Menschenschmuggler
- **Criollo:** Bezeichnung für in Ecuador geborene Spanier während der Kolonialzeit
- **El Niño:** Wetterphänomen; eine Strömung, die um Weihnachten für Überschwemmungen und Unwetter sorgen kann
- **Empleado/a:** Hausangestellte/r
- **Fiesta:** Fest
- **Gringo/a:** Bezeichnung für Nordamerikaner, wird jedoch auch für Europäer benutzt. Kann, muss aber nicht abwertend gemeint sein
- **Indígenas:** Ureinwohner Amerikas. Neutralere Bezeichnung als „Indio", das einen negativen Beiklang haben kann
- **Licenciado:** akademischer Titel für Geisteswissenschaftler, Pädagogen u. a. Abschlüsse
- **Mestizen:** Menschen, die sowohl indigene, als auch europäische Elemente in sich tragen
- **Música chicha, Tecnocumbia:** für den Andenraum typische Schlagermusik
- **Nepotismus:** Vetternwirtschaft

- **Pachakutik:** politische Partei, die 1997 aus der CONAIE entstand
- **Quichua:** 1. wichtigste Indígenassprache Ecuadors, 2. Die Sprecher selbst werden als Quichua-Indígenas bezeichnet
- **Sierra:** Andenregion
- **Sucre:** nationale Währung, die 2000 vom US-Dollar abgelöst wurde
- **Yachag, Curandero, Brujo:** Schamanen, Heiler und Hexer

Literaturtipps

- **Acosta, Alberto:** Breve Historia Económica del Ecuador, Quito 2001. Wirtschaftsgeschichte Ecuadors von einem der anerkanntesten Wirtschaftswissenschaftler Ecuadors.
- **Acosta, Alberto/Sevilla, Rafael/Ayala Mora, Enrique:** Ecuador. Welt der Vielfalt, Bad Honnef 2005. Eines der wenigen Bücher von ecuadorianischen Wissenschaftlern, das in deutscher Übersetzung vorliegt.
- **Altmann, Andreas:** Reise durch einen einsamen Kontinent: unterwegs in Kolumbien, Ecuador, Peru, Bolivien und Chile, Reinbek bei Hamburg 2009
- **Ayala Mora, Enrique:** Ecuador: patria de todos. Manual de Cívica, Quito 2004. Textesammlung für den Schulunterricht, sehr fundiert und leicht zu verstehen.
- **Ayala Mora, Enrique:** Resumen de Historia del Ecuador, Quito 1999. Zusammenfassung der Geschichte Ecuadors.
- **Beck, Hanno:** Alexander von Humboldts Amerikanische Reise, Lenningen 2009. Bericht über Humboldts Reisen durch die Andenländer.
- **Blettenberg, Detlef:** Blut für Bolivar, Bielefeld 2005. Zwei Krimis: „Weint nicht um mich in Quito", „Agaven sterben einsam"
- **Bolivien, Ecuador, Peru verstehen,** Symphathie Magazin Nr. 53, München 2018. Anekdoten über Begegnungen in den Andenländern
- **Doce Cuentistas Ecuatorianos** – Zwölf Kurzgeschichten aus Ecuador, Quito 1994. Zweisprachige Ausgabe der bekanntesten Autoren dieses Genres.
- **Espinosa Apolo, Manuel:** Los mestizos ecuadorianos y las señas de identidad cultural, Quito 2009. Psychologische Aufarbeitung der ecuadorianischen Identität.
- **Falkenberg, Wolfgang/Küffner, Stephan:** Ecuador mit Galápagos, Bielefeld 2018. Umfassender Reiseführer mit vielen praktischen Infos und Tipps.

- **Falkenberg, Wolfgang/Silva, Nancy:** Spanisch für Ecuador – Wort für Wort, Bielefeld. Der Reisesprachführer aus der Reihe Kauderwelsch für den schnellen Einstieg in die Landessprache.
- **Griesse, Jörn/Ginestet Menke, Ramón/Paffenholz, Julia/Thomsen, Birte:** Entre Panas y Patas, La Imagen de las Relaciones Peruano-Ecuatorianas en los Jóvenes, Quito 2002. Feldstudie über den Geschichtsunterricht in Peru und Ecuador anhand des Grenzkonflikts. Viele Interviews, die Einsichten in die nationale Identität der Ecuadorianer liefern.
- **Griesse, Jörn/Paffenholz, Julia:** Cultura de la Paz: Der peruanisch-ecuadorianische Grenzkonflikt und seine Behandlung im Geschichtsunterricht und in den Schulen beider Länder, in: Internationale Schulbuchforschung 25, Hannover 2003. Deutsche Zusammenfassung der oben erwähnten Studie.
- **GTZ-Studie:** Erfahrungsauswertung der Zusammenarbeit mit indigenen Bevölkerungsgruppen und Organisationen in Bolivien, Ecuador und Guatemala, Eschborn 2004. Umfassendste deutsche Studie zu Indigenen und Entwicklungszusammenarbeit.
- **Humboldt, Alexander von:** Reise in die Äquinoktialgegenden des Neuen Kontinents, 3 Bände, Frankfurt a. M. und Leipzig 1999. Neuauflage der Reiseberichte Humboldts.
- **ILA** (Informationsstelle Lateinamerika): Quito, Buen Vivir Nr. 348, Sept. 2011
- **ILA** (Informationstelle Lateinamerika): Ecuador Nr. 408, Sept. 2017
- **Jácome, Gustavo Alfredo:** Auf der Suche ich nach mir, Quito 1982. Übersetzung des Romans „Porqué se fueron las garzas", mythische Identitätssuche.
- **Kempken, Daniel L.:** Schlaglichter Ecuador, Norderstedt 2010. Reisereportagen des ehemaligen DED-Landesdirektors.
- **Köhler, Erich L.:** Durch die Straße der Vulkane. Mit dem Rucksack durch Ecuador und die Galapagos Inseln, Rückersdorf 2001. Reisebericht.
- **Korneffel, Peter:** Von Amazonien nach Galápagos. Streifzüge durch Ecuador in 30 Reportagen, Bad Honnef 2005. Kritische Artikel aus zehn Jahren journalistischer Arbeit in Ecuador.
- **Kreuter, Marie L.:** Wo liegt Ecuador, Berlin 1995. Exil in einem unbekannten Land, 1938 bis zum Ende der fünfziger Jahre.
- **Länderbericht Ecuador:** Statistisches Bundesamt, Wiesbaden. Zahlen und Fakten aus deutscher offizieller Perspektive.
- **Matices:** Ecuador – Land des guten Lebens?, in: Zeitschrift zu Lateinamerika, Spanien und Portugal Nr. 76, Jan 2014. Der Artikel befasst sich mit dem Prinzp des „Buen Vivir".

- **Miller, Tom:** Auf den Spuren des Panamahutes, Hamburg 2003. Reisebericht rund um den Panamahut.
- **Mueller, Marnie:** Grüne Feuer, München 1996. Abenteuerroman über Raubbau in der Amazonía.
- **Rohrbach, Carmen:** Der weite Himmel über den Anden – zu Fuß zu den Indios in Ecuador, München 2007. Reisebericht.
- **Ruales Hualca, Huilo:** Fetisch und Fantosch, Bad Honnef 2000. Übersetzung der surrealen Kurzgeschichte „Mal de ojo".
- **Schroll-Machl, Sylvia:** Die Deutschen – Wir Deutsche. Fremdwahrnehmung und Selbstsicht im Berufsleben, Göttingen 2010. Ein Muss für jeden, der sich für deutsche Kulturstandards interessiert.
- **Sepúlveda, Luis:** Der Alte, der Liebesromane las, München 2002. Roman, der in der ecuadorianischen Amazonía spielt.
- **Tritschler, Fabian:** Mit der Sonne im Gepäck. Als Zivi in Ecuador, Herbolzheim 2005. Erlebnisbericht.
- **Vargas Llosa, Mario:** Der Geschichtenerzähler, Frankfurt/Main 1990. Roman über die Kosmovision der Ureinwohner des Amazonasgebiets.
- **Vázquez S., Lola/Saltos G., Napoleón:** Ecuador: Su realidad, Quito 2013. Umfangreicher Almanach mit allen wichtigen Daten und Fakten.
- **Wolff, Jonas:** Ecuador after Correa: The struggle over the „Citizen's Revolution", in Revista de Ciencia Política 38: 2, 2018. Aktuelle Analyse der Chancen und Herausforderungen der Regierung Moreno.
- **Wörrle, Bernhard:** Heiler, Rituale und Patienten – Schamanismus in den Anden Ecuadors, Berlin 2002. Plastische Beschreibung zahlreicher Heilungsrituale mit ethnologischen Hintergrundinformationen.

Informatives aus dem Internet

- **http://amerika21.de** – Nachrichten und Analysen aus Lateinamerika und der Karibik
- **www.accionecologica.org** – die Seite der größten ecuadorianischen Umweltorganisation
- **https://www.cia.gov/library/publications/the-world-factbook/geos/ec.html** – CIA factbook, aktuelle umfangreiche Faktensammlung auf Englisch
- **www.dw-world.de** – Deutsche Welle, aktuelle Nachrichten und Reportagen aus Lateinamerika
- **www.epo.de** – Entwicklungspolitik online, aktuelle Informationen auf Deutsch zu allen Entwicklungsländern
- **http://exploringecuador.com** – Portal für Tourismus und Kultur, Informationen auch auf Deutsch
- **www.giz.de/de/weltweit/399.html** – länderkundliche Informationsseiten und Links der deutschen GIZ (Gesellschaft für internationale Zusammenarbeit) mit vielen Informationen und Links zu anderen deutschen und ecuadorianischen Seiten
- **www.ila-bonn.de** – Informationsstelle Lateinamerika, Online-Ausgabe der Zeitschrift mit aktuellen politischen und kulturellen Informationen
- **www.npla.de/poonal** – Poonal (Pool de Nuevas Agencias de América Latina) ist ein wöchentlicher Pressedienst lateinamerikanischer Presseagenturen. Jeden Dienstag veröffentlicht er aktuelle Nachrichten und Hintergrundberichte aus Lateinamerika in deutscher Sprache.
- **www.quito.com.ec** – offizielle Tourismusseite der Stadt Quito, umfangreiche Informationen über das ganze Land
- **www.regenwald.org** – deutsche NGO mit vielen aktuellen Informationen zur Umweltsituation in Ecuador
- **www.transparency.de** – Bündnis, das für eine effektive und nachhaltige Bekämpfung und Eindämmung der Korruption arbeitet
- **https://yasunidosinternational.wordpress.com** – internationales Bündnis zur Rettung des Yasuní-Nationalparks
- **www.worldbank.org** – ökonomische Analysen auf Englisch zu allen Ländern

Register

A

Abdalá Bucaram 46
Aberglaube 112
Afroecuadorianer 75, 101
Agrarreform 43
ALBA 49
Alianza País 49, 156
Alkohol 12
Amulette 114
Anrede 12
Arbeitsleben 254
Arbeitslosigkeit 176
Arbeitsmarkt 239
Armut 12, 85, 87
Arroganz 282
Ärzte 185
Atahualpa 27
Ausländer 12, 256, 268, 279
Auslands-
  verschuldung 177
Auto 276
Autonomie 35
Autoren 300
Ayahuasca 121

B

Ballett 140
Bananen 40
Bankfeiertag 47
Beamte 174
Befreiungstheologie 91
Begegnungen 12
Begrüßungen 12
Bekleidung 13
Berührungen 14
Bestechung 14
Besuch 15
Bettelei 12
Bevölkerung 55
Beziehungen 244
Bildhauerei 146
Bildung 282
Bildungs-
  system 183
Blancos 59
Bolívar, Simón 35, 36
Bräuche 112, 113
brujas 103
Buen Vivir 166
Bürger 155
Bus 277

C

Capac, Huayna 26
Cara 25
castellano 201
Caudillo José María
  Velasco Ibarra 40
China 196
Chorrera-Kultur 25
Colonos 57
CONAIE 46, 167
Confederación Nacional de
  Indígenas de Ecuador 46, 167
Correa, Rafael 49
Costa 56
Costeño 57

D

Demokratie 45, 154
Deutsche 244
Dialekte 202
Dienstpersonal 257
Distanz 222
Drogen 14
Duzen 207

E

Einkaufen 15
Einladungen 15
El Bambero 103
Eloy Alfaro 39
Engländer 35
Entwicklung 195
Erdöl 44, 175, 192
Erziehung 236
Essen 16, 260
Ethnien 58
Export 175
Extrainfos 9

F

Familie 126, 236, 248
Feiern 16
Feiertage 124, 126
Fernsehen 188
Feste 126
Flüche 204
Folklore 269
Fotografieren 16
Franziskaner 105
Frauen 16, 234, 244
Freizeit 254, 259

G

Gabriel García Moreno 38
Gastgeschenk 15
Geld 16
Geliebte 235
Geschenke 17
Gesellschaft 56, 237
Gesetze 166
Gesprächsthemen 17
Gesten 17, 223
Gesundheitssystem 184
Getränke 264
Gewalt 238, 272
Glossar 286
Grenzkonflikt 41
Großkolumbien 36
Gründlichkeit 255
Gualgura 103

H

Handel 32
Heiler 115
Höflichkeit 216
Homosexualität 17
Huáscar 27
Humor 215

I

Identität 34, 165
Idolatrie 104
Indígena-
    Aufstand 46
Indígenas 31, 48, 58, 64, 242
Individualismus 224
Inflation 177
Inkas 26, 100
Internet 290
ITT 196
Izquierda
    Democrática 46

J

Jaíme Roldós 45
Jamil Mahuád 47
Journalisten 185
Julian Assange 171
Juli-Revolution 40

K

Kakao 38
Kalender 128
Karfreitag 124
Karneval 124
Katholizismus 90, 127
Kinder 17, 126

Kino 150
Kirche 31
Klassizismus 144
Kleidung 13
Klüngel 171
Kollektivismus 224
Kolonialzeit 28
Kommerzialisierung 270
Kommunikation 208, 222
Konfliktverhalten 219
Konversation 217
Körperkontakt 14, 222
Korruption 166, 171
Kosmovision 96
Krankheiten 18, 118
Kreolen 31
Kriminalität 19
Krisen 37
Kritik 19, 210
Küche 264
Kunst 131

L

Land 252
La Tunda 102
Lebenserwartung 185
Lebensformen 67
Lenín Moreno 52, 154
León Febres Cordero 46
Leonidas Proaño 91
Liberale Revolution 39
Literatur 141
Literaturtipps 287
Lucio Gutiérrez 48
Luis Alberto
 Luna Tobar 91

M

Machalilla-Kultur 24
Machos 234
Magazine 188
Malerei 146
Mandingas 103
Mangroven-
 wälder 190
Männer 16, 234, 244
Märkte 15
Masken 128
Medien 185
Medizin 116
Menschenrechte 168
Mentalität 56
Mestizaje 58, 63
Mestizen 32, 60
Migration 179, 238
Militär 157
Militär-
 Caudillismo 37
Militärregierungen 44
Mimik 17
Missionierung 30
Misstrauen 238
Mittelklasse 176
Mittelschicht 85
Moral 19, 251
Moreno,
 Lenín 52, 154
Mulato 59
Müll 19
Musik 132
Mütter 234
Mythologie 96

N

Nähe 222
Nationalismus 165
Nationalstaat 34
Natur 96
Naturschutz 190
Negro 59
Nepotismus 171
Nordamerika 179

O

Oberschicht 81
Öl 177
Opferschreine 113
Oriente 57
Osvaldo Hurtado 46

P

Pachakamak 98
Pachakutik 98
Pacha Mama 167
Parteien 154
Patriotismus 19, 165
Peru 41
Phonetik 206
Pipelines 192
Politik 154
Polizei 168
Post 20
Präkolumbische Zeit 24
Präsident 45, 154
Presse 187
Privatschulen 183
Privatsphäre 226
Protestantismus 90
Protocolo de Río 40
Pünktlichkeit 20, 228

Q

Quitu 25

R

Radio 189
Rafael Correa 49
Rauchen 20
Realismus 144
Recht 166
Religion 90
Republik Ecuador 37
Restaurants 259
Revolución Ciudadana 49, 159
Río-Protokoll 40
Riviel 103
Rodrigo Borja 46

S

Salsa 136
San Martín 36
Schamanen 99
Schimpfwörter 204
Schlacht von Pichincha 36
Schnaps 119
Schulden 177
Schwangerschaften 240
Sekten 92
Selbstbewusstsein 270
Serrano 57
Sexualverhalten 239
Sicherheit 272
Sierra 56
Siezen 207
símbalo 114
Sixto Durán Ballén 46
Sklaven 32
Smalltalk 210
Sozialsystem 182
Spanier 28, 31
Spitznamen 215
Sprache 20, 26, 201
Staat 154
Staatsverschuldung 44
Stadt 253
Statussymbole 20
Steine 120
Straßentheater 139
Synkretismus 104

T

Tabak 120
Talismane 114
Tanz 140
Taufe 126

Taxi 278
Theater 138
Titel 14
Tod 100
Toilette 20
Transport 276
Trinken 16, 260
Trinkgeld 21

U
Umwelt 190
Unabhängige Republik Ecuador 36
Unabhängigkeit 34
UNASur 49
Universitäten 184
Ureinwohner 31
USA 41, 179
US-Dollar 176

V
Väter 238
Vegetarier 21
Verfassung 167
Verfassung von Montecristi 49
Verhaltenstipps 11
Verkehr 276
Verkehrsmittel 21
Versorgung 274
Vetternwirtschaft 167
Vizekönigreich Neu Spanien 29
Vizekönigreich Peru 30
Volksglaube 90
Volksgruppen 65
Vorwort 4

W
Wahlen 155
Wahlpflicht 155
Weihnachten 125
Weiße 80
Werte 251
Wirtschaft 175
Wirtschaftskrise 40, 176
Wunderdinge 21

Y
yachags 99, 120
Yasuní 196

Z
Zeit 21, 227
Zeitschriften 188
Zeitungen 187
Zwangsarbeit 31

Bildnachweis

Die Kürzel an den Abbildungen stehen für folgende Personen, Firmen und Einrichtungen. Wir bedanken uns für ihre freundliche Abdruckgenehmigung.

am	Andreas Meese
bd	Bertram Doll
cd	Christiane Dumke
cr	Christina Ring
dr	www.dreamstime.com
dz	Dorothea Zirbel Paffenholz
ez	Elizabeth Zambrano
fo	www.fotolia.com by Adobe
hb	Hellen Baca
jg	Jörn Griesse (www.griesse.de)
jl	Jennifer Lost
jm	Johannes Messbacher (www.messbacher.de)
rj	Raúl Jarrín (der Autor)
tb	Torsten Berg

Umschlagvorderseite: www.dreamstime.com © Steve Allen
Umschlagrückseite: www.dreamstime.com © Angela Ostafichuk
Buchrücken: Bertram Doll

Der Sprachführer für Ecuador aus dem
Reise Know-How Verlag

Kauderwelsch
Spanisch für Ecuador
Wort für Wort

978-3-89416-894-0

Mit Aussprachebeispielen: Ausgewählte Wörter, Sätze und Redewendungen aus dem Buch kostenlos anhören.

Band 96 | 160 Seiten | 7,90 Euro [D]

Reisen? We know how!

Aktueller Reiseführer für Ecuador aus dem
Reise Know-How Verlag

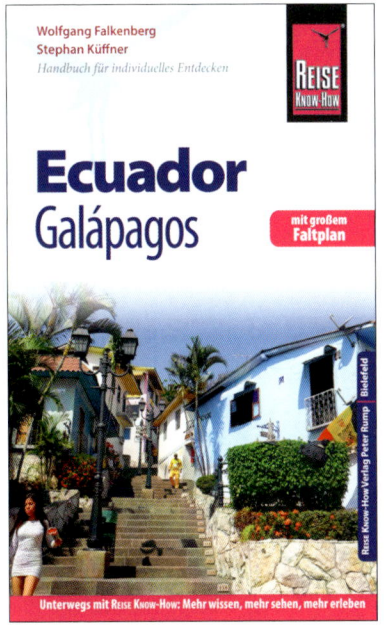

**Reiseführer
Ecuador, Galápagos**

Wolfgang Falkenberg,
Stephan Küffner

978-3-8317-2979-1

49 detaillierte Stadtpläne / Karten
Kleine Sprachhilfe Spanisch

588 Seiten | 23,90 Euro [D]

Alle praktischen Reisetipps
Unterkunftstipps für jede Reisekasse
Geografie und Biologie des Festlands und der Galápagos-Inseln
Tipps für Aktivurlauber | Extrakapitel zum Bergwandern u.v.m.

www.reise-know-how.de

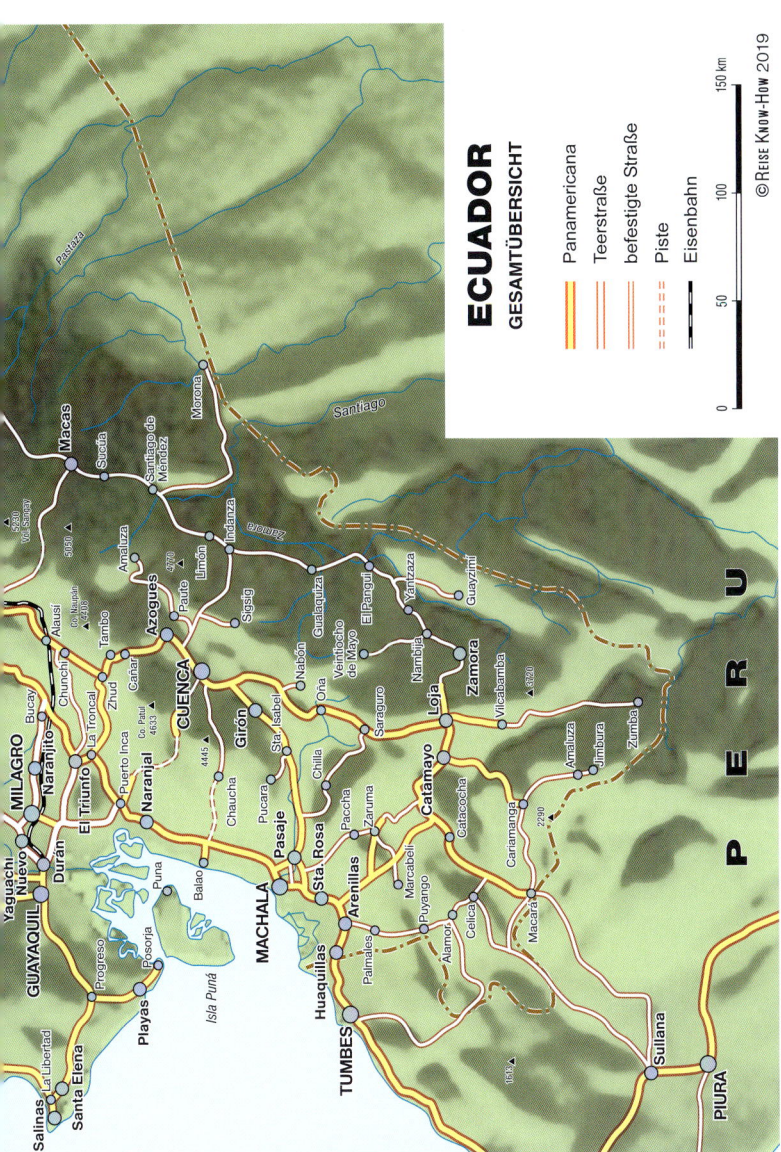

Die Autoren

Julia Paffenholz studierte Regionalwissenschaften Lateinamerika und Interkulturelle Pädagogik in Köln. Seit 1999 verbrachte sie mehrere längere Studien- und Arbeitsaufenthalte in Ecuador. Heute arbeitet sie als Referentin in einem interkulturellen Bildungszentrum.

Raúl Jarrín ist geboren und aufgewachsen in Ecuador, wo er 16 Jahre als Reiseleiter arbeitete. Daneben studierte er in Quito Kommunikationswissenschaften und war als Dokumentarfilmer und Radiojournalist tätig. Er verbrachte längere Zeit in den USA und Belgien. Heute arbeitet er im Bildungsbereich zum Thema Globales Lernen und Erlebnispädagogik.

Die Autoren leben in Köln.
Für Kommentare und Anmerkungen:
juliapaffenholz@hotmail.com, rjarrin19@hotmail.com

Danksagung

Wir danken Hermann Paffenholz, Lourdes Vinueza de Jarrín, Hellen Baca, Dorothea Zirbel Paffenholz, Christiane Dumke, Roberto Deley, Diego Velasco, Elizabeth Zambrano, Johannes Messbacher, Torsten Berg, Andreas Meese, Jörn Griesse, Yolanda López, Darío Dávalos, Carlos Villareal, Christina Ring und Bertram Doll ganz herzlich für ihre Unterstützung.